Thomas Dräger

Egbert Rumpf-Rometsch

Die Fälle

Strafrecht BT 2

Vermögensdelikte

11. Auflage

57 Fälle mit Lösungsskizzen und Formulierungsvorschlägen

der fall fallag

!!!!!!!!!!

Für Jana !

Credits

Zunächst danken wir uns selbst. Ohne unsere tatkräftige Arbeit wäre dieses Buch nie zustande gekommen.

Einen großen Dank an Barbara, die unermüdlich Korrektur gelesen hat.

Last not least sei Prof. Dr. Thomas Weigend (ehemals Universität zu Köln) gedankt, mit dessen freundlicher Genehmigung wir eine von ihm gestellte Klausur in unser Buch eingearbeitet haben.

Verlag

Der Fall-Fallag • Egbert Rumpf-Rometsch
Gluckstr. 5, 51375 Leverkusen
www.fall-fallag.de

Druck

CPI Clausen & Bosse GmbH
Birkstr. 10, 25917 Leck

Umschlag

Marion Volkmer visuelle kommunikation, Düsseldorf

Bezug (leider nur) für den Buchhandel

SIGLOCH Distribution, Blaufelden

ISBN 978-3-932944-89-5
Dräger / Rumpf-Rometsch • Die Fälle – Strafrecht BT 2 • 11. Auflage • 2024

Vorwort zur 1. Auflage

Eine gute Wahl! Ihr habt ein Qualitätsprodukt aus dem traditionsreichen Hause „Fall-Fallag“ erworben. Es wird euch hoffentlich viel Freude bereiten.

Warum, warum nur haben wir dieses Buch geschrieben? Die Antwort ist einfach: Es war überfällig.

Betrachten wir die Vorgeschichte. Wir haben diverse Arbeitsgemeinschaften geleitet und noch mehr Klausuren und Hausarbeiten korrigiert. Dabei stellte sich immer wieder heraus, dass die Schwierigkeiten der leidgeprüften Studenten weniger im Begreifen der Rechtsfragen liegen. Vielmehr treten die Schwächen vor allem in der Darstellung und Schwerpunktsetzung auf.

In den ersten Semestern – weiland, in den wilden 80ern – hatten auch wir damit zu kämpfen. Diesen Kampf kann man nur auf eine Weise gewinnen: Neben der Erarbeitung des Lehrstoffs müsst ihr die Fähigkeit entwickeln, das Erlernte geschickt zu Papier zu bringen.

Genau an diesem Punkt setzt unser Buch an!

Köln, im stürmischen Wahlherbst 1994

Thomas Dräger
Egbert Rumpf-Rometsch

Aus dem Vorwort zur 9. Auflage

Die wichtigsten Veränderungen gegenüber der Vorauflage beruhen darauf, dass der Einbruchdiebstahl in eine dauerhaft genutzte Privatwohnung im Jahr 2017 gesondert geregelt worden ist (§ 244 IV i.V.m. § 244 I Nr. 3). Damit setzt sich die allgemeine Tendenz zu Strafverschärfungen gravierend fort. Die Mehrzahl der Einbruchdiebstähle erfüllt nämlich nun einen Verbrechenstatbestand (vgl. § 12 I), für den es bewusst nicht einmal einen minder schweren Fall gibt (vgl. § 244 III).

...

Cottbus und Köln, im von Bundestagskoalitionsversuchen begleiteten Frühjahr 2018

Thomas Dräger
Egbert Rumpf-Rometsch

Aus dem Vorwort zur 10. Auflage

Auch im Bereich der Vermögensdelikte sind wieder einige Phänomene verstärkt in den Fokus von Ausbildung und Prüfung gerückt.

Dabei spielen erneut vor allem BGH-Entscheidungen eine wesentliche Rolle. Beispielhaft nennen wir an dieser Stelle das Entwenden von Pfandflaschen, (BGH NJW 2018, 3598 ff) und das „Abfischen“ von Geld am Bankautomaten (BGH NStZ 2019, 726 ff).

Darüber hinaus gibt es wie üblich an vielen Punkten weitere Aktualisierungen und Ergänzungen.
...

Cottbus und Leverkusen, im Frühjahr 2021, kurz nach dem Polarwirbel-Split

Thomas Dräger
Egbert Rumpf-Rometsch

Vorwort zur 11. Auflage

Ziemlich genau 30 Jahre nach der Erstauflage erscheint nun die 11. Auflage unseres Buchs zu den Vermögensdelikten.

Inhaltlich war erneut vor allem einschlägige BGH-Rechtsprechung zu berücksichtigen. An dieser Stelle beschränken wir uns auf zwei Beispiele:

Inzwischen zeichnet sich eine neue Sichtweise zu den Gewahrsamsverhältnissen beim sog. Abfischen von Bargeld aus dem Ausgabefach eines Geldautomaten ab (BGH NStZ 2021, 425 ff).

Eine wichtige Ergänzung gab es auch in der Rechtsprechung zu § 250 I Nr. 1b (BGH BeckRS 2023, 8071).

Wir haben nun auch dieses Buch moderat einer gendergerechten Sprache angepasst. An den passenden Stellen bilden wir sogenannte Geschlechterpaare. Es heißt dann beispielsweise *„Leserinnen und Leser“*, *„Studentinnen und Studenten“* usw. Allerdings verwenden wir immer dann das sogenannte generische Maskulinum weiter, wenn es um rechtstechnische Begriffe geht. Das gilt insbesondere für gesetzliche Merkmale. Deshalb schreiben wir beispielsweise unverändert *„Angehöriger“* oder *„Berechtigter“*. Das gilt natürlich dann nicht, wenn der jeweilige Begriff konkret an eine nicht männliche Person geknüpft ist. Gendermarkierungen wie *„Student_innen“*, *„Student:innen“* oder *„Student*innen“* benutzen wir bis auf Weiteres nicht. Diese Varianten werden von vielen Leserinnen und Lesern als störend empfunden.

Ach ja, auch in diesem Buch noch ein Hinweis in eigener Sache: Unser Grundlagen-Werk ***„Das Recht – Ein Basisbuch“*** gibt es inzwischen unter www.fall-fallag.de ***kostenfrei*** als ***Download***.

Für Lob und/oder Kritik könnt ihr die unten angegebene E-Mail-Adresse nutzen.

Cottbus und Leverkusen, im von Bauernprotesten begleiteten Frühjahr 2024

Thomas Dräger
Egbert Rumpf-Rometsch

Kontakt: lobundtadel@fall-fallag.de

www.fall-fallag.de

Inhaltsverzeichnis

Hehlerei

Kombinationsfälle

Einführung in die Handhabung des Buches

Eines vorweg: Ihr müsst jede auftauchende Vorschrift lesen, lesen und nochmals lesen. Nur dieses aktive Lernen bringt euch wirklich weiter!!!

Wir bedienen uns einer einfachen ***Zitierweise:*** Absätze der jeweiligen Vorschrift (ohne besonderen Zusatz immer aus dem StGB) benennen wir mit römischen Ziffern. So bedeutet z.B. „§ 242 I" nichts anderes als § 242 Absatz 1. Sollen einzelne Sätze eines Absatzes bezeichnet werden, so geschieht dies mit zusätzlichen arabischen Ziffern (z.B. § „243 I 2"). Hat die Vorschrift nur einen Absatz, wird zur Klarstellung der arabischen Ziffer ein „S." (für Satz) vorangestellt (z.B. „§ 90a S. 1 BGB"). Schließlich werden bisweilen Tatbestandsvarianten mit „Var." (z.B. „§ 259 I Var. 1") und Nummern mit „Nr." (z.B. „§ 243 I 2 Nr. 1") zitiert. Vorsicht ist mit der Bezeichnung „Alternative" (abgekürzt „Alt.") geboten. Genau genommen ist dieses Wort nur dann zutreffend, wenn das Gesetz nicht mehr als zwei Modalitäten vorsieht.

Zunächst solltet ihr euch intensiv mit unserer allgemeinen ***Einführung in die Fallbearbeitungstechnik*** beschäftigen. Die meisten der darin enthaltenen Ratschläge werden euch auch außerhalb des Strafrechts zugute kommen.

Unter der Bezeichnung ***Alle Fälle auf einmal*** folgt eine Zusammenstellung sämtlicher Sachverhalte. Dadurch könnt ihr der Versuchung besser widerstehen, übereilt in die jeweilige Lösungsskizze und/oder den Formulierungsvorschlag zu schauen. Macht euch immer zuerst eigene Gedanken! Im Idealfall solltet ihr nicht nur eine Lösungsskizze entwerfen, sondern auch eine eigene Formulierung zu Papier bringen.

Im Anschluss an die Sachverhalte folgt der Hauptteil. Dort findet ihr die bewährte Struktur vor:

Fall – Lösungsskizze – Formulierungsvorschlag – Fazit

Zunächst erscheint der jeweilige ***Sachverhalt*** noch einmal, damit ihr nicht immer wieder zum Anfang des Buches zurückblättern müsst.

Bereits in der ***Lösungsskizze*** findet eine Schwerpunktsetzung statt. Wir führen jeweils alle Prüfungspunkte auf, die problematischen Merkmale werden aber schon in der Skizze umfangreicher behandelt. Häufig werdet ihr auf den Hinweis „a.A. vertretbar" stoßen. Das ist immer dann der Fall, wenn man auch zu einem von unserer Lösung abweichenden Ergebnis kommen kann. Gerade im Strafrecht spielt das Ergebnis oft eine untergeordnete Rolle, solange man im vertretbaren Bereich bleibt. Die Bewertung hängt dann maßgeblich von euren rhetorischen Fähigkeiten ab.

Der ***Formulierungsvorschlag*** ist – wie schon die Bezeichnung verrät – ein Vorschlag. Nehmt den Begriff wörtlich: Unsere Formulierung ist ein Vorschlag, nicht mehr und nicht weniger. Wir möchten euch vermitteln, wie eine gelungene Formulierung aussehen kann. Im Gegensatz zu anderen Autorinnen und Autoren mischen wir aber keine lehrbuchartigen Ausführungen in den Formulierungsvorschlag, weil die in einer Klausur oder Hausarbeit nichts zu suchen haben.

Im jeweiligen ***Fazit*** greifen wir die Schwerpunkte des betreffenden Falles noch einmal auf. Hier finden sich Erläuterungen zu Aufbaufragen und juristischen Finessen. Kurzum: Im Fazit werden wissenswerte Aspekte erläutert, die sich nicht schon erschöpfend aus der Lösungsskizze und/oder dem Formulierungsvorschlag ergeben. Die klare Trennung zwischen Formulierungsvorschlag und Fazit hat natürlich auch für den jeweiligen Sprachstil Folgen. Im Fazit werdet ihr des Öfteren eine etwas saloppere Ausdrucksweise antreffen, die im Rahmen einer Klausur oder Hausarbeit als „unwissenschaftlich" verpönt ist.

Die Fälle 1 bis 49 sind ***nach*** den schon aus dem Inhaltsverzeichnis ersichtlichen ***Deliktsgruppen eingeteilt***. Jeweils gruppenfremde Delikte können zwar gelegentlich auftauchen, spielen aber immer nur eine untergeordnete Rolle. Der Prüfungsschwerpunkt liegt stets im Kernbereich der Deliktsgruppe.

Die Fälle 50 bis 56 sind dagegen sogenannte ***Kombinationsfälle***. Es handelt sich dabei um sieben typische Klausur- bzw. Hausarbeitskonstellationen aus dem Bereich der Vermögensdelikte, die sich einer konsequenten Einordnung in die Deliktsgruppen entziehen. Die Schwerpunkte liegen unter anderem in der Abgrenzung verschiedener Delikte voneinander. Lasst euch überraschen! Wer systematisch vorgehen will, sollte sich nicht gerade zuerst auf die Kombinationsfälle stürzen.

Fall 57 ist eine ***Originalklausur***, anhand derer ihr den Ernstfall proben könnt.

Im Anschluss an die Fälle folgen wichtige Hinweise auf ***vermeidbare Sünden in Klausuren und Hausarbeiten***. In Ergänzung zu der am Anfang des Buches präsentierten „Einführung in die Fallberarbeitungstechnik" enthält dieser Abschnitt Warnungen vor erfahrungsgemäß häufig auftauchenden Schnitzern. Wir empfehlen, diese komprimierte Übersicht unmittelbar vor Klausuren aufmerksam zu lesen. Bei der Formulierung von Hausarbeiten solltet ihr die „Sünden" immer im Auge behalten.

Es folgen ***Aufbauschemata*** zu den bedeutendsten Delikten.

Schließlich erleichtert euch das ***Gesetzesverzeichnis*** und das ***Sachverzeichnis*** einen schnellen Zugriff auf Vorschriften und Details.

Viel Spaß!!!

Einführung in die Fallbearbeitungstechnik

- nie war sie so wertvoll wie heute

Mit der Fallbearbeitungstechnik kann man sich nicht intensiv genug beschäftigen. Eine gute Arbeit lebt von der ***Schwerpunktsetzung***, vom ***Stil*** und der ***Argumentation***.

Die Darstellung macht's!!

Was ihr in dieser Hinsicht beherrscht, kommt euch in jeder Klausur oder Hausarbeit zugute. Dagegen begegnet euch ein mühevoll auswendig gelernter Meinungsstreit unter Umständen nie wieder. In der immer weiter steigenden Flut der juristischen Einzelprobleme kann man sich letztlich nur durch eine fundierte Fallbearbeitungstechnik über Wasser halten.

Worum geht es ?

In der Klausur oder Hausarbeit soll ein Fall gutachterlich gelöst werden. Das klingt völlig banal, wird aber oft genug nicht beachtet. Es geht nicht darum, möglichst viel Wissen in Form von Meinungsstreitigkeiten abzuladen. Wer auf die „Ich weiß was"-Tour kommt, fängt sich Randbemerkungen wie „Fallbezug?" oder „überflüssige Lehrbuchausführungen" ein.

Auf Streitfragen darf nur eingegangen werden, wenn es für die Fall-Lösung darauf ankommt.

Häufig liegt der Schwerpunkt der Arbeit auf der Auswertung der im Sachverhalt enthaltenen Angaben, nicht auf dem leidigen Abspulen von Meinungsstreitigkeiten.

Wie gehe ich an die Sache heran ?

- Die Erfassung des Sachverhalts

Zunächst einmal muss der Sachverhalt gründlich erfasst werden. Das gelingt nur bei sehr kurzen und übersichtlichen Klausuren durch einmaliges Lesen. In aller Regel solltet ihr den ***Text*** mindestens zweimal oder besser dreimal ***aufmerksam lesen***. Viele bearbeiten das Aufgabenblatt schon in diesem Stadium mit allen möglichen ***Markierungen***, ***Einteilungen*** und ***Randbemerkungen***.

Das ist nicht unbedenklich:

In der Regel enthält der Sachverhalt keine überflüssigen Passagen. Es besteht die Gefahr, dass vor lauter Konzentration auf die hervorgehobenen Teile Wichtiges unter den Tisch fällt. Vor allem aber könnt ihr zum Zeitpunkt der Erst- oder Zweitlektüre eines unbekannten Falls noch gar nicht zielsicher entscheiden, was nun besonders wichtig ist. Die Fehlerquote kann ziemlich hoch liegen.

Außerdem darf bezweifelt werden, dass die Angelegenheit durch – womöglich vielfarbige – Markierungen wirklich übersichtlicher wird.

Wer es partout nicht lassen kann, sollte sich jedenfalls der genannten Nachteile bewusst sein.

Besonders zu beachten sind natürlich ***Fallfragen*** und ***Bearbeitungshinweise***.

Häufig ist nur die Strafbarkeit bestimmter Personen zu prüfen! Bestimmte Delikte sind oft ausdrücklich nicht zu prüfen! Regelmäßig werden beispielsweise waffenrechtliche Vorschriften von der Prüfung ausgenommen. Die Fallfrage beschränkt den Prüfungsumfang oft auf Vorschriften des StGB! Bearbeitungshinweise werden sich häufig auf gestellte Strafanträge beziehen.

Die – gar nicht so seltene – ***Missachtung*** solcher Hinweise erregt den Unmut von Korrekturppersonen, ***sollte*** also ***tunlichst vermieden werden***. Achtet darauf!

- Die Suche nach den Tatbeständen

Nichts ist ärgerlicher, als einen einschlägigen Tatbestand zu übersehen! Deshalb sollte nicht vorschnell mit der gedanklichen Prüfung der auf den ersten Blick infrage kommenden Normen begonnen werden.

Damit euch nichts durch die Lappen geht, solltet ihr ***zunächst das Inhaltsverzeichnis des StGB durchkämmen:***

Wenn ein ***Abschnitt des BT*** seiner Überschrift nach verdächtig erscheint, liest man die ***Paragrafenüberschriften***.

Jeder auch nur entfernt in Betracht kommende Paragraf wird notiert. Anschließend liest man den ***Text der*** auf diese Weise ***herausgefilterten Vorschrift***.

Ergibt sich nicht auf Anhieb, dass die Vorschrift ausscheidet, wird sie in der Lösungsskizze geprüft.

Ob der Tatbestand so naheliegt, dass er ins ausformulierte Gutachten gehört, ist eine ganz andere Frage. Das kann erst im Gesamtüberblick beurteilt werden.

Die hier vorgeschlagene Technik wenden erfahrungsgemäß nur relativ wenige Bearbeiter und Bearbeiterinnen konsequent an. Sie mag lächerlich erscheinen, wenn auf den ersten Blick nur bekannte Tatbestände einschlägig sind. Es geht aber ja gerade darum, die unbekannten und versteckten Normen aufzuspüren!

Ein kleines Beispiel zum Mitmachen: Lest den Fall und überlegt kurz, welche Delikte euch dazu einfallen. Geht dann nach der oben beschriebenen Methode vor.

> T gelingt es, aus dem im Hausflur befindlichen verschlossenen Briefkasten des O einen Brief durch den Einwurfschlitz herauszuziehen. In der Hoffnung, darin Geld zu finden, reißt er den Brief auf. Inhalt ist ein Schreiben, auf dem O von seinem Geschäftspartner C über ein neues Passwort informiert wird. T setzt sich daraufhin an den PC und dringt in das System des Speditionsunternehmens C ein. Aus Ärger

über den aus seiner Sicht wertlosen Inhalt des Briefs, schleust er noch schnell ein Zerstörervirus ein, das binnen kürzester Zeit alle Daten lahm legt.

Wie hat sich T strafbar gemacht ?

§ 242 I dürfte auf Anhieb jedem in den Sinn kommen. ***§ 243 I 1, 2 Nr. 2*** als Strafzumessungsvorschrift liegt auch noch recht nahe. Wer spontan auf ***§ 303 I*** hinsichtlich des Briefs gekommen ist, hat schon einigen Überblick. § 303 I wird aber von ***§ 202 I Nr. 1*** verdrängt. Die Verletzung des Briefgeheimnisses haben sicher die allerwenigsten im Kopf gehabt. Jede Wette!!

Im zweiten Teil wird es noch etwas exotischer:

§§ 202a I, 303a I, 303b I und 263a kommen infrage. Das sind nun wahrlich Tatbestände, die einem im Studium nicht jeden Tag über den Weg laufen. Trotzdem können sie in Klausuren vorkommen. Keine Angst: Detailkenntnisse werden nicht erwartet, wenn die „Exoten" nicht gerade in der Vorlesung umfassend besprochen wurden. Die Leistung besteht nicht zuletzt im bewussten Aufspüren der Vorschriften.

Macht euch die oben beschriebene Auswahlmethode deshalb frühzeitig zur Gewohnheit. Sie kostet nicht viel Zeit, kann aber peinliche Lücken vermeiden.

Die Lösungsskizze / Zeiteinteilung

Das Erstellen einer sauberen ***Lösungsskizze*** wird oft vernachlässigt. Sie ist die Basis der späteren Klausur und muss ***möglichst detailliert, vor allem aber vollständig*** sein.

Erst wenn der Fall von vorne bis hinten skizziert ist, kann in der Reinschrift eine vernünftige Schwerpunktsetzung erfolgen. Deswegen ist von der ***Unsitte des „Drauflosschreibens"*** klar abzuraten. Hinter diesem stark verbreiteten Verhalten steht wohl der auf den ersten Blick beruhigende Gedanke, schon mal etwas zu Papier gebracht zu haben.

Das ist deshalb gefährlich, weil im noch nicht durchdachten Teil der Arbeit die Hauptschwerpunkte liegen können. „Frühschreiber" merken das dann zu spät. Das Ergebnis ist eine Arbeit, die zum Ende hin bestenfalls immer dünner wird, schlimmstenfalls ganze Teile der Prüfung gar nicht mehr enthält.

Lasst euch also nicht von Nachbarn oder Nachbarinnen verunsichern, die schon mehrere Seiten geschrieben haben, während ihr noch mit der Lösungsskizze beschäftigt seid. ***Abgerechnet wird zum Schluss!!***

Wann spätestens mit dem Schreiben der Klausur begonnen werden sollte, kann nicht pauschal beantwortet werden. Hier zählen individuelle Erfahrungswerte.

Als ***Faustformel*** mag die sogenannte ***Drittelregel*** dienen:

Auf jeden Fall mindestens das erste Drittel der Bearbeitungszeit für die Skizze verwenden. Andererseits spätestens nach Ablauf von zwei Dritteln der Bearbeitungszeit mit dem Schreiben beginnen, sonst werdet ihr nicht fertig (Oh Ärger).

Bei den Überlegungen zur Lösungsskizze muss der ***Sachverhalt genau im Auge behalten*** werden. Bei einem gut gestellten Fall hat jeder Teil seine Bedeutung. Überflüssige Füllpassagen sind wie gesagt recht selten.

Deshalb ist es sehr hilfreich, folgende ***Kontrollüberlegung*** anzustellen:

Habe ich den gesamten Sachverhalt in die Lösungsskizze einbezogen? Wenn ja, spricht einiges für die Vollständigkeit der Lösung (nicht notwendig für die Richtigkeit).

Oder umgekehrt: Kann eine bestimmte Textpassage ersatzlos gestrichen werden, ohne dass es sich auf meine Lösung auswirkt? Wenn ja, muss die Lösung im Hinblick auf den betreffenden Teil überdacht werden.

Der Gesamtaufbau

Bereits beim Erstellen der Lösungsskizze solltet ihr euch über den Aufbau klar werden. Oft spielen in einem Fall eine ganze Reihe von Personen mit. Dann ist genau darauf zu achten, ***wessen Strafbarkeit hinsichtlich welcher Delikte*** zu prüfen ist. Das ergibt sich aus der Fallfrage und – wie gesagt – aus eventuellen Bearbeitungshinweisen. Wie nun der Gesamtaufbau aussehen sollte, hängt individuell von der Klausur ab. Häufig ist nach der Strafbarkeit mehrerer Personen gefragt.

Dann kann man daran denken, ***nach Personen*** zu ***gliedern:***

„1. Strafbarkeit des A; 2. Strafbarkeit des B“

Das funktioniert aber nur, wenn man diesen Aufbau sinnvoll durchhalten kann. Dem kann zum Beispiel entgegenstehen, dass jeweils eine Teilnahme (also Anstiftung oder Beihilfe) an der Haupttat des anderen infrage kommt. Dann ist die eiserne Aufbauregel ***„Täter vor Teilnehmer“*** zu berücksichtigen. Ein konsequenter Aufbau nach Personen ist nicht möglich. Ein weiteres Beispiel taucht im Bereich der Mittäterschaft auf. Und zwar dann, wenn für sich genommen niemand den Tatbestand erfüllt hat: „A schlägt auf das Opfer ein, während B ihm die Brieftasche entwendet.“ Hier müssen die Mittäter des Raubes zwangsläufig gemeinsam geprüft werden, weil keiner der Täter alleine den gesamten Tatbestand erfüllt, sondern erst beide gemeinsam (vgl. § 25 II).

Aus diesen oder ähnlichen Gründen bietet sich in vielen Klausuren ein ***Aufbau nach Handlungsabschnitten*** an:

„1. Das Geschehen in der Bank; 2. Die Vorgänge auf der Flucht“

Natürlich kann innerhalb der jeweiligen Handlungsabschnitte wiederum nach Personen gegliedert werden, wenn denn mehrere in Betracht kommen.

Die Darstellung im Allgemeinen

- Die äußere Form

Hierzu gibt es nicht so furchtbar viel zu sagen. Dass die ***Schrift*** in der Klausur ***möglichst leserlich*** sein sollte, kann sich jeder denken. Wer also eine Sauklaue hat, sollte nach Möglichkeit daran arbeiten. Schreibt ***nicht mit Bleistift***, damit werden üblicherweise die Korrekturbemerkungen gemacht. Lasst ***genügend Rand***, sonst gilt das Motto „Kein Rand – keine Randbemerkungen". Beschreibt die ***Blätter*** nur ***einseitig und nummeriert*** sie. Wenn ihr die Seiten in der Hektik der letzten Sekunden vor Abgabe in der falschen Reihenfolge zusammengeheftet habt, fällt dem Korrektor und der Korrektorin so die Zuordnung leichter. An einer fehlenden Unterschrift ist wohl noch keine Klausur oder Hausarbeit gescheitert. Versucht trotzdem daran zu denken. Für die erste juristische Prüfung (Examen) müsst ihr euch die Unterschrift im Übrigen wieder abgewöhnen. Dort werden die Arbeiten anonym unter einer Kennziffer geschrieben.

- Gutachtenstil

Von euch wird in der Klausur – wie auch in Hausarbeiten – der anfänglich stark gewöhnungsbedürftige ***Gutachtenstil*** erwartet. Er besteht aus vier Schritten, die anhand eines bewusst einfachen Beispiels verdeutlicht werden sollen:

1. Schritt: Tatbestandsmerkmal aufwerfen

„Das Fahrrad müsste eine Sache sein."

2. Schritt: Definition

„Sache ist jeder körperliche Gegenstand."

3. Schritt: Subsumtion

„Das Fahrrad ist ein körperlicher Gegenstand."

4. Schritt: Ergebnis

„Damit ist das Fahrrad eine Sache."

Um Missverständnissen vorzubeugen: In einem solch unproblematischen Normalfall wirkt es albern, den umständlichen Gutachtenstil anzuwenden. Wenn also das Tatbestandsmerkmal völlig eindeutig gegeben ist, beschränkt man sich auf eine ***kurze Feststellung***: „Das Fahrrad ist eine Sache." Das ist vom Fallsteller oder der Fallstellerin durchaus vorgesehen. Die Bearbeitungszeit ist so bemessen, dass ihr unmöglich die ganze Klausur konsequent im Gutachtenstil schreiben könnt. Je nach Gesamtumfang eines Falls kann es sogar angebracht sein, einen konkurrenzmäßig untergeordneten oder völlig eindeutig gegebenen Tatbestand in einem Satz festzustellen: „T hat sich durch das Einsteigen in die Wohnung der O gemäß § 123 I Var. 1 strafbar gemacht."

Also:

Unproblematisches kurz feststellen!

Problematisches im Gutachtenstil darstellen!

Wenn ihr euch bei einem bestimmten Tatbestandsmerkmal für den ***Gutachtenstil*** entschieden habt, ***dann*** muss er ***sauber und vollständig*** sein!

Also nicht: „T müsste vorsätzlich gehandelt haben. Vorsatz ist Wissen und Wollen der Tatbestandsverwirklichung. Dies ist hier der Fall."

In diesem – so oder ähnlich leider sehr oft anzutreffenden – Negativbeispiel fehlt der Subsumtionsschritt und damit der Fallbezug. Das ist nichts Halbes und nichts Ganzes!

Noch mal zur Klarstellung:

Wenn der Vorsatz (wie in aller Regel) unproblematisch ist, reicht eine kurze Feststellung: „T handelte vorsätzlich."

Wenn er (ausnahmsweise) problematisch ist: Saubere (vollständige) Darstellung im Gutachtenstil.

Der Gutachtenstil kann nicht immer in der vierschrittigen Reinform gebracht werden. ***Vielfach muss geschachtelt geprüft werden:***

> „T müsste die Vase weggenommen haben. Wegnahme ist Bruch fremden und Begründung neuen Gewahrsams. Unter Gewahrsamsbruch versteht man die Aufhebung des ursprünglichen Gewahrsams gegen den Willen des Berechtigten. Gewahrsam ist die von einem Herrschaftswillen getragene tatsächliche Sachherrschaft."

Hier müssen einzelne Begriffe der Wegnahmedefinition ihrerseits wieder definiert werden. Im weiteren Verlauf müsst ihr genau ***darauf achten, dass ihr euch sauber zurückhangelt:***

> „Die Vase befand sich zunächst im Herrschaftsbereich des O, der seine Sachherrschaft auch bewusst ausgeübt hat. Damit stand die Vase ursprünglich im Gewahrsam des O. Durch das Mitnehmen hat T diesen Gewahrsam gegen den Willen des O aufgehoben. Er hat somit dessen Gewahrsam gebrochen. Gleichzeitig hat er eigenen und damit neuen Gewahrsam begründet. Folglich hat T die Vase weggenommen."

Auch bei diesem Beispiel geht es nur um die Verdeutlichung der Gutachtentechnik. ***Im Ernstfall*** solltet ihr in solch eindeutigen Fällen die Wegnahme ***in einem Satz*** feststellen.

Vernachlässigt die Schwerpunktsetzung nicht!! Klausuren und Hausarbeiten, in denen alles etwa gleich breit geprüft wird, nerven die Korrektorin und den Korrektor ohne Ende. Versetzt euch einmal in die Lage einer Korrekturassistentin, die einen Stapel mit über 50 Arbeiten vor sich liegen hat. Stellt euch ihre Erleichterung vor, wenn sie in der 47. Klausur oder Hausarbeit endlich einmal den geradezu erlösend knappen Satz „Das Auto der O ist eine für T fremde bewegliche Sache" liest. Das gibt einen dicken Haken am Rand, Sympathiepunkte werden eingefahren. ***Wenn die Schwerpunktsetzung stimmt, wird euch die ein oder andere inhaltliche Schwäche locker verziehen!***

Die Schwierigkeit bei der ganzen Angelegenheit liegt natürlich darin, die ***Spreu vom Weizen*** zu ***trennen***, also herauszufinden, was problematisch und was unproblematisch ist.

Das ist immer eine ***unvermeidliche Gratwanderung:*** Wer aus Sicht des Korrektors oder der Korrektorin Unproblematisches im Gutachtenstil prüft, langweilt ihn oder sie. Wer andererseits Problematisches nur kurz feststellt, muss sich den Vorwurf des fehlenden Problembewusstseins gefallen lassen.

Es lohnt sich also, ein Fingerspitzengefühl für die richtige Schwerpunktsetzung zu entwickeln. Das Buch soll euch dabei auf die Sprünge helfen.

Wenn euch ein Merkmal nicht wirklich problematisch erscheint, ihr aber die Definition in die Darstellung einbringen wollt, gibt es einen weitgehend anerkannten ***Kompromiss:***

> „T handelte mit Wissen und Wollen der Tatbestandsverwirklichung, also vorsätzlich."

Damit setzt man sozusagen die Definitionskenntnis des Lesers und der Leserin voraus. Ganz sauber ist diese Variante streng genommen nicht. Sie sollte nur bei gängigen Prüfungspunkten angewandt werden.

Im Gutachten spielt die ***Wortwahl*** eine entscheidende Rolle. ***Warnzeichen für unangebrachten Urteilsstil*** sind Wörter wie ***„da", „weil" oder „denn"***. Sobald über die bloße Feststellung hinaus etwas erklärt werden muss, ist der Urteilsstil tabu!

Der reine ***Gutachtenstil*** zeichnet sich wie gezeigt ***im 1. Schritt*** durch Wendungen wie ***„müsste", „könnte", „möglicherweise hat" oder „in Betracht kommt"*** aus. ***Im Ergebnis*** (4. Schritt) heißt es dann typischerweise ***„also", „demnach", „somit", „damit" oder „folglich"***.

Um ganz sauber zu bleiben, solltet ihr mit dem Wort ***„müsste"*** vorsichtig umgehen. Es ist immer dann unangebracht, wenn strukturell noch eine andere Variante in Betracht kommt.

Also nicht: „T könnte sich gemäß § 223 I strafbar gemacht haben. Dazu müsste er O an der Gesundheit geschädigt haben ..."

Das ist unzutreffend, weil auch eine körperliche Misshandlung genügt. Es hätte also zurückhaltender „Er könnte ...", „In Betracht kommt ..." oder ähnlich heißen müssen. Klar geworden?

Vorsicht ist geboten, wenn der Satz ***mit*** den Wörtern ***„Es"*** oder ***„Bevor"*** beginnt. In aller Regel folgen dann überflüssige Ausführungen. Auch die beliebte Einleitung ***„Fraglich ist, ob ..."*** sollte man jedenfalls nicht zu häufig verwenden. Meist bietet es sich stattdessen an, unmittelbar in die konkrete Prüfung des jeweiligen Merkmals einzusteigen. Das wirkt prägnanter.

Die Prüfung des einzelnen Tatbestands

Wir orientieren uns hier am mit Abstand häufigsten Fall, nämlich dem vollendeten vorsätzlichen Begehungsdelikt. Aufbautechnisch sind insbesondere beim Versuch Abweichungen in der Prüfungsreihenfolge zu berücksichtigen. Dazu später mehr.

- Der Obersatz

Jede Prüfung muss mit einem Obersatz beginnen. Der Obersatz sollte immer die Person, die Tathandlung und den Tatbestand enthalten:

> „T könnte sich durch die Ohrfeige gemäß § 223 I strafbar gemacht haben."

Also: ***Wer*** könnte sich ***durch welche Handlung nach welchem Tatbestand*** strafbar gemacht haben?

In vielen Arbeiten wird die Tathandlung nicht im Obersatz benannt. Das ist dann nicht so tragisch, wenn dem Sachverhalt nach eindeutig nur eine Handlung für den jeweiligen Tatbestand in Betracht kommt. Spätestens im gar nicht so seltenen Fall mehrerer möglicher Tathandlungen springt die Korrekturperson im Dreieck. Sie weiß nämlich zunächst einmal gar nicht, worauf abgestellt wird.

Gewöhnt euch also an, ***immer einen vollständigen Obersatz*** zu ***formulieren***.

Die häufig anzutreffende Umschreibung „T könnte sich durch ... gemäß § 242 I ***wegen Diebstahls*** strafbar gemacht haben" ist o.k., wenn auch doppelt gemoppelt. Vermeidet unbedingt falsche Formulierungen wie „T könnte sich des Totschlags strafbar gemacht haben ...". Dieser sprachliche Lapsus ist für manche Korrektoren und Korrektorinnen – nicht ganz zu Unrecht – ein rotes Tuch. Eine Person kann sich nur ***wegen Totschlags strafbar*** gemacht haben oder ***eines Totschlags schuldig*** sein. Der Genitiv hat im Zusammenhang mit dem Wort „Strafbarkeit" nichts zu suchen.

Und noch etwas: ***Keine rechtstechnischen Begriffe und Tatbestandsmerkmale*** als Beschreibung der Handlung ***im Obersatz!***

Also nicht: „T könnte sich durch ***die Körperverletzung*** gemäß § 223 I strafbar gemacht haben" oder „Möglicherweise hat sich T durch ***die Wegnahme der Sache*** gemäß § 242 I strafbar gemacht."

Ob eine Körperverletzung, eine Sache oder eine Wegnahme vorliegt, soll ja gerade geprüft werden!

Das Tatbestandsmerkmal muss – selbst wenn es später lediglich kurz festgestellt wird – ***im Obersatz untechnisch umschrieben werden:***

> „Möglicherweise hat sich T durch das Mitnehmen der Uhr gemäß § 242 I strafbar gemacht."

- Der objektive Tatbestand

Nach dem Einstieg (Obersatz) macht man sich über ***die einzelnen Merkmale des objektiven Tatbestands*** her. Ein einleitender Zwischensatz „Dazu müsste er eine fremde bewegliche Sache weggenommen haben" ist überflüssig. Dabei wird nur der Gesetzeswortlaut wiedergegeben. Ihr könnt also nach dem Obersatz direkt in die Prüfung der einzelnen Tatbestandsmerkmale einsteigen. Wie das darstellungstechnisch geht, müsste inzwischen klar sein. Wenn nicht, zieht euch den Teil „Gutachtenstil" noch mal rein.

- Der subjektive Tatbestand

Vorsatz

Der subjektive Tatbestand enthält immer den Vorsatz, es sei denn, im Gesetz ist ausdrücklich von Fahrlässigkeit die Rede (vgl. § 15). Die wichtigsten Fahrlässigkeitsdelikte sind § 222 und § 229.

In aller Regel ist der Vorsatz unproblematisch. Wenn der Sachverhalt zur möglichen Vorstellung des Täters nichts enthält, könnt und sollt ihr getrost vom Vorsatz ausgehen, sofern das lebensnah erscheint.

Will der Aufgabensteller oder die Aufgabenstellerin auf die Diskussion des Vorsatzes hinaus, wird der Sachverhalt ***Anhaltspunkte*** geben, die eine bestimmte Einstellung des Täters nahelegen. Die häufige Umschreibung, der Täter habe Tatumstände ***„billigend in Kauf genommen"***, deutet ***unmissverständlich*** auf ***Eventualvorsatz*** hin. Von einer theorienlastigen Abgrenzung zur bewussten Fahrlässigkeit wollen der Korrektor und die Korrektorin in diesen Fällen nichts lesen.

Absichten

Gerade im Eigentums- und Vermögensbereich erfordern viele Tatbestände bestimmte Absichten. Dabei ist oft das Wort ***„Absicht"*** erwähnt (vgl. §§ 242 I, 263 I). Beliebt sind aber auch die Formulierungen ***„um ... zu"*** (vgl. § 253 I) oder ***„zur / zum ..."*** (vgl. § 267 I), die „Absicht" umschreiben.

Absicht bedeutet „Wollen" (dolus directus 1. Grades). Der Täter muss den zu beabsichtigenden Umstand ***als End- oder Zwischenziel erstreben***.

Das Verzwickte ist nun aber, dass – jedenfalls nach ganz h.M. – nicht immer Absicht drin ist, wo Absicht drauf steht! Dahinter steckt folgender Gedanke: Tatbestände mit Schädigungsabsicht liefen leer, wenn man „Wollen" verlangte. Der Täter handelt in der Regel in erster Linie eigennützig, nicht um anderen zu schaden. Deshalb lässt die h.M. etwa bei § 274 I sicheres Wissen (dolus directus 2. Grades) genügen. Das ist wegen des Analogieverbots (Art. 103 II GG) an sich äußerst bedenklich. Der Zweck heiligt – aus Sicht der h.M. – die Mittel.

Grobe Faustformel also: Bei Schädigungsabsichten genügt dolus directus 2. Grades.

Achtung: Oft erstrebt der Täter den Nachteil des Opfers als notwendiges Zwischenziel des gewünschten Vorteils. Dann liegt ohnehin Absicht im technischen Sinne (dolus directus 1. Grades) vor, sodass sich das Problem nicht stellt.

In einigen Tatbeständen (etwa § 258, § 187, § 164, § 145, § 145d) verlangt das Gesetz ausdrücklich dolus directus 2. Grades. Die Formulierungen lauten dann ***„wissentlich“*** oder ***„wider besseres Wissen“***.

- Qualifikations- und Privilegierungstatbestände

Immer wieder sind wir in Arbeitsgemeinschaften mit der Frage konfrontiert worden, wie eine Qualifikation (seltener eine Privilegierung) „richtig“ in die Prüfung eingebaut wird.

Zunächst einmal gehört der jeweilige ***Tatbestand*** mit ***in den Obersatz***. Man zitiert also z.B. §§ 223 I, 224 I, §§ 212 I, 216 I oder §§ 242 I, 244 I.

Das sagt aber noch nichts über den ***Aufbau innerhalb der Prüfung*** aus. Dazu Folgendes: Unüblich ist es, die Tatbestände miteinander zu vermengen.

Damit bleiben nur noch ***zwei Möglichkeiten*** übrig: Man kann den Qualifikationstatbestand ***unmittelbar hinter dem vollständigen*** (also objektiven und subjektiven) ***Grundtatbestand*** prüfen. Dieser Aufbau hat den Vorteil, dass man sich nach Bejahung der Qualifikation sozusagen zusammenfassend nur einmal zu Rechtswidrigkeit und Schuld äußern muss. Die Alternative besteht in der vollständigen Trennung. Dann bringt man die Qualifikation ***erst hinter Rechtswidrigkeit und Schuld*** des Grunddelikts. Wer so vorgeht, muss aber konsequenterweise auch bei der Qualifikation (bzw. Privilegierung) nochmals auf Rechtswidrigkeit und Schuld eingehen. Ist allerdings schon der Grundtatbestand gerechtfertigt, muss man sich bei dieser Aufbauvariante gar nicht erst mit der Qualifikation auseinandersetzen.

Ihr seht also, dass ***je nach Fallgestaltung*** die Vorteile der einen oder der anderen Möglichkeit überwiegen. Überhaupt sollten Aufbaufragen nicht starr gehandhabt werden. Der Aufbau sollte sich immer an der Zweckmäßigkeit im Einzelfall orientieren.

- Rechtswidrigkeit

Auf den beliebten Satz „Die Rechtswidrigkeit ist indiziert“, reagieren viele Korrektorinnen und Korrektoren allergisch.

Was bedeutet er überhaupt? Straftatbestände verkörpern typisches Unrecht. Wenn nicht ***ausnahmsweise Rechtfertigungsgründe*** (= Erlaubnistatbestände) vorliegen, ist die Rechtswidrigkeit gegeben. Genauer müsste es also heißen: „Die Rechtswidrigkeit ist durch die Tatbestandsmäßigkeit indiziert.“ Auch diese Binsenweisheit solltet ihr euch aber verkneifen: Entweder es kommen Rechtfertigungsgründe in Betracht, dann müsst ihr sie prüfen. Oder aber Rechtfertigungsgründe sind weit und breit nicht ersichtlich, dann genügt die kurze Feststellung der Rechtswidrigkeit: ***„Die Tat geschah rechtswidrig.“***

Eine ***Ausnahme*** bilden übrigens ***§ 240 und § 253***. Bei diesen sogenannten ***offenen Tatbeständen*** wird die Rechtswidrigkeit nicht durch die Tatbestandsmäßigkeit indiziert, sondern muss positiv festgestellt werden.

- Schuld

In der Schuld fällt der Blick auf die ***persönliche Vorwerfbarkeit***. Hier geht es um den Täter, nicht mehr um die Tat. Auf dieser Ebene können ***Entschuldigungsgründe*** relevant werden. Völlig daneben ist die immer wieder anzutreffende Behauptung, die Schuld sei indiziert. Das ist schlicht falsch!

Ein weiterer beliebter Fehler ist die Diskussion der Schuldfähigkeit, wenn der Täter vor der Tat einige Gläser Bier getrunken hat. An den klausurrelevanten § 20 ist erst ab etwa drei Promille zu denken. Diesen Wert erreichen selbst professionelle Kampftrinker nur in Höchstform! Ein guter Fallsteller oder eine gute Fallstellerin wird deshalb konkrete Angaben machen, wenn die Schuldfähigkeit infrage gestellt werden soll.

In wirklich unproblematischen Fällen könnt ihr Rechtswidrigkeit und Schuld auch zusammenfassen: „T handelte rechtswidrig und schuldhaft."

- Besonderheiten

Beim Versuch ist an ***Rücktritt nach § 24*** zu denken. Er ist als persönlicher Strafaufhebungsgrund (ganz h.M.) zwingend hinter der Schuld zu prüfen!

Strafzumessungsregeln – allen voran der häufige § 243 I – gehören ebenfalls hierher. Sie sind ***keine Tatbestände***! Anders als bei Qualifikations- oder Privilegierungstatbeständen ist eine Prüfung vor der Schuld ist ein grober Aufbaufehler.

Ihr erkennt Strafzumessungsregeln immer an der Formulierung ***„besonders schwerer Fall ..."*** (etwa § 243 I) oder ***„minder schwerer Fall ..."*** (etwa § 213). Leider geht das nicht immer aus der Überschrift hervor. Es gibt auch eher versteckte Strafzumessungsregeln (etwa § 113 II). Klausurrelevant sind in dieser Kategorie aber nur Vorschriften, unter die man tatsächlich subsumieren kann. Ihr braucht deshalb – jedenfalls bis zum ersten Examen einschließlich – nicht darüber zu spekulieren, ob etwa § 249 II oder § 177 V gegeben ist. Das ist doch auch schon was!

- Ergebnis / Zwischenergebnisse

Vor lauter Begeisterung, die Probleme bewältigt zu haben, werden nicht selten (Zwischen-)Ergebnisse vergessen. Im Gutachtenstil müsst ihr am Ende einer jeden Teilprüfung die eingangs gestellte Frage beantworten:

> „Damit handelt es sich bei der Uhr um eine für T fremde bewegliche Sache." (mögliches Zwischenergebnis im Rahmen des § 242 I)

oder:

> „Somit hat sich T durch die Ohrfeige gemäß § 223 I strafbar gemacht." (mögliches Endergebnis bei § 223 I)

oder:

> „Damit hat T die Uhr nicht weggenommen. Er hat sich demnach nicht gemäß § 242 I strafbar gemacht." (mögliches Zwischenergebnis und daraus folgendes Endergebnis bei § 242 I)

Überprüft nach Möglichkeit immer, ob das Ergebnis mit der auf der jeweiligen Ebene gestellten Frage übereinstimmt. Vor allem im Klausurstress ist niemand gegen gedankliche Brüche gefeit. ***Der Vergleich von Frage und Ergebnis ist immer eine effektive Kontrollmethode.***

- *Prozessvoraussetzung / Strafantrag*

Im soeben erläuterten Ergebnis wurde die Frage beantwortet, ob sich der Täter nach einer bestimmten Vorschrift (materiell) strafbar gemacht hat.

Wenn ihr diese Frage bejaht, ist noch lange nicht gesagt, dass tatsächlich die Bestrafung auf den Fuß folgt, wie es immer so vollmundig von Politikern gefordert wird.

Für eine Anklage oder gar eine spätere Verurteilung darf ***kein Verfolgungshindernis*** vorliegen.

Eigentlich habt ihr in euren Arbeiten mit solcherlei Prozessvoraussetzungen bis zum ersten Examen einschließlich nichts am Hut, ihr sollt nur die materiellen Voraussetzungen prüfen. Schließlich lautet die Frage regelmäßig „Wie hat sich T strafbar gemacht?“ und nicht „Wird T verurteilt werden?“

Auch in diesem Punkt gibt es aber eine Ausnahme, wie sollte es anders sein?

Die Ausnahme hat einen Namen: ***Der Strafantrag***

Von euch wird allgemein erwartet, dass ihr bei den sogenannten Antragsdelikten (vgl. etwa § 123 II, § 194, § 230, § 247, § 248a, § 257 IV, § 259 II, § 263 IV, § 263a II) auf den Strafantrag eingeht.

Diese Erwartungshaltung mag damit zusammenhängen, dass der Strafantrag – an sich systemwidrig – im StGB (§§ 77 ff) geregelt ist. Wie auch immer, ihr müsst euch gegebenenfalls mit dem Strafantrag herumschlagen.

Wo sage ich etwas zum Strafantrag ?

Damit drängt sich die Frage nach dem Prüfungsstandort auf. Im Normalfall (sogenannte Offizialdelikte) wird eine Tat von Amts wegen, also ohne Antrag verfolgt. Das Antragserfordernis bildet eine Ausnahme, es ist eine Besonderheit. Warum also nicht zwischen Schuld und Ergebnis unter dem gedanklichen Punkt „Besonderheiten“ dazu Stellung nehmen?

Zum einen hat der Strafantrag als Prozessvoraussetzung wie gesehen mit der im Obersatz gestellten Frage nach der Strafbarkeit eigentlich nichts zu tun.

Zum anderen wirkt es gezwungen, kurz vor dem Ergebnis das Antragserfordernis festzustellen, um dann der Vollständigkeit halber diesen Satz im Anschluss an das eigentliche Ergebnis noch mal zu wiederholen.

Damit steht der sinnvollste Prüfungsstandort fest: ***Geht auf Antragserfordernisse nach dem Ergebnis zur Strafbarkeit ein!***

Auf diese Weise wird in einer Art Anhang erst- und einmalig etwas zum Strafantrag gesagt.

Beispiel:

> „T hat sich durch das Betreten der Wohnung gemäß § 123 I Var. 1 strafbar gemacht. Der nach § 123 II erforderliche Strafantrag ist gestellt.“

Was sage ich zum Strafantrag ?

Oft findet sich der ***Bearbeitungshinweis, etwa erforderliche Strafanträge seien gestellt***. Ein solcher Satz wird von vielen Professoren sozusagen vorbeugend standardmäßig unter den Sachverhalt gesetzt. Es besteht deshalb kein Grund zur Besorgnis, wenn ihr keine Antragsdelikte geprüft habt. Das muss nicht fehlerhaft sein. Wenn es aber auf den Antrag ankommt, solltet ihr wie im oben genannten Beispiel kurz schreiben:

> „Der gemäß § XY erforderliche Strafantrag ist gestellt."

Enthält der Text ***keinen Hinweis*** auf gestellte Strafanträge, könnte man auf die Idee kommen, wegen des fehlenden Strafantrags läge eine Strafbarkeit nicht vor. Das ist genau genommen falsch, denn die Strafbarkeit ist ja gegeben, es besteht nur ein Verfolgungshindernis. Schreibt also:

> „T hat sich durch ... gemäß § XY strafbar gemacht. Die Tat wird gemäß § YZ nur auf Antrag verfolgt."

Die dritte denkbare Variante ist der ausdrückliche Hinweis, dass Strafanträge nicht gestellt seien. Das wäre aber wenig pointenreich und kommt deshalb in der Klausur- und Hausarbeitspraxis auch nicht vor.

Auf keinen Fall solltet ihr unter Hinweis auf (mutmaßlich) nicht gestellte Anträge Strafbarkeitsprüfungen weglassen!

Das Konkurrenzverhältnis mehrerer verwirklichter Tatbestände

Die ***Konkurrenzen*** werden von vielen als unangenehmes Thema empfunden. Wir können euch vielleicht damit beruhigen, dass das Ergebnis im Einzelfall meist entweder klar auf der Hand liegt oder heillos umstritten ist. Im letzteren Fall kann man dann so ziemlich alles vertreten, was auch nur halbwegs sachgerecht erscheint.

In die Angelegenheit ist Bewegung gekommen, als der BGH im Jahre 1994 den zuvor als gesichert angesehenen Fortsetzungszusammenhang – vereinfacht gesagt – gekippt hat. Wenn also jemand im Laufe der Zeit hundert Autoradios geklaut hat, kann man (jedenfalls nach BGH) nicht unter dem Gesichtspunkt des Fortsetzungszusammenhangs von Tateinheit (§ 52) ausgehen. Vielmehr ist im Grundsatz jeder „Einzelakt" als selbstständige Tat zu behandeln. Es ließen sich nun umfangreiche Ausführungen darüber machen, in welchen Ausnahmefällen man vielleicht auch im Einklang mit der besagten BGH-Entscheidung nach wie vor Fortsetzungszusammenhang annehmen könnte und inwieweit nach wie vor anerkannte Formen der Tateinheit an die Stelle des ehemaligen Fortsetzungszusammenhangs getreten sind. Das führte aber hier zu weit.

Bedenkt immer: So praxisrelevant Konkurrenzfragen auch sind, bilden sie doch bis zum ersten Examen einschließlich so gut wie nie Prüfungsschwerpunkte.

Vom Ansatz her gibt es ***zwei Möglichkeiten***, mit den Konkurrenzen gedanklich umzugehen:

Man kann ***zuerst*** die Frage nach ***Handlungseinheit oder Handlungsmehrheit*** stellen, um dann in einem zweiten Schritt darüber nachzudenken, ob ein Tatbestand im Wege der Gesetzeskonkurrenz (Spezialität, Subsidiarität oder Konsumtion) verdrängt wird.

Die Alternative besteht darin, ***zuerst*** eventuell im Wege der ***Gesetzeskonkurrenz*** wegfallende Vorschriften rauszuschmeißen. Der verbleibende Rest wird weiter untersucht. Wenn keine Handlungseinheit (dann Idealkonkurrenz / § 52) vorliegt, bleibt nur noch Handlungsmehrheit (dann Realkonkurrenz / § 53) übrig.

Für diese zweite Möglichkeit spricht die sachlogische Vorrangigkeit der Gesetzeskonkurrenz. Wenn ein Tatbestand vom anderen verdrängt wird, fällt er eben schon im Ansatz unter den Tisch.

In der Klausur bringt ihr schon aus Zeitgründen ohnehin meist nur kurz euer Ergebnis zu Papier. Allzu viel Begründungsaufwand sollte jedenfalls nicht betrieben werden. Die ***Schwerpunkte*** liegen bei Universitätsübungen ***so gut wie nie auf*** den in erster Linie praxisrelevanten ***Konkurrenzfragen***. Gegebenenfalls wird euch die Dozentin oder der Dozent hoffentlich darauf vorbereiten.

Der Prüfungsstandort ist dem Fingerspitzengefühl überlassen. Klar verdrängte Tatbestände sollten im Anschluss an den verdrängenden Tatbestand – wenn überhaupt – kurz geprüft werden. Ihr stellt dann mit einem Satz die betreffende Form der Gesetzeskonkurrenz fest.

Wenn nicht allzu viele Delikte zu prüfen sind, kann man die Konkurrenzen en bloc am Ende der Klausur bringen. Wird es aber unübersichtlicher, bietet es sich an, zwischendurch abzuschichten.

Dass ihr die ***Konkurrenzen jeweils nur auf eine Person bezogen*** prüfen müsst, versteht sich wohl von selbst. So gibt es etwa kein Konkurrenzverhältnis zwischen dem Betrug des A und der Urkundenfälschung des B.

Wie auch immer ihr es im Einzelfall macht, lasst die Konkurrenzen wenn es irgend geht nicht ganz weg. Das bricht zwar für sich genommen sicher keiner Arbeit das Genick, hinterlässt aber immer einen lückenhaften Eindruck.

Wie stelle ich einen Meinungsstreit vorteilhaft dar ?

Zu dieser Frage geben euch die Formulierungsvorschläge bei den einzelnen Fällen reichlich Anschauungsmaterial. Vorab schon einmal einige ***grundlegende Hinweise:***

Auf allen genannten Aufbauebenen können Problemschwerpunkte auftauchen. Dabei muss es sich wie bereits erwähnt keineswegs immer um Meinungsstreitigkeiten handeln. Wenn aber ein Meinungsstreit einschlägig ist, heißt das noch lange nicht, dass er auch entschieden werden muss! An dieser Stelle werden regelmäßig grobe logische Fehler gemacht.

Immer wieder liest man seitenweise von „Theorien“ und ihren Vorzügen oder Nachteilen, ohne dass der Fallbezug auch nur ansatzweise hergestellt worden ist.

Ganz wichtig: Die Argumente für oder gegen eine Meinung dürfen erst ins Spiel gebracht werden, wenn die ***fallbezogene Subsumtion*** ergeben hat, dass die dargestellten Standpunkte zu verschiedenen Ergebnissen führen. Nicht selten besteht die Leistung gerade darin, einer Streitentscheidung aus dem Weg zu gehen. Auch dafür bringen wir viele Fallbeispiele.

Bei einer Vielzahl differenzierender Ansichten genügt oft die Auseinandersetzung mit einer bestimmten Meinung, weil die anderen im konkreten Fall auf ein übereinstimmendes Ergebnis hinauslaufen.

Kurz gesagt: ***Niemals mehr entscheiden als unbedingt nötig!***

Wenn es auf eine ***Streitentscheidung*** ankommt, müsst ihr sie ***abstrakt***, also losgelöst vom konkreten Fall treffen.

Von euch wird nicht das entscheidende, noch nie da gewesene Argument erwartet. Erst recht müsst ihr keine neuartigen Lösungswege aus dem Boden stampfen. Verlangt wird lediglich eine fundierte und ***nachvollziehbare Auseinandersetzung mit den vorhandenen Argumenten***. Das gilt übrigens grundsätzlich auch für Hausarbeiten.

Bei umfangreicher Argumentation kann es sich anbieten, in einer Art ***Ping-Pong-Verfahren*** die Argumente einander gegenüberzustellen:

> „Für die enge Auslegung spricht ...
> Dagegen lässt sich anführen, dass ...
> Andererseits ...
> Der Gegeneinwand überzeugt wegen ... nicht."

Mit einem solchen „Schlagabtausch" setzt man sich mit den Argumenten der letztlich abgelehnten Auffassung lebendig auseinander.

Je nach Geschmack kann man aber auch die Argumente der einzelnen Auffassungen en bloc bringen, wobei sich anbietet, die später abgelehnte Argumentation zuerst darzustellen. Das wirkt überzeugender.

Setzt euch immer konkret mit den jeweiligen Meinungen auseinander und vermengt die Diskussion nicht zu einem Einheitsbrei. Vor allem in Hausarbeiten findet sich häufig folgende Struktur: 1. „Meinung A", 2. „Meinung B", 3. „Meinung C", 4. „Kritik und eigene Ansicht". Diese Art der Darstellung ist in Aufsätzen und Büchern beliebt, aber erfahrungsgemäß für Hausarbeiten oder gar Klausuren ungeeignet. Die Kandidatinnen und Kandidaten („Das ganze Leben ist ein Quiz ...") verirren sich dabei regelmäßig im Dschungel eigener und fremder Gedankengänge.

Im Grundsatz halten wir es ***nicht*** für ***empfehlenswert***, die ***Meinungen beim Namen zu nennen***.

Also nicht:

> „Der BGH vertritt die Auffassung ... / Der herrschenden Lehre zufolge ... / Die XY-Theorie besagt ..."

Eine solche Form der Darstellung ist nicht falsch, hat aber einen entscheidenden Nachteil: ***Der Streit wirkt abgespult!***

Aus Sicht des Korrektors und der Korrektorin werden nur auswendig gelernte Erkenntnisse gebetsmühlenartig zu Papier gebracht, die in der Klausur ohnehin nicht belegbar sind.

Mit der Einordnung der Meinungen in Literatur und Rechtsprechung gewinnt ihr keinen Blumentopf.

Eine Berufung auf die h.L. oder den BGH ist keine ***Prüfungsleistung***, die Leistung ***besteht in der ansprechenden Argumentation***.

Wesentlich überzeugender ist demgegenüber die ***Darstellung vom Problem her:***

> „Der Gesetzestext legt eine weite Interpretation des Merkmals XY nahe."
>
> „Aus dem Sinn und Zweck der Norm lässt sich aber ableiten, dass ..."

Derartige Formulierungen suggerieren eine ***eigenständige und lebendige Herleitung*** der Ansichten. Die Lösung stellt sich auf diese Weise als echte Leistung der Bearbeiterin und des Bearbeiters dar, sie wird im Idealfall zum Leseerlebnis für die Korrektorin und den Korrektor. Diese Vorgehensweise bietet sich übrigens ***auch in Hausarbeiten*** an, wobei sich dann die Vertreter oder Vertreterinnen der jeweiligen Auffassung zwanglos aus den Fußnoten ergeben.

Einige Streitstände sind aber so klassisch, dass die Darstellung vom Problem her eher gezwungen wirkt.

Beispielhaft seien aus dieser Kategorie genannt: Die Streitfrage nach dem Erfordernis einer Vermögensverfügung bei § 253 und die „Theorien" zum Erlaubnistatbestandsirrtum. Auch das Verhältnis von § 211 und § 212 zueinander ist jedenfalls auf Basis der bisherigen BGH-Rechtsprechung traditionell streitig.

Die selbstständige Problementwicklung kauft euch in diesen ausgelutschten Bereichen ohnehin kein Mensch ab, weshalb es sich ***ausnahmsweise*** anbietet, die ***Meinungen ohne Umschweife beim Namen*** zu ***nennen***.

Genug. Das soll fürs Erste reichen.

Jetzt folgen erst einmal alle Sachverhalte.

Ihr solltet zunächst ernsthaft versuchen, eigenständige Lösungen zu erarbeiten.

Nicht Schummeln!!!

Diebstahl und Unterschlagung

Fall 1

T will ihre Zierfischsammlung ergänzen. Als sie bei ihrer Sammlerfreundin O zu Besuch ist, nutzt sie die günstige Gelegenheit: In einem unbeobachteten Moment entnimmt T dem Aquarium der O zehn wertvolle Fische, steckt sie in einen mitgebrachten Wasserbeutel und verlässt die Wohnung.

Frage: Hat sich T gemäß § 242 strafbar gemacht ?

Fall 2

Die Ernte des Bauern B lässt zu wünschen übrig. Deshalb begibt er sich heimlich und unentdeckt auf das nicht eingezäunte Feld seiner Kollegin O. Dort zieht er mühevoll Rüben im Wert von 500 € aus dem Feld, lädt sie auf seinen Anhänger und streicht zufrieden die Ernte ein.

Frage: Wie hat sich B strafbar gemacht ?

Fall 3

U ist ungewöhnlich veranlagt. Er nimmt aus der Leichenhalle eine dort zur späteren Bestattung aufgebahrte Leiche mit nach Hause.

Frage: Wie hat sich U strafbar gemacht?

Fall 4

In der Mittagspause sitzt der Bankangestellte B auf einer Parkbank und liest die neueste Ausgabe einer täglich erscheinenden Zeitung. Am Ende der Pause lässt B die gelesene Zeitung bewusst auf der Bank liegen. Dort wird sie von der umherstreifenden Rentnerin R mitgenommen.

Frage: Wie hat sich R strafbar gemacht ?

Fall 5

Nach einem Saufgelage bricht der zügellose Z wieder einmal bewusstlos zusammen. T bemerkt dies und entnimmt der Brieftasche des Z ein 2-€-Stück, das er einsteckt.

Frage: Hat sich T gemäß § 242 strafbar gemacht ?
Auf § 243 (Strafzumessungsregel) ist nicht einzugehen.

Fall 6

Der etwas zerstreute Professor P begibt sich zur Post, um ein Paket aufzugeben. Mit großer Mühe füllt er am Schalter eine Paketkarte mittels eines wertvollen Füllfederhalters aus, den ihm eine seiner Freundinnen zu Weihnachten geschenkt hat. Beim Verlassen der Postfiliale verliert P noch innerhalb des Gebäudes das ach so geliebte Schreibgerät. Der zufällig anwesende X bemerkt dies, hebt den Füller auf, steckt ihn ein und sucht das Weite.

Frage: Hat sich X gemäß § 242 strafbar gemacht ?

Fall 7

Feinschmeckerin F kann im Supermarkt der Versuchung nicht widerstehen. Sie nimmt eine Dose Beluga-Kaviar im Wert von 80 € aus dem Regal und steckt sie in ihre Handtasche. F will das Geschäft verlassen, ohne zu bezahlen. Noch vor der Kasse wird sie vom Warenhausdetektiv D gestellt, der alles beobachtet hat.

Frage: Hat sich F gemäß § 242 strafbar gemacht ?

Fall 8

K arbeitet als Schwester im Krankenhaus. Sie gerät in den Verdacht, aus den Patientenzimmern Geld zu stehlen. Detektiv D präpariert daher einen 500-€-Schein mit einem schwer von der Haut löslichen Farbpulver und legt ihn auf einen der Nachttische. Anschließend bekommt K den Auftrag, die Betten in den Zimmern neu zu beziehen. Bei dieser Gelegenheit steckt sie den Schein ein und nimmt ihn mit nach Hause. Aufgrund der Färbung ihrer Hand wird sie dort überführt.

Frage: Wie hat sich K strafbar gemacht ?
Eine Strafbarkeit gemäß § 246 ist nicht zu prüfen.

Fall 9

Der autobegeisterte A will eine Spritztour machen. Zu diesem Zweck sucht er auf einem Supermarkt-Parkplatz in Euskirchen den Mercedes des O aus, dessen Tür nicht verschlossen ist. Der Wagen weist – bis auf den nickenden Dackel auf der Hutablage und den Eifelverein-Aufkleber am Heck – keine Besonderheiten auf. A findet im Handschuhfach den Ersatzschlüssel und fährt davon. O, der zu diesem Zeitpunkt den Familieneinkauf erledigt, bemerkt von alledem nichts. Nach zweistündiger Fahrt stellt A den Wagen – wie von Anfang geplant – auf einem Großparkplatz mitten in Köln unverschlossen ab. Den Schlüssel lässt er im Zündschloss stecken.

Frage: Wie hat sich A strafbar gemacht ?

Fall 10

Nichtstuer N befindet sich wieder einmal in Geldnot. Er nimmt deshalb das Sparbuch der B in einem unbeobachteten Moment aus dessen Schublade und hebt 2.000 € ab. Dann legt er das Sparbuch – wie von Anfang an geplant – in die Schublade zurück.

Frage: Hat sich N gemäß § 242 strafbar gemacht ?

Fall 11

Autohasser T braucht dringend Geld für ein neues Fahrrad. Ihm gelingt es, in einem Geschäft für Autozubehör ein Luxusradio im Wert von 1.500 € unbemerkt mitzunehmen. Am nächsten Tag kehrt er mit dem Radio in den Laden zurück. Wie von Anfang an geplant erklärt T dem Verkäufer V, er wolle das unbenutzte Radio gegen „Rückzahlung“ des Kaufpreises zurückgeben. T gibt an, es passe vom Design her doch nicht ganz zu seinem durchgestylten Armaturenbrett.

Frage: Hat sich T gemäß § 242 strafbar gemacht ?

Fall 12

Ehemann E will unbedingt an den MP3-Player seiner von ihm getrennt lebenden Ehefrau F herankommen. Da E aber bei F Hausverbot hat, tritt er an seinen Bekannten B heran, der sich mit F nach wie vor gut versteht und E noch einen Gefallen schuldet. E sagt zu B: „Greif doch bitte das Teil bei Gelegenheit für mich ab.“ So geschieht es. B besucht F unter einem Vorwand und nimmt das Gerät unbemerkt mit, um es anschließend E auszuhändigen.

Frage: Wie haben sich B und E strafbar gemacht ?
Eine Strafbarkeit gemäß § 246 ist nicht zu prüfen.

Fall 13

Stammkundin S schuldet dem Gastwirt G noch 100 €. S will die Schuld nicht begleichen. Am späteren Abend entnimmt G aus der Brieftasche der nunmehr völlig betrunken unter dem Tisch liegenden S einen 100-€-Schein und steckt ihn ein.

Frage: Wie hat sich G strafbar gemacht ?

Fall 14

D hat „mit Hängen und Würgen“ ihr Jurastudium abgeschlossen. Sie möchte sich mit einem Doktortitel schmücken, ohne dabei aber die üblicherweise damit verbundenen Mühen des Promotionsverfahrens in Kauf zu nehmen. Deshalb trifft sie sich mit dem Doktortitelverkäufer O in einem Restaurant. Man wird schnell handelseinig. D händigt O einen 500-€-Schein als Anzahlung aus. Den Schein steckt O in seine Jackentasche. Als O kurz darauf etwas unaufmerksam ist, weil er einer hübschen Frau hinterherschaut, nimmt D den Geldschein unbemerkt wieder an sich. Rundum zufrieden verlässt sie später das Lokal.

Frage: Hat sich D gemäß § 242 strafbar gemacht ?

Fall 15

Der professionelle Autoknacker A lebt davon, aus Kraftfahrzeugen der gehobenen Klasse Gegenstände zu entfernen und sie zu verkaufen. Eines Nachts verschafft er sich mit einem Dietrich Zugang zum Innenraum eines Ferraris des Jet-Setters J und entfernt dort die Sitzbezüge aus echtem Leopardenfell.

Frage: Hat sich A gemäß §§ 242, 243 strafbar gemacht ?

Fall 16

Die V bricht das Gatterschloss eines die Wiese der sicherheitsbewussten Bäuerin B umgebenden hohen Zaunes auf, um eine neuwertige Zinkbadewanne wegzuschaffen, die den Kühen der B als Tränke dient. Als V mit ihrem Kombi auf die Wiese gefahren ist und die Wanne in das Auto heben will, erscheint die laut schreiende und eine Mistgabel schwingende B. Diese hatte sich entschlossen, „Patrouille“ zu gehen, da sich Zinkbadewannendiebstähle auf Nachbarwiesen in der letzten Zeit gehäuft haben. V lässt die Wanne fallen und ergreift die Flucht.

Frage: Wie hat sich V strafbar gemacht ?
Die Strafbarkeit gemäß §§ 123, 246 und 303 ist nicht zu prüfen.

Fall 17

Um nach Beute zu suchen, verschafft sich T Zugang zur Garage des Großindustriellen G, indem er mittels eines Brecheisens das Tor aufhebelt. Anschließend nimmt T einen Werkzeugkoffer mit, dessen Verkehrswert er auf mindestens 90 € schätzt. Tatsächlich handelt es sich um einen Werkzeugsatz im Wert von etwa 15 €, den G als Prämie für die Anwerbung eines neuen ADAC-Mitglieds erhalten hatte.

Frage: Hat sich T gemäß §§ 242, 243 strafbar gemacht ?

Fall 18

Z bricht in den Comicladen der C ein, um einen „Prinz Eisenherz"-Sammelband im Wert von 79,90 € zu stehlen. Zu seiner Enttäuschung muss er feststellen, dass der gewünschte Band nicht vorrätig ist. Deshalb nimmt er lediglich ein „Fat Freddy's Cat"-Taschenbuch im Wert von 5 € mit.

Frage: Hat sich Z gemäß §§ 242, 243 strafbar gemacht ?

Fall 19

Die uhrenbegeisterte U steckt im Kaufhaus eine teure Armbanduhr in ihre Hosentasche. Sie verlässt wie geplant an der Kasse vorbei unbemerkt und ohne zu bezahlen das Gebäude. Von Anfang an hatte U bewusst einen Einkaufsbeutel in der Hand, in dem sich eine offene Plastiktüte mit einer geladenen Pistole befunden hatte.

Frage: Hat sich U gemäß §§ 242, 244 strafbar gemacht ?

Fall 20

Der Grenzschutzbeamte G begibt sich im Dienst in einen Zeitschriftenladen. Er hat – wie es sich gehört – seine geladene Dienstpistole dabei und ist sich dessen auch bewusst. Plötzlich überkommt ihn angesichts seines kargen Gehalts die Versuchung: Er steckt unbeobachtet die Zeitschrift „Der Waffenliebhaber" ein und verlässt damit den Laden ohne zu zahlen.

Frage: Hat sich G gemäß §§ 242, 244 strafbar gemacht ?

Fall 21

B ist auf Beutezug im Kaufhaus. Sie hat eine täuschend echt aussehende Spielzeugpistole aus leichtem Kunststoff dabei, die sie im Fall der Entdeckung dem Personal sichtbar vorhalten will, um die Ausführung ihrer Pläne zu ermöglichen. B steckt in der Juwelierabteilung eine wertvolle Perlenkette ein und verlässt damit unbemerkt und ohne zu zahlen den Laden.

Frage: Hat sich B gemäß §§ 242, 244 strafbar gemacht ?

Fall 22

Die Profiganoven P und G haben die Vorteile der Zusammenarbeit entdeckt. Eines Nachts sind sie auf einem der vielen Beutezüge unterwegs. An einer Straßenecke entdecken sie einen nicht abgeschlossenen Motorroller. Während P durch heftiges Anschieben den Motor startet, steht G Schmiere. P fährt mit dem Roller davon. Am nächsten Tag treffen sich die beiden plangemäß in der Garage des G. Dort wird das Gefährt umlackiert. Der durch einen von Anfang an vorgesehenen gemeinsamen Verkauf zu erzielende Erlös soll geteilt werden.

Frage: Wie haben sich P und G strafbar gemacht ?
Die Strafbarkeit gemäß § 246 und § 248b ist nicht zu prüfen.

Fall 23

X sitzt im Park und schaut gelangweilt vor sich hin. Plötzlich fällt aus der Gesäßtasche der vorbeigehenden Rentnerin R ein 10-€-Schein. X rennt zu dem Geldschein, hebt ihn auf und läuft der sich entfernenden R hinterher, um den Schein zurückzugeben. Dann überlegt er es sich anders, steckt das Geld ein und geht nach Hause.

Frage: Wie hat sich X strafbar gemacht ?

Fall 24

Nach einem Saufgelage bricht der unersättliche U tot zusammen. A bemerkt dies und entnimmt der Brieftasche des U ein 2-€-Stück, das er einsteckt, um es zu behalten.

Frage: Wie hat sich A strafbar gemacht ?

Raub und räuberischer Diebstahl

Fall 25

Die mittellose Studentin S will ihre Finanzen aufbessern. Deshalb betritt sie den nahe gelegenen Park und hält nach einem Opfer Ausschau. Sie findet es in Person der schmächtigen Oma O, die allmittäglich mit ihrer Handtasche durch die Grünanlage schlurft. Während S sich der O zielstrebig nähert, umklammert diese in Erwartung eines möglichen Überfalls den Griff der Tasche fest mit beiden Händen. S lässt sich dadurch nicht beirren. Sie entreißt der O unter erheblichem Kraftaufwand die Handtasche und flieht dann in ihre Wohnung. Zu ihrer Enttäuschung befindet sich in der Tasche lediglich eine Geldbörse mit 7,65 €.

Frage: Hat sich S gemäß § 249 strafbar gemacht ?

Fall 26

A befindet sich wieder einmal in Geldnot. Deshalb beschließt er, den ihm bekannten Y zu überfallen, von dem er weiß, dass er immer viel Bargeld bei sich trägt. Am darauf folgenden Tag lauert er dem Y auf, stellt sich vor ihn und überreicht ihm einen Zettel mit folgender Aufschrift: „Gib mir dein ganzes Geld. Sonst werde ich eine Giftspritze aus der Tasche ziehen und dich damit töten!“ Hierbei handelt es sich jedoch um eine Finte. A führt keine Spritze bei sich. Er geht aber davon aus, dass Y die Ankündigung ernst nimmt. So geschieht es. Der verängstigte Y übergibt dem A ein Bündel Geldscheine, mit dem dieser flüchtet.

Frage: Wie hat sich A strafbar gemacht ?
Die Strafbarkeit gemäß § 246 ist nicht zu prüfen.

Fall 27

Rocker R zettelt in seiner Stammkneipe „Zum wilden Eber“ einen Streit mit seinem Thekennachbarn T an. Es kommt zu einer tätlichen Auseinandersetzung, in deren Verlauf T bewusstlos zu Boden geht. Dann erblickt R unter dem weit geöffneten Hawaiihemd des T eine dicke goldene Panzerhalskette. Erfreut über die günstige Gelegenheit nimmt er die Kette mit.

Frage: Hat sich R gemäß § 249 strafbar gemacht ?

Fall 28

Die böse B trägt regelmäßig einen geladenen Revolver bei sich, um damit bei Straftaten – falls es nötig sein sollte – ihrem Ansinnen Nachdruck verleihen zu können. Eines Tages besinnt sie sich aber anders. Sie legt die Waffe in die Nachttischschublade. Später verlässt sie das Haus und begibt sich in einen Supermarkt. Sie geht zu einer der Kassen und übergibt dem Kassierer einen Zettel mit folgender Aufschrift: „Dies ist ein Überfall. Bleiben Sie ruhig sitzen und unternehmen Sie nichts. Ich habe einen Revolver in der Tasche, von dem ich im Zweifel Gebrauch machen werde. Dann gibt es ein Blutbad!" B greift in die Kassenschublade und entnimmt alle Geldscheine. Anschließend flüchtet sie. B bemerkt erst später, dass ihr treu sorgender Ehemann den Revolver wieder in ihre Tasche gesteckt hatte, weil er davon ausging, sie werde ihn sonst vergessen.

Frage: Wie hat sich B strafbar gemacht ?
Eine Strafbarkeit gemäß § 123 und § 246 ist nicht zu prüfen.

Fall 29

V arbeitet als Verkäuferin in einem Bioladen und hat panische Angst vor Überfällen. Der gnadenlose G ist sich dessen bewusst. Eines Tages betritt er den Laden und drückt der V kommentarlos eine (nicht angezündete) Zigarre in den Rücken. G geht zutreffend davon aus, V werde die Zigarre für die Laufmündung einer Pistole halten. Während V vollkommen verängstigt stillsteht, entnimmt G aus der Verkaufstheke ein Müslibrötchen. Dann verlässt er das Geschäft.

Frage: Wie hat sich G strafbar gemacht ?
Eine Strafbarkeit gemäß § 123 und § 246 ist nicht zu prüfen.

Fall 30

Kettenraucherin K betritt abends die nahe gelegene Tankstelle des T, weil sie kein Kleingeld für den Zigarettenautomaten hat. K nimmt scheinbar unbemerkt fünf Stangen Zigaretten ihrer Lieblingsmarke an sich und verlässt den Kassenraum. Außerhalb des Tankstellengeländes stellt sich ihr der beherzte Rentner R entgegen, der den Vorfall beobachtet hat. Da K einer Strafverfolgung entgehen und die Zigaretten behalten will, springt sie auf R zu, stößt ihn zu Boden und entkommt.

Frage: Hat sich K gemäß § 252 strafbar gemacht ?

Fall 31

Neffe N betritt eine Filiale der Sex-Shop-Kette seiner Tante O und steckt eine Gummipuppe des Typs „Lalola“ (ohne Luft) unter seinen Mantel. Dann verlässt er – ohne zu bezahlen – den Laden. Hausdetektivin H, die den Vorfall beobachtet hat, stellt ihn vor der Eingangstür und fordert ihn auf, den Gegenstand zurückzugeben. N, der die Puppe unbedingt behalten will, schlägt H nieder und entkommt. Am nächsten Tag erfährt er, dass seine Tante schon vor zwei Wochen verstorben war und ihn wirksam als Alleinerben eingesetzt hat.

Frage: Wie hat sich N strafbar gemacht ?
Eine Strafbarkeit gemäß § 123, § 223 und § 246 ist nicht zu prüfen.

Betrug, Erpressung, Untreue

Fall 32

O ist an einer Übernahme der Kneipe der T interessiert. Deren Versicherung, das Gasthaus „gehe gut“, überzeugt O. Er erwirbt das Haus zu einem weit über dem wirklichen Wert liegenden Preis. Später stellt sich heraus, dass sich – wie schon zu Zeiten der T – kaum ein Gast in die Kneipe verirrt.

Frage: Hat sich T gemäß § 263 strafbar gemacht ?

Fall 33

Gourmet G bestellt im Nobelrestaurant des N ein siebengängiges Menü für mehr als 500 €. Er hat zwar die Taschen voller Geld, will aber von Anfang an nicht zahlen. Nachdem er es sich hat schmecken lassen, verlässt er das Lokal unbemerkt.

Frage: Hat sich G gemäß § 263 strafbar gemacht ?

Fall 34

Der aus dem Sauerland stammende S will in Berlin einmal „richtig die Sau rauslassen“. Er mietet sich für eine Woche im teuersten Hotel am Platze ein. Nach fünf Tagen merkt er, dass das Großstadtleben doch sehr kostspielig ist. Er hat nicht mehr genug Geld, um seine Hotelrechnung zu bezahlen. Trotzdem beschließt S, sein Zimmer für den Rest der geplanten Zeit zu bewohnen. Am Ende der Woche verlässt er das Hotel durch den Hintereingang, ohne vorher seine Rechnung beglichen zu haben.

Frage: Wie hat sich S strafbar gemacht ?

Fall 35

Die A bezahlt im Supermarkt mit einem 100-€-Schein. Der überarbeitete Kassierer K gibt ihr versehentlich auf 200 € heraus. A erkennt die Situation, weist K aber nicht auf den Irrtum hin. Erfreut über den unerwarteten Gewinn zieht A von dannen.

Frage: Wie hat sich A strafbar gemacht ?

Fall 36

Jurastudentin J begeistert sich schon seit geraumer Zeit für eine Fahrt mit dem ICE von München nach Hamburg. Da sie die Bahnpreise jedoch für maßlos überhöht hält, verzichtet sie auf den Kauf einer Fahrkarte. Einige Minuten nach Abfahrt des Zuges erscheint Kontrolleurin K im Rahmen ihres üblichen Rundgangs im Abteil der J und fragt: „Noch jemand zugestiegen?“ J reagiert nicht, sondern liest weiter gelangweilt in einem mitgebrachten Lehrbuch zum StGB.

Frage: Hat sich J gemäß § 263 strafbar gemacht ?

Fall 37

F hat gegen den windigen W eine Kaufpreisforderung in Höhe von 3.000 €. Weil W hartnäckig die Zahlung verweigert, verklagt ihn F nach einiger Zeit. W bestreitet im Prozess vor dem Amtsgericht bewusst wahrheitswidrig, jemals einen Kaufvertrag mit F abgeschlossen zu haben. Dummerweise wurde der Vertrag weder schriftlich festgehalten, noch waren Zeugen anwesend. Deshalb kann F den Vertragsschluss nicht beweisen. Seine Klage wird daraufhin von Richter R abgewiesen.

Frage: Hat sich W gemäß § 263 strafbar gemacht ?

Fall 38

B zieht bettelnd durch die Fußgängerzone. Der O erklärt er wahrheitswidrig, er habe sieben hungrige Mäuler zu stopfen. Drei der Kinder benötigten zudem dringend Medikamente. Die mildtätig gestimmte O gibt B daraufhin einen 10-€-Schein. Den setzt B umgehend – wie von Anfang an geplant – im nächsten Supermarkt in eine Flasche Jägermeister für den Eigenbedarf um.

Frage: Hat sich B gemäß § 263 strafbar gemacht ?

Fall 39

O hat ein Autoradio gestohlen. Seine Freundin F will das Gerät, von dessen Herkunft sie nichts weiß, kaufen. Die beiden werden sich nach langem Feilschen über einen Preis von 200 € handelseinig. F bezahlt allerdings mit zwei selbst hergestellten falschen 100-€-Scheinen. Der ahnungslose O händigt ihr das Radio aus.

Frage: Hat sich F gemäß § 263 strafbar gemacht ?

Fall 40

L hat sich von E ein Fernsehgerät geliehen. B, der bei L zu Besuch ist, will das Gerät kaufen, da seine Mattscheibe just vor Beginn der Fußball-WM das Zeitliche gesegnet hat. L zeigt sich verständnisvoll und veräußert B „sein" Fernsehgerät zum angemessenen Preis von 700 €. Nach Erhalt des Kaufpreises händigt L die Kiste an B aus.

Frage: Wie hat sich L strafbar gemacht ?
Eine Strafbarkeit gemäß § 266 und § 263 zum Nachteil des E ist nicht zu prüfen.

Fall 41

Beim Bewerbungsgespräch behauptet B wahrheitswidrig auf Anfrage des Chefs C, sie sei nicht vorbestraft. Tatsächlich ist sie zweimal wegen Betrugs verurteilt worden. B wird von C als Sekretärin eingestellt. Sie wandelt seit einiger Zeit auf dem Pfad der Tugend und ist daher bereit und in der Lage, den künftigen Beruf ehrlich und im Übrigen auch fachlich qualifiziert auszuüben.

Frage: Hat sich B gemäß § 263 strafbar gemacht ?

Fall 42

Zeitschriftenwerber Z verkauft Abonnements und erhält von seinem Arbeitgeber V für jeden Vertragsabschluss eine Provision. Die schon etwas senile Oma O überredet er, den „Playboy" zu abonnieren. Er behauptet, die Zeitschrift sei genau die richtige Spielanleitung für den dreijährigen Enkel der O. Z erhält von V gegen Übergabe des unterzeichneten Vertragsformulars 15 € Provision. Noch bevor O gezahlt hat, wird das erste Heft übersandt. Die entsetzte O schickt das Exemplar mit einem gesalzenen Kündigungsschreiben an V zurück. V ist zur Stornierung wie immer anstandslos bereit.

Frage: Hat sich Z gemäß § 263 strafbar gemacht ?

Fall 43

Der Sumo-Ringer S fordert seine Bekannte B auf, ihm sofort 1.000 € zu geben. Ansonsten werde er sie mit der gesamten Kraft seiner 300 kg bis zur Krankenhausreife quetschen. B ist so eingeschüchtert, dass sie tatsächlich den geforderten Betrag aus einem dem S nicht bekannten Versteck holt und ihm das Geld übergibt.

Frage: Wie hat sich S strafbar gemacht ?
Eine Strafbarkeit gemäß § 246 ist nicht zu prüfen.

Fall 44

P ist als Prokuristin bei der Firma G angestellt. Weil sich andeutet, dass die wirtschaftlich labile Geschäftspartnerin L in naher Zukunft zahlungsunfähig sein wird, erhält P von ihrer Chefin die ausdrückliche Weisung, in Zukunft keine Verträge mehr mit L abzuschließen. Als ein verlockendes Angebot zum Kauf mehrerer Dutzend Porzellanwindhunde von L eingeht, kann P nicht widerstehen und lässt sich auf das Geschäft ein.

Frage: Hat sich P gemäß § 266 strafbar gemacht ?

Fall 45

Bengel B macht eine Banklehre. Er darf im Rahmen der Ausbildung bereits am Schalter Auszahlungen vornehmen, Geld kassieren und entsprechende Quittungen ausstellen. Nach Schließung der Bank wird die Kassenbilanz aber regelmäßig von einem vorgesetzten Angestellten, der für die Ausbildung verantwortlich ist, erstellt. B nimmt eines Tages – des langweiligen Bankgeschäfts überdrüssig – einen 500-€-Schein aus der von ihm betreuten Kasse und macht sich aus dem Staub.

Frage: Wie hat sich B strafbar gemacht ?
Die Strafbarkeit gemäß § 246 ist nicht zu prüfen.

Fall 46

O will ihre Identität ändern. Zu diesem Zweck gibt sie ihrer langjährigen Partnerin T 2.000 €, von denen sie gefälschte Papiere besorgen soll. T hält sich nicht an den Auftrag, sondern verjubelt das Geld für sich.

Frage: Hat sich T gemäß § 266 strafbar gemacht ?

Hehlerei

Fall 47

Schlingel S hat einen 500-€-Schein gestohlen. In einer Bank wechselt er ihn in fünf 100-€-Scheine. Einen Hunderter schenkt S seiner Freundin F, die er zuvor über das gesamte Geschehen informiert hatte.

Frage: Hat sich F gemäß § 259 strafbar gemacht ?

Fall 48

T hat einen wertvollen Nasenring gestohlen, den er verkaufen will. Seine Freundin U nennt ihm gegen Zusage einer Einladung zum Essen den Namen des Nasenringsammlers und potenziellen Kaufinteressenten K. Hierbei war der U die Herkunft des Rings bekannt. Die Vertragsverhandlungen, die T später mit K führt, verlaufen erfolglos.

Frage: Wie hat sich U strafbar gemacht ?
§ 257 sowie Teilnahme an Taten des T ist nicht zu prüfen.

Fall 49

Der volksmusikbegeisterte Hobbybastler H sagt B zu, ihm einen Dietrich für einen Diebstahl in einem Plattenladen anzufertigen, wenn bei der Sache eine CD für ihn herausspringt. Einige Tage nach dem dank des Dietrichs erfolgreichen „Bruch“ händigt B dem H tatsächlich eines der zahlreichen Beutestücke aus. Es handelt sich um das neueste Werk von „Jodel-Joseph“, das einen Wert von 15 € hat.

Frage: Wie hat sich H strafbar gemacht ?
Teilnahme an einer etwaigen Unterschlagung des B ist nicht zu prüfen.

Kombinationsfälle

Fall 50

X betritt das Geschäft der Juwelierin J. Er zeigt sich an einigen goldenen Ringen mit überdimensionalen Rubinen interessiert. X fragt J, ob sie ihm die Ringe zur näheren Ansicht aus der Verkaufsvitrine holen könne. J geht auf das Ansinnen des X ein und händigt ihm einen der Ringe aus. Wie von vornherein geplant, ruft X der J ein fröhliches „Und Tschüs!" zu und entschwindet mitsamt dem Ring.

Frage: Hat sich X gemäß § 242 oder § 263 strafbar gemacht ?

Fall 51

Die Y findet auf der Straße den Kripo-Ausweis der Kommissarin K. Sie stellt aufgrund des eingehefteten Fotos erstaunt fest, dass K ihr sehr ähnlich sieht. Y beschließt, diesen Umstand für sich zu nutzen. Am nächsten Tag erscheint sie in den Geschäftsräumen des Spirituosenhändlers S und stellt sich unter Vorlage des gefundenen Ausweises unter dem Namen der K vor. Dann erklärt sie dem erstaunten S, es bestehe der Verdacht, dass ein Teil der letzten Lieferung einer bekannten Champagnersorte aus einem kürzlich bei einem anderen Händler verübten Einbruch stamme. Zur Klärung des Verdachts müsse sie drei Kisten der Champagnerlieferung beschlagnahmen, um den Inhalt untersuchen zu können. Der immer schon obrigkeitshörige S, der im Übrigen auch keine andere Möglichkeit sieht, beugt sich sofort dem „Wunsch" der K und gibt drei der Kisten heraus.

Frage: Hat sich Y gemäß § 242 oder gemäß § 263 strafbar gemacht ?

Fall 52

T ist Cheffahrer beim Industriellen X. Nach Dienstschluss fährt T die dem X gehörende Luxuskarosse immer auf dessen Privatparkplatz und übergibt dem regelmäßig anwesenden L – einem Hausbediensteten des X – den Wagenschlüssel. Am jeweils folgenden Tag holt T den Schlüssel wiederum bei L ab. Eines Tages kommt es zum Streit zwischen X und T, der mit der fristlosen Entlassung des T endet. Daraufhin will sich T an X rächen. Er betritt am nächsten Morgen den Parkplatz und wendet sich an L, der von der Entlassung des T noch nichts weiß. L gibt T auf dessen Bitte arglos den Wagenschlüssel, worauf T mit dem Auto verschwindet, um es zu verkaufen.

Frage: Hat sich T gemäß § 242 oder gemäß § 263 strafbar gemacht ?

Fall 53

G lässt sich von seiner Kollegin K in deren Auto mitnehmen. Weil G sich ein Eis kaufen will, hält K auf einem Rastplatz kurz an. Auf dem Rückweg zum Auto überkommt G spontan die Lust auf eine Spritztour. Er zieht seine Gaspistole und gibt einen Schuss auf die im Wagen sitzende K ab. K wird im Gesicht getroffen und verlässt – wie von G beabsichtigt – unter dem Eindruck des Gases fluchtartig ihr Fahrzeug. Wie geplant setzt sich G ans Steuer, fährt los und stellt den Wagen nach der Tour vor dem Haus der K ab.

Frage: Wie hat sich G strafbar gemacht ?
Die Strafbarkeit gemäß §§ 223, 224 und § 240 ist nicht zu prüfen.

Fall 54

T hat sich auf einer Auslandsreise Geldmünzen verschafft, die von Gewicht und Größe her €-Stücken entsprechen, aber wesentlich geringwertiger sind. Damit gelingt es ihm, am Automaten eine Schachtel Zigaretten zu ziehen.

Frage: Wie hat sich T strafbar gemacht ?
Die Strafbarkeit gemäß § 246 ist nicht zu prüfen.

Fall 55

Wieder einmal ist T in Geldnot. Sie nimmt die EC-Karte ihrer Freundin F an sich. An einer Sparkasse steckt T die Karte in den Geldautomaten, gibt die ihr bekannte PIN ein und lässt sich 100 € im Form von zwei 50-€-Scheinen auszahlen. Die Karte bringt T – wie von Anfang an geplant – unauffällig zu F zurück.

Frage: Wie hat sich T strafbar gemacht ?

Fall 56

Jurastudentin J hat von ihren Eltern zum Semesterbeginn einen Porsche geschenkt bekommen. Nach 400 Kilometern „volle Granate“ auf der Autobahn ist der Tank fast leer. J steuert eine SB-Tankstelle an und tankt 50 l Super. Als sie zahlen will, bemerkt J, dass der Tankwart gerade durch einen intensiven Flirt mit einer Kundin abgelenkt ist. Diese Gelegenheit lässt J nicht ungenutzt verstreichen. Mit quietschenden Reifen verlässt sie die Tankstelle ohne zu zahlen.

Frage: Wie hat sich J strafbar gemacht ?
Eventuell verwirklichte Straßenverkehrsdelikte sind nicht zu prüfen.

Eine Originalklausur

Fall 57

Jurastudent A hat seinem Kommilitonen B am 01.10.2020 ein zinsloses Darlehen über 1.000 € gegeben; als Rückzahlungstermin wurde der Aschermittwoch (17.02. 2021) vereinbart. Vor Weihnachten stellt A fest, dass er den verliehenen Betrag dringend braucht und bittet B um sofortige Rückzahlung des Darlehens. B lehnt dies ab. Da wendet sich A an die mit beiden befreundete Jurastudentin C, erläutert ihr den Sachverhalt und bittet sie um ihre Hilfe. C hat für das Anliegen des A Verständnis und sagt, sie werde schon dafür sorgen, dass B das Geld noch vor Weihnachten zurückzahlt.

Sowohl B als auch C sitzen im Hauptseminar an der Hausarbeit in der Strafrechtsübung für Anfänger, die am 11.12.2020 abzugeben ist. B kommt mit dem Fall nicht zurecht und bittet C am 09.12.2020, ihm ihr schon fast fertiggestelltes Manuskript kurz zu überlassen, damit er es kopieren und in leicht veränderter Form unter seinem eigenen Namen abgeben kann. „Ja – aber nur, wenn du dem A sofort seine 1.000 € zurückgibst“, sagt C, die weiß, dass B ohne ihr Manuskript keine brauchbare Strafrechtshausarbeit mehr zustande bringen kann.

Über das Ansinnen der C ist B so wütend, dass er ihr einen heftigen Stoß versetzt. Dadurch kommt C, wie B vorhergesehen hat, zu Fall und erleidet eine Platzwunde am Kopf. Während C noch benommen auf dem Boden liegt, entschließt sich B spontan, das Manuskript von Cs Hausarbeit von ihrem Arbeitsplatz im Hauptseminar wegzunehmen. Er steckt es ein, fährt damit zu einem Bekannten, tippt es dort in aller Ruhe ab und gibt die von C erarbeitete Lösung am 11.12. unter seinem eigenen Namen ab. Am 12.12.2020 gibt B der C (wie geplant) ihr Manuskript mit hämischem Grinsen zurück. C hatte in der Zwischenzeit ihre Lösung nicht mehr rekonstruieren können; als sie ihre Arbeit am 14.12. noch abzugeben versucht, wird sie wegen Verspätung nicht mehr angenommen.

Bitte prüfen Sie die Strafbarkeit von B und C. (Auf § 263 und §§ 267 ff StGB ist nicht einzugehen.)

Diebstahl und Unterschlagung

Fall 1

T will ihre Zierfischsammlung ergänzen. Als sie bei ihrer Sammlerfreundin O zu Besuch ist, nutzt sie die günstige Gelegenheit: In einem unbeobachteten Moment entnimmt T dem Aquarium der O zehn wertvolle Fische, steckt sie in einen mitgebrachten Wasserbeutel und verlässt die Wohnung.

Frage: Hat sich T gemäß § 242 strafbar gemacht ?

Lösungsskizze Fall 1

- Strafbarkeit der T gemäß § 242 I ?

I. Tatbestand

1. Objektiver Tatbestand

a. fremde bewegliche Sache ?

aa. Sache ?
= jeder körperliche Gegenstand (vgl. § 90 BGB)

HIER (+) → § 90a S. 1 BGB schließt Tiere zumindest vom zivilrechtlichen Sachbegriff aus; die Anwendung des § 90a S. 3 BGB könnte wegen des Analogieverbots (Art. 103 II GG / § 1 StGB) auf Bedenken stoßen; es kann aber auch auf einen insoweit eigenständigen strafrechtlichen Sachbegriff abgestellt werden, der von § 90a S. 1 BGB nicht tangiert wird und vom Schutzzweck her auch Tiere erfasst (vgl. auch §§ 324a I Nr. 1, 325 I, IV Nr. 1)

bb. beweglich ? **(+)**

cc. fremd ? **(+)**

dd. also: fremde bewegliche Sache **(+)**

b. Wegnahme ? **(+)**

c. also: objektiver Tatbestand **(+)**

2. Subjektiver Tatbestand

a. Vorsatz ? **(+)**

b. Absicht der rechtswidrigen Zueignung ? **(+)**

c. also: subjektiver Tatbestand **(+)**

3. <u>also</u>: Tatbestand (+)

II. Rechtswidrigkeit (+)

III. Schuld (+)

IV. Ergebnis:
Strafbarkeit der T gemäß § 242 I (+)

Formulierungsvorschlag Fall 1

- Strafbarkeit des T gemäß § 242 I

T könnte sich durch das Mitnehmen der Fische gemäß § 242 I strafbar gemacht haben.

I. Die Fische müssten fremde bewegliche Sachen sein.

Sache ist zunächst jeder körperliche Gegenstand im Sinne des § 90 BGB.

Die Fische sind körperliche Gegenstände. § 90a BGB enthält allerdings eine Sonderregelung für Tiere. Sie sind nach § 90a S. 1 BGB ausdrücklich keine Sachen. § 90a BGB hebt die Eigenschaft der Tiere als Lebewesen hervor. § 90a S. 1 BGB soll daher sicher nicht den strafrechtlichen Schutz verkürzen.

Möglicherweise findet § 90a S. 3 BGB Anwendung. Eine solche entsprechende Anwendung begegnet aber im Strafrecht Bedenken. In ihr könnte eine Analogie zuungunsten des Täters und damit ein Verstoß gegen das Analogieverbot aus Art. 103 II GG liegen. Bei vorbehaltloser Anknüpfung an den zivilrechtlichen Sachbegriff könnte es mithin dazu kommen, dass Tiere wegen § 90a BGB aus dem Schutzbereich des § 242 I herausfielen. Das ist aber ersichtlich nicht sachgerecht und stünde im krassen Widerspruch zum Schutzgedanken des § 90a S. 2 BGB.

Deshalb kann auf einen insoweit eigenständigen strafrechtlichen Sachbegriff abgestellt werden, der von der abweichenden zivilrechtlichen Begriffsbestimmung in § 90a S. 1 BGB nicht tangiert wird und vom Schutzzweck her auch Tiere umfasst. Dafür spricht auch die Nennung von Tieren und „anderen Sachen“ in §§ 324a I Nr. 1, 325 I, IV Nr. 1.

Somit sind die Fische Sachen im Sinne des § 242 I, sei es über die Anwendung des § 90a S. 3 BGB oder durch Abstellen auf einen insoweit eigenständigen strafrechtlichen Sachbegriff.

Die Fische sind beweglich und für T fremd.

T hat die Fische spätestens mit Verlassen der Wohnung weggenommen.

Sie handelte vorsätzlich und in der Absicht, sich die Tiere rechtswidrig zuzueignen.

II. Die Tat geschah rechtswidrig.

III. T handelte zudem schuldhaft.

IV. Damit hat sich T durch das Mitnehmen der Fische gemäß § 242 I strafbar gemacht.

Fazit

1. Der Fall gibt Gelegenheit, das vom Rechtsgefühl her eindeutige – und auch unstreitige – Ergebnis herzuleiten. Mit dem ***Analogieverbot*** wird ein häufig auftauchendes und ***handfestes Standardargument*** ins Spiel gebracht. ***Art. 103 II GG und*** der gleichlautende ***§ 1 StGB enthalten*** neben dem ***Analogieverbot*** das ***Bestimmtheitsgebot***, das ***Rückwirkungsverbot*** und das ***Verbot von Gewohnheitsrecht***. Diese Bestandteile der sogenannten Garantiefunktion des Strafrechts (lateinisch: nulla poena sine lege) sind so grundlegend, dass ihr sie draufhaben solltet.

2. Das spezielle Problem dieses Falls ergibt sich aus ***§ 90a BGB***. Das gleiche Ding kann euch natürlich auch bei §§ 246, 249, 259, 289 und 303 begegnen.

§ 90a BGB soll sicher nicht den strafrechtlichen Schutz verkürzen, sondern hebt lediglich die Eigenschaft der Tiere als Lebewesen hervor. In § 90a S. 3 BGB ist aber gerade im Hinblick auf den völlig unmissverständlichen S. 1 („Tiere sind keine Sachen.") ausdrücklich von „entsprechender Anwendung" die Rede. Teilweise wird dennoch die ***Anwendung des § 90a S. 3 BGB auch im Strafrecht*** akzeptiert, weil es sich um eine gesetzliche Anordnung und damit nicht um eine (lückenfüllende) Analogie des Rechtsanwenders handelt. Zusätzlich wird argumentiert, analoge Erweiterungen im Zivilrecht seien auch im Strafrecht verbindlich.

Das Problem eines etwaigen Verstoßes gegen das Analogieverbot muss nur angedeutet werden, weil man als ***Alternative zu § 90a S. 3 BGB*** (zumindest) ***über einen insoweit eigenständigen strafrechtlichen Sachbegriff*** – dem der zivilrechtliche § 90a S. 1 BGB wenn man so will nichts anhaben kann – die Kurve kriegen kann. Streng genommen ist es gutachtentechnisch sogar zwingend, sich nicht auf eine der beiden Herleitungsvarianten festzulegen, weil sie beide zum selben Ergebnis führen (vgl. Seiten 15, 28 f).

Bedenkt angesichts des unstreitigen Ergebnisses bitte, dass ***in der Klausur je nach Fallgestaltung*** im Sinne einer prägnanten Schwerpunktsetzung durchaus auch eine im Vergleich zu unserem Formulierungsvorschlag ***wesentlich knappere Darstellung*** des Problems ***angebracht*** sein kann.

3. Die Frage, ob bereits im Einstecken der Fische ein Gewahrsamswechsel und damit eine Wegnahme liegt, sollte nicht erörtert werden. Mit der Formulierung „spätestens" deutet ihr das Problembewusstsein an.

4. Auch die Beschreibung der Beute als zehn wertvolle Fische hat ihren Grund: ***§ 248a*** (lesen!) soll hier keine Rolle spielen. Einen allgemeingültigen Richtwert gibt es nicht. Die ***Grenze zur Geringwertigkeit*** liegt ***jedenfalls nicht unter 25 € und nicht über 50 €.***

Fall 2

Die Ernte des Bauern B lässt zu wünschen übrig. Deshalb begibt er sich heimlich und unentdeckt auf das nicht eingezäunte Feld seiner Kollegin O. Dort zieht er mühevoll Rüben im Wert von 500 € aus dem Feld, lädt sie auf seinen Anhänger und streicht zufrieden die Ernte ein.

Frage: Wie hat sich B strafbar gemacht ?

Lösungsskizze Fall 2

- Strafbarkeit des B gemäß § 242 I ?

I. Tatbestand

1. Objektiver Tatbestand

a. fremde bewegliche Sache ?

aa. Sache ? **(+)**

bb. beweglich ?
= Sachen, die tatsächlich fortgeschafft werden können

HIER (+) → eigentlich mit dem Grundstück fest verbunden; die Rüben können aber zur Wegnahme beweglich gemacht werden

cc. fremd ? **(+)**

dd. also: fremde bewegliche Sache **(+)**

b. Wegnahme ? **(+)**

c. also: objektiver Tatbestand **(+)**

2. Subjektiver Tatbestand

a. Vorsatz ? **(+)**

b. Absicht der rechtswidrigen Zueignung ? **(+)**

c. also: subjektiver Tatbestand **(+)**

3. also: Tatbestand **(+)**

II. Rechtswidrigkeit **(+)**

III. Schuld **(+)**

IV. Ergebnis:
Strafbarkeit des B gemäß § 242 I (+)

- Strafbarkeit des B gemäß § 246 I ?

§ 246 I tritt als ausdrücklich subsidiär hinter § 242 I zurück

- Strafbarkeit des B gemäß § 303 I ?

I. Tatbestand

1. Objektiver Tatbestand

a. fremde Sache ?

aa. Sache ?
= jeder körperliche Gegenstand (vgl. § 90 BGB / § 303 I erfasst bewegliche und unbewegliche Sachen)

HIER (+) → das Feld ist ein körperlicher Gegenstand und damit eine (unbewegliche) Sache

bb. fremd ? **(+)**

cc. also: fremde Sache **(+)**

b. (hier) Beschädigen ? **(+)**

c. also: objektiver Tatbestand **(+)**

2. Subjektiver Tatbestand

- Vorsatz ? **(+)**

3. also: Tatbestand **(+)**

II. Rechtswidrigkeit **(+)**

III. Schuld **(+)**

IV. Ergebnis:
Strafbarkeit des B gemäß § 303 I (+); Verfolgung aber gemäß § 303c nur auf Antrag, wenn nicht die Staatsanwaltschaft ein besonderes öffentliches Interesse bejaht

- Strafbarkeit des B gemäß § 123 I Var. 1 ?

I. Tatbestand

1. Objektiver Tatbestand

a. befriedetes Besitztum ?
= ein in äußerlich erkennbarer Weise durch den Berechtigten mittels zusammenhängender Schutzwehren gegen das willkürliche Betreten gesichertes Grundstück

HIER (–) → das Feld ist nicht umzäunt oder anderweitig gesichert

b. <u>also</u>: objektiver Tatbestand (–)

2. <u>also</u>: Tatbestand (–)

II. Ergebnis:
Strafbarkeit des B gemäß § 123 I Var. 1 (–)

- Gesamtergebnis und Konkurrenzen

Strafbarkeit des B gemäß § 242 I (+); Strafbarkeit des B gemäß § 303 I (+); beide Taten stehen zueinander in Idealkonkurrenz, § 52

Formulierungsvorschlag Fall 2

- Strafbarkeit des B gemäß § 242 I

Möglicherweise hat sich B durch das Mitnehmen der Rüben gemäß § 242 I strafbar gemacht.

I. Die Rüben müssten fremde bewegliche Sachen sein.

Sie sind für B fremde Sachen.

Sie müssten beweglich sein. Beweglich sind Sachen, die tatsächlich fortgeschafft werden können. Die Rüben waren zunächst mit dem Boden fest verbunden. Sie waren also Bestandteil des Grundstücks, einer unbeweglichen Sache. Es genügt allerdings, dass die Sachen erst zum Zweck der Wegnahme gelöst werden, also beweglich gemacht werden. B hat die Rüben aus dem Boden gelöst, um sie fortschaffen zu können. Mithin handelt es sich um bewegliche Sachen.

Er hat sie spätestens durch den Abtransport weggenommen.

B handelte vorsätzlich und in der Absicht, sich die Rüben rechtswidrig zuzueignen.

II. Die Tat geschah rechtswidrig.

III. B handelte schuldhaft.

IV. Damit hat er sich durch das Mitnehmen der Feldfrüchte gemäß § 242 I strafbar gemacht.

- Strafbarkeit des B gemäß § 246 I

§ 246 I ist gegenüber § 242 I ausdrücklich subsidiär.

- Strafbarkeit des B gemäß § 303 I

B könnte sich außerdem durch das Entfernen der Rüben vom Feld der O gemäß § 303 I strafbar gemacht haben.

I. Das Feld müsste eine fremde Sache sein.

Sache ist jeder körperliche Gegenstand, wobei von § 303 I bewegliche und unbewegliche Sachen erfasst werden. Das Feld ist ein körperlicher Gegenstand und damit eine (unbewegliche) Sache.

Es ist im Übrigen für B fremd.

B hat die Substanz des Feldes verletzt, indem er die Rüben entfernt hat. Er hat das Feld beschädigt.

B handelte zudem vorsätzlich.

II. Die Tat geschah rechtswidrig.

III. B handelte schuldhaft.

IV. Damit hat sich B durch das Entfernen der Rüben vom Feld gemäß § 303 I strafbar gemacht. Die Tat ist gemäß § 303c nur auf Antrag zu verfolgen, wenn nicht die Staatsanwaltschaft ein besonderes öffentliches Interesse bejaht.

- Strafbarkeit des B gemäß § 123 I Var. 1

Durch das Betreten des Feldes könnte sich B weiterhin gemäß § 123 I Var. 1 strafbar gemacht haben.

I. Bei dem Feld handelt es sich möglicherweise um ein befriedetes Besitztum.

Dazu müsste es in äußerlich erkennbarer Weise durch den Berechtigten mittels zusammenhängender Schutzwehren gegen das willkürliche Betreten durch andere gesichert sein. Das Feld ist nicht umzäunt oder anderweitig gesichert. Demnach handelt es sich nicht um ein befriedetes Besitztum.

II. B hat sich nicht gemäß § 123 I Var. 1 strafbar gemacht.

- Gesamtergebnis und Konkurrenzen

B hat sich gemäß §§ 242 I und § 303 I strafbar gemacht. Beide Taten stehen zueinander in Idealkonkurrenz, § 52.

Fazit

1. Das kleine Problem bei § 242 I dürfte in Klausuren kein Schwerpunkt sein. Der Fall soll nur der Vollständigkeit halber die Subsumtion verdeutlichen. Das ***Merkmal „beweglich“*** ist aber ***in aller Regel unproblematisch***. Dann solltet ihr euch mit einer kurzen Feststellung begnügen.

2. Unterschlagung und Diebstahl schließen sich nicht schon von den Merkmalen her gegenseitig aus. Vielmehr ist ***§ 246 I*** als ***Auffangtatbestand*** gestaltet, der folgerichtig (unter anderem) gegenüber § 242 I ***ausdrücklich subsidiär*** ist. Das haben wir kurz hervorgehoben. Vertretbar erscheint uns aber auch, § 246 I im Ausgangsfall gar nicht zu erwähnen. Auf keinen Fall sollte die Unterschlagung in solchen Konstellationen voll durchgeprüft werden. Das wäre wegen der ausdrücklichen Subsidiarität ersichtlich witzlos und eine klar verfehlte Schwerpunktsetzung.

3. ***Bei § 303 I*** ist wichtig, dass – im Gegensatz zu § 242 I – ***sowohl bewegliche als auch unbewegliche Sachen erfasst*** werden. Achtet im Übrigen bei der Sachbeschädigung auf ***§ 303c***. Damit die Tat verfolgbar ist, muss grundsätzlich ein Antrag gestellt werden. Die Ausnahme „besonderes öffentliches Interesse" solltet ihr in der Klausur nur kurz erwähnen. Eine Prüfung wird an diesem Punkt nicht erwartet (vgl. allgemein zum Strafantrag Seiten 26 f). § 303 spielt in Klausuren meist keine zentrale Rolle, hat aber angesichts des im Jahre 2005 durch das „Graffiti-Bekämpfungsgesetz" neu eingefügten Absatzes 2 tendenziell an Prüfungsrelevanz gewonnen.

   Deshalb hier ein paar ergänzende Hinweise: In der Regel wird das ***Beschädigen*** wie im Ausgangsfall in einer ***Verletzung der Sachsubstanz*** liegen. Aber auch eine ***erhebliche Brauchbarkeitsminderung*** kann das Merkmal erfüllen. Unter beiden Aspekten können die Fälle problematisch werden, in denen Sachen bemalt, besprüht oder beklebt werden. Vor diesem Hintergrund ist nach langer Diskussion § 303 II eingefügt worden, der insbesondere „***Graffiti***-Schmierereien" erfassen soll (siehe auch § 304 II). Unabhängig davon ist die Sachbeschädigung von der reinen ***Sach- bzw. Nutzungsentziehung*** zu unterscheiden, bei der es an der für § 303 I charakteristischen körperlichen Einwirkung auf die Sache fehlt.

4. Das Ergebnis bei ***§ 123 I*** ist so eindeutig, dass man sich ohne großes Risiko auch kürzer fassen kann: „Eine Strafbarkeit gemäß § 123 I Var. 1 scheidet mangels befriedeten Besitztums aus." Ihr solltet den Hausfriedensbruch hier aber wegen des darauf gemünzten Hinweises im Sachverhalt zumindest erwähnen.

   Solltet ihr irgendwann einmal Hausfriedensbruch bejahen, ist ***§ 123 II*** (lesen!) zu beachten. Hier ist die Tat definitiv nur auf Antrag verfolgbar (vgl. soeben Ziffer 3. zu § 303c / vgl. zu § 123 auch Die Fälle – Strafrecht BT 1, Fall 22 und Fall 23).

5. Der Fall ist im Übrigen kein reines Hirngespinst. Die Rechtsprechung musste sich mit einem Schäfer beschäftigen, der seine Schafe eine fremde Wiese hatte abweiden lassen. Neben Diebstahl wurde eine Sachbeschädigung des Grundstücks bejaht, weil die Schafe die Wiese – einem natürlichen Bedürfnis folgend – verunreinigt hatten.

Fall 3

U ist ungewöhnlich veranlagt. Er nimmt aus der Leichenhalle eine dort zur späteren Bestattung aufgebahrte Leiche mit nach Hause.

Frage: Wie hat sich U strafbar gemacht?

Lösungsskizze Fall 3

- Strafbarkeit des U gemäß § 242 I ?

I. Tatbestand

1. Objektiver Tatbestand

a. fremde bewegliche Sache ?

aa. Sache ?
= jeder körperliche Gegenstand (vgl. § 90 BGB)

HIER (+) → auch Leichen sind Sachen (a.A. vertretbar: bloßer Rückstand der Persönlichkeit)

***bb. beweglich ?* (+)**

cc. fremd ?
= im Eigentum eines anderen stehend

HIER (–) → Leichen mit Pietätsbindung sind nicht Gegenstand des Rechtsverkehrs und damit nicht eigentumsfähig (sondern herrenlos); sie können also auch nicht fremd sein

***dd. <u>also</u>: fremde bewegliche Sache* (–)**

***b. <u>also</u>: objektiver Tatbestand* (–)**

***2. <u>also</u>: Tatbestand* (–)**

II. Ergebnis:
Strafbarkeit des U gemäß § 242 I (–)

- Strafbarkeit des U gemäß § 168 I ?

I. Tatbestand

1. Objektiver Tatbestand

a. (hier) Körper eines verstorbenen Menschen ?
= Leiche muss vom Schutzzweck des § 168 her noch der Pietätsbindung unterliegen

HIER (+) → die Leiche unterliegt noch der Pietätsbindung; sie ist nicht etwa Gegenstand des Rechtsverkehrs geworden

b. (hier) Wegnahme aus dem Gewahrsam des Berechtigten ?

= Aufhebung des Obhutsverhältnisses ohne des Willen des Berechtigten; Berechtigte sind in der Regel die Angehörigen

HIER (+) → auch bei Aufbahrung in der Leichenhalle besteht ein tatsächliches Obhutsverhältnis der Angehörigen (Berechtigten); dieses Obhutsverhältnis hat U durch das Mitnehmen der Leiche ohne deren Willen aufgehoben

***c. <u>also</u>: objektiver Tatbestand* (+)**

2. Subjektiver Tatbestand

***- Vorsatz ?* (+)**

***3. <u>also</u>: Tatbestand* (+)**

***II. Rechtswidrigkeit* (+)**

***III. Schuld* (+)**

IV. Ergebnis:

Strafbarkeit des U gemäß § 168 I (+)

Formulierungsvorschlag Fall 3

- Strafbarkeit des U gemäß § 242 I

U könnte sich durch das Mitnehmen der Leiche gemäß § 242 I strafbar gemacht haben.

I. Bei der Leiche müsste es sich um eine fremde bewegliche Sache handeln.

Sache ist jeder körperliche Gegenstand. Die Leiche ist ein körperlicher Gegenstand. Die Bedenken ergeben sich daraus, dass jedenfalls der lebende Mensch Rechtssubjekt und damit keine Sache ist. Man könnte nun folgern, dass auch der tote Mensch keine Sache, sondern lediglich Rückstand der Persönlichkeit ist. Ein solcher Schluss überzeugt letztlich nicht. Mit dem Tod erlischt ja gerade die Rechtsfähigkeit. Die bloße Pietätsbindung steht der Sachqualität aber nicht entgegen.

Somit ist die Leiche eine Sache.

Die Leiche müsste aus Tätersicht fremd sein. Fremd ist eine Sache, wenn sie im Eigentum eines anderen steht. Als Eigentümer kommen allenfalls die Erben in Betracht. Eine Leiche ist jedoch in der Regel nicht Gegenstand des Rechtsverkehrs. Solange sie zur Bestattung bestimmt ist und damit der Pietätsbindung unterliegt, ist sie nicht eigentumsfähig und damit herrenlos.

Die von U entwendete Leiche war zur Bestattung bestimmt. Mithin ist sie nicht eigentumsfähig, steht also nicht im Eigentum eines anderen.

Die Leiche ist nicht fremd.

II. Damit hat sich U nicht gemäß § 242 I strafbar gemacht.

- Strafbarkeit des U gemäß § 168 I

U könnte sich allerdings durch das Mitnehmen nach § 168 I strafbar gemacht haben.

I. Die Leiche müsste ein taugliches Tatobjekt sein. Der Körper eines verstorbenen Menschen ist vom Schutzzweck der Vorschrift her nur von § 168 I erfasst, solange er nicht Gegenstand des Rechtsverkehrs geworden ist. Die Leiche unterliegt noch der Pietätsbindung. Sie ist – wie oben gezeigt – nicht Gegenstand des Rechtsverkehrs geworden.

Damit ist die Leiche taugliches Tatobjekt für § 168 I.

U müsste sie aus dem Gewahrsam des Berechtigten weggenommen haben. Mit Gewahrsam ist bei § 168 I das Obhutsverhältnis gemeint, in dem in der Regel die Angehörigen als Berechtigte zu der Leiche stehen. Ein solches tatsächliches Obhutsverhältnis besteht auch dann, wenn der Körper des Verstorbenen in einer Leichenhalle aufgebahrt ist. Dieses Verhältnis hat U durch das Mitnehmen der Leiche ohne den Willen der Angehörigen aufgehoben.

Er hat somit den Körper eines verstorbenen Menschen aus dem Gewahrsam des Berechtigten weggenommen.

U handelte vorsätzlich.

II. Die Tat geschah rechtswidrig.

III. U handelte schließlich auch schuldhaft.

IV. Er hat sich demnach durch das Mitnehmen der Leiche gemäß § 168 I strafbar gemacht.

Fazit

1. Das ***Problem*** spielt sich prüfungstechnisch zunächst auf der Ebene der ***Sacheigenschaft***, dann bei der ***Fremdheit*** ab. Je nach Geschmack und Zeit könnt ihr auch offenlassen, ob es sich um eine Sache handelt, um dann ***§ 242 I*** jedenfalls am Merkmal „Fremdheit“ scheitern zu lassen. Das ist genau genommen nicht ganz sauber, weil das Merkmal „Sache“ logisch vorrangig ist. Ein halbwegs toleranter Korrektor müsste diese Variante aber zumindest dulden.

   Wie ihr euch leicht denken könnt, sind ***Forderungen und Rechte*** keine Sachen. Im Computerbereich hat der ***Daten***träger Sacheigenschaft, nicht aber das „Programm“. Kompliziert kann es bei ***künstliche***n ***Körperimplantate***n (Hüftgelenke, Plomben, Zahnbrücken, Herzschrittmacher etc.) werden. Nach h.M. sind sie keine Sachen – sondern Körperbestandteile – sobald und solange sie mit dem lebenden Körper eines Menschen verbunden sind.

2. Vielleicht hat sich der oder die eine oder andere über unsere ***Definition*** des Merkmals ***„fremd"*** gewundert. In der Tat gibt es eine weitere gängige Definition, die da lautet: „Eine Sache ist fremd, wenn sie nicht im (Allein-)Eigentum des Täters steht und nicht herrenlos ist." Das ist zwar genauso richtig, aber unnötig kompliziert. Entscheidend für den Begriff der „Fremdheit" ist allein die ***zivilrechtliche Eigentumslage***. Anders als beim Sachbegriff (vgl. Fall 1) gibt es hier also im Grundsatz keine abweichende „strafrechtliche Betrachtung". Im Lichte des § 8 gelten allerdings keine zivilrechtlichen Rückwirkungsfiktionen (siehe dazu insbesondere § 142 und§ 1953 BGB).

3. Für die „Tieftaucher" unter euch noch ein weiterführender Gedanke: Selbst wenn man mit einer zivilrechtlichen Mindermeinung einen Eigentumserwerb am Leichnam trotz Pietätsbindung nicht von vornherein für ausgeschlossen hielte, wären nicht etwa „automatisch" die Erben Eigentümer. Die Leiche gehört nämlich jedenfalls nicht zum Nachlass. Sie ist nicht Teil des Vermögens des Erblassers (vgl. § 1922 I BGB).

   Achtet bei der „Leichenproblematik" immer darauf, ob – wie hier – die ***Pietätsbindung*** noch besteht. Das ist etwa bei Anatomieleichen (Sezierobjekte für Mediziner), Mumien und Schrumpfköpfen nicht der Fall. Dann sieht das Ergebnis genau umgekehrt aus, weil die Leiche Gegenstand des Rechtsverkehrs geworden ist. Ein solches Tatobjekt fällt unter § 242 I, nicht aber unter § 168 I.

4. Die Prüfung des ***§ 168 I*** ist also durch das Ergebnis bei § 242 I weitgehend vorgezeichnet. Je nach Umfang der Klausur kann man deshalb vielleicht auch riskieren, sich auf eine kurze Feststellung („T hat sich aber durch das Mitnehmen der Leiche gemäß § 168 I strafbar gemacht.") zu beschränken. Allerdings fällt bei einer solchen Kurzdarstellung insbesondere die Tathandlung „Wegnahme aus dem Gewahrsam des Berechtigten" unter den Tisch. Wer die Wegnahmedefinition bei § 242 I kennt (dazu später mehr), wird bemerkt haben, dass bei § 168 I Gewahrsam etwas anderes bedeutet als beim Diebstahl. Möglicherweise hat euch das Wort „unbefugt" in § 168 I irritiert. Es handelt sich dabei nur um einen an sich überflüssigen Hinweis auf das allgemeine Deliktsmerkmal der Rechtswidrigkeit (vgl. auch zu § 123 Die Fälle – Strafrecht BT 1, Fall 22, Fazit 1.). Damit ist „unbefugt" kein zusätzliches Tatbestandsmerkmal und taucht folgerichtig in unserer Prüfung auch nicht auf. Zur „Asche eines verstorbenen Menschen" sollen auch Verbrennungsrückstände wie z.B. das Zahngold gehören. Dieses Ergebnis passt zu der Betrachtung im Zusammenhang mit § 242 (s.o. Fazit 1. a.E.).

5. Für ***§ 123 I*** gibt es in dem recht kargen Sachverhalt keine Anhaltspunkte. Insbesondere ist nicht ersichtlich, ob U die Leichenhalle gegen, ohne oder mit dem Willen des Hausrechtsinhabers (wer auch immer das hier sein mag) betreten hat. Eine Prüfung wäre deshalb rein spekulativ. Dem Aufgabensteller kommt es hier – im Gegensatz zu Fall 2 – nicht auf den Hausfriedensbruch an.

6. Nachdem § 242 I schon am Merkmal „fremde bewegliche Sache" gescheitert war, sollte man zu ***§ 246 I*** kein Wort sagen. An das Tatobjekt stellen Diebstahl und Unterschlagung identische Anforderungen, sodass eine Prüfung des § 246 I im Ausgangsfall nach Verneinung der Strafbarkeit gemäß § 242 I schon vom Ansatz her fernliegend war.

Fall 4

In der Mittagspause sitzt der Bankangestellte B auf einer Parkbank und liest die neueste Ausgabe einer täglich erscheinenden Zeitung. Am Ende der Pause lässt B die gelesene Zeitung bewusst auf der Bank liegen. Dort wird sie von der umherstreifenden Rentnerin R mitgenommen.

Frage: Wie hat sich R strafbar gemacht ?

Lösungsskizze Fall 4

- Strafbarkeit der R gemäß § 242 I ?

I. Tatbestand

1. Objektiver Tatbestand

a. fremde bewegliche Sache ?

***aa. Sache ?* (+)**

***bb. beweglich ?* (+)**

cc. fremd ?

= im Eigentum eines anderen stehend

HIER (–) → B ist nicht mehr Eigentümer der Tageszeitung; nachdem er sie gelesen hatte, war sie für ihn nicht mehr interessant; er hat sein Eigentum an der Zeitung aufgegeben, indem er sie bewusst liegen gelassen hat (sog. Dereliktion, § 959 BGB); da zu diesem Zeitpunkt niemand Eigentümer der Zeitung war, war sie herrenlos

***dd. also: fremde bewegliche Sache* (–)**

***b. also: objektiver Tatbestand* (–)**

***2. also: Tatbestand* (–)**

II. Ergebnis:

Strafbarkeit der R gemäß § 242 I (–)

Formulierungsvorschlag Fall 4

- Strafbarkeit der R gemäß § 242 I

R könnte sich durch das Mitnehmen der Zeitung gemäß § 242 I strafbar gemacht haben.

I. Bei der Zeitung handelt es sich um eine bewegliche Sache.

Sie müsste für R fremd gewesen sein. Fremd ist eine Sache, die im Eigentum eines anderen steht.

Ursprünglich war B Eigentümer der Tageszeitung. Nachdem er sie gelesen hatte, war sie für ihn nicht mehr interessant. Dadurch, dass er sie bewusst liegen gelassen hat, wird sein Wille erkennbar, sein Eigentum an ihr gemäß § 959 BGB aufzugeben. Die Zeitung stand somit zum Zeitpunkt des Liegenlassens weder im Eigentum des B, noch im Eigentum einer anderen Person. Sie war herrenlos und demnach nicht für R fremd.

II. R hat sich durch das Mitnehmen der Zeitung nicht gemäß § 242 I strafbar gemacht.

Fazit

1. Das einzige Problem des relativ einfachen Falles lag in der Frage, ob die Zeitung aus Tätersicht ***fremd*** war. Wie ihr gesehen habt, kann eine Person ihr Eigentum an Gegenständen aufgeben. Das wird dann ***Dereliktion*** genannt und ist in ***§ 959 BGB*** geregelt. Wenn Eigentum aufgegeben wurde, ist die hiervon betroffene Sache zumindest zunächst (vgl. § 958 BGB) ***herrenlos***. Ebenfalls herrenlos sind wilde Tiere in der Freiheit (§ 960 I 1 BGB / vgl. Die Fälle – BGB Sachenrecht 1, Fall 27, Fazit 4.).

2. Eine ***Eigentumsaufgabe*** (= Dereliktion) ist eine einseitige nicht empfangsbedürftige Willenserklärung. Ihr müsst immer anhand des Sachverhalts überprüfen, ob ein entsprechender Wille erkennbar ist. So wird man bei am Straßenrand liegendem ***Sperrmüll*** i.d.R. von Dereliktion ausgehen können. Anders wird man bei ***Sammelgut*** (Altkleidersammlung etc.) entscheiden müssen (siehe näher Die Fälle – BGB Sachenrecht 1, Fall 27, Fazit 4.). Rechtlich interessant ist auch das sogenannte ***Containern*** (Mitnahme weggeworfener Lebensmittel, auch Mülltauchen genannt / vgl. BVerfG NJW 2020, 2953 ff).

3. Die Frage, ob die Rentnerin R vielleicht wegen eines (untauglichen) Diebstahlversuchs bestraft werden kann, stellte sich hier nicht. Voraussetzung hierfür wäre eine Fehlvorstellung der R. Dazu sagt der Sachverhalt aber nichts.

4. Wir haben es schon in Ziffer 2. des Fazits zu Fall 3 angedeutet: Unsere „Kompaktdefinition" des Merkmals „fremd" wird allen Konstellationen gerecht. Auch die herrenlose Sache steht nicht im Eigentum eines anderen. Auf § 246 war wiederum nicht einzugehen (vgl. Fall 3, Fazit 6.).

Fall 5

Nach einem Saufgelage bricht der zügellose Z wieder einmal bewusstlos zusammen. T bemerkt dies und entnimmt der Brieftasche des Z ein 2-€-Stück, das er einsteckt.

Frage: Hat sich T gemäß § 242 strafbar gemacht ?
Auf § 243 (Strafzumessungsregel) ist nicht einzugehen.

Lösungsskizze Fall 5

- Strafbarkeit des T gemäß § 242 I ?

I. Tatbestand

1. Objektiver Tatbestand

a. fremde bewegliche Sache ? **(+)**

b. Wegnahme ?
= Bruch fremden und Begründung neuen Gewahrsams; Gewahrsam ist tatsächliche Sachherrschaft, die von einem (natürlichen) Herrschaftswillen getragen wird

aa. Bruch fremden Gewahrsams ?
= Aufhebung des Gewahrsams ohne oder gegen den Willen des bisherigen Inhabers

HIER (+) → Gewahrsam setzt zwar einen Herrschaftswillen voraus, aber nicht, dass der Gewahrsamsinhaber zu jeder Zeit in der Lage ist, seinen einmal begründeten Willen auszuüben; auch Bewusstlose haben demnach Gewahrsam (potenzieller Gewahrsamswille); T hat das Geld somit ohne bzw. gegen den Willen des Z an sich genommen

bb. Begründung neuen Gewahrsams ? **(+)**

cc. also: Wegnahme **(+)**

c. also: objektiver Tatbestand **(+)**

2. Subjektiver Tatbestand

a. Vorsatz ? **(+)**

b. Absicht der rechtswidrigen Zueignung ? **(+)**

c. also: subjektiver Tatbestand **(+)**

3. also: Tatbestand **(+)**

II. Rechtswidrigkeit **(+)**

III. Schuld **(+)**

IV. Ergebnis:

Strafbarkeit des T gemäß § 242 I (+); Verfolgung aber gemäß § 248a nur auf Antrag, wenn nicht die Staatsanwaltschaft ein besonderes öffentliches Interesse bejaht

Formulierungsvorschlag Fall 5

- Strafbarkeit des T gemäß § 242 I

T könnte sich durch das Mitnehmen des 2-€-Stücks gemäß § 242 I strafbar gemacht haben.

I. Bei dem Geldstück handelt es sich um eine für T fremde bewegliche Sache.

Diese müsste T weggenommen haben. Wegnahme bedeutet Bruch fremden und Begründung neuen Gewahrsams. Gewahrsam ist Sachherrschaft, die von einem natürlichen Herrschaftswillen getragen ist.

T müsste fremden Gewahrsam gebrochen haben. Dann müsste er das Geld ohne oder gegen den Willen des ursprünglichen Gewahrsamsinhabers aus dessen Herrschaftsbereich geschafft haben.

Maßgebend für die Gewahrsamsverhältnisse ist die Verkehrsauffassung. Gewahrsam setzt demnach zwar einen Herrschaftswillen voraus, aber nicht, dass der Gewahrsamsinhaber zu jeder Zeit in der Lage ist, seinen einmal begründeten Willen auszuüben. Obwohl Z bewusstlos gewesen ist, hatte er potenziellen Gewahrsamswillen und demnach Gewahrsam an der Geldbörse und deren Inhalt.

T hat das Geld gegen beziehungsweise ohne den Willen des Z aus dessen Herrschaftsbereich geschafft und somit fremden Gewahrsam gebrochen.

Er hat das Geldstück an sich genommen, also in seinen Herrschaftsbereich verbracht und folglich auch neuen Gewahrsam begründet.

Demnach liegt die Wegnahme einer fremden beweglichen Sache vor.

T handelte vorsätzlich und mit der Absicht, sich die Sache rechtswidrig zuzueignen.

II. Die Tat geschah rechtswidrig.

III. T handelte zudem schuldhaft.

IV. Er hat sich durch das Mitnehmen des Geldstücks gemäß § 242 I strafbar gemacht. Das Tatobjekt ist geringwertig im Sinne des § 248a. Demnach ist die Tat gemäß § 248a nur auf Antrag zu verfolgen, wenn nicht die Staatsanwaltschaft ein besonderes öffentliches Interesse bejaht.

Fazit

1. Die ***Wegnahme***definition solltet ihr beherrschen. Sie gilt in dieser Form aber nur für §§ 242 I, 249 I und darf insbesondere auf § 289 I nicht ohne Weiteres übertragen werden (vgl. auch Fall 3, Fazit 4. zu § 168).

   Problematisch war hier, ob Z als ***Bewusstloser*** überhaupt ***Gewahrsamsinhaber*** sein kann. Wenn er in diesem Zustand wegen eines mangelnden Herrschaftswillens keinen Gewahrsam hätte, könnte ein Täter auch keinen Gewahrsam brechen. Hohe Anforderungen sind an den Gewahrsam aber nicht zu stellen. Der Sachherrschaftswille und damit auch der Gewahrsam ist regelmäßig zu bejahen, wenn der Inhaber schläft oder nicht bei Bewusstsein ist. Ein ***aktualisiertes***, d.h. immerwährendes ***Bewusstsein*** ist ***nicht erforderlich***.

2. Der BGH bejaht den Gewahrsam sogar ***bis zum tatsächlichen Todeseintritt***, wenn der Bewusstlose nicht mehr aufwacht, sondern in die ewigen Jagdgründe entschwindet. Wenn der ursprüngliche Inhaber allerdings das Zeitliche gesegnet hat, gilt etwas anderes: Tote haben natürlich – selbst nach der Rechtsprechung – keinen Gewahrsam (und tragen keine Karos).

3. Nach der eingeschränkten Fallfrage solltet ihr euch an dieser Stelle noch nicht mit etwaigen Problemen der Regelbeispiele des § 243 herumquälen. Das steht euch noch bevor. Nur so viel: T hat an sich das Regelbeispiel des § 243 I Nr. 6 erfüllt. Weder an der Hilflosigkeit des Z noch am Ausnutzen dieser Hilflosigkeit bestehen ernsthafte Zweifel. Ein besonders schwerer Fall ist aber wegen § 243 II ausgeschlossen.

Fall 6

Der etwas zerstreute Professor P begibt sich zur Post, um ein Paket aufzugeben. Mit großer Mühe füllt er am Schalter eine Paketkarte mittels eines wertvollen Füllfederhalters aus, den ihm eine seiner Freundinnen zu Weihnachten geschenkt hat. Beim Verlassen der Postfiliale verliert P noch innerhalb des Gebäudes das ach so geliebte Schreibgerät. Der zufällig anwesende X bemerkt dies, hebt den Füller auf, steckt ihn ein und sucht das Weite.

Frage: Hat sich X gemäß § 242 strafbar gemacht ?

Lösungsskizze Fall 6

- Strafbarkeit des X gemäß § 242 I ?

I. Tatbestand

1. Objektiver Tatbestand

a. fremde bewegliche Sache ? **(+)**

b. Wegnahme ?

aa. Bruch fremden Gewahrsams ?

= Aufhebung des Gewahrsams ohne oder gegen den Willen des bisherigen Inhabers

HIER (+) → zwar hat P selbst keinen Gewahrsam mehr, der gebrochen werden könnte; er hat den Füller „verloren" und wusste daher nicht, wo er sich befindet; P hatte keine Einwirkungsmöglichkeit und damit keine tatsächliche Sachherrschaft mehr; die Verantwortlichen der Postfiliale hatten aber Gewahrsam; Inhaber eines räumlichen Machtbereichs haben aufgrund eines generellen Gewahrsamswillens Gewahrsam insbesondere an verlorenen Gegenständen, die sich in ihrer Sphäre befinden; X hat den Füller gegen bzw. ohne den Willen der bisherigen Gewahrsamsinhaber aus deren Herrschaftsbereich geschafft

bb. Begründung neuen Gewahrsams ? **(+)**

cc. <u>also</u>: Wegnahme **(+)**

c. <u>also</u>: objektiver Tatbestand **(+)**

2. Subjektiver Tatbestand

a. Vorsatz ? **(+)**

b. Absicht der rechtswidrigen Zueignung ? **(+)**

c. <u>also</u>: subjektiver Tatbestand **(+)**

3. <u>also</u>: Tatbestand **(+)**

II. Rechtswidrigkeit **(+)**

III. Schuld **(+)**

IV. Ergebnis:
Strafbarkeit des X gemäß § 242 I (+)

Formulierungsvorschlag Fall 6

- Strafbarkeit des X gemäß § 242 I

X könnte sich durch das Mitnehmen des Füllfederhalters gemäß § 242 I strafbar gemacht haben.

I. Bei dem Füllfederhalter handelt es sich um eine für X fremde bewegliche Sache.

Diese müsste X weggenommen haben. Wegnahme bedeutet Bruch fremden und Begründung neuen Gewahrsams. Gewahrsam ist Sachherrschaft, die von einem natürlichen Herrschaftswillen getragen ist.

X müsste fremden Gewahrsam gebrochen haben. Dann müsste er den Federhalter ohne oder gegen den Willen des bisherigen Gewahrsamsinhabers aus dessen Herrschaftsbereich geschafft haben.

Ursprünglich hatte P Gewahrsam an dem Schreibgerät. Problematisch erscheint aber, ob dies zum Zeitpunkt der Tathandlung noch immer der Fall war.

Eine Sachherrschaft des ursprünglichen Gewahrsamsinhabers wird nach der Verkehrsauffassung bejaht, solange er weiß, wo er einen Gegenstand liegen gelassen hat, also wenn er einen Gegenstand vergessen hat. Der Gewahrsam wird entsprechend mangels Einwirkungsmöglichkeit auf die Sache verneint, wenn der ursprüngliche Gewahrsamsinhaber nicht mehr weiß, wo sich der Gegenstand befindet, also wenn er ihn verloren hat.

P hat den Federhalter verloren und ist somit nicht mehr Gewahrsamsinhaber.

Möglicherweise haben jedoch die Verantwortlichen in der Postfiliale Gewahrsam erlangt, den X folglich hätte brechen können. Inhaber eines räumlichen Machtbereichs haben regelmäßig Gewahrsam insbesondere an verlorenen Gegenständen, die sich in ihrer Herrschaftssphäre befinden. Hierzu reicht ein genereller Gewahrsamswille aus. Das Schreibgerät befand sich in den Geschäftsräumen der Postfiliale und somit im Gewahrsam der Verantwortlichen. X hat den Füller ohne deren Willen aus dem räumlichen Bereich der Postfiliale geschafft und somit fremden Gewahrsam gebrochen.

Er hat den Füllfederhalter in seinen Herrschaftsbereich verbracht. Damit hat er gleichzeitig neuen Gewahrsam begründet.

Demnach liegt eine Wegnahme vor.

X handelte vorsätzlich und mit der Absicht, sich die Sache rechtswidrig zuzueignen.

II. Die Tat geschah rechtswidrig.

III. X handelte zudem schuldhaft.

IV. Er hat sich durch das Mitnehmen des Füllfederhalters gemäß § 242 I strafbar gemacht.

Fazit

1. Beachtet bitte Folgendes: ***Gewahrsam des ursprünglichen Inhabers wird bejaht***, solange er weiß, wo er einen Gegenstand liegen gelassen hat, also ***wenn*** er einen Gegenstand ***vergessen*** hat. Sein ***Gewahrsam wird*** folgerichtig ***verneint***, ***wenn*** er nicht mehr weiß, wo sich der Gegenstand befindet, also wenn er ihn ***verloren*** hat. Gerade hier (Begriffsunterscheidung „vergessen" / „verlieren") seht ihr, wie wichtig es ist, immer genau auf die Formulierung im Sachverhalt zu achten.

2. Beim Verlieren des Gegenstandes scheidet demnach ein Gewahrsam des ursprünglichen Gewahrsamsinhabers aus. Wenn ihr zu diesem Ergebnis gekommen seid, müsst ihr aber unbedingt anhand des Sachverhalts überprüfen, ob ***verantwortliche Personen als Inhaber eines räumlichen Machtbereichs*** (z.B. Post, Bahn, Straßenbahn, Arbeitsamt, Kino, ...) ***Gewahrsam*** erlangt haben.

Aufgrund eines ***generellen Gewahrsamswillens*** erlangen diese Personen Gewahrsam insbesondere an den Gegenständen, die in ihrem Herrschaftsbereich verloren wurden. Und diesen Gewahrsam kann ein Täter nun wieder brechen.

Auch auf nur vergessene Sachen erstreckt sich der generelle Gewahrsamswille. Weil der ursprüngliche Gewahrsam aber dann noch fortbesteht (vgl. 1.), wird nur Mitgewahrsam begründet. Unter welchen Voraussetzungen eine Wegnahme möglich ist, wenn der Täter selbst Mitgewahrsam hat, wird später noch näher dargestellt.

3. Der Sachverhaltshinweis, der Federhalter sei ***„wertvoll"***, sollte mögliche Überlegungen bezüglich ***§ 248a*** ausschließen.

4. Noch ein Hinweis über den Tellerrand des Strafrechts hinaus: Gewahrsam im Sinne der Wegnahme-Definition ist nicht identisch mit dem zivilrechtlichen Besitz (§§ 854 ff BGB). So gibt es Besitz auch ohne tatsächliche Sachherrschaft (siehe §§ 855, 857, 868 BGB). Andererseits stellen die Zivilrechtler tendenziell deutlich strengere Anforderungen an einen generellen Besitzwillen, als es die Strafrechtler beim generellen Gewahrsamswillen tun (vgl. Die Fälle – BGB Sachenrecht 1, Fall 28).

Fall 7

Feinschmeckerin F kann im Supermarkt der Versuchung nicht widerstehen. Sie nimmt eine Dose Beluga-Kaviar im Wert von 80 € aus dem Regal und steckt sie in ihre Handtasche. F will das Geschäft verlassen, ohne zu bezahlen. Noch vor der Kasse wird sie vom Warenhausdetektiv D gestellt, der alles beobachtet hat.

Frage: Hat sich F gemäß § 242 strafbar gemacht ?

Lösungsskizze Fall 7

- Strafbarkeit der F gemäß § 242 I ?

I. Tatbestand

1. Objektiver Tatbestand

a. fremde bewegliche Sache ? **(+)**

b. Wegnahme ?
= Bruch fremden und Begründung neuen Gewahrsams

HIER (+) → zwar befand sich F noch im Herrschaftsbereich des Supermarktinhabers, sie hat aber mit dem Einstecken eine Gewahrsamsenklave (Tasche als höchstpersönliche Sphäre) geschaffen; auf die Möglichkeit, den endgültigen Verlust zu verhindern, kommt es nicht an; dazu muss die Sache der F nämlich erst wieder weggenommen werden (a.A. vertretbar); der Gewahrsamswechsel geschah gegen bzw. ohne den Willen des bisherigen Gewahrsamsinhabers

c. <u>also</u>: objektiver Tatbestand **(+)**

2. Subjektiver Tatbestand

a. Vorsatz ? **(+)**

b. Absicht der rechtswidrigen Zueignung ? **(+)**

c. <u>also</u>: subjektiver Tatbestand **(+)**

3. <u>also</u>: Tatbestand **(+)**

II. Rechtswidrigkeit **(+)**

III. Schuld **(+)**

IV. Ergebnis:
Strafbarkeit der F gemäß § 242 I (+)

Formulierungsvorschlag Fall 7

- Strafbarkeit der F gemäß § 242 I

F könnte sich durch das Einstecken der Dose in die Handtasche gemäß § 242 I strafbar gemacht haben.

I. Die Dose ist eine für F fremde bewegliche Sache.

F müsste die Dose weggenommen haben. Wegnahme ist Bruch fremden und Begründung neuen Gewahrsams. Gewahrsam ist die von einem Herrschaftswillen getragene Sachherrschaft. Dabei sind die Anschauungen des täglichen Lebens maßgeblich.

Ursprünglich hatte der Supermarktinhaber Gewahrsam an der Dose. Möglicherweise hat mit dem Einstecken in die Handtasche ein Gewahrsamswechsel stattgefunden. Das erscheint im Hinblick auf die Tatsache zweifelhaft, dass sich F noch im Supermarkt und damit im Herrschaftsbereich des ursprünglichen Gewahrsamsinhabers befand. Zudem wurde das Geschehen von D beobachtet, der jederzeit zugunsten des Inhabers eingreifen konnte.

Andererseits ist zu berücksichtigen, dass F die Dose mit dem Einstecken ihrem Herrschaftsbereich einverleibt hat. Nach den Anschauungen des täglichen Lebens hat sie eine Herrschaftsbeziehung zu den in ihrer Handtasche befindlichen Gegenständen, wie sie intensiver kaum denkbar ist. F hat die Dose mit dem Einstecken in die Tasche in ihre höchstpersönliche Sphäre verbracht und so eine Gewahrsamsenklave geschaffen.

Der dauerhafte Verlust der Dose konnte nur dadurch verhindert werden, dass D in die Herrschaftssphäre der F eingriff. Letztlich musste ihr die Dose nach der Verkehrsauffassung dazu wieder abgenommen, also weggenommen werden. Auf die Möglichkeit, einen endgültigen Verlust der Sache zu verhindern, kann es demnach für die Wegnahme nicht ankommen.

Somit hat ein Gewahrsamswechsel stattgefunden.

Für einen Gewahrsamsbruch müsste die ursprüngliche Sachherrschaft weiterhin gegen oder ohne den Willen des bisherigen Gewahrsamsinhabers aufgehoben worden sein. Der Supermarktinhaber ist nicht damit einverstanden, dass Kunden die Ware in ihre Handtaschen stecken. Der Gewahrsam wurde damit gegen den Willen des bisherigen Inhabers aufgehoben. Mithin liegt im Gewahrsamswechsel ein Gewahrsamsbruch.

F hat damit die Dose weggenommen.

Sie handelte vorsätzlich und in der Absicht, sich die Sache rechtswidrig zuzueignen.

II. Die Tat geschah rechtswidrig.

III. F handelte schuldhaft.

IV. Damit hat sich F durch das Einstecken der Dose gemäß § 242 I strafbar gemacht.

Fazit

1. Der Fall wurde auf Basis der h.M. gelöst. Wer – gut vertretbar – verlangt, dass dem Fortschaffen der Beute keine Hindernisse mehr entgegenstehen, muss den Gewahrsamswechsel und damit die Wegnahme ablehnen. Auf dieser Schiene kommt ihr zum Versuch, der dann glatt durchgeht (vgl. einführend zum Versuch Die Fälle – Strafrecht AT, Fall 35).

2. Das Problem sollte – wie dargestellt – am Fall entwickelt werden. Das kommt deutlich besser an als die Darstellung in Form eines Theorienstreits.

   Achtet immer genau auf die ***Umstände des Einzelfalls***:

   Wenn der Täter nicht beobachtet wird, spricht noch mehr für eine vollendete Wegnahme als im Ausgangsfall. Eine ***Gewahrsamsenklave*** soll im Übrigen auch dann begründet werden können, wenn die Ware mit einem ***Sicherungsetikett*** versehen ist, das beim Verlassen des Kontrollbereichs ein Alarmsignal auslöst. Genau wie die ***Beobachtung*** soll nach h.M. ein solches Etikett die Vollendung der Wegnahme nicht hindern. Die entsprechende Argumentation klang im Formulierungsvorschlag schon an: Durch das Sicherungsetikett kann genau wie durch die Beobachtung eine vollendete Wegnahme nicht verhindert werden, sondern lediglich die Beute wiedererlangt und ein schon begangener Diebstahl aufgedeckt werden. Im Grunde wird auf diese Weise das „Modell" der Gewahrsamsenklave konsequent zu Ende gedacht.

   Völlig anders sieht es hingegen aus, wenn die Ware im Einkaufswagen unter dem Mantel des Täters versteckt wird. Dann kann man kaum noch von einer Gewahrsamsenklave sprechen. Deshalb ist das Verstecken der Ware allein noch kein Diebstahl. Allerdings ist beim ***Passieren der Kasse*** § 242 I einschlägig. Es handelt sich um eine unbewusste Sachhingabe des Kassierers. An der Kasse liegt eine Wegnahme und damit ein Diebstahl vor. § 263 (Betrug) scheidet mangels Verfügungsbewusstseins aus. Auf die Abgrenzung § 242 / § 263 gehen wir später ausführlich ein.

   Die Aspekte Gewahrsamsenklave und Beobachtung treten zwar häufig „gemeinsam" in einem Fall auf, wollen aber gedanklich unterschieden werden. So kann sich das Problem der Beobachtung auch und gerade bei offenem Wegtragen der Beute stellen, was dann natürlich nichts mit einer Gewahrsamsenklave zu tun hat. Auch in einem solchen Fall gilt aber (nach gefestigter h.M.) der alte Lehrsatz: Diebstahl ist kein Heimlichkeitsdelikt.

   Ihr seht also: Die berüchtigten Supermarkt-Fälle bieten ungeahnt viele Varianten!

   Der BGH hat im Übrigen klargestellt, dass bei besonders handlichen und leicht zu bewegenden Gegenständen (Mobiltelefon) für die Begründung eigener Sachherrschaft schon das bloße Ergreifen und Festhalten ausreichen kann.

Fall 8

K arbeitet als Schwester im Krankenhaus. Sie gerät in den Verdacht, aus den Patientenzimmern Geld zu stehlen. Detektiv D präpariert daher einen 500-€-Schein mit einem schwer von der Haut löslichen Farbpulver und legt ihn auf einen der Nachttische. Anschließend bekommt K den Auftrag, die Betten in den Zimmern neu zu beziehen. Bei dieser Gelegenheit steckt sie den Schein ein und nimmt ihn mit nach Hause. Aufgrund der Färbung ihrer Hand wird sie dort überführt.

Frage: Wie hat sich K strafbar gemacht ?
Eine Strafbarkeit gemäß § 246 ist nicht zu prüfen.

Lösungsskizze Fall 8

- Strafbarkeit der K gemäß § 242 I ?

I. Tatbestand

1. Objektiver Tatbestand

***a. fremde bewegliche Sache ?* (+)**

b. Wegnahme ?

aa. Bruch fremden Gewahrsams ?
= Aufhebung des Gewahrsams gegen oder ohne den Willen des bisherigen Inhabers

HIER (–) → D wollte geradezu den Gewahrsamswechsel, um K überführen zu können (tatbestandsausschließendes Einverständnis)

***bb. <u>also</u>: Wegnahme* (–)**

***c. <u>also</u>: objektiver Tatbestand* (–)**

***2. <u>also</u>: Tatbestand* (–)**

II. Ergebnis:
Strafbarkeit der K gemäß § 242 I (–)

- Strafbarkeit der K gemäß § 242, 22, 23 I ?

(- Vorprüfung)

***1. Nichtvollendung der Tat ?* (+)**

2. Strafbarkeit des Versuchs ?* (+) → *§ 242 II

I. Tatbestand

1. Subjektiver Tatbestand

a. Tatentschluss ?
= Vorsatz bezüglich der objektiven Merkmale

***aa. Vorsatz bezüglich der fremden beweglichen Sache ?* (+)**

bb. Vorsatz bezüglich der Wegnahme ?

HIER (+) → K wusste nichts vom Einverständnis; sie ging von einem Gewahrsamswechsel gegen den Willen des Gewahrsamsinhabers, also einer Wegnahme aus; auch ein solcher untauglicher Versuch ist strafbar (§ 22 / Umkehrschluss aus § 23 III)

***cc. also: Tatentschluss* (+)**

***b. Absicht der rechtswidrigen Zueignung ?* (+)**

***c. also: subjektiver Tatbestand* (+)**

***2. Objektiver Tatbestand = unmittelbares Ansetzen ?* (+)**

***3. also: Tatbestand* (+)**

***II. Rechtswidrigkeit* (+)**

***III. Schuld* (+)**

IV. Ergebnis:
Strafbarkeit der K gemäß §§ 242, 22, 23 I (+)

Formulierungsvorschlag Fall 8

- Strafbarkeit der K gemäß § 242 I

K könnte sich durch das Mitnehmen des Geldscheins gemäß § 242 I strafbar gemacht haben.

I. Der Schein ist eine für K fremde bewegliche Sache.

Sie müsste den Schein weggenommen haben. Wegnahme ist Bruch fremden und Begründung neuen Gewahrsams.

Spätestens mit dem Verlassen des Krankenhauses hat ein Gewahrsamswechsel stattgefunden.

Problematisch ist allein, ob K den Gewahrsam des D gebrochen hat. Bruch fremden Gewahrsams ist die Aufhebung der Sachherrschaft ohne den Willen des bisherigen Gewahrsamsinhabers. D wollte allerdings im Hinblick auf die spätere Überführung gerade, dass K den Schein an sich nimmt. Der Gewahrsamswechsel geschah also mit dem Willen des Gewahrsamsinhabers.

K hat damit wegen des tatbestandsausschließenden Einverständnisses keinen fremden Gewahrsam gebrochen.

Sie hat den Schein nicht weggenommen.

II. K hat sich somit durch das Mitnehmen des Geldscheins nicht gemäß § 242 I strafbar gemacht.

- Strafbarkeit der K gemäß §§ 242, 22, 23 I

K könnte sich aber durch das Einstecken gemäß §§ 242, 22, 23 I strafbar gemacht haben.

Die Tat ist nicht vollendet.

Der Versuch ist gemäß § 242 II strafbar.

I. K müsste zunächst einen Tatentschluss zur Verwirklichung des objektiven Tatbestands gefasst haben.

Ihr war die Qualität des Scheins als eine für sie fremde bewegliche Sache bewusst.

Weiterhin müsste sie von einer Wegnahme ausgegangen sein. K wusste nichts vom Plan des D. Sie ging daher von einem Gewahrsamswechsel gegen den Willen des Gewahrsamsinhabers aus. Ihre Vorstellung bezog sich folglich auf eine Wegnahme.

K hatte den Tatentschluss zur Verwirklichung des objektiven Tatbestands gefasst.

Dass objektiv wegen des tatbestandsausschließenden Einverständnisses keine Wegnahme möglich war, führt strukturell zum sogenannten untauglichen Versuch, dessen Strafbarkeit sich aus § 22 sowie einem Umkehrschluss aus § 23 III ergibt.

K handelte darüber hinaus in der Absicht, sich den Schein rechtswidrig zuzueignen.

Spätestens mit dem Einstecken des Geldscheins hat K unmittelbar zur Tatbestandsverwirklichung angesetzt.

II. Die Tat geschah rechtswidrig.

III. K handelte schuldhaft.

IV. Somit hat sie sich durch das Einstecken gemäß §§ 242, 22, 23 I strafbar gemacht.

Fazit

1. Fälle dieser Art sind unter dem Stichwort ***„Diebesfalle"*** bekannt. Wenn der Täter – anders als hier – auf frischer Tat ertappt wird, liegt ***oft schon gar kein Gewahrsamswechsel*** vor. Die h.M. lässt das Einstecken allerdings schon für die Aufhebung des Gewahrsams genügen (vgl. Fall 7). Indem ihr auf das Mitnehmen abstellt und die Formulierung „spätestens" benutzt, bewegt ihr euch im unstreitigen Bereich.

2. Das ***tatbestandsausschließende Einverständnis*** ist von der Einwilligung zu unterscheiden, die ein Rechtfertigungsgrund ist (vgl. Die Fälle – Strafrecht AT, Fall 13 / zum Einverständnis später mehr).

   Wegen des Einverständnisses kann der Versuch hier unmöglich zum Erfolg führen. Es handelt sich um einen ***untauglichen Versuch*** (umgekehrter Tatbestandsirrtum). Dass auch der strafbar ist, ist heute allgemein anerkannt und braucht daher wie oben demonstriert nur kurz dargestellt zu werden (vgl. näher Die Fälle – Strafrecht AT, Fall 36).

   Achtet beim Versuch immer genau ***auf den*** vom Vollendungsdelikt ***abweichenden Aufbau*** (vgl. Lösungsskizze / Die Fälle – Strafrecht AT, Fall 35). Besonders ist zu beachten, dass ***sämtliche objektiven Merkmale bereits im subjektiven Tatbestand*** (in der Vorstellung des Täters) geprüft werden müssen. Beim objektiven Versuchstatbestand stellt sich dann nur noch die Frage, ob ein ***unmittelbares Ansetzen*** vorliegt. Darauf bezieht sich auch die von der Vollendungsprüfung abweichende Tathandlung. Für das der Vollendung zeitlich vorgelagerte unmittelbare Ansetzen genügt das Einstecken nämlich allemal.

3. Nach der Strafbarkeit des D war nicht gefragt. Bei ihm käme eine Anstiftung (§ 26) in Betracht. Sie scheitert spätestens daran, dass D keinen Vorsatz hinsichtlich der Vollendung der Haupttat hat. Die Fachbezeichnung für solch sympathische Menschen ist ***„agent provocateur"*** (französisch für „Lockspitzel" / vgl. näher Die Fälle – Strafrecht AT, Fall 29). Man kann die Anstiftung hier aber auch schon im objektiven Tatbestand kippen, wenn man nämlich für das „Bestimmen zur Tat" eine kommunikative Beeinflussung verlangt vgl. Die Fälle – Strafrecht AT, Fall 28, Fazit 6.).

4. Immer wenn der (vollendete) Diebstahl an der Wegnahme scheitert, kann § 246 eigenständige Bedeutung bekommen (vgl. Fall 2, Fazit 2.). Damit wollten wir euch an dieser Stelle aber noch nicht behelligen. Deshalb die Einschränkung der Fallfrage. Nur für diejenigen, die schon jetzt weiter denken wollen: Das Problem bei der (vollendeten) Unterschlagung liegt in der Frage, ob sich das Einverständnis nur auf den Gewahrsamswechsel bezieht oder auch auf die Gesamthandlung (streitig).

Fall 9

Der autobegeisterte A will eine Spritztour machen. Zu diesem Zweck sucht er auf einem Supermarkt-Parkplatz in Euskirchen den Mercedes des O aus, dessen Tür nicht verschlossen ist. Der Wagen weist – bis auf den nickenden Dackel auf der Hutablage und den Eifelverein-Aufkleber am Heck – keine Besonderheiten auf. A findet im Handschuhfach den Ersatzschlüssel und fährt davon. O, der zu diesem Zeitpunkt den Familieneinkauf erledigt, bemerkt von alledem nichts. Nach zweistündiger Fahrt stellt A den Wagen – wie von Anfang geplant – auf einem Großparkplatz mitten in Köln unverschlossen ab. Den Schlüssel lässt er im Zündschloss stecken.

Frage: Wie hat sich A strafbar gemacht ?

Lösungsskizze Fall 9

- Strafbarkeit des A gemäß § 242 I ?

I. Tatbestand

1. Objektiver Tatbestand

a. fremde bewegliche Sache ? **(+)**

b. Wegnahme ?

aa. Bruch fremden Gewahrsams ?
= Aufhebung des Gewahrsams ohne oder gegen den Willen des bisherigen Inhabers

HIER (+) → O hatte während seiner vorübergehenden Abwesenheit gelockerten Gewahrsam, den A ohne dessen Willen aufgehoben hat

bb. Begründung neuen Gewahrsams ? **(+)**

cc. <u>also</u>: Wegnahme **(+)**

c. <u>also</u>: objektiver Tatbestand **(+)**

2. Subjektiver Tatbestand

a. Vorsatz ? **(+)**

b. Absicht der rechtswidrigen Zueignung ?

aa. Zueignungsabsicht ?
= Enteignungsvorsatz (dolus eventualis reicht) und Aneignungsabsicht

(1) Enteignungsvorsatz ?
= Vorsatz, den Berechtigten dauernd aus seiner Position zu verdrängen

HIER (+) → A hatte keinen Rückführungswillen; er wollte den Wagen einem ungewissen Schicksal überlassen; er hat damit billigend in Kauf genommen, dass O dauernd aus seiner Position verdrängt wird

***(2) Aneignungsabsicht ?* (+)**

***(3) also: Zueignungsabsicht* (+)**

***bb. Rechtswidrigkeit der beabsichtigten Zueignung ?* (+)**

***cc. also: Absicht der rechtswidrigen Zueignung* (+)**

***c. also: subjektiver Tatbestand* (+)**

***3. also: Tatbestand* (+)**

***II. Rechtswidrigkeit ?* (+)**

***III. Schuld ?* (+)**

IV. Ergebnis:
Strafbarkeit des A gemäß § 242 I (+)

- Strafbarkeit des A gemäß § 246 I ?

§ 246 I ist gegenüber § 242 I ausdrücklich subsidiär

- Strafbarkeit des A gemäß § 248b I ?

§ 248b I ist gegeben, tritt aber ebenfalls als ausdrücklich subsidiär zurück

Formulierungsvorschlag Fall 9

- Strafbarkeit des A gemäß § 242 I

A könnte sich durch das Losfahren mit dem Wagen gemäß § 242 I strafbar gemacht haben.

I. Der Wagen ist eine für A fremde bewegliche Sache.

A müsste ihn weggenommen haben. Wegnahme ist Bruch fremden und Begründung neuen Gewahrsams.

Gewahrsam ist die von einem Herrschaftswillen getragene tatsächliche Sachherrschaft. O hatte während des Einkaufs zwar keinen unmittelbaren Zugriff auf den Mercedes, nach der Auffassung des täglichen Lebens bleibt die Sachherrschaft aber trotz vorübergehender räumlicher Entfernung bestehen.

O hatte gelockerten Gewahrsam. Den hat A durch das Losfahren gebrochen und gleichzeitig neuen Gewahrsam begründet. Eine Wegnahme liegt damit vor.

A hat auch vorsätzlich gehandelt.

Er müsste weiterhin in der Absicht gehandelt haben, sich oder einem Dritten den Mercedes rechtswidrig zuzueignen.

Zueignungsabsicht besteht aus der Absicht zumindest vorübergehender Aneignung und dem Vorsatz, den Berechtigten dauerhaft zu enteignen.

Der Enteignungsvorsatz ist problematisch. A wollte O nicht dauerhaft aus seiner Position verdrängen, ihm kam es ausschließlich auf die zeitweilige Nutzung an.

Im Hinblick auf die Enteignungskomponente genügt allerdings Eventualvorsatz. A müsste die Enteignung des O also zumindest billigend in Kauf genommen haben. Er hat den Wagen an einem vom Tatort weit entfernten Platz abgestellt. O selbst hat deshalb so gut wie keine Chance, den Wagen wiederzufinden. Es ist immerhin denkbar, dass die Polizei den Wagen im Rahmen ihrer Ermittlungen anhand des Kennzeichens identifizieren kann. Wegen der Unscheinbarkeit des Fahrzeugs wäre dies aber eher zufällig. Zudem hat A den Mercedes unverschlossen mit steckendem Schlüssel in einer Großstadt hinterlassen. Dadurch ist das Risiko einer weiteren Entwendung beträchtlich.

Nach alledem ist festzustellen, dass A den Wagen gleichgültig einem ungewissen Schicksal überlassen hat. Das hatte er bereits zum Zeitpunkt der Wegnahme vor. Er hat damit die dauerhafte Enteignung des O billigend in Kauf genommen. Enteignungsvorsatz liegt vor.

A hat sich den Wagen absichtlich vorübergehend angeeignet.

Somit handelte A in Zueignungsabsicht. Die beabsichtigte Zueignung war auch rechtswidrig.

II. Die Tat geschah rechtswidrig.

III. A handelte schuldhaft.

IV. Somit hat sich A durch das Losfahren gemäß § 242 I strafbar gemacht.

- Strafbarkeit des A gemäß § 246 I

§ 246 I ist gegenüber § 242 I ausdrücklich subsidiär.

- Strafbarkeit des A gemäß § 248b I

Der mitverwirklichte unbefugte Gebrauch eines Fahrzeugs tritt im Wege der ausdrücklich in § 248b I angeordneten Subsidiarität ebenfalls zurück.

Fazit

1. Der Fall gibt reichlich Gelegenheit, sich mit den Indizien des Sachverhalts auseinanderzusetzen. Das ***Kernproblem*** spielt sich bei der ***Zueignungsabsicht*** ab. ***Fallbezogene Argumentation*** ist angesagt. Augenscheinlich sprach vieles für die Bejahung des § 242 I. Das gegenteilige Ergebnis (Gebrauchsanmaßung) wäre angesichts der Sachverhaltsangaben deutlich schwerer zu begründen.

Eine gute Übung: Bildet einen vergleichbaren Fall, bei dem der Enteignungsvorsatz und damit § 242 I zu verneinen ist! Was bleibt dann übrig? Richtig, nur § 248b I, weil bei fehlendem Enteignungsvorsatz natürlich auch § 246 I scheitert (vgl. § 15).

2. Das Ergebnis bei der ***Wegnahme*** ist völlig eindeutig. Der Fall weicht aber immerhin so weit vom Normalfall des Gewahrsams (unmittelbarer Zugriff / räumliche Nähe) ab, dass ihr den ***gelockerten Gewahrsam*** angemessen knapp im Gutachtenstil problematisieren solltet. Die Kurzversion „A hat den Wagen weggenommen." empfiehlt sich hier nur bei akuter Zeitnot.

3. Wie bei § 246 I ist die gutachterliche Prüfung des ***§ 248b I*** nach Feststellung der Strafbarkeit nach § 242 I wegen der im Gesetz ausdrücklich angeordneten ***Subsidiarität*** erkennbar unnötig (vgl. schon Fall 2, Fazit 2. zu § 246). Die Vorschrift sollte nur der Vollständigkeit halber in der geschilderten Weise erwähnt werden. Bei Verneinung des § 242 I sieht die Sache natürlich anders aus. Selbst dann könnt ihr euch aber bei der unproblematischen Gebrauchsanmaßung kurz fassen.

Übrigens verdrängt § 248b I seinerseits den Diebstahl des verbrauchten Benzins und Öls. Sonst käme § 248b I schließlich (außer bei Fahrrädern) nie zur Anwendung, weil bei Verbrennungsmotoren immer Treibstoff verbraucht wird.

Beachte: Wenn es sich nicht um Fahrzeuge i.S.d. § 248b I oder Pfandsachen (§ 290) handelt, ist die Gebrauchsanmaßung straflos!

4. Noch einmal zurück zum Thema gelockerter Gewahrsam: Wenn der Täter einen Kunden nach dessen Eingabe am ***Bankautomat***en ablenkt, um das ***Geld aus dem Fach*** zu entnehmen (sog. ***Abfischen)***, kommt Diebstahl zulasten der Bank oder zulasten der Kundin bzw. des Kunden in Betracht (BGH NStZ 2019, 726 ff einerseits / BGH NStZ 2021, 425 ff andererseits).

Fall 10

Nichtstuer N befindet sich wieder einmal in Geldnot. Er nimmt deshalb das Sparbuch der B in einem unbeobachteten Moment aus dessen Schublade und hebt 2.000 € ab. Dann legt er das Sparbuch – wie von Anfang an geplant – in die Schublade zurück.

Frage: Hat sich N gemäß § 242 strafbar gemacht ?

Lösungsskizze Fall 10

- Strafbarkeit des N gemäß § 242 I ?

I. Tatbestand

1. Objektiver Tatbestand

a. fremde bewegliche Sache ? **(+)**

b. Wegnahme ? **(+)**

c. also: objektiver Tatbestand **(+)**

2. Subjektiver Tatbestand

a. Vorsatz ? **(+)**

b. Absicht der rechtswidrigen Zueignung ?

aa. Zueignungsabsicht ?
= Enteignungsvorsatz (dolus eventualis reicht) und Aneignungsabsicht

(1) Enteignungsvorsatz ?
= Vorsatz, den Berechtigten dauernd aus seiner Position zu verdrängen

HIER (+) → N wollte das Sparbuch zwar von Anfang zurückbringen, Gegenstand der Zueignung kann aber auch der unmittelbar in der Sache selbst verkörperte Sachwert sein; diesbezüglich hatte N Enteignungsvorsatz; er hat mit dem Sparbuch eine entwertete, leere „Hülse“ zurückgegeben

(2) Aneignungsabsicht ? **(+)**

(3) also: Zueignungsabsicht **(+)**

bb. Rechtswidrigkeit der beabsichtigten Zueignung ? **(+)**

cc. also: Absicht der rechtswidrigen Zueignung **(+)**

c. also: subjektiver Tatbestand **(+)**

3. also: Tatbestand **(+)**

II. Rechtswidrigkeit **(+)**

III. Schuld **(+)**

IV. Ergebnis:
Strafbarkeit des N gemäß § 242 I (+)

Formulierungsvorschlag Fall 10

- Strafbarkeit des N gemäß § 242 I

Möglicherweise hat sich N durch das Mitnehmen des Sparbuchs gemäß § 242 I strafbar gemacht.

I. Das Sparbuch ist eine für N fremde bewegliche Sache.

Er hat es durch das Mitnehmen weggenommen.

N handelte vorsätzlich.

Er müsste weiterhin in der Absicht gehandelt haben, sich oder einem Dritten das Sparbuch rechtswidrig zuzueignen. Zueignungsabsicht besteht aus Enteignungsvorsatz und Aneignungsabsicht.

N müsste zumindest dolus eventualis im Hinblick auf die dauernde Enteignung des Berechtigten gehabt haben. N hatte bereits zum Zeitpunkt der Wegnahme vor, B das Sparbuch zurückzuverschaffen.

Demnach hat er die dauernde Enteignung jedenfalls im Hinblick auf die Substanz des Tatobjekts nicht einmal billigend in Kauf genommen.

Gegenstand der Zueignung kann aber nach allgemeiner Auffassung auch der Sachwert sein, sofern er in der Sache selbst unmittelbar verkörpert ist. Durch das Abheben ist B im Hinblick auf den Sachwert von 2.000 € dauerhaft enteignet worden. Darauf bezog sich der Vorsatz des N bereits zum Zeitpunkt der Wegnahme. N wollte das Sparbuch von Anfang an sozusagen als leere Hülse zurückgegeben, der Sachwert war somit unmittelbar im Sparbuch selbst verkörpert.

Folglich hatte N Enteignungsvorsatz im Hinblick auf den im Sparbuch verkörperten Sachwert.

Diesen Sachwert hat er sich absichtlich angeeignet.

N handelte in Zueignungsabsicht. Die beabsichtigte Zueignung war schließlich auch rechtswidrig.

II. Die Tat geschah rechtswidrig.

III. N handelte schuldhaft.

IV. Somit hat er sich durch das Mitnehmen des Sparbuchs gemäß § 242 I strafbar gemacht.

Fazit

1. Auch hier liegt das Problem bei der Zueignungsabsicht. Der Fall ist auf Basis der heute weithin anerkannten ***„Vereinigungslehre“ (= Kombination aus Substanz- und Sachwerttheorie)*** gelöst worden. Einen Meinungsstreit will an dieser Stelle – zumindest in der Klausur – niemand sehen. Mit dem Hinweis auf die „allgemeine Auffassung“ könnt ihr zeigen, dass euch die Existenz der einen oder anderen Gegenstimme bekannt ist. Wer allerdings „h.M.“ schreibt, muss sich auch mit abweichenden Ansichten auseinandersetzen. Vielleicht hegen einige von euch Bedenken gegen die Sachwerttheorie wegen des Analogieverbots (Art. 103 II GG / § 1 StGB). Die Einbeziehung des Sachwerts dürfte aber ohne Weiteres mit dem Wortlaut des Gesetzes (hier „Sache“ als Tatobjekt) vereinbar sein.

Der genaue Prüfungsstandort wird übrigens uneinheitlich angegeben. Einige ordnen die ganze Angelegenheit der Aneignungskomponente zu. Das leuchtet nicht sonderlich ein, denn der Clou ist ja gerade, dass die Sache selbst ihrer Substanz nach nicht dauerhaft entzogen wird (Enteignungskomponente). Der Prüfungsstandort darf auf keinen Fall in der Klausur problematisiert werden. Der Aufbau spricht immer für sich!

Ein wichtiger Punkt: Auf den Sachwert soll und darf selbstverständlich nur eingegangen werden, wenn man (ausnahmsweise) mit der Substanz der Sache als Gegenstand der (beabsichtigten) Zueignung nicht mehr weiterkommt (vgl. Formulierungsvorschlag).

2. Wenn es wie im Ausgangsfall auf den ***Sachwert*** ankommt, müsst ihr immer genau darauf achten, ob er auch tatsächlich ***unmittelbar in der Sache selbst verkörpert*** ist (für die Opfer einer altertümlichen Spracherziehung: „lucrum ex re“). Das ist immer dann nicht der Fall, wenn der Täter die Sache als „Schlüssel“ zur Bereicherung verwendet, um sie dann unverändert zurückzugeben (Beispiel: Entwenden des Hundes beim Finder, um beim Eigentümer den Finderlohn einzustreichen → „lucrum ex negotio cum re“). ***Diebstahl begeht*** – wie im Formulierungsvorschlag gezeigt – nur, wer die Sache als entwertete oder leere „Hülse“ zurückgeben will, ***wer die Sache also nicht nur gebrauchen, sondern auch verbrauchen will.***

3. Im Zusammenhang mit der Sachwerttheorie sind auch die Fälle zu nennen, in denen der Täter die ***Sache*** erst zurückgeben will, nachdem er sie ***erheblich wertmindernd gebraucht*** hat. Die h.M. nimmt auch hier unter Umständen eine Enteignung bzw. einen entsprechenden Vorsatz an. Das ist vom Ansatz her durchaus konsequent. Ein typisches Beispiel: „T begibt sich mit einem entwendeten Auto auf eine mehrere Monate dauernde Urlaubsreise, um es anschließend nach tausenden von Fahrkilometern zurückzugeben.“ Das Problem liegt spätestens dann auf der Hand, wenn ihr einen Vergleich zu Fall 9 zieht. Wie groß muss die Wertminderung sein, damit die Schwelle von der bloßen Gebrauchsanmaßung zum Diebstahl überschritten ist? Nun ja, starre Regeln helfen hier nicht weiter. In Grenzfällen ist wieder einmal fallbezogene Argumentation angesagt.

Diebstahl und Unterschlagung

Fall 11

Autohasser T braucht dringend Geld für ein neues Fahrrad. Ihm gelingt es, in einem Geschäft für Autozubehör ein Luxusradio im Wert von 1.500 € unbemerkt mitzunehmen. Am nächsten Tag kehrt er mit dem Radio in den Laden zurück. Wie von Anfang an geplant erklärt T dem Verkäufer V, er wolle das unbenutzte Radio gegen „Rückzahlung" des Kaufpreises zurückgeben. T gibt an, es passe vom Design her doch nicht ganz zu seinem durchgestylten Armaturenbrett.

Frage: Hat sich T gemäß § 242 strafbar gemacht ?

Lösungsskizze Fall 11

- Strafbarkeit des T gemäß § 242 I ?

I. Tatbestand

1. Objektiver Tatbestand

***a. fremde bewegliche Sache ?* (+)**

***b. Wegnahme ?* (+)**

***c. <u>also</u>: objektiver Tatbestand* (+)**

2. Subjektiver Tatbestand

***a. Vorsatz ?* (+)**

b. Absicht der rechtswidrigen Zueignung ?

aa. Zueignungsabsicht ?

= Enteignungsvorsatz (dolus eventualis reicht) und Aneignungsabsicht

(1) Enteignungsvorsatz ?

= Vorsatz, den Berechtigten dauernd aus seiner Position zu verdrängen

HIER (+) → T wollte das Radio zwar von Anfang an zurückgeben, Gegenstand der Zueignung kann aber auch der unmittelbar in der Sache selbst verkörperte Sachwert sein; das wiederum ist hier der spezifische Verkaufswert des Radios (a.A. gut vertretbar); T wollte sich als rechtmäßiger Eigentümer ausgeben und damit die Rechte des wahren Eigentümers leugnen; der Verkaufswert sollte T zufließen; nur durch eine solche Betrachtungsweise kann im Übrigen Schutzbehauptungen wirksam vorgebeugt werden

***(2) Aneignungsabsicht ?* (+)**

***(3) <u>also</u>: Zueignungsabsicht* (+)**

***bb. Rechtswidrigkeit der beabsichtigten Zueignung ?* (+)**

*cc. <u>also</u>: **Absicht der rechtswidrigen Zueignung*** (+)

*c. <u>also</u>: **subjektiver Tatbestand*** (+)

*3. <u>also</u>: **Tatbestand*** (+)

II. Rechtswidrigkeit (+)

III. Schuld (+)

IV. Ergebnis:
Strafbarkeit des T gemäß § 242 I (+)

Formulierungsvorschlag Fall 11

- Strafbarkeit des T gemäß § 242 I

Durch das Mitnehmen des Autoradios könnte sich T gemäß § 242 I strafbar gemacht haben.

I. Das Radio ist eine für T fremde bewegliche Sache, die er spätestens mit dem Verlassen des Geschäfts auch weggenommen hat.

T handelte vorsätzlich.

Er müsste darüber hinaus in der Absicht gehandelt haben, sich oder einem Dritten das Radio rechtswidrig zuzueignen. Die erforderliche Zueignungsabsicht setzt sich aus Enteignungsvorsatz und Aneignungsabsicht zusammen.

Enteignungsvorsatz bedeutet zumindest dolus eventualis im Hinblick auf die dauernde Enteignung des Berechtigten. Bereits bei der Wegnahme hatte T allerdings vor, das Radio am folgenden Tag zurückzugeben.

Die dauernde Enteignung hat er damit jedenfalls mit Blick auf die Substanz des Geräts nicht einmal billigend in Kauf genommen.

Auch der Sachwert kann aber nach allgemeiner Auffassung Gegenstand der Zueignung sein, sofern er in der Sache selbst unmittelbar verkörpert ist. Eine Wertminderung des unversehrten Radios ist auf den ersten Blick nicht erkennbar. T scheint von vornherein geplant zu haben, die rechtmäßige Lage auch bezüglich des Sachwerts wiederherzustellen.

Demgegenüber muss aber berücksichtigt werden, dass der Verkäufer das Radio gerade nicht als sein Gerät zurückerhalten sollte. Im Gegenteil wollte sich T als rechtmäßiger Eigentümer ausgeben, also die Rechte des wahren Eigentümers leugnen. Der Verkäufer kann zwar das Radio nach einer Rückgabe verkaufen, damit aber lässt sich nur der Verlust kompensieren, der im Zusammenhang mit dem Rückerwerb durch Zahlung an T entsteht. Der Verkaufswert soll damit T zufließen. Bei näherer Betrachtung zeigt sich also, dass T durch die geplante Vorgehensweise den in der Sache selbst unmittelbar verkörperten Veräußerungswert endgültig entziehen wollte.

Eine gegenteilige Auffassung wäre im Übrigen kriminalpolitisch bedenklich. Der ertappte Dieb könnte im Einzelfall behaupten, er habe die Beute von vornherein an den Eigentümer zurückveräußern oder umtauschen wollen. Damit bestünde stets die Möglichkeit einer wirksamen Schutzbehauptung, unerwünschte Strafbarkeitslücken wären die Folge.

Zusammenfassend bleibt festzustellen, dass sich der Vorsatz des T bereits zum Zeitpunkt der Wegnahme auf die dauerhafte Enteignung des Sachwerts in Form des Veräußerungswerts erstreckte.

T wollte sich das Radio auch vorübergehend aneignen.

Somit handelte er in Zueignungsabsicht. Die beabsichtigte Zueignung war auch rechtswidrig.

II. Die Tat geschah rechtswidrig.

III. T handelte schuldhaft.

IV. Somit hat er sich durch das Mitnehmen des Radios gemäß § 242 I strafbar gemacht.

Fazit

1. Immer wenn es um einen von vornherein beabsichtigten ***Rückverkauf oder Umtausch*** zuvor entwendeter Sachen geht, wird es beim Merkmal der Zueignungsabsicht knifflig. Auch unter Berücksichtigung der sogenannten Sachwerttheorie (siehe Fazit des vorangegangenen Falls) muss man schon ziemlich spitzfindig argumentieren, um mit der h.M. den Enteignungsvorsatz bejahen zu können. Nur zur Klarstellung: Tathandlung des Diebstahls ist das Mitnehmen des Radios (Wegnahme), die spätere Rückkehr in den Laden und die Rückgabe spielen nur insoweit eine Rolle, als sie von vornherein beabsichtigt waren (Problem der Zueignungsabsicht im subjektiven Tatbestand).

2. In Gesellschaft einer Mindermeinung könnt ihr auch ohne Weiteres den Standpunkt einnehmen, die h.M. überschreite die Grenzen der Sachwerttheorie, der ***Verkaufswert*** sei nämlich nicht mehr unmittelbar in der Sache selbst verkörpert. Dann stellt sich die Angelegenheit als bloße straflose Gebrauchsanmaßung dar, die nur der Vorbereitung eines Betrugs dienen soll. Das kriminalpolitische Argument der h.M. kann übrigens recht überzeugend durch die These gekontert werden, die Gerichte könnten Schutzbehauptungen als solche erkennen und damit als unbeachtlich behandeln.

3. Im Ausgangsfall war gezielt nur nach § 242 I gefragt. Im späteren Umtausch oder Rückverkauf liegt je nach Erfolg des Täters ein versuchter oder vollendeter Betrug nach § 263. Die von der h.M. befürchteten Strafbarkeitslücken treten damit genau genommen nur auf, wenn der Täter noch nicht unmittelbar zur Betrugshandlung angesetzt hat.

   Bejaht man mit der h.M. bereits den Diebstahl, so tritt der Betrug dahinter als ***mitbestrafte Nachtat*** zurück (Gesetzeskonkurrenz in Form der Konsumtion). In solchen Konstellationen braucht die Nachtat nicht breit geprüft zu werden.

Es genügt ein kurzer Hinweis auf das Konkurrenzverhältnis.

4. Im Zusammenhang mit dem Ausgangsfall sollten zunächst noch ein paar Worte über den viel zitierten ***„Dienstmützenfall"*** verloren werden: Ein Soldat hatte einem Kollegen seine Dienstmütze weggenommen, um sie als Ersatz für seine verlorene Mütze in der Bekleidungskammer abgeben zu können. Inzwischen ist man sich einig, dass hier auch auf dem Boden der Sachwerttheorie keine Zueignungsabsicht vorliegt. Der beabsichtigte Nutzen ist nicht in der Sache verkörpert, sondern ein bloßes „lucrum ex negotio cum re" (vgl. dazu schon Fall 10, Fazit 2.).

Immer wieder lebhaft diskutiert werden Fälle, in denen jemand ein ***Buch*** aus dem Laden ***entwendet***, ***um es*** zunächst zu lesen und ***später*** ins Regal ***zurückzustellen***. Wenn ein solches Buch durch das Lesen und/oder den Transport nennenswerte Gebrauchsspuren davonträgt, kann es nicht mehr zum Neuwert verkauft werden. Sieht man in der Chance des Verkaufs zum Neuwert einen eigenständigen Sachwert, kann Enteignungsvorsatz und damit Zueignungsabsicht angenommen werden. Ganz unabhängig davon lässt sich unter Umständen über Diebstahl unter dem Gesichtspunkt des erheblich wertmindernden Gebrauchs nachdenken (vgl. Fall 10, Fazit 3.). In Klausuren recht beliebt ist auch die (beabsichtigte) ***Rückgabe entwendeten Leergutes***. Der BGH differenziert zwischen ***Einheits- und Individualflaschen*** (NJW 2018, 3598 ff).

5. Fassen wir noch einmal zusammen: ***Für den Diebstahl muss die Zueignung*** nicht schon erreicht, sondern vom Täter ***nur erstrebt werden*** (sog. überschießende Innentendenz). Die (beabsichtigte) Zueignung setzt sich aus einer ***Enteignungs-*** und einer ***Aneignungskomponente*** zusammen. Für die Enteignung genügt nach allgemeiner Ansicht schon Eventualvorsatz, die (zumindest vorübergehende) Aneignung muss für § 242 I dagegen im technischen Sinne beabsichtigt sein (vgl. Seite 23). In den Fällen 9 bis 11 war die Enteignungskomponente problematisch.

Wie steht es nun mit der Aneignungsabsicht? Die ***Aneignung*** lässt sich für den Regelfall der Selbstzueignung des Täters als ***Anmaßung einer eigentümerähnlichen Stellung*** (lateinisch: „se ut dominum gerere") beschreiben. Ihr müsst dabei aber beachten, dass nicht schon die bloße Besitzbegründung zur (vorübergehenden) Aneignung führt, weil sonst reine Sachentziehungen Diebstähle wären (vgl. schon Fall 2, Fazit 3. zu § 303). Vielmehr muss der Täter immer ein ***Interesse an der Sache*** haben.

Nimmt er sie nur ohne ein solches Interesse weg, beispielsweise um sie wegzuwerfen oder wie auch immer zu beseitigen, fehlt es an der Aneignungsabsicht. Beispiel: „T entwendet das Lieblingsbuch seines Erzfeinds O, um es zu verbrennen." So kann sich auch die Aneignungsabsicht bei Wegnahme einer Handtasche mit Inhalt unter Umständen auf eben diesen Inhalt beschränken, wenn nämlich der Täter die Tasche selbst nur wegwerfen will und es ihm nicht auf deren Nutzung als Transportmittel ankommt.

Schließlich spielt sich allein bei der Aneignungskomponente die Beantwortung der Frage ab, ob der Täter die Sache sich oder einem Dritten zueignen will. Die ***Drittzueignung*** ist eine Modifikation der Aneignung bei unveränderter Enteignung. Der Täter ermöglicht einem Dritten die Aneignung. Darauf wird gleich noch näher einzugehen sein.

Fall 12

Ehemann E will unbedingt an den MP3-Player seiner von ihm getrennt lebenden Ehefrau F herankommen. Da E aber bei F Hausverbot hat, tritt er an seinen Bekannten B heran, der sich mit F nach wie vor gut versteht und E noch einen Gefallen schuldet. E sagt zu B: „Greif doch bitte das Teil bei Gelegenheit für mich ab." So geschieht es. B besucht F unter einem Vorwand und nimmt das Gerät unbemerkt mit, um es anschließend E auszuhändigen.

Frage: Wie haben sich B und E strafbar gemacht ?
Eine Strafbarkeit gemäß § 246 ist nicht zu prüfen.

Lösungsskizze Fall 12

- Strafbarkeit des B gemäß § 242 I ?

I. Tatbestand

1. Objektiver Tatbestand

a. fremde bewegliche Sache ? **(+)**

b. Wegnahme ? **(+)**

c. <u>also</u>: objektiver Tatbestand **(+)**

2. Subjektiver Tatbestand

a. Vorsatz ? **(+)**

b. Absicht der rechtswidrigen Zueignung ?

aa. Zueignungsabsicht ?
= Enteignungsvorsatz (dolus eventualis reicht) und Aneignungsabsicht

HIER (+) → Enteignungsvorsatz liegt vor; Aneignungsabsicht ist in Form der Drittzueignungsabsicht gegeben; B hatte zwar nicht die Absicht, sich selbst die Sache anzueignen; er wollte das Gerät unentgeltlich an E weitergeben; damit wollte er aber eine Fremdaneignung ermöglichen; er wollte die Sache einem Dritten zueignen

bb. Rechtswidrigkeit der beabsichtigten Zueignung ? **(+)**

cc. <u>also</u>: Absicht der rechtswidrigen Zueignung **(+)**

c. <u>also</u>: subjektiver Tatbestand **(+)**

3. <u>also</u>: Tatbestand **(+)**

II. Rechtswidrigkeit **(+)**

III. Schuld **(+)**

IV. Ergebnis:
Strafbarkeit des B gemäß § 242 I (+)

- Strafbarkeit des E gemäß §§ 242 I, 26 ?

I. Tatbestand

1. Objektiver Tatbestand

a. vorsätzliche rechtswidrige Haupttat ? (+)

b. Bestimmen zur Tat ? (+)

c. also: objektiver Tatbestand (+)

2. Subjektiver Tatbestand

a. Vorsatz bezüglich der Vollendung der Haupttat ? (+)

b. Vorsatz bezüglich der Anstifterhandlung ? (+)

c. also: subjektiver Tatbestand (+)

3. also: Tatbestand (+)

II. Rechtswidrigkeit (+)

III. Schuld (+)

IV. Ergebnis:
Strafbarkeit des E gemäß §§ 242 I, 26 (+); Verfolgung aber nur auf Antrag, § 247 i.V.m. § 11 I Nr. 1a

- Gesamtergebnis

Strafbarkeit des B gemäß § 242 I (+); Strafbarkeit des E gemäß §§ 242 I, 26 (+); Verfolgung bei E aber gemäß § 247 i.V.m. § 11 I Nr. 1a nur auf Antrag

Formulierungsvorschlag Fall 12

- Strafbarkeit des B gemäß § 242 I

B könnte sich durch das Mitnehmen des MP3-Players gemäß § 242 I strafbar gemacht haben.

I. B hat mit dem Gerät eine für ihn fremde bewegliche Sache weggenommen.

Er handelte diesbezüglich vorsätzlich.

B müsste in der Absicht gehandelt haben, sich oder einem Dritten das Tatobjekt rechtswidrig zuzueignen.

Zueignungsabsicht besteht aus Enteignungsvorsatz sowie Aneignungsabsicht. Im Hinblick auf die Enteignungskomponente müsste B bewusst gewesen sein, dass er F dauernd aus ihrer Position verdrängt.

B war sich darüber im Klaren, dass F den MP3-Player nicht zurückerhalten würde. Sein Vorsatz bezog sich damit auf die dauernde Verdrängung der F aus ihrer Position.

B handelte mit Enteignungsvorsatz.

Er könnte die Absicht gehabt haben, sich die Sache selbst anzueignen. B wollte das Gerät bereits zum Zeitpunkt der Wegnahme an E übergeben. Er wollte sich nicht als Eigentümer aufspielen. Auch erwuchs B kein wirtschaftlicher Vorteil aus der unentgeltlichen Übergabe an E. B hatte nicht die Absicht der Selbstaneignung.

Er könnte aber in der Absicht der Drittzueignung gehandelt haben. B wollte durch die Tathandlung gezielt ermöglichen, dass sich E den MP3-Player in sein Vermögen einverleibt. E sollte in die Lage versetzt werden, sich eine eigentümerähnliche Stellung anzumaßen. E sollte sich das Tatobjekt also aneignen können. B handelte damit in der Absicht, einem Dritten die Sache zuzueignen.

Diese beabsichtigte Zueignung war auch rechtswidrig.

II. Die Tat geschah rechtswidrig.

III. B handelte schuldhaft.

IV. Somit hat sich B durch das Mitnehmen des MP3-Players gemäß § 242 I strafbar gemacht.

- Strafbarkeit des E gemäß §§ 242 I, 26

E könnte sich durch seine Äußerung gegenüber B gemäß §§ 242 I, 26 strafbar gemacht haben.

I. Eine vorsätzliche rechtswidrige Haupttat des B ist, wie soeben dargestellt, gegeben.

E müsste B zu dieser Haupttat bestimmt haben.

Bestimmen zur Tat bedeutet Hervorrufen des Tatentschlusses.

E hat gegenüber B die Begehung der Tat angeregt und dadurch dessen Tatentschluss hervorgerufen.

E hat B zur Tat bestimmt.

Er handelte vorsätzlich bezüglich der Vollendung der Haupttat und hinsichtlich seiner Anstifterhandlung.

II. Die Tat geschah rechtswidrig.

III. E handelte schuldhaft.

IV. Folglich hat sich E durch seine Äußerung gegenüber B gemäß §§ 242 I, 26 strafbar gemacht. Die Tat wird allerdings wegen des Ehegattenverhältnisses zu F gemäß § 247 i.V.m. § 11 I Nr. 1a nur auf Antrag verfolgt.

- Gesamtergebnis

B hat sich durch das Mitnehmen des MP3-Players gemäß § 242 I strafbar gemacht.

E hat sich durch seine Äußerung gegenüber B gemäß §§ 242 I, 26 strafbar gemacht. Die Anstiftung wird jedoch gemäß § 247 i.V.m. § 11 I Nr. 1a nur auf Antrag verfolgt.

Fazit

1. Wie schon zuvor angedeutet (lest bitte noch einmal Ziffer 5. des Fazits zum vorangegangenen Fall) hattet ihr es hier mit einem Fall der (beabsichtigten) ***Drittzueignung*** zu tun.

Im Zuge der BT-Reform von 1998 ist bei allen Zueignungsdelikten der ***Zueignungsbegriff auf die Drittzueignung ausgedehnt*** worden (vgl. zum absichtslos-dolosen Werkzeug Die Fälle – Strafrecht AT, Fall 24, Fazit 6.).

2. B wollte sich die Sache nicht selbst zueignen, wohl aber einem Dritten. Es kann durchaus sein, dass zusätzlich zur ***Drittzueignungsabsicht*** auch Selbstzueignungsabsicht vorliegt. So liegt es insbesondere, wenn der Täter gegenüber dem Dritten großzügig als Schenkender auftreten will. Daran seht ihr, dass sich die beiden Formen der Zueignungsabsicht keineswegs ausschließen. Im Gutachten ist es jedoch für unsere Begriffe ohne Weiteres akzeptabel, die Frage der (beabsichtigten) Selbstzueignung offenzulassen, weil jedenfalls Drittzueignungsabsicht gegeben ist.

3. Nachdem man die Strafbarkeit des B gemäß § 242 I bejaht hatte, bereitete die ***Anstiftung*** (§ 26) des E keine Schwierigkeiten (vgl. allgemein einführend zur Anstiftung Die Fälle – Strafrecht AT, Fall 27, zu Spezialproblemen die dort folgenden Fälle). Dass der Täter immer vor dem Teilnehmer zu prüfen ist, war euch sicher klar und ist eine logische Selbstverständlichkeit (vgl. Seite 18).

Mittäterschaft (§ 25 II) des E zu prüfen, war fernliegend, weil er weder an der Tatausführung mitgewirkt noch eine Planungsdominanz hatte (vgl. aber Die Fälle – Strafrecht AT, Fall 26).

Habt ihr ***§ 247*** gesehen, der bei E zum Antragserfordernis geführt hat? An dieser Stelle spielte ***§ 11*** eine Rolle, der neben Nr. 1 (Angehöriger) eine entzückende ***Vielzahl von*** weiteren ***Legaldefinitionen*** (also im Gesetz aufgeführten Definitionen) enthält. Leider ist aber die Definition der „häuslichen Gemeinschaft“ i.S.d. § 247 dort nicht zu finden. Deshalb solltet ihr euch für den Fall des Falles dazu merken: Die ***häusliche Gemeinschaft*** setzt einen freien Entschluss der Mitglieder zum Zusammenleben voraus. Zwangsgemeinschaften im Knast, in Kasernen oder ähnlichen Etablissements zählen also nicht dazu. § 247 war für B nicht einschlägig. Bei ***Tatbeteiligung mehrerer*** gilt die Vorschrift nur für diejenigen, die zum Opfer in einem der genannten Beziehungsverhältnisse stehen. Das war bei B eben nicht der Fall.

Fall 13

Stammkundin S schuldet dem Gastwirt G noch 100 €. S will die Schuld nicht begleichen. Am späteren Abend entnimmt G aus der Brieftasche der nunmehr völlig betrunken unter dem Tisch liegenden S einen 100-€-Schein und steckt ihn ein.

Frage: Wie hat sich G strafbar gemacht ?

Lösungsskizze Fall 13

- Strafbarkeit des G gemäß §§ 242 I, 243 I 1, 2 Nr. 6 ?

I. Tatbestand

1. Objektiver Tatbestand

***a. fremde bewegliche Sache ?* (+)**

***b. Wegnahme ?* (+)**

***c. <u>also</u>: objektiver Tatbestand* (+)**

2. Subjektiver Tatbestand

***a. Vorsatz ?* (+)**

b. Absicht der rechtswidrigen Zueignung ?

***aa. Zueignungsabsicht ?* (+)**

bb. Rechtswidrigkeit der beabsichtigten Zueignung ?

= Zueignung entspricht nicht einem fälligen einredefreien Anspruch auf Übereignung der Sache

HIER (–) → G hatte gegen S einen Anspruch auf Zahlung von 100 €; er hatte hingegen keinen Anspruch gerade auf die weggenommene Geldnote; Geldschulden sind Gattungsschulden (vgl. § 243 I BGB); das Auswahlrecht steht allein der Gattungsschuldnerin S zu; bei Geld ist aber zur Vermeidung unsachgerechter Ergebnisse mit der Verkehrsauffassung auf die verkörperte Wertsumme abzustellen; hier liegt der Unterschied zu typischen Gattungsschulden (a.A. gut vertretbar)

***cc. <u>also</u>: Absicht der rechtswidrigen Zueignung* (–)**

***c. <u>also</u>: subjektiver Tatbestand* (–)**

***3. <u>also</u>: Tatbestand* (–)**

II. Ergebnis:

Strafbarkeit des G gemäß §§ 242 I, 243 I 1, 2 Nr. 6 (–)

Formulierungsvorschlag Fall 13

- Strafbarkeit des G gemäß §§ 242 I, 243 I 1, 2 Nr. 6

G könnte sich durch das Einstecken des Geldscheins gemäß §§ 242 I, 243 I 1, 2 Nr. 6 strafbar gemacht haben.

I. Der Schein ist eine für G fremde bewegliche Sache. Er hat ihn durch das Einstecken weggenommen.

G handelte vorsätzlich und in Zueignungsabsicht.

Die beabsichtigte Zueignung müsste rechtswidrig gewesen sein. Die Zueignung ist rechtswidrig, wenn sie nicht einem fälligen und einredefreien Anspruch auf Übereignung der Sache entspricht.

G hatte gegen S einen Anspruch auf Zahlung von 100 €. Damit ist aber keineswegs gesagt, dass er auch einen Anspruch gerade auf diesen Schein hatte. Geldschulden sind Gattungsschulden. Das Auswahlrecht steht – wie sich aus § 243 I BGB ergibt – allein dem Gattungsschuldner zu. Der Gläubiger darf sich nicht eigenmächtig aus der Gattung bedienen. Demnach hatte G gerade keinen Anspruch speziell auf die weggenommene Banknote.

Somit wäre die Zueignung rechtswidrig.

Dieses vorläufige Ergebnis erscheint allerdings befremdlich. Lebensnah betrachtet ist bei Geldscheinen ausschließlich die verkörperte Wertsumme maßgeblich. So hat beispielsweise ein abgenutzter Schein denselben Wert wie ein neuer. Der Schuldner ist im Sonderfall einer Geldschuld allein hinsichtlich des Auswahlrechts im Grunde nicht schutzwürdig. In den strafwürdigen Fällen einer Gewaltanwendung bleibt die Möglichkeit einer Bestrafung aus § 240 oder gegebenenfalls § 223 unberührt.

Sinnvollerweise ist also der geschilderte Wertsummengedanke gegenüber der erstgenannten formalistischen Betrachtung vorzuziehen. Ein fälliger und einredefreier Anspruch des G gegen S auf die im Geldschein verkörperte Wertsumme bestand. Die Zueignung entsprach diesem Anspruch und war damit nicht rechtswidrig.

II. G hat sich folglich nicht gemäß §§ 242 I, 243 I 1, 2 Nr. 6 strafbar gemacht.

Fazit

1. Ganz elementar: Das Merkmal „Rechtswidrigkeit der beabsichtigten Zueignung" wird oft auf „rechtswidrige Zueignungsabsicht" verkürzt. Das ist begrifflich falsch!

Nicht die Absicht, sondern die beabsichtigte Zueignung muss rechtswidrig sein.

Das alles hat – schon von der Definition her – nichts mit der auf Ebene „II." nach dem Tatbestand zu prüfenden allgemeinen Rechtswidrigkeit zu tun!

Im Rahmen der Absicht geht es um ein ***objektives Bezugsmerkmal*** (rechtswidrige Zueignung). Daher wird ein ***Tatsachenirrtum über die Rechtswidrigkeit der Zueignung*** fast einhellig als ***Tatbestandsirrtum (§ 16 I)*** behandelt.

2. Die Schwierigkeiten beginnen wieder einmal im Zivilrecht. Es ist hochstreitig, ob die Geldschuld tatsächlich eine Gattungsschuld ist (a.A.: keine Sachschuld / „Wertverschaffungsschuld"). Für die Fall-Lösung ist dieser eher begriffliche Streit aber völlig bedeutungslos, das strafrechtliche Problem stellt sich so oder so. Deshalb könnt ihr – den BGH im Rücken – die Geldschuld getrost als Gattungsschuld bezeichnen. Auf das ***Auswahlrecht*** müsst ihr aber eingehen. Darauf basiert der ganze Rest.

3. Noch etwas komplizierter ist die Fortführung des Problems. Der BGH (jetzt wieder in Strafsachen) stellt sich auf den – hier verworfenen – formalistischen Standpunkt und lehnt den ***Wertsummengedanke***n ab. Nach Ansicht des BGH wäre die beabsichtigte Zueignung also rechtswidrig.

Die Rechtsprechung behilft sich in Fällen wie diesem oft mit einem Irrtum des Täters über die Rechtswidrigkeit der Zueignung und steuert dann auf § 16 I (s.o. 1.) zu. Auch auf diese Weise besteht die Chance, bei Geldschulden im Einzelfall zur sachgerechten Straflosigkeit zu kommen.

Zur Klarstellung: Wenn es sich nicht um Geld sondern um eine typische Gattungsschuld (Äpfel, Tomaten, Weinflaschen etc.) handelt, stellt sich das Problem nicht. Dann ist die Zueignung bei eigenmächtiger „Befriedigung" unstreitig rechtswidrig.

4. Bis zur Prüfung des ***§ 243 I Nr. 6*** kommt es nach der von uns vertretenen Ansicht gar nicht erst. Die Strafzumessungsregel wäre aufbautechnisch erst nach der Schuld zu verorten (vgl. Seite 25). Gerade deshalb empfiehlt sich aber die ***Nennung im Obersatz***. Auf diese Weise demonstriert ihr, die Vorschrift gesehen zu haben. Der Vollständigkeit halber: Bei Bejahung des § 242 I bereitet die Annahme von § 243 I 2 Nr. 6 keine Probleme (vgl. schon Fall 5, Fazit 3.).

5. Schon das Erwähnen der ***Unterschlagung*** war hier nach negativer Prüfung des § 242 I fernliegend (vgl. schon Fall 3, Fazit 6.). Wenn die beabsichtigte Zueignung nicht rechtswidrig ist, ist es die entsprechende tatsächliche Zueignung (§ 246 I) selbstverständlich auch nicht.

Fall 14

D hat „mit Hängen und Würgen" ihr Jurastudium abgeschlossen. Sie möchte sich mit einem Doktortitel schmücken, ohne dabei aber die üblicherweise damit verbundenen Mühen des Promotionsverfahrens in Kauf zu nehmen. Deshalb trifft sie sich mit dem Doktortitelverkäufer O in einem Restaurant. Man wird schnell handelseinig. D händigt O einen 500-€-Schein als Anzahlung aus. Den Schein steckt O in seine Jackentasche. Als O kurz darauf etwas unaufmerksam ist, weil er einer hübschen Frau hinterherschaut, nimmt D den Geldschein unbemerkt wieder an sich. Rundum zufrieden verlässt sie später das Lokal.

Frage: Hat sich D gemäß § 242 strafbar gemacht ?

Lösungsskizze Fall 14

- Strafbarkeit der D gemäß § 242 I ?

I. Tatbestand

1. Objektiver Tatbestand

a. fremde bewegliche Sache ?

aa. Sache ? (+)

bb. beweglich ? (+)

cc. fremd ?
= im Eigentum eines anderen stehend

HIER (+) → D war zum Tatzeitpunkt nicht mehr Eigentümerin des Geldscheins; sie hatte ihn gemäß § 929 S. 1 BGB an O übereignet; zwar könnte der der Übereignung zugrunde liegende schuldrechtliche Kausalvertrag (Kauf eines akademischen Titels) gemäß § 138 I BGB sittenwidrig und damit nichtig sein; die (etwaige) Nichtigkeit des schuldrechtlichen Vertrages berührt aber nicht das dingliche Geschäft der Übereignung (§ 929 S. 1 BGB); dieses ist sittlich neutral

dd. also: fremde bewegliche Sache (+)

b. Wegnahme ? (+)

c. also: objektiver Tatbestand (+)

2. Subjektiver Tatbestand

a. Vorsatz ? (+)

b. Absicht der rechtswidrigen Zueignung ? (+)

aa. Zueignungsabsicht ? (+)

bb. Rechtswidrigkeit der beabsichtigten Zueignung ?

= Zueignung entspricht nicht einem fälligen und einredefreien Anspruch auf Übereignung der Sache

HIER (+) → in Betracht kommt zwar ein Anspruch der D auf Rückübereignung des Geldes aus § 812 I 1 Alt. 1 oder § 817 S. 1 BGB; der Titelkauf ist auch gemäß § 138 I BGB nichtig; der Doktortitel soll die in einem speziellen Verfahren nachgewiesene wissenschaftliche Qualifikation bekunden; ein gekaufter Titel hingegen spiegelt diese Qualifikation wahrheitswidrig vor und täuscht die Öffentlichkeit; der Titelhandel widerspricht dem Anstandsgefühl aller billig und gerecht Denkenden; ein bereicherungsrechtlicher Anspruch ist aber gemäß § 817 S. 2 BGB ausgeschlossen, weil der D gleichfalls ein solcher Verstoß zur Last fällt; § 817 S. 2 BGB gilt auch für den allgemeinen Bereicherungsanspruch aus § 812 I 1 Alt. 1 BGB; ferner besteht auch kein Anspruch aus §§ 681 S. 2, 667 BGB, weil O keinen Fremdgeschäftsführungswillen hatte

***cc. also: Absicht der rechtswidrigen Zueignung* (+)**

***c. also: subjektiver Tatbestand* (+)**

***3. also: Tatbestand* (+)**

***II. Rechtswidrigkeit* (+)**

***III. Schuld* (+)**

IV. Ergebnis:

Strafbarkeit der D gemäß § 242 I (+)

Formulierungsvorschlag Fall 14

- Strafbarkeit der D gemäß § 242 I

D könnte sich durch das Entwenden des Geldes gemäß § 242 I strafbar gemacht haben.

I. Der Geldschein ist eine bewegliche Sache.

Außerdem müsste er für die Täterin fremd sein. Eine Sache ist fremd, wenn sie im Eigentum eines anderen steht.

D war ursprünglich Eigentümerin des Geldscheins. Sie könnte ihn aber gemäß § 929 S. 1 BGB an O übereignet haben. Zwar könnte der der Übereignung zugrunde liegende schuldrechtliche Kausalvertrag (Kauf eines akademischen Titels) gemäß § 138 I BGB sittenwidrig und damit nichtig sein. Die (etwaige) Nichtigkeit des schuldrechtlichen Vertrages berührt aber nicht das dingliche Geschäft der Übereignung. Die Übereignung selbst ist sittlich neutral.

Somit hat O gemäß § 929 S. 1 BGB durch Einigung und Übergabe Eigentum erworben. Der Geldschein war demnach für D fremd.

D hat durch das Mitnehmen des Geldes den Gewahrsam des O gebrochen und neuen Gewahrsam begründet, das Tatobjekt also weggenommen.

Sie handelte vorsätzlich.

D müsste darüber hinaus in der Absicht rechtswidriger Zueignung gehandelt haben.

Sie handelte mit Zueignungsabsicht.

Rechtswidrig ist die beabsichtigte Zueignung, wenn sie nicht einem fälligen und einredefreien Anspruch auf Übereignung der Sache entspricht. Es kommt ein Anspruch der D auf Rückübereignung des Geldes aus § 812 I 1 Alt. 1 oder § 817 S. 1 BGB in Betracht. Der Titelkauf müsste gemäß § 138 I BGB wegen Sittenwidrigkeit nichtig sein, also dem Anstandsgefühl aller billig und gerecht Denkenden widersprechen. Der Doktortitel soll die in einem speziellen Verfahren nachgewiesene wissenschaftliche Qualifikation bekunden. Ein gekaufter Titel hingegen spiegelt diese Qualifikation wahrheitswidrig vor und täuscht die Öffentlichkeit. Der Titelhandel widerspricht dem Anstandsgefühl aller billig und gerecht Denkenden und ist damit sittenwidrig und folglich gemäß § 138 I BGB nichtig.

Ein bereicherungsrechtlicher Anspruch ist aber gemäß § 817 S. 2 BGB ausgeschlossen, weil D als Vertragspartnerin gleichfalls ein solcher Verstoß zur Last fällt. § 817 S. 2 BGB gilt auch für den allgemeinen Bereicherungsanspruch aus § 812 I 1 Alt. 1 BGB.

Schließlich besteht wegen des fehlenden Fremdgeschäftsführungswillens des O auch kein Anspruch aus §§ 681 S. 2, 667 BGB. Ein solcher Anspruch wäre im Übrigen erkennbar nicht sachgerecht, weil dadurch die Wertung des § 817 S. 2 BGB unterlaufen würde.

D hat damit keinen Anspruch auf den entwendeten Geldschein. Die Zueignung entspricht nicht einem Anspruch auf Übereignung der Sache.

Die beabsichtigte Zueignung war folglich rechtswidrig.

D handelte also in der Absicht der rechtswidrigen Zueignung.

II. Die Tat geschah rechtswidrig.

III. D handelte zudem schuldhaft.

IV. Somit hat sich D durch das Entwenden des Geldscheins gemäß § 242 I strafbar gemacht.

Fazit

1. Die Pointe des ***§ 817 S. 2 BGB*** (sog. Kondiktionssperre) beim strafrechtlichen Merkmal „Rechtswidrigkeit der beabsichtigten Zueignung“ wurde über Jahrzehnte hinweg typischerweise am Beispiel des Geschlechtsverkehrs gegen Entgelt verdeutlich. Es ging also um Prostitution (sogenannter ***Dirnenlohnfall***). Auch wir haben uns bis zur 3. Auflage dieses Buchs eines solchen Falls bedient.

Nach modernem Verständnis aufgrund zum Beginn des Jahres 2002 veränderter Gesetzeslage eignet sich der „Dirnenlohnfall" aber zumindest nicht mehr als Schulbeispiel. Die Sache ist nämlich zivilrechtlich ausgesprochen kompliziert und auf Anhieb kaum zu durchschauen. Kernanliegen des sogenannten ***Prostitutionsgesetz***es war ausweislich der Gesetzesbegründung (Bundestagsdrucksache), die freiwillig angebotene Prostitution für nicht (mehr) sittenwidrig zu erklären. Das ist jedoch in der Gesetzesfassung (§ 1 ProstG) nur unzureichend zum Ausdruck gekommen. Rechtsprechung und Gelehrte streiten immer noch bis in die Details hinein darüber, ob ein solcher einseitig verpflichtender Vertrag (der Kunde hat keinen Anspruch auf die sexuelle Leistung) von vornherein wirksam ist oder aber sittenwidrig ist und erst nachträglich (nach Erbringung der versprochenen sexuellen Handlung) zum Teil wirksam wird.

Jetzt aber zurück zum Fall: Für den sogenannten Titelkauf ist die Sittenwidrigkeit (§ 138 I BGB) nach wie vor anerkannt (vgl. im Einzelnen Lösungsskizze und Formulierungsvorschlag).

Das erste Problem stellt sich schon bei der ***Fremdheit*** der Sache.

Das dingliche Erfüllungsgeschäft, also die Übereignung des Geldes, ist sittlich neutral, wird also auch von einer etwaigen Nichtigkeit des zugrunde liegenden schuldrechtlichen Vertrages (hier Titelkauf) gemäß § 138 I BGB nicht berührt.

Die Differenzierung zwischen schuldrechtlichem Verpflichtungsgeschäft und dinglichem Erfüllungsgeschäft dürfte euch im Bürgerlichen Recht schon einmal unter dem Stichwort ***„Abstraktionsprinzip"*** über den Weg gelaufen sein (vgl. Die Fälle – BGB Sachenrecht 1, Fall 1, Fazit 4. und Fall 3, Fazit 3.).

2. Das zweite Problem ereilt euch in dieser Fallgestaltung regelmäßig im Prüfungspunkt ***Absicht der rechtswidrigen Zueignung***. Während die Zueignungsabsicht als solche schnell bejaht werden kann, bereitet die ***Rechtswidrigkeit der beabsichtigten Zueignung*** arge Kopfschmerzen. Zwar kommt für den Täter ein bereicherungsrechtlicher Anspruch auf Rückübereignung gemäß § 817 S. 1 BGB oder § 812 I 1 Alt. 1 BGB (sog. allgemeine Leistungskondiktion) in Betracht. Gemäß ***§ 817 S. 2 BGB*** ist dieser Anspruch aber ausgeschlossen, weil der Täter sich selbst sittenwidrig verhalten hat. Salopp formuliert lautet das hinter der Regelung stehende Prinzip: „Wenn sich zwei Schweine um eine Wurst streiten, behält die Oberhand, wer die Wurst im Maul hat." Und das ist – auf unseren Fall übertragen – nun einmal O und nicht D. Ein Anspruch der D gegen O auf Übereignung der entwendeten Sache besteht auch nicht etwa aus §§ 681 S. 2, 667 BGB. Die (beabsichtigte) Zueignung war rechtswidrig.

   Ihr merkt: Die eigentlichen Schwierigkeiten liegen wie so oft nicht im StGB, sondern im BGB.

3. In den Fällen 1 bis 14 ging es jedenfalls schwerpunktmäßig um die Merkmale des § 242 I. Macht euch bitte an dieser Stelle klar, bei welchen anderen Tatbeständen diese Merkmale und die damit verbundenen Probleme in Erscheinung treten können. Vielfach haben wir oben schon darauf hingewiesen und werden es im Folgenden auch immer wieder tun. Bildet euch aber unbedingt eigenständig ein Systemverständnis!

Fall 15

Der professionelle Autoknacker A lebt davon, aus Kraftfahrzeugen der gehobenen Klasse Gegenstände zu entfernen und sie zu verkaufen. Eines Nachts verschafft er sich mit einem Dietrich Zugang zum Innenraum eines Ferraris des Jet-Setters J und entfernt dort die Sitzbezüge aus echtem Leopardenfell.

Frage: Hat sich A gemäß §§ 242, 243 strafbar gemacht ?

Lösungsskizze Fall 15

- Strafbarkeit des A gemäß §§ 242 I, 243 I ?

I. Tatbestand

1. Objektiver Tatbestand

a. fremde bewegliche Sache ? (+)

b. Wegnahme ? (+)

c. <u>also</u>: objektiver Tatbestand (+)

2. Subjektiver Tatbestand

a. Vorsatz ? (+)

b. Absicht der rechtswidrigen Zueignung ? (+)

c. <u>also</u>: subjektiver Tatbestand (+)

3. <u>also</u>: Tatbestand (+)

II. Rechtswidrigkeit (+)

III. Schuld (+)

IV. Strafzumessungsregel des § 243 I

1. In objektiver Hinsicht
= (hier) Erfüllung zumindest eines Regelbeispiels des § 243 I 2

a. (hier) Einbrechen in einen umschlossenen Raum, § 243 I 2 Nr. 1 ?
= gewaltsames Öffnen einer Umschließung des von § 243 I 2 Nr. 1 geschützten Raums

HIER (–) → zwar ist die umgrenzte Fahrgastzelle eines Kraftfahrzeugs ein durch § 243 I 2 Nr. 1 geschützter umschlossener Raum; er ist zum Betreten von Menschen bestimmt; A hat aber die Wagentüre nicht gewaltsam geöffnet

b. (hier) Einsteigen in einen umschlossenen Raum, § 243 I 2 Nr. 1 ?
= Gelangen in einen durch § 243 I 2 Nr. 1 geschützten Raum auf einem hierzu nicht bestimmten Weg unter Überwindung von Hindernissen

HIER (–) → A ist durch die Fahrertür in das Innere des Autos gelangt

c. (hier) Eindringen in einen umschlossenen Raum mit einem nicht zur ordnungsgemäßen Öffnung bestimmten Werkzeug, § 243 I 2 Nr. 1 ?
= Gelangen in einen durch § 243 I 2 Nr. 1 geschützten Raum durch Verwendung eines Werkzeugs, das auf einen Schließmechanismus wirkt

HIER (+) → A ist in die Fahrgastzelle – ein durch § 243 I 2 Nr. 1 geschütztes Raumgebilde – gelangt, indem er zwar keinen Schlüssel, aber ein anderes nicht zur ordnungsgemäßen Öffnung bestimmtes Werkzeug (Dietrich) verwendete

d. (hier) Stehlen einer Sache, die durch ein verschlossenes Behältnis gegen Wegnahme besonders gesichert ist, § 243 I 2 Nr. 2 ?
= Stehlen aus einem verschlossenen Raumgebilde, das nicht dazu bestimmt ist, von Menschen betreten zu werden

HIER (–) → der Insassenraum von Fahrzeugen soll von Menschen betreten werden

e. <u>also</u>: in objektiver Hinsicht § 243 I 2 Nr. 1 (+)

2. In subjektiver Hinsicht

a. (Quasi-)Vorsatz bezüglich der objektiven Merkmale des § 243 I 2 Nr. 1 ? (+)

b. zur Ausführung der Tat, § 243 I 2 Nr. 1 ? (+)

c. Gewerbsmäßigkeit, § 243 I 2 Nr. 3 ?
= Wille, sich durch Diebstähle eine nicht nur vorübergehende Einnahmequelle zu verschaffen

HIER (+) → A will seinen Lebensunterhalt aus Diebstählen bestreiten

d. <u>also</u>: in subjektiver Hinsicht § 243 I 2 Nr. 1, 3 (+)

3. <u>also</u>: Strafzumessungsregel des § 243 I 1, 2 Nr. 1, 3 (+)

V. Ergebnis:
Strafbarkeit des A gemäß §§ 242 I, 243 I 1, 2 Nr. 1, 3 (+)

Formulierungsvorschlag Fall 15

- Strafbarkeit des A gemäß §§ 242 I, 243 I

A könnte sich durch das Mitnehmen der Sitzbezüge aus dem Auto des J gemäß §§ 242 I, 243 I strafbar gemacht haben.

I. Bei den Bezügen handelt es sich um für A fremde bewegliche Sachen.

Diese hat er weggenommen.

A handelte vorsätzlich und mit der Absicht der rechtswidrigen Zueignung.

II. Die Tat geschah rechtswidrig.

III. A handelte zudem schuldhaft.

IV. A könnte wegen eines besonders schweren Falls des Diebstahls gemäß §§ 242 I, 243 I 1, 2 zu bestrafen sein.

In objektiver Hinsicht hat er möglicherweise zumindest eines der Regelbeispiele des § 243 I 2 erfüllt.

A könnte in einen umschlossenen Raum eingebrochen sein, § 243 I 2 Nr. 1. Dann müsste er die Umschließung eines durch § 243 I 2 Nr. 1 geschützten Raums gewaltsam geöffnet haben. Zwar ist die umgrenzte Fahrgastzelle eines Kraftfahrzeugs zum Betreten von Menschen bestimmt und damit ein umschlossener Raum im Sinne des § 243 I 2 Nr. 1. A hat aber die Wagentür nicht gewaltsam geöffnet. Ein Einbrechen scheidet demnach aus.

Weiterhin kommt ein Einsteigen in einen umschlossenen Raum in Betracht, § 243 I 2 Nr. 1. Dies wird bejaht, wenn der Täter in einen durch § 243 I 2 Nr. 1 geschützten Raum auf einem hierzu nicht bestimmten Weg unter Überwindung von Hindernissen gelangt. A ist insoweit regulär durch die Fahrertüre in das Innere des Kfz gelangt, also nicht eingestiegen.

Er könnte mit einem nicht zur ordnungsgemäßen Öffnung bestimmten Werkzeug in das Auto eingedrungen sein, § 243 I 2 Nr. 1. Der Täter muss dafür durch Verwendung eines auf einen Schließmechanismus wirkenden Werkzeugs in ein von § 243 I 2 Nr. 1 erfasstes Raumgebilde gelangt sein. Die Fahrgastzelle ist wie oben gezeigt ein durch § 243 I 2 Nr. 1 geschützter umschlossener Raum. Bei dem von A benutzten Dietrich handelt es sich nicht um einen Schlüssel, wohl aber um ein anderes Werkzeug, das auf einen Schließmechanismus wirkt. A ist auf die beschriebene Weise in den umschlossenen Raum eingedrungen. Demnach hat er in objektiver Hinsicht die genannte Variante des § 243 I 2 Nr. 1 verwirklicht.

Zudem könnte A eine Sache gestohlen haben, die durch ein verschlossenes Behältnis gegen Wegnahme besonders gesichert war, § 243 I 2 Nr. 2. Dies setzt voraus, dass der Täter aus einem verschlossenen Raumgebilde stiehlt, das nicht dazu bestimmt ist, von Menschen betreten zu werden. Der Insassenraum eines Kfz soll aber gerade von Menschen betreten werden. Er scheidet also als verschlossenes Behältnis im Sinne dieser Norm aus.

A hat somit in objektiver Hinsicht das Regelbeispiel des § 243 I 2 Nr. 1 in Form des Eindringens mit einem nicht zur ordnungsgemäßen Öffnung bestimmten Werkzeug erfüllt.

In subjektiver Hinsicht handelte A vorsätzlich bezüglich der Erfüllung der objektiven Merkmale des Regelbeispiels und zur Ausführung der Tat.

A könnte außerdem das Regelbeispiel des § 243 I 2 Nr. 3 erfüllt haben. Voraussetzung für ein gewerbsmäßiges Handeln ist, dass sich der Täter durch

Diebstähle eine nicht nur vorübergehende Einnahmequelle verschaffen will. A bestreitet seinen Lebensunterhalt durch Diebstähle aus Autos und hat demgemäß auch einen entsprechenden Willen. Er handelte also gewerbsmäßig.

V. A hat sich demnach durch das Mitnehmen der Sitzbezüge gemäß §§ 242 I, 243 I 1, 2 Nr. 1, 3 strafbar gemacht.

Fazit

1. Beim Aufbau einer Strafbarkeitsprüfung gemäß §§ 242 I, 243 I müsst ihr genau aufpassen. Ganz wichtig ist Folgendes: Aus ***§ 243 I*** allein ergibt sich keine Strafbarkeit. Es handelt sich nicht um eine selbstständige Norm, sondern um eine ***Strafzumessungsregel***, die immer im Zusammenhang mit § 242 steht. Also sind ***beide Paragrafen*** im Obersatz / im Schlusssatz ***gemeinsam zu nennen***. Übrigens sollte man § 243 I auch immer exakt als ***besonders schweren Fall des Diebstahls*** bezeichnen und nicht etwa von einem „schweren Diebstahl" reden.

2. Ein häufig in Klausuren auftauchender Fehler ist außerdem die falsche ***Prüfungsreihenfolge*** der §§ 242, 243. Zuerst sind ***I. Tatbestand (des § 242)***, ***II. Rechtswidrigkeit*** und ***III. Schuld*** zu ermitteln. Erst dann könnt ihr euch dem Punkt ***IV. Strafzumessungsregel des § 243 I*** zuwenden, um dann zum ***V. Ergebnis*** zu gelangen (vgl. Seite 25).

3. Im Prüfungspunkt ***IV. Strafzumessungsregel des § 243 I*** steckt eine kleine Besonderheit, deren Nichtbeachtung wiederum negativ zu Buche schlagen kann. ***§ 243 I ist*** wie gesagt ***kein Tatbestand***. Folgerichtig kann es hier auch keinen objektiven oder subjektiven Tatbestand geben. Nichtsdestotrotz beinhaltet fast jedes Regelbeispiel des § 243 I 2 eine objektive und eine subjektive Komponente. Ihr solltet deshalb mit den vorgeschlagenen Formulierungen operieren: „***In objektiver Hinsicht*** müsste ..." bzw. „***In subjektiver Hinsicht*** müsste ..." Einzige Ausnahme ist das Merkmal des § 243 I 2 Nr. 3 (gewerbsmäßig); hier gibt es nur eine subjektive Komponente (siehe Lösungsskizze / Formulierungsvorschlag).

4. Wenn ihr eines der Regelbeispiele des § 243 I 2 bejaht habt, könnt ihr euch nicht zurücklehnen und an die nachmittägliche Maniküre denken. Wie so oft geht es natürlich weiter. Ihr müsst überlegen, ob der Täter ein weiteres Regelbeispiel (und vielleicht noch eines und noch eines und ...) erfüllt hat. Das ist der große und nimmer endende Fluch des Gutachtens. Lest noch einmal § 243 I.

5. Wenn allgemein nach der Strafbarkeit gefragt wird, sind gegebenenfalls im Anschluss an die Prüfung des Diebstahls im besonders schweren Fall (§§ 242 I, 243 I 1, 2 Nr. 1) ***§ 123 I und/oder § 303 I*** zu prüfen. Das gilt natürlich auch für die (weitere) Prüfung nach Bejahung eines Wohnungseinbruchdiebstahls (§§ 242 I, 244 I Nr. 3).

Wird Hausfriedensbruch und/oder Sachbeschädigung bejaht, stellt sich die Frage nach dem ***Konkurrenzverhältnis***. Nach traditionellem Verständnis wurden §§ 123 I, 303 I ***gegenüber dem Einbruchdiebstahl*** als mitbestrafte Vor-

bzw. Begleittaten angesehen. Man ging deshalb von Gesetzeskonkurrenz in Form der Konsumtion aus. Dieser Sichtweise hat der BGH unmittelbar zu § 303 I eine deutliche Absage erteilt, indem er Tateinheit angenommen hat (§ 52 I / BGH NJW 2019, 1086 ff). Der ausführlich begründeten Entscheidung liegt eine sehr restriktive Sicht auf das Rechtsinstitut der Konsumtion zugrunde. Es wird vermutet, dass es jedenfalls in der Rechtsprechung auch im Verhältnis zwischen Einbruchdiebstahl und Hausfriedensbruch (§ 123 I) künftig auf Tateinheit hinauslaufen wird.

Solltet ihr die Prüfung historisch aufbauen wollen, müsst ihr natürlich mit § 123 I und/oder § 303 I anfangen. Wir empfehlen klar, mit dem Einbruchdiebstahl zu beginnen (Dickschiffe vorn).

Außerdem müsst ihr am Ende der Prüfung des § 123 I aufzeigen, dass die Tat gemäß § 123 II nur auf Antrag verfolgt wird. Gleiches gilt für § 303 I. Auch diese Straftat wird gemäß § 303c nur auf Antrag verfolgt, wenn nicht ein besonderes öffentliches Interesse bejaht wird (vgl. schon Fall 2, Fazit 3. und 4.).

Vor allem, um die Nerven des Korrektors zu schonen, solltet ihr die von uns vorgeschlagene Prüfungsreihenfolge beherzigen, wenn nicht euer Dozent ausdrücklich Gegenteiliges erwartet (Man hat schon Kühe kotzen sehen!)

6. Bei ***Diebstähle***n ***aus Autos*** verliert man leicht den Überblick. Ihr müsst dabei nämlich oft mit den verschiedenen Varianten des § 243 I 2 Nr. 1 hantieren und außerdem die Regelbeispiele des § 243 I 2 Nr. 2 und 3 in der Prüfung berücksichtigen.

7. Achtung: Der ***Insassenraum*** (Fahrgastzelle) eines Wagens ist ein umschlossenes Raumgebilde, das dazu bestimmt ist, von Menschen betreten zu werden. In diesen Teil des Fahrzeugs kann der Täter also einbrechen und einsteigen, ***§ 243 I 2 Nr. 1***. Einbrechen setzt im Gegensatz zu den anderen Varianten (Einsteigen, Eindringen, Sich-Verborgenhalten) nicht zwingend voraus, dass der Täter den Raum betritt.

Je nach Geschmack und verbleibender Bearbeitungszeit könnt ihr in Konstellationen wie der des Ausgangsfalls auch direkt auf das ***„Eindringen mit einem Werkzeug“*** zusteuern und das „Einbrechen“ und „Einsteigen“ weglassen. Wichtig ist nur, dass der ***Dietrich kein (falscher) Schlüssel*** ist (häufiger Fehler!), sondern ein ähnlich wie ein Schlüssel wirkendes (anderes) Werkzeug. Normalfall des „falschen Schlüssels“ ist ein unbefugt nachgemachter Schlüssel. Zu den „Schlüsseln“ zählen auch die zunehmend in Hotels zum Öffnen der Zimmer verwendeten Codekarten. Als „andere Werkzeuge“ kommen neben dem Dietrich etwa Haken oder Drahtkonstruktionen in Betracht. Nicht dazu gehört aber ein Brecheisen, weil es nicht auf den Schließmechanismus wirkt sondern zum gewaltsamen Öffnen (Einbrechen) dient.

Bei § 243 I 2 Nr. 1 ist darauf zu achten, dass der Täter nicht nur objektiv einen räumlichen Schutzbereich in einer bestimmten Weise verletzen muss, sondern dies auch gerade ***zur Ausführung der Tat*** geschehen muss. Aus dieser im Ausgangsfall völlig unproblematischen subjektiven Komponente folgt, dass der Diebstahlsvorsatz von vornherein gegeben sein muss.

Ganz anders ist bei Diebstählen aus dem ***Kofferraum*** eines Kfz zu entscheiden! Der abgetrennte Kofferraum eines Autos ist keine Räumlichkeit, die zum

Betreten von Menschen bestimmt ist. Eine Erfüllung des § 243 I 2 Nr. 1 scheidet demnach aus. Zu beachten ist aber ***§ 243 I 2 Nr. 2***. Der Kofferraum stellt – anders als die Pkw-Fahrgastzelle – ein ***Behältnis*** i.S. dieser Norm dar. Das ***zur Aufbewahrung von Sachen*** dienende Behältnis muss ***verschlossen*** sein. Nach h.M. muss es nicht schon am Tatort geöffnet werden. Es soll genügen, dass der Täter das verschlossene Behältnis (etwa einen abgeschlossenen Koffer) mitnimmt, um erst später an den Inhalt zu gelangen. Es kommt nicht darauf an, wie die Sicherung überwunden wird. Auch wer unbefugt einen Tresor mit dem richtigen Schlüssel öffnet, verwirklicht § 243 I 2 Nr. 2.

8. Im Zusammenhang mit § 243 I 2 Nr. 2 noch etwas zum Merkmal ***„andere Schutzvorrichtung“***: Diese Vorrichtung (typischerweise z.B. ein Fahrradschloss) muss gerade der Sicherung gegen die Vollendung der Wegnahme dienen. Dagegen sollen Sicherungsetiketten im Kaufhaus i.d.R. nur eine bereits vollendete Wegnahme aufdecken helfen, indem sie am Ausgang einen Warnton auslösen (zur Wegnahme siehe Fall 7, Fazit 2.).

9. Möglicherweise hat euch ***§ 243 I 2 Nr. 3*** ins Schwitzen gebracht. Hier ist wie gesagt zu beachten, dass ***nur*** eine ***subjektive Komponente*** erforderlich ist. Der ***Wille*** des Täters muss darauf gerichtet sein, sich ***durch Diebstähle*** eine ***nicht nur vorübergehende Einnahmequelle*** zu verschaffen. Vielfach ist auch von einer „Einnahmequelle von einiger Dauer und einigem Umfang“ die Rede, was letztlich auf das Gleiche hinausläuft. Aus der besonderen Eigenart des § 243 I 2 Nr. 3 als täterbezogenes (persönliches) Regelbeispiel folgt auch, dass in Fällen mehrerer Beteiligter § 28 II entsprechend gilt (vgl. allgemein zu § 28 Die Fälle – Strafrecht AT, Fall 34).

10. Die Regelbeispiele in § 243 I 2 Nr. 4, 5 und 7 spielen in Prüfungen eine recht untergeordnete Rolle. Gewisse Detailkenntnisse werden dagegen vielleicht noch bei ***§ 243 I 2 Nr. 6*** erwartet (vgl. schon Fall 5, Fazit 3. / Fall 13, Fazit 4.). Für die ***Hilflosigkeit*** einer anderen Person ist ein persönlicher Schwächezustand, etwa wegen Trunkenheit, Blindheit, Krankheit oder Ohnmacht, kennzeichnend. Den „gesunden“ Schlaf darunter zu packen, dürfte zu weit gehen (streitig).

11. Wichtig ist, dass ihr das ***System der Regelbeispieltechnik*** durchschaut. Wir wollen es deshalb an dieser Stelle verdeutlichen: Das Gesetz geht von der sogenannten ***Indizwirkung der Regelbeispiele*** aus. Die Beispiele sind aber ***weder zwingend noch abschließend***. Nicht zwingend bedeutet, dass besondere Umstände die Indizwirkung im Einzelfall ausnahmsweise aufheben können. Nicht von ungefähr heißt es in § 243 I 2 eben nur „in der Regel“. Es werden sich aber im Sachverhalt nur sehr selten konkrete Anhaltspunkte für eine solche Ausnahme ergeben, wenn sie nicht gerade auf dem durchaus klausurrelevanten § 243 II beruht. Nicht abschließend meint, dass es über § 243 I 2 hinaus auch „unbenannte“ besonders schwere Fälle nach § 243 I 1 geben kann. Daran kann man insbesondere beim Diebstahl <u>extrem</u> wertvoller Sachen denken. In der Prüfungspraxis wird man sich so gut wie ausnahmslos auf die Untersuchung der Regelbeispiele des § 243 I 2 beschränken können (vgl. auch Seite 25). Mangels außergewöhnlicher Anhaltspunkte solltet ihr euch weder zum unbenannten besonders schweren Fall noch zur Aufhebung der Indizwirkung auslassen (wichtige Ausnahme: § 243 II, dazu bald mehr).

Fall 16

Die V bricht das Gatterschloss eines die Wiese der sicherheitsbewussten Bäuerin B umgebenden hohen Zaunes auf, um eine neuwertige Zinkbadewanne wegzuschaffen, die den Kühen der B als Tränke dient. Als V mit ihrem Kombi auf die Wiese gefahren ist und die Wanne in das Auto heben will, erscheint die laut schreiende und eine Mistgabel schwingende B. Diese hatte sich entschlossen, „Patrouille“ zu gehen, da sich Zinkbadewannendiebstähle auf Nachbarwiesen in der letzten Zeit gehäuft haben. V lässt die Wanne fallen und ergreift die Flucht.

Frage: Wie hat sich V strafbar gemacht ?
Die Strafbarkeit gemäß §§ 123, 246 und 303 ist nicht zu prüfen.

Lösungsskizze Fall 16

- Strafbarkeit der V gemäß §§ 242 I, 243 I 1, 2 Nr. 1 ?

I. Tatbestand

1. Objektiver Tatbestand

***a. fremde bewegliche Sache ?* (+)**

***b. Wegnahme ?* (–)**

***c. also: objektiver Tatbestand* (–)**

***2. also: Tatbestand* (–)**

II. Ergebnis:
Strafbarkeit der V gemäß §§ 242 I, 243 I 1, 2 Nr. 1 (–)

- Strafbarkeit der V gemäß §§ 242, 22, 23 I, 243 I 1, 2 Nr. 1 ?

(- Vorprüfung)

***1. Nichtvollendung der Tat ?* (+)**

2. Strafbarkeit des Versuchs ?* (+) → *§ 242 II

Anmerkung: Es gibt keinen versuchten besonders schweren Fall des Diebstahls; der Versuch knüpft nämlich immer an Tatbestandsmerkmale an; die Merkmale des § 243 I 2 sind aber keine Tatbestandsmerkmale, sondern Regelbeispiele für die Strafzumessung

aber: gleichwohl kann der versuchte (einfache) Diebstahl u.U. nach dem Strafrahmen des § 243 I 1 bestraft werden, wenn dies im Einzelfall geboten ist (vgl. Fazit 2. und 3.)

I. Tatbestand

1. Subjektiver Tatbestand

a. Tatentschluss ?
= Vorsatz bezüglich der objektiven Merkmale

***aa. Vorsatz bezüglich der fremden beweglichen Sache ?* (+)**

bb. Vorsatz bezüglich der Wegnahme ?

HIER (+) → V wollte den Gewahrsam der B brechen und neuen Gewahrsam begründen

***cc. also: Tatentschluss* (+)**

***b. Absicht der rechtswidrigen Zueignung ?* (+)**

***c. also: subjektiver Tatbestand* (+)**

2. Objektiver Tatbestand = unmittelbares Ansetzen ?

HIER (+) → spätestens mit dem Bemühen, die Wanne in den Pkw einzuladen

***3. also: Tatbestand* (+)**

***II. Rechtswidrigkeit* (+)**

***III. Schuld* (+)**

IV. Strafzumessungsregel des § 243 I 1, 2 Nr. 1

1. In objektiver Hinsicht
= (hier) Erfüllung des Regelbeispiels § 243 I 2 Nr. 1

a. (hier) Einbrechen in einen umschlossenen Raum, § 243 I 2 Nr. 1 ?
= gewaltsames Öffnen einer Umschließung des von § 243 I 2 Nr. 1 geschützten Raums

HIER (+) → V hat das Schloss des Gatters aufgebrochen; die Wiese ist ein durch § 243 I 2 Nr. 1 geschützter umschlossener Raum; der hohe Zaun ist ein nicht unerhebliches künstliches Hindernis, das andere am Betreten des abgegrenzten Raums hindern soll; die Wiese ist zumindest auch zum Betreten von Menschen bestimmt

***b. also: in objektiver Hinsicht* (+)**

2. In subjektiver Hinsicht

***a. (Quasi-)Vorsatz bezüglich der objektiven Merkmale des § 243 I 2 Nr. 1 ?* (+)**

***b. zur Ausführung der Tat, § 243 I 2 Nr. 1 ?* (+)**

***c. also: in subjektiver Hinsicht* (+)**

***3. also: Strafzumessungsregel des § 243 I 1, 2 Nr. 1* (+)**

V. Ergebnis:

Strafbarkeit der V gemäß §§ 242, 22, 23 I, 243 I 1, 2 Nr. 1 (+)

Formulierungsvorschlag Fall 16

- Strafbarkeit der V gemäß §§ 242 I, 243 I 1, 2 Nr. 1

Eine Strafbarkeit der V gemäß §§ 242 I, 243 I 1, 2 Nr. 1 scheidet mangels vollendeter Wegnahme aus.

- Strafbarkeit der V gemäß §§ 242, 22, 23 I, 243 I 1, 2 Nr. 1

V könnte sich aber durch das Aufbrechen des Gatterschlosses zwecks Mitnahme der Zinkwanne gemäß §§ 242, 22, 23 I, 243 I 1, 2 Nr. 1 wegen eines versuchten Diebstahls in einem besonders schweren Fall strafbar gemacht haben.

Die Tat ist nicht vollendet.

Der Versuch ist gemäß § 242 II strafbar.

I. V müsste zunächst einen Tatentschluss zur Verwirklichung des objektiven Tatbestands gefasst haben. Ihr war die Qualität der Wanne als eine für sie fremde bewegliche Sache bewusst. Sie wollte außerdem die Zinkwanne wegnehmen. Damit handelte V vorsätzlich hinsichtlich aller objektiven Tatbestandsmerkmale, also mit Tatentschluss.

V handelte darüber hinaus in der Absicht, sich die Wanne rechtswidrig zuzueignen.

Spätestens mit dem Bemühen, die Zinkwanne in ihren Pkw einzuladen, hat V unmittelbar zur Tatbestandsverwirklichung angesetzt.

II. Die Tat geschah rechtswidrig.

III. V handelte schuldhaft.

IV. Auf der Strafzumessungsebene kommt eine Berücksichtigung des § 243 I 1, 2 Nr. 1 wegen eines besonders schweren Falls des versuchten Diebstahls in Betracht.

Der Täter müsste das Regelbeispiel des § 243 I 2 Nr. 1 in objektiver Hinsicht erfüllt haben.

V könnte in einen umschlossenen Raum eingebrochen sein. Dann müsste sie die Umschließung eines durch § 243 I 2 Nr. 1 geschützten Raums gewaltsam geöffnet haben. V hat das Gatterschloss gewaltsam aufgebrochen. Ein umschlossener Raum ist ein Raumgebilde, das zumindest auch dazu bestimmt ist, von Menschen betreten zu werden, und das mit zumindest teilweise künstlichen Hindernissen gegen das Betreten von Unbefugten umgeben ist. Die Wiese ist zumindest auch dazu bestimmt, von Menschen betreten zu werden. Die hohe Umzäunung stellt ein beachtliches künstliches Hindernis dar und soll das Betreten von Unbefugten verhindern. Mithin ist die umzäunte Wiese ein umschlossener Raum im Sinne des § 243 I 2 Nr. 1. V ist demnach in einen umschlossenen Raum eingebrochen.

Sie hat in objektiver Hinsicht § 243 I 2 Nr. 1 erfüllt.

In subjektiver Hinsicht handelte V vorsätzlich bezüglich der Erfüllung der objektiven Merkmale des Regelbeispiels und zur Ausführung der Tat.

V. V hat sich also durch die eingangs beschriebene Handlung gemäß §§ 242, 22, 23 I, 243 I 1, 2 Nr. 1 strafbar gemacht.

Fazit

1. Ein vollendeter Diebstahl in einem besonders schweren Fall gemäß §§ 242 I, 243 I scheiterte an der fehlenden Wegnahme.

2. Einen ***„versuchten besonders schweren Fall"*** des Diebstahls ***kann es schon begrifflich nicht geben***. Der Versuch knüpft nämlich immer an Tatbestandsmerkmale an. Die Merkmale des § 243 I 2 sind aber keine Tatbestandsmerkmale, sondern Strafzumessungsregeln (vgl. schon Fall 15, Fazit 3.).

Trotzdem ist es möglich, einen Täter wegen eines versuchten (einfachen) Diebstahls zu bestrafen und die Strafzumessungsregel des § 243 I zu berücksichtigen. Das ist dann kein versuchter besonders schwerer Diebstahl, sondern ein ***versuchter Diebstahl in einem besonders schweren Fall***. Diese Unterscheidung solltet ihr beherzigen.

Allerdings wird in diesem Bereich vieles kontrovers diskutiert. Wir werden gleich die denkbaren Konstellationen eines Versuchs in einem besonders schweren Fall darstellen und die Lösungsmöglichkeiten aufführen.

3. ***Drei Fallkonstellationen*** sind denkbar, nämlich:

Konstellation 1: Versuch des § 242 I / „Vollendung" des § 243 I = der Täter bleibt im Versuchsstadium des § 242 I stecken, erfüllt aber ein Regelbeispiel des § 243 I.

Beispiel: Unser gerade gelöster Fall. Der Täter bricht ein („vollendeter" § 243 I 2 Nr. 1), versucht aber nur, die Sache wegzunehmen (Versuch des § 242 I).

Lösung: Hier bestehen allgemein keine Bedenken, den Täter wegen eines versuchten (einfachen) Diebstahls in einem besonders schweren Fall zu bestrafen. Es wird sogar darauf hingewiesen, dass sich in dieser Konstellation gar nicht die Frage nach einem „Versuch des § 243 I" stellt, da der Täter das Regelbeispiel erfüllt hat.

Konstellation 2: Vollendung des § 242 I / „Versuch" des § 243 I = der Täter vollendet den § 242 I; sein Bestreben, ein Regelbeispiel des § 243 I 2 zu erfüllen, schlägt aber fehl.

Beispiel: Der Täter versucht, mit einem falschen Schlüssel in einen Friseursalon einzudringen, die Tür ist aber unverschlossen, was der Täter beim Ansetzen des Schlüssels bemerkt („versuchter" § 243 I 2 Nr. 1). Anschließend nimmt er eine Trockenhaube mit (Vollendung des § 242 I).

Lösung: Nach der h.L. nur § 242 I, weil die Regelbeispiele ihre Indizwirkung nur bei tatsächlichem Vorliegen entfalten. Der BGH hat einen solchen Fall noch nicht entschieden, nähme aber wohl den (vollendeten) Diebstahl nach § 242 I im „versuchten besonders schweren Fall" an (vgl. Konstellation 3).

Konstellation 3: Versuch des § 242 I / „Versuch" des § 243 I = der Täter bleibt im Versuchsstadium des § 242 I stecken und sein Bestreben, ein Regelbeispiel des § 243 I zu erfüllen, schlägt fehl.

Beispiel: Zunächst wie Konstellation 2 („versuchter" § 243 I Nr. 1). Dann scheitert die Wegnahme der Sache daran, dass der Täter ertappt wird (Versuch des § 242 I).

Lösung: In dieser Konstellation hat der BGH eine Strafbarkeit gemäß §§ 242, 22, 23 I, § 243 I bejaht. Die h.L. geht – konsequent, siehe Konstellation 2 – davon aus, dass (lediglich) eine Strafbarkeit nach §§ 242, 22, 23 I gegeben ist.

4. Was also tun, wenn man im Gegensatz zum Ausgangssachverhalt mit einer der ***streitige***n ***Fallgestaltungen*** (Konstellation 2 oder 3) zu kämpfen hat? Nun, dann müsst ihr in die entsprechende ***Argumentation*** einsteigen. Der BGH begründet seine Auffassung im Kern mit dem tatbestandsähnlichen Charakter des § 243. Überzeugender ist die h.L., die sich vor allem auf den Wortlaut des § 22 berufen kann. Dort ist ausdrücklich vom unmittelbaren Ansetzen zur Verwirklichung des Tatbestandes die Rede. Die entsprechende Anwendung des § 22 auf nicht verwirklichte Strafzumessungsregeln wird deswegen als Verstoß gegen das Analogieverbot (Art. 103 II GG / § 1 StGB) gewertet.

5. Im Unterschied zum vorangegangenen Fall 15 – bei dem mehrere Nummern des § 243 I 2 in Betracht kamen – bot es sich hier an, schon im Obersatz konkret die einzig einschlägige Nummer (***§ 243 I 2 Nr. 1***) zu zitieren.

Speziell bei ***umzäunte***n ***Grundstücke***n ist genau zu prüfen, ob es sich um einen umschlossenen Raum i.S.d. § 243 I 2 Nr. 1 handelt. Das ist etwa dann nicht der Fall, wenn der Zaun so niedrig ist, dass er leicht überstiegen werden kann. Die nähere Beschreibung der Umzäunung im Sachverhalt („hoher Zaun") hat also durchaus ihren Sinn. Noch etwas: Der Raum muss nicht notwendig verschlossen sein, sondern eben nur umschlossen.

Die für das ***Einbrechen*** erforderliche ***Gewaltanwendung*** war hier absolut unproblematisch. Es genügt dafür jede ***körperliche Anstrengung nicht ganz unerheblicher Art***, eine Substanzverletzung ist nicht erforderlich. Das Einbrechen aber z.B. schon beim Aufdrücken eines schwer verstellbaren, aber nicht verriegelten Fensters anzunehmen (so eine BGH-Entscheidung aus der Mitte des vergangenen Jahrhunderts), wird heute fast einhellig als zu weitgehend angesehen.

Fall 17

Um nach Beute zu suchen, verschafft sich T Zugang zur Garage des Großindustriellen G, indem er mittels eines Brecheisens das Tor aufhebelt. Anschließend nimmt T einen Werkzeugkoffer mit, dessen Verkehrswert er auf mindestens 90 € schätzt. Tatsächlich handelt es sich um einen Werkzeugsatz im Wert von etwa 15 €, den G als Prämie für die Anwerbung eines neuen ADAC-Mitglieds erhalten hatte.

Frage: Hat sich T gemäß §§ 242, 243 strafbar gemacht ?

Lösungsskizze Fall 17

- Strafbarkeit des T gemäß §§ 242 I, 243 I 1, 2 Nr. 1 ?

I. Tatbestand

1. Objektiver Tatbestand

***a. fremde bewegliche Sache ?* (+)**

***b. Wegnahme ?* (+)**

***c. also: objektiver Tatbestand* (+)**

2. Subjektiver Tatbestand

***a. Vorsatz ?* (+)**

***b. Absicht der rechtswidrigen Zueignung ?* (+)**

***c. also: subjektiver Tatbestand* (+)**

***3. also: Tatbestand* (+)**

***II. Rechtswidrigkeit* (+)**

***III. Schuld* (+)**

IV. Strafzumessungsregel des § 243 I 1, 2 Nr. 1

1. In objektiver Hinsicht
= (hier) Erfüllung des Regelbeispiels § 243 I 2 Nr. 1

a. (hier) Einbrechen in einen umschlossenen Raum, § 243 I 2 Nr. 1 ?
= gewaltsames Öffnen einer Umschließung des von § 243 I 2 Nr. 1 geschützten Raums

HIER (+) → T hat das Garagentor mit dem Brecheisen gewaltsam aufgehebelt; die Garage ist ein Gebäude, also ein durch § 243 I 2 Nr. 1 geschützter Raum

***b. also: in objektiver Hinsicht* (+)**

2. In subjektiver Hinsicht

a. (Quasi-)Vorsatz bezüglich der objektiven Merkmale des § 243 I 2 Nr. 1 ? (+)

b. zur Ausführung der Tat, § 243 I 2 Nr. 1 ? (+)

c. <u>also</u>: in subjektiver Hinsicht (+)

3. Ausschluss des besonders schweren Falls, § 243 II ?
= der gestohlene Gegenstand ist objektiv geringwertig und der Täter geht auch (subjektiv) von einem entsprechenden Verkehrswert aus (a.A. vertretbar)

a. objektiv geringwertig ?
= jedenfalls bei Sachen mit einem tatsächlichen Wert von nicht über 25 € (nach a.A. bis zu 50 €)

HIER (+) → der Werkzeugkoffer ist einschließlich seines Inhalts nur etwa 15 € wert

b. subjektiv geringwertig ?
= der Vorsatz des Täters muss sich auf die Geringwertigkeit beziehen

HIER (–) → T ging von einem Wert nicht unter 90 € aus

c. <u>also</u>: Ausschluss des besonders schweren Falls, § 243 II (–)

4. <u>also</u>: Strafzumessungsregel des § 243 I 1, 2 Nr. 1 (+)

V. Ergebnis:
Strafbarkeit des T gemäß §§ 242 I, 243 I 1, 2 Nr. 1 (+)

Formulierungsvorschlag Fall 17

- Strafbarkeit des T gemäß §§ 242 I, 243 I 1, 2 Nr. 1

T könnte sich durch das Mitnehmen des Werkzeugkoffers aus der Garage des G gemäß §§ 242 I, 243 I 1, 2 Nr. 1 strafbar gemacht haben.

I. Bei dem Werkzeugkoffer handelt es sich um eine für T fremde bewegliche Sache.

Diese hat T weggenommen.

Er handelte vorsätzlich und mit der Absicht der rechtswidrigen Zueignung.

II. Die Tat geschah rechtswidrig.

III. T handelte zudem schuldhaft.

IV. Möglicherweise ist T wegen eines besonders schweren Falls des Diebstahls gemäß §§ 242 I, 243 I 1, 2 Nr. 1 zu bestrafen.

In objektiver Hinsicht müsste der Täter das Regelbeispiel des § 243 I 2 Nr. 1 erfüllt haben.

T könnte in einen umschlossenen Raum eingebrochen sein. Dazu müsste er die Umschließung eines durch § 243 I 2 Nr. 1 geschützten Raums gewaltsam geöffnet haben. T hat das Garagentor mit dem Brecheisen gewaltsam aufgehebelt. Die Garage ist ein Gebäude, also ein durch § 243 I 2 Nr. 1 geschützter Raum.

T ist demnach in eine durch § 243 I 2 Nr. 1 geschützte Räumlichkeit eingebrochen. Er hat somit § 243 I 2 Nr. 1 in objektiver Hinsicht erfüllt.

In subjektiver Hinsicht handelte T vorsätzlich bezüglich der Erfüllung der objektiven Merkmale des Regelbeispiels und zur Ausführung der Tat.

Eine Bestrafung des Täters wegen eines besonders schweren Falls des Diebstahls könnte aber gemäß § 243 II ausgeschlossen sein. Dann müsste sich die Tat auf eine geringwertige Sache beziehen. Geringwertig sind jedenfalls Sachen mit einem Verkehrswert von bis zu 25 €.

Der Werkzeugkoffer hat einschließlich seines Inhalts lediglich einen Wert von etwa 15 €. Also bezog sich die Tat objektiv auf eine geringwertige Sache.

T ging aber davon aus, dass der Wert des Tatobjekts nicht unter 90 € liegt. Keinesfalls geringwertig sind Sachen mit einem Verkehrswert von deutlich über 50 €. Rein subjektiv bezog sich die Tat somit nicht auf eine geringwertige Sache.

Zu prüfen ist demnach, ob § 243 II voraussetzt, dass der Täter (subjektiv) von einem Verkehrswert ausgeht, der zur Geringwertigkeit führt. Bei § 243 ist seiner Natur als Strafzumessungsregel nach neben dem Erfolgsunwert auch der Handlungsunwert und die Schuld maßgeblich. Danach kann es für die Ausschlusswirkung des § 243 II nicht allein auf die objektive Geringwertigkeit ankommen. Somit muss der Täter für § 243 II den Verkehrswert auch zutreffend „geringwertig" einschätzen.

T ging aber von einem Wert von mindestens 90 € aus.

Also ist ein besonders schwerer Fall nicht gemäß § 243 II ausgeschlossen.

V. T hat sich demnach durch das Mitnehmen des Werkzeugkoffers gemäß §§ 242 I, 243 I 1, 2 Nr. 1 strafbar gemacht.

Fazit

1. Wenn der Sachverhalt Hinweise auf eine mögliche ***Geringwertigkeit*** der gestohlenen Sache gibt, solltet ihr an § ***243 II*** denken. Man kann diese Vorschrift – die nicht für § 243 I 2 Nr. 7 gilt – als unwiderlegliche ***Gegenindikation zu § 243 I 2 Nr. 1 bis 6*** werten (vgl. Fall 15, Fazit 11.). ***Aufbau***technisch ist zu beachten, dass immer zuerst auf die Regelbeispiele einzugehen ist, bevor man gegebenenfalls zum Ausschluss des besonders schweren Falls nach § 243 II kommt. Spätestens jetzt wird klar sein, weshalb die Zinkbadewanne in Fall 16 als „neuwertig" beschrieben wurde. Ebenso wie in Fall 15 („Sitzbezüge aus echtem Leopardenfell") waren in Fall 16 Spekulationen zur Geringwertigkeit

des Tatobjekts nicht angebracht. Ganz anders in Fall 17, wo euch die konkrete Wertangabe regelrecht auf § 243 II stoßen sollte!

Das Geringwertigkeitskriterium habt ihr bereits bei § 248a kennengelernt (vgl. Fall 1, Fazit 4.). Bei § 243 II ist weiter zu beachten, dass die Ausschlusswirkung nach ganz h.M. nicht eintritt, wenn der funktionelle Wert des Tatobjekts den Geldwert übersteigt, die Sache also keinen objektiv messbaren Verkehrswert hat. Das ist etwa bei Briefen, Akten oder Ausweisen der Fall. Ob diese Einschränkung auch für § 248a gilt, ist übrigens umstritten.

2. Die Tücke dieses Falls liegt in einem anderen Detail. § 243 II schließt eine Bestrafung wegen §§ 242 I, 243 I nur aus, „wenn sich die Tat auf eine geringwertige Sache bezieht".

Nach h.M. kommt es darauf an, ob es sich bei dem gestohlenen Gegenstand ***objektiv*** um eine ***geringwertige Sache*** handelt und der Täter auch ***subjektiv*** von einem entsprechenden Verkehrswert ausgeht. Die Geringwertigkeit ist also immer „doppelt" zu prüfen.

Wenn die Geringwertigkeit entweder objektiv oder subjektiv fehlt, bleibt es bei einer Bestrafung gemäß §§ 242 I, 243 I 1, 2.

3. ***Denkbar sind vier Fallkonstellationen***, in denen die Geringwertigkeit eine Rolle spielt:

Konstellation 1: Die gestohlene Sache ist objektiv geringwertig und der Täter geht auch von einer Geringwertigkeit aus.

Lösung: § 243 II greift ein und schließt § 243 I 2 Nr. 1 bis 6 aus. Der Täter kann lediglich nach § 242 I, also wegen eines vollendeten einfachen Diebstahls bestraft werden.

Konstellation 2: Die gestohlene Sache ist objektiv hochwertig (nicht geringwertig) und der Täter geht auch davon aus, dass sie hochwertig ist.

Lösung: Ihr müsst nicht auf § 243 II eingehen. Der Täter ist nach §§ 242 I, 243 I 1, 2, also wegen eines vollendeten Diebstahls in einem besonders schweren Fall zu bestrafen.

Konstellation 3: Die gestohlene Sache ist objektiv geringwertig, der Täter glaubt aber, sie sei hochwertig.

Lösung: § 243 II greift nicht ein. Es fehlt die „subjektive Geringwertigkeit". Es bleibt bei einer Bestrafung des Täters gemäß § 242 I, § 243 I 1, 2.

Konstellation 4: Die gestohlene Sache ist objektiv hochwertig (nicht geringwertig), der Täter glaubt aber, sie sei geringwertig.

Lösung: § 243 II greift nicht ein. Es fehlt die „objektive Geringwertigkeit". Es bleibt bei einer Bestrafung des Täters gemäß § 242 I, § 243 I 1, 2.

4. Die ***Konstellationen 3 und 4*** sind leider ***keineswegs unumstritten***. Wir haben dem im Formulierungsvorschlag argumentativ Rechnung getragen. Der von uns vorgeschlagene Lösungsweg der wohl ***h.M.*** hat den Vorteil, einprägsam zu sein: ***Sobald die objektive oder die subjektive Komponente fehlt, greift § 243 II nicht ein!***

Fall 18

Z bricht in den Comicladen der C ein, um einen „Prinz Eisenherz"-Sammelband im Wert von 79,90 € zu stehlen. Zu seiner Enttäuschung muss er feststellen, dass der gewünschte Band nicht vorrätig ist. Deshalb nimmt er lediglich ein „Fat Freddy's Cat"-Taschenbuch im Wert von 5 € mit.

Frage: Hat sich Z gemäß §§ 242, 243 strafbar gemacht ?

Lösungsskizze Fall 18

- Strafbarkeit des Z gemäß §§ 242 I, 243 I 1, 2 Nr. 1 ?

I. Tatbestand

1. Objektiver Tatbestand

***a. fremde bewegliche Sache ?* (+)**

***b. Wegnahme ?* (+)**

***c. <u>also</u>: objektiver Tatbestand* (+)**

2. Subjektiver Tatbestand

***a. Vorsatz ?* (+)**

***b. Absicht der rechtswidrigen Zueignung ?* (+)**

***c. <u>also</u>: subjektiver Tatbestand* (+)**

***3. <u>also</u>: Tatbestand* (+)**

***II. Rechtswidrigkeit* (+)**

***III. Schuld* (+)**

IV. Strafzumessungsregel des § 243 I 1, 2 Nr. 1

1. In objektiver Hinsicht
= (hier) Erfüllung des Regelbeispiels § 243 I 2 Nr. 1

***a. (hier) Einbrechen in einen umschlossenen Raum, § 243 I 2 Nr. 1 ?* (+)**

***b. <u>also</u>: in objektiver Hinsicht* (+)**

2. In subjektiver Hinsicht

***a. (Quasi-)Vorsatz bezüglich der objektiven Merkmale des § 243 I 2 Nr. 1 ?* (+)**

b. zur Ausführung der Tat, § 243 I 2 Nr. 1 ?
= Diebstahlsvorsatz bereits bei Erfüllung der objektiven Merkmale des § 243 I 2 Nr. 1

HIER (+) → T wollte von Anfang an einen Comicband stehlen; der spätere Entschluss, konkret ein anderes Tatobjekt zu entwenden, ändert nichts an der Bewertung des Gesamtkomplexes als einheitliche „Tat" i.S.d. § 243 I 2 Nr. 1

***c. also: in subjektiver Hinsicht* (+)**

3. Ausschluss des besonders schweren Falls, § 243 II ?
= der gestohlene Gegenstand ist objektiv geringwertig und der Täter geht auch (subjektiv) von einem entsprechenden Verkehrswert aus (a.A. vertretbar)

a. objektiv geringwertig ?
= jedenfalls bei Sachen mit einem tatsächlichen Wert von nicht über 25 € (nach a.A. bis zu 50 €)

HIER (+) → bei dem Taschenbuch handelt es sich um einen Gegenstand im Wert von 5 €

b. subjektiv geringwertig ?
= der Vorsatz des Täters muss sich auf ein Objekt beziehen, das einen tatsächlichen Wert hat, der als geringwertig einzustufen ist

HIER (–) → Z wollte zunächst einen wertvollen „Prinz Eisenherz"-Sammelband stehlen (Wert deutlich über 50 €); maßgeblich ist der Zeitpunkt des Einbrechens; der spätere Entschluss des Z, lediglich einen geringwertigen Gegenstand mitzunehmen, wirkt sich nicht zu seinen Gunsten aus; es handelt sich bei dem Gesamtkomplex um eine einzige „Tat" auch i.S.d. § 243 II

***c. also: Ausschluss des besonders schweren Falls, § 243 II* (–)**

***4. also: Strafzumessungsregel des § 243 I 1, 2 Nr. 1* (+)**

V. Ergebnis:
Strafbarkeit des Z gemäß §§ 242 I, 243 I 1, 2 Nr. 1 (+)

Formulierungsvorschlag Fall 18

- Strafbarkeit des Z gemäß §§ 242 I, 243 I 1, 2 Nr. 1

Z könnte sich durch das Mitnehmen des „Fat Freddy's Cat"-Taschenbuchs aus dem Comicladen der C gemäß §§ 242 I, 243 I 1, 2 Nr. 1 strafbar gemacht haben.

I. Bei dem Taschenbuch handelt es sich um eine für Z fremde bewegliche Sache.

Diese hat er weggenommen.

Z handelte vorsätzlich und mit der Absicht der rechtswidrigen Zueignung.

II. Die Tat geschah rechtswidrig.

III. Z handelte zudem schuldhaft.

IV. Er könnte wegen eines besonders schweren Falls des Diebstahls gemäß §§ 242 I, 243 I 1, 2 Nr. 1 zu bestrafen sein.

Z ist in ein Gebäude und damit einen umschlossenen Raum im Sinne des § 243 I 2 Nr. 1 eingebrochen.

Er handelte vorsätzlich bezüglich der Erfüllung der objektiven Merkmale des Regelbeispiels.

Darüber hinaus müsste er zur Ausführung der Tat eingebrochen sein. Er müsste bereits beim Einbrechen Diebstahlsvorsatz gehabt haben. Daran kann man insofern zweifeln, als Z ursprünglich ein anderes als das später tatsächlich entwendete konkrete Tatobjekt im Auge hatte. Der Gesamtkomplex stellt aber einen einheitlichen Geschehensablauf und damit eine einzige „Tat" im Sinne des § 243 I 2 Nr. 1 dar. So verstanden hatte Z von Anfang an Diebstahlsvorsatz. Er ist zur Ausführung der Tat eingebrochen.

Zu prüfen ist weiter, ob eine Bestrafung des Täters wegen eines besonders schweren Falls des Diebstahls gemäß § 243 II ausgeschlossen ist. Dann müsste sich die Tat auf eine geringwertige Sache beziehen. Geringwertig ist das Tatobjekt jedenfalls bei einem Verkehrswert von bis zu 25 €.

Das entwendete Taschenbuch ist folglich mit einem Wert von 5 € objektiv geringwertig.

Zum Zeitpunkt des Einbruchs ging Z aber von der Wegnahme des mit einem Wert von deutlich über 50 € nicht geringwertigen Sammelbandes aus. Sein Tatentschluss bezog sich also im Versuchsstadium nicht auf die Geringwertigkeit.

Wegen des Bezugs der Strafzumessungsregel auf den Handlungsunwert und die Schuld muss dem Täter aber die Geringwertigkeit bewusst sein, damit ihm § 243 II zugute kommt.

Die Geringwertigkeit des später tatsächlich entwendeten Comics war Z bekannt. Fraglich ist also, auf welchen Zeitpunkt abzustellen ist. Der Gesamtkomplex ist wie schon für § 243 I 2 Nr. 1 aufgezeigt als einzige „Tat" auch im Sinne des § 243 II zu werten. Maßgeblich ist wegen dieses einheitlichen Charakters des Geschehens für § 243 II nur der Zeitpunkt des Einbruchs selbst und nicht der Zeitpunkt der späteren Wegnahme. Andernfalls wäre derjenige, der später gar nichts wegnimmt, wegen §§ 242, 22, 23 I, 243 I zu bestrafen, während demjenigen, der wegen eines Objekts- beziehungsweise Vorsatzwechsels entgegen seinem ursprünglichen Tatplan eine geringwertige Sache wegnimmt, eine Strafzumessung nach § 243 I erspart bliebe.

Zum entscheidenden Zeitpunkt des Einbrechens ging Z nicht von der Geringwertigkeit des Tatobjekts aus, sodass § 243 II nicht eingreift.

Ein besonders schwerer Fall des Diebstahls ist demnach nicht ausgeschlossen.

V. Z hat sich durch das Mitnehmen des Taschenbuchs gemäß §§ 242 I, 243 I 1, 2 Nr. 1 strafbar gemacht.

Fazit

1. Der Fall setzt der Geringwertigkeitsproblematik noch einen drauf.

   Zunächst einmal war aber bei ***§ 243 I 2 Nr. 1*** in subjektiver Hinsicht herauszuarbeiten, dass Z ***„zur Ausführung der Tat"*** eingebrochen war, obwohl er letztlich eine andere Sache als ursprünglich geplant hat mitgehen lassen.

   Ausgangspunkt bei § 243 II ist das Ergebnis von Fall 17, ***dass*** nämlich ***die entsprechende subjektive Komponente erforderlich ist***. Hier stellt sich zusätzlich die Frage, auf welchen Zeitpunkt abzustellen ist. ***Bei einheitlichem Geschehensablauf*** (einheitliche „Tat" im Sinne des § 243 I 2 Nr. 1, II) kann das wie gesehen nur der ***Zeitpunkt des Einbrechens***, nicht der der späteren Wegnahme sein.

2. ***Anders*** hingegen, ***wenn der Täter*** zwischendurch seinen ***ursprünglichen Diebstahlsvorsatz völlig*** (also nicht nur hinsichtlich des konkreten Tatobjekts) ***aufgegeben hat***. Dazu folgendes Beispiel: Vom ursprünglichen Versuch des Diebstahls in einem besonders schweren Fall (§§ 242 I, 22, 23 I, 243 I 1, 2 Nr. 1, vgl. Fall 16) tritt der Täter gemäß § 24 I zurück, entdeckt dann aber zufällig eine Tafel Schokolade, die er aufgrund eines neuen Entschlusses (!) einsteckt. Hier kommt schon § 243 I 2 Nr. 1 nicht zur Anwendung, weil der Täter nicht „zur Ausführung" dieser neuen Tat eingebrochen ist. Die Geringwertigkeit (§ 243 II) spielt dann keine Rolle, weil man bis zu diesem Prüfungspunkt gar nicht erst vordringt (vgl. zum Aufbau Fall 17, Fazit 1.).

3. In der ***Umkehrung des Ausgangsfalls***, wenn nämlich entgegen dem ursprünglichen Vorsatz eine hochwertige statt einer geringwertigen Sache gestohlen wird, greift § 243 II nicht ein. Es ***fehlt*** hier ***bereits an der objektiven Komponente***.

4. Alle diese Fälle sind unter dem Oberbegriff ***Objekts- bzw. Vorsatzwechsel*** bekannt. Im Einzelnen ist vieles umstritten. Sich die von uns vorgeschlagene Lösung (die der klar herrschenden Meinung entspricht) einzuprägen und sie sauber am Fall herzuleiten, ist kompliziert genug. Alles Weitere ist – wenn überhaupt – eher etwas für Hausarbeiten.

Fall 19

Die uhrenbegeisterte U steckt im Kaufhaus eine teure Armbanduhr in ihre Hosentasche. Sie verlässt wie geplant an der Kasse vorbei unbemerkt und ohne zu bezahlen das Gebäude. Von Anfang an hatte U bewusst einen Einkaufsbeutel in der Hand, in dem sich eine offene Plastiktüte mit einer geladenen Pistole befunden hatte.

Frage: Hat sich U gemäß §§ 242, 244 strafbar gemacht ?

Lösungsskizze Fall 19

- Strafbarkeit der U gemäß §§ 242 I, 244 I Nr. 1a ?

I. Tatbestand

1. Tatbestand § 242 I

a. Objektiver Tatbestand

aa. fremde bewegliche Sache ? **(+)**

bb. Wegnahme ? **(+)**

cc. also: objektiver Tatbestand **(+)**

b. Subjektiver Tatbestand

aa. Vorsatz ? **(+)**

bb. Absicht der rechtswidrigen Zueignung ? **(+)**

cc. also: subjektiver Tatbestand **(+)**

c. also: Tatbestand § 242 I **(+)**

2. Tatbestand § 244 I Nr. 1a

a. Objektiver Tatbestand

aa. gefährliches Werkzeug, (hier) Waffe ?
= funktionsfähiges und einsatzbereites Werkzeug, das dazu bestimmt ist, Menschen körperlich zu verletzen (Waffe im technischen Sinn)

HIER (+) → die Pistole ist dazu bestimmt, Menschen körperlich zu verletzen; sie war auch geladen, also einsatzbereit und funktionsfähig

bb. (hier) vom Täter bei sich geführt ?
= Verfügbarkeit ohne besonderen Aufwand

HIER (+) → U hatte die Pistole zwar nicht in der Hand und trug sie auch nicht unmittelbar am Körper; sie hätte aber lediglich in den Einkaufsbeutel und die darin befindliche offene Tüte greifen müssen, um sich der Waffe zu bedienen; U hätte die griffbereite Pistole ohne besondere Schwierigkeiten und ohne nennenswerten Zeitaufwand zum Einsatz bringen können

cc. also: objektiver Tatbestand (+)

b. Subjektiver Tatbestand

- Vorsatz ? (+)

c. also: Tatbestand § 244 I Nr. 1a (+)

3. also: Tatbestand § 242 I und § 244 I Nr. 1a (+)

II. Rechtswidrigkeit (+)

III. Schuld (+)

IV. Ergebnis:
Strafbarkeit der U gemäß §§ 242 I, 244 I Nr. 1a (+)

Formulierungsvorschlag Fall 19

- Strafbarkeit der U gemäß §§ 242 I, 244 I Nr. 1a

U könnte sich durch das Entwenden der Uhr in Anbetracht der Pistole gemäß §§ 242 I, 244 I Nr. 1a strafbar gemacht haben.

I. Bei der Uhr handelt es sich um eine für U fremde bewegliche Sache.

U hat sie spätestens mit Verlassen des Kaufhauses weggenommen.

Sie handelte vorsätzlich und in der Absicht, sich die Uhr rechtswidrig zuzueignen.

Die Pistole könnte ein gefährliches Werkzeug, namentlich eine Waffe im Sinne des § 244 I Nr. 1a sein.

Unter Waffe ist ein funktionsfähiges und einsatzbereites Werkzeug zu verstehen, das dazu bestimmt ist, Menschen körperlich zu verletzen.

Eine Pistole ist dazu bestimmt, Menschen durch die Wirkung ihres Einsatzes körperlich zu verletzen. Die Pistole war auch geladen, also einsatzbereit und funktionsfähig.

Es handelt sich somit um eine Waffe.

U müsste diese Waffe bei sich geführt haben.

Eine Waffe wird bei sich geführt, wenn sie ohne besonderen Aufwand verfügbar ist. Dabei ist nicht erforderlich, dass der Täter – oder gegebenenfalls ein anderer Beteiligter – den gefährlichen Gegenstand unmittelbar am Körper trägt oder gar in der Hand hält. Entscheidend ist, dass die Waffe ohne besondere Schwierigkeiten und ohne nennenswerten Zeitaufwand zum Einsatz gebracht werden kann.

U hätte lediglich in den Einkaufsbeutel und die darin befindliche offene Plastiktüte greifen müssen, um sich der Pistole zu bedienen. Sie hätte die derart griffbereite Waffe ohne besondere Schwierigkeiten und mit minimalem Zeitaufwand zum Einsatz bringen können.

Folglich hat U die Waffe während der Tat bei sich geführt.

Auch bezüglich der Merkmale des § 244 I Nr. 1a handelte U vorsätzlich.

II. Die Tat geschah rechtswidrig.

III. U handelte schuldhaft.

IV. Sie hat sich durch das Entwenden der Uhr und das Mitführen der Pistole gemäß §§ 242 I, 244 I Nr. 1a strafbar gemacht.

Fazit

1. Die geladene und damit funktionsbereite Pistole ist eindeutig eine ***Waffe***, womit in ***§ 244 I Nr. 1a*** als Unterfall des Oberbegriffs „gefährliches Werkzeug" Waffen im technischen Sinne gemeint sind. Selbst eine (noch) ungeladene Pistole kann eine Waffe sein, wenn nämlich im Einzelfall die passende Munition für den Täter griffbereit ist.

Der BGH hat sich in einer viel beachteten und deutlich kritisierten Entscheidung dazu hinreißen lassen, auch eine ***Schreckschusspistole mit nach vorn austretendem Explosionsdruck*** als Waffe i.S.d. § 250 II Nr. 1 anzusehen, was dann folgerichtig auch für § 250 I Nr. 1a und § 244 I Nr. 1a gelten muss (Großer Senat für Strafsachen / NJW 2003, 1677 ff). Ganz wichtig: Auch der BGH sieht nicht etwa jede beliebige Schreckschusspistole als Waffe an. Es muss sich um eine objektiv gefährliche Schreckschusspistole handeln, was eben typischerweise bei nach vorn austretendem Explosionsdruck der Fall ist. Nun ist aber – wie schon die Bezeichnung verdeutlicht – bei der Schreckschusspistole nicht etwa der bestimmungsgemäße Gebrauch gefährlich, sondern nur die ***missbräuchliche Verwendung***. Das unterscheidet die Schreckschusspistole von der Waffe im technischen Sinne. Vor diesem Hintergrund kritisiert die Literatur den genannten BGH-Beschluss auch fast einhellig und teilweise heftig. Hinzu kommt, dass der BGH sich ohne Not auf die Waffe festgelegt hat. Eine Schreckschusspistole der beschriebenen Art ist – wenn nicht Waffe – unproblematisch ein „anderes gefährliches Werkzeug", was ja für die in Rede stehenden Normen ohne Weiteres ausreicht (§ 244 I Nr. 1a / § 250 I Nr. 1a, II Nr. 1 / siehe aber schon jetzt § 250 II Nr. 2).

2. Bleiben wir bei dem zuletzt angesprochenen Begriff. Was sind ***„andere gefährliche Werkzeuge"*** im Sinne des ***§ 244 I Nr. 1a***? Es handelt sich jedenfalls um Gegenstände, die nicht schon Waffen im technischen Sinne sind, aber nach ihrer objektiven Beschaffenheit u.U. erhebliche Verletzungen hervorrufen können. Das kann man aber – um ein Extrembeispiel zu bilden – auch von einem Kugelschreiber sagen, mit dem man schließlich Augen ausstechen könnte. Deshalb ist man sich darüber einig, dass nicht schon jede potenzielle Einsatzfähigkeit genügen kann. Es läge zunächst einmal nahe, in Anlehnung an die gefährliche Körperverletzung (§ 224 I Nr. 2) auch für § 244 I Nr. 1a und § 250 I Nr. 1a zu verlangen, dass der Gegenstand gerade nach der (beabsichtigten) Art seiner Benutzung im konkreten Fall erhebliche Verletzungen hervorrufen können muss. Das aber erscheint mit Blick auf den Wortlaut und das

System des Gesetzes bedenklich: § 244 I Nr. 1a setzt im Gegensatz zu § 244 I Nr. 1b gezielt keine Gebrauchsabsicht voraus. Deshalb wird man die Gebrauchsabsicht auch nicht quasi durch die Hintertür einbringen können, ohne sich in Widersprüche zu verstricken. Der BGH hat in einer wichtigen Entscheidung (NJW 2008, 2861 ff) ungewohnt deutliche Kritik am Gesetzgeber geübt und eine allgemeingültige Definition des Merkmals „anderes gefährliches Werkzeug" im Rahmen des § 244 I Nr. 1a für unmöglich gehalten. Na prima! Immerhin hat der BGH mit der besagten Entscheidung dennoch eine gewisse Klarheit in die Angelegenheit gebracht. Er hat nämlich die subjektiven Einschränkungen abgelehnt und das Merkmal rein objektiv betrachtet. Im Rahmen dieser objektiven Sichtweise gebe es Gegenstände, die schon aufgrund ihrer Beschaffenheit abstrakt gefährlich und mithin immer „andere gefährliche Werkzeuge" seien. In diese Kategorie falle – so der BGH – auch ein Taschenmesser mit einer „längeren Klinge". Das geht bedenklich weit, wobei es in Fällen von Alltagsgegenständen wie einem Taschenmesser im subjektiven Tatbestand (Vorsatz) häufig an dem erforderlichen Bewusstsein des Täters fehlen wird, das „gefährliche Werkzeug" (als solches) mitzuführen.

3. Das ***Beisichführen*** war in unserem Fall nicht ganz unproblematisch.

   Es setzt ***in räumlicher Hinsicht*** – wie gezeigt – nicht zwingend voraus, dass die Waffe oder das andere gefährliche Werkzeug unmittelbar „am Mann" oder „an der Frau" ist. Das Werkzeug muss nur ohne besonderen Aufwand zur Verfügung stehen, sich also griffbereit in räumlicher Nähe des Täters oder eines anderen Beteiligten befinden. Dann besteht nämlich die Gefahr der effektiven Anwendung des jeweiligen Gegenstandes.

   In zeitlicher Hinsicht (Wortlaut: „bei dem Diebstahl") genügt es, dass das Werkzeug zu irgendeinem Zeitpunkt während des Tathergangs zur Verfügung steht. Davon wird auch ausgegangen, wenn der Täter eine Waffe oder ein anderes gefährliches Werkzeug stiehlt, der gefährliche Gegenstand also Tatobjekt des Diebstahls ist. Allein das Beisichführen im Vorbereitungsstadium (also vor Versuchsbeginn) reicht selbstverständlich nicht aus. Ob aber ein Beisichführen erst nach Vollendung des Diebstahls (noch bis zu dessen Beendigung) genügen kann, ist umstritten. Dafür mag die unverminderte Gefährlichkeit sprechen. Dagegen werden überzeugend das Analogieverbot (Art. 103 II GG / § 1 StGB) und die besonderen Voraussetzungen des § 252 ins Feld geführt.

   Schließlich muss nicht unbedingt der Täter den Gegenstand bei sich führen, es kann auch „ein anderer ***Beteiligter***" sein (vgl. die Definition in § 28 II), wenn er unmittelbar an der Tatausführung mitwirkt. Dann müsst ihr aber immer besonders darauf achten, ob der Täter auch den entsprechenden Vorsatz hat.

4. Für ***§ 244 I Nr. 1b*** bleiben die ***Werkzeuge oder Mittel*** übrig, die nicht schon unter § 244 I Nr. 1a fallen. Bei Nr. 1b ist wie schon erwähnt im Gegensatz zu Nr. 1a ***Gebrauchsabsicht*** erforderlich. Wir werden auf § 244 I Nr. 1b an anderer Stelle noch näher eingehen.

5. ***Auf eine eventuelle Geringwertigkeit kommt es bei § 244*** im Ergebnis ***nie an***. In § 248a ist nur von §§ 242 und 246 die Rede. ***Dagegen gilt § 247 auch für § 244***. Am Rande bemerkt: § 248c IV 2 (lesen!) bezieht sich seiner systematischen Stellung nach nur auf § 248c IV 1. Für § 248c I gelten aber § 248a und § 247 entsprechend (§ 248c III).

Fall 20

Der Grenzschutzbeamte G begibt sich im Dienst in einen Zeitschriftenladen. Er hat – wie es sich gehört – seine geladene Dienstpistole dabei und ist sich dessen auch bewusst. Plötzlich überkommt ihn angesichts seines kargen Gehalts die Versuchung: Er steckt unbeobachtet die Zeitschrift „Der Waffenliebhaber" ein und verlässt damit den Laden ohne zu zahlen.

Frage: Hat sich G gemäß §§ 242, 244 strafbar gemacht ?

Lösungsskizze Fall 20

- Strafbarkeit des G gemäß §§ 242 I, 244 I Nr. 1a ?

I. Tatbestand

1. Tatbestand § 242 I

a. Objektiver Tatbestand

aa. fremde bewegliche Sache ? **(+)**

bb. Wegnahme ? **(+)**

cc. <u>also</u>: objektiver Tatbestand **(+)**

b. Subjektiver Tatbestand

aa. Vorsatz ? **(+)**

bb. Absicht der rechtswidrigen Zueignung ? **(+)**

cc. <u>also</u>: subjektiver Tatbestand **(+)**

c. <u>also</u>: Tatbestand § 242 I **(+)**

2. Tatbestand § 244 I Nr. 1a

a. Objektiver Tatbestand

aa. gefährliches Werkzeug, (hier) Waffe ?

= funktionsfähiges und einsatzbereites Werkzeug, das dazu bestimmt ist, Menschen körperlich zu verletzen (Waffe im technischen Sinn)

HIER (+) → auch die geladene Dienstpistole ist eine Waffe i.S.d. § 244 I Nr. 1a; sie erfüllt die Voraussetzungen, ist insbesondere funktionsfähig und einsatzbereit; eine teleologische Reduktion (= sinn- und zweckgemäße Einschränkung) des Tatbestands hinsichtlich professioneller Waffenträger ist nicht angebracht (a.A. vertretbar); die objektive Gefährlichkeit ist jedenfalls nicht geringer als beim typischen Täter des § 244 I Nr. 1a

bb. (hier) vom Täter bei sich geführt ? **(+)**

cc. <u>also</u>: objektiver Tatbestand (+)

b. Subjektiver Tatbestand

- Vorsatz ? (+)

c. <u>also</u>: Tatbestand § 244 I Nr. 1a (+)

3. <u>also</u>: Tatbestand § 242 I und § 244 I Nr. 1a (+)

II. Rechtswidrigkeit (+)

III. Schuld (+)

IV. Ergebnis:
Strafbarkeit des G gemäß §§ 242 I, 244 I Nr. 1a (+)

Anmerkung:
Trotz der Geringwertigkeit der Zeitschrift ist zur Verfolgung kein Strafantrag bzw. die Bejahung eines besondere öffentlichen Interesses erforderlich; § 248a gilt nicht für § 244!

Formulierungsvorschlag Fall 20

- Strafbarkeit des G gemäß §§ 242 I, 244 I Nr. 1a

G könnte sich durch das Entwenden der Zeitschrift in Anbetracht der Dienstpistole gemäß §§ 242 I, 244 I Nr. 1a strafbar gemacht haben.

I. Die Zeitschrift ist eine für G fremde bewegliche Sache.

Er hat sie spätestens mit Verlassen des Ladens weggenommen.

G handelte vorsätzlich und in der Absicht, sich die Zeitschrift rechtswidrig zuzueignen.

Er könnte ein gefährliches Werkzeug, namentlich eine Waffe im Sinne des § 244 I Nr. 1a bei sich geführt haben.

Dem Wortlaut nach fällt die geladene Dienstpistole des G als einsatzbereite und funktionsfähige Schusswaffe unter § 244 I Nr. 1a.

Bedenken ergeben sich jedoch daraus, dass G während seiner Dienstzeiten verpflichtet ist, die Waffe mitzuführen. Es erscheint auf den ersten Blick zweifelhaft, den auf diese Weise Verpflichteten deswegen schärfer zu bestrafen. Diesem Gedanken könnte durch eine teleologische Reduktion für professionelle Waffenträger Rechnung getragen werden.

Der Sinn des § 244 I Nr. 1a besteht aber in der Sanktionierung einer erhöhten objektiven Gefährlichkeit. Für eine teleologische Reduktion müsste die Gefährlichkeit damit im Vergleich mit dem typischen Täter des Waffendiebstahls geringer sein.

Von einem Dienstwaffenträger wird man zunächst einen vergleichsweise besonnenen Umgang mit seiner Schusswaffe erwarten können. Allerdings müssen die außergewöhnlichen Umstände beim eigenen Diebstahl berücksichtigt werden.

Für den Amtsträger steht in dieser Situation seine berufliche Zukunft auf dem Spiel. Wenn er bereits zum Diebstahl bereit ist, wird er hinsichtlich des Schusswaffeneinsatzes jedenfalls keine größeren Hemmungen haben als jeder andere Täter.

Damit ist die Gefährlichkeit des Dienstwaffenträgers im Vergleich keineswegs geringer. Für eine teleologische Reduktion ist also kein Raum.

Mithin hat G während der Tat eine Waffe im Sinne des § 244 I Nr. 1a bei sich geführt.

Darauf bezog sich angesichts des entsprechenden Bewusstseins auch sein Vorsatz.

II. Die Tat geschah rechtswidrig.

III. G handelte schuldhaft.

IV. G hat sich durch das Entwenden der Zeitschrift in Anbetracht der mitgeführten Dienstpistole gemäß §§ 242 I, 244 I Nr. 1a strafbar gemacht. § 248a findet seinem eindeutigen Wortlaut nach auf § 244 keine Anwendung. Ungeachtet der Geringwertigkeit der Beute ist daher zur Verfolgung weder ein Strafantrag noch die Bejahung eines besonderen öffentlichen Interesses erforderlich.

Fazit

1. Der ***„Berufswaffenträger“*** (Polizist, Grenzschutzbeamte, Soldat, Wachmann etc.) ist ein Dauerbrenner. Es bietet sich für euch an, der hier vertretenen Ansicht zu folgen. Sie entspricht der h.M. und hat – was viel wichtiger und letztlich allein entscheidend ist – die besseren Argumente auf ihrer Seite.

2. Die ***Mindermeinung*** nimmt eine ***teleologische Reduktion*** (sinn- und zweckgemäße Einschränkung) des Tatbestands vor. Ab und zu liest man in Klausuren und Hausarbeiten etwas von einer „theologischen Reduktion“. Das wirkt äußerst peinlich!

   Überhaupt solltet ihr mit Fremdwörtern nur um euch werfen, wenn ihr Bedeutung und Schreibweise wirklich drauf habt. Den Vogel schießen in dieser Hinsicht bekanntlich die Fußballprofis ab: „Wir sind eine gut intrigierte Truppe.“ (Lothar Matthäus) oder „Das wird das alles von den Medien hoch sterilisiert.“ (Bruno Labbadia).

Zurück zum Fall: Die Frage nach der teleologischen Reduktion bei der Dienstwaffe des Berufswaffenträgers lässt sich nicht so recht in ein untergliedertes Schema zwängen. Sie setzt an sich nicht speziell beim Untermerkmal „Waffe" an, sondern eher allgemein beim „Beisichführen einer Waffe". Wir mussten die Geschichte aber in der (wie schon bei Fall 19 konsequent differenzierenden) Lösungsskizze unterbringen, was dann eben beim Punkt „gefährliches Werkzeug, (hier) Waffe" geschehen ist.

Bei Dienstwaffenträgern ist es naturgemäß nicht ganz fernliegend, dass es ihnen am aktuellen Bewusstsein des „Waffe-Beisichführens" und damit am entsprechenden Vorsatz fehlen kann. Diesen Aspekt hatten wir bereits in Fazit 2. zu Fall 19 im Zusammenhang mit Alltagsgegenständen wie einem Taschenmesser angesprochen. Achtet auf Angaben im Sachverhalt (hier: „... und ist sich dessen auch bewusst.").

3. Denkt immer daran, dass die Pistole oder das Gewehr ***einsatzbereit und funktionsfähig*** sein muss (vgl. schon Fall 19, Fazit 1. / im Ausgangsfall unproblematisch).

4. Die kurze Feststellung, dass die Tat trotz Geringwertigkeit der Beute auch ohne Strafantrag oder Bejahung eines besonderen öffentlichen Interesses verfolgbar ist (§ 248a nicht anwendbar / vgl. schon Fall 19, Fazit 5.), bietet sich hier an. Sie liegt im Gegensatz zu Fall 19 deshalb recht nahe, weil die Zeitschrift immerhin eindeutig geringwertig ist (vgl. Fall 1, Fazit 4.).

Fall 21

B ist auf Beutezug im Kaufhaus. Sie hat eine täuschend echt aussehende Spielzeugpistole aus leichtem Kunststoff dabei, die sie im Fall der Entdeckung dem Personal sichtbar vorhalten will, um die Ausführung ihrer Pläne zu ermöglichen. B steckt in der Juwelierabteilung eine wertvolle Perlenkette ein und verlässt damit unbemerkt und ohne zu zahlen den Laden.

Frage: Hat sich B gemäß §§ 242, 244 strafbar gemacht ?

Lösungsskizze Fall 21

- Strafbarkeit der B gemäß §§ 242 I, 244 I Nr. 1 ?

I. Tatbestand

1. Tatbestand § 242 I

a. Objektiver Tatbestand

***aa. fremde bewegliche Sache ?* (+)**

***bb. Wegnahme ?* (+)**

***cc. also: objektiver Tatbestand* (+)**

b. Subjektiver Tatbestand

***aa. Vorsatz ?* (+)**

***bb. Absicht der rechtswidrigen Zueignung ?* (+)**

***cc. also: subjektiver Tatbestand* (+)**

***c. also: Tatbestand § 242 I* (+)**

2. Tatbestand § 244 I Nr. 1

a. Objektiver Tatbestand

aa. Beisichführen einer Waffe oder eines anderen gefährlichen Werkzeugs, § 244 I Nr. 1a ?

(1) Waffe ?

= funktionsfähiges und einsatzbereites Werkzeug, das dazu bestimmt ist, Menschen körperlich zu verletzen (Waffe im technischen Sinn)

HIER (–) → die Spielzeugpistole ist nicht dazu bestimmt, Menschen körperlich zu verletzen; sie ist nur eine Attrappe

***(2) ein anderes gefährliches Werkzeug ?* (–)**

***(3) also: Beisichführen einer Waffe oder eines anderen gefährlichen Werkzeugs, § 244 I Nr. 1a* (–)**

bb. Beisichführen sonst eines Werkzeugs oder Mittels, § 244 I Nr. 1b ?

(1) sonst ein Werkzeug oder Mittel

= Gegenstand, der als solcher nicht erheblich verletzungsgefährlich ist (in Abgrenzung zu § 244 I Nr. 1a)

HIER (+) → eine (objektiv nicht gefährliche) Scheinwaffe ist jedenfalls dann ein Mittel i.S.d. § 244 I Nr. 1b, wenn sie ihrem äußeren Erscheinungsbild nach nicht offensichtlich ungefährlich ist; die täuschend echt aussehende Spielzeugpistole kann visuell ohne Weiteres den Eindruck einer gefährlichen Schusswaffe erwecken; die Einbeziehung der Scheinwaffe bei § 244 I Nr. 1a sowie § 250 I Nr. 1a kommt klar in der Systematik des § 244 I Nr. 1 zum Ausdruck; verlangte man auch für Nr. 1b eine objektive Eignung, Verletzungen herbeizuführen, wäre diese Variante gegenüber dem gefährlichen Werkzeug in Nr. 1a ohne nennenswerte Bedeutung

(2) (hier) vom Täter bei sich geführt ? (+)

(3) also: Beisichführen sonst eines Werkzeugs oder Mittels, § 244 I Nr. 1b (+)

cc. also: objektiver Tatbestand § 244 I Nr. 1b (+)

b. Subjektiver Tatbestand

aa. Vorsatz ? (+)

bb. Gebrauchsabsicht ?

= Absicht, mit dem Gegenstand den Widerstand eines anderen durch Gewalt oder Drohung mit Gewalt zu verhindern oder zu überwinden

HIER (+) → der Täter muss den Gegenstand nicht unter allen Umständen verwenden wollen; die Gebrauchsabsicht liegt auch vor, wenn der Einsatz von objektiven Bedingungen abhängen soll, auf deren Eintritt der Täter keinen unmittelbaren Einfluss hat; B wollte für den möglichen Fall der Entdeckung etwaigem Widerstand mit der Spielzeugpistole durch Drohung mit Gewalt entgegenwirken

cc. also: subjektiver Tatbestand (+)

c. also: Tatbestand § 244 I Nr. 1b (+)

3. also: Tatbestand § 242 I und § 244 I Nr. 1b (+)

II. Rechtswidrigkeit (+)

III. Schuld (+)

IV. Ergebnis:

Strafbarkeit der B gemäß §§ 242 I, 244 I Nr. 1b (+)

Formulierungsvorschlag Fall 21

- Strafbarkeit der B gemäß §§ 242 I, 244 I Nr. 1

B könnte sich durch das Entwenden der Kette in Anbetracht der mitgeführten Spielzeugpistole gemäß §§ 242 I, 244 I Nr. 1 strafbar gemacht haben.

I. Die Perlenkette ist eine für B fremde bewegliche Sache.

B hat sie spätestens mit Verlassen des Kaufhauses weggenommen.

Sie handelte vorsätzlich und in der Absicht, sich die Kette rechtswidrig zuzueignen.

Es könnten darüber hinaus die qualifizierenden Tatbestandsvoraussetzungen des § 244 I Nr. 1 gegeben sein.

In Betracht kommt zunächst § 244 I Nr. 1a. Dazu müsste die Spielzeugpistole eine Waffe oder ein anderes gefährliches Werkzeug sein. Waffe ist ein funktionsfähiges und einsatzbereites Werkzeug, das dazu bestimmt ist, Menschen körperlich zu verletzen. Die Spielzeugpistole ist nicht dazu bestimmt, Körperverletzungen herbeizuführen. Sie ist nur eine Attrappe und damit keine Waffe.

Das aus leichtem Kunststoff gefertigte Spielzeug ist auch kein anderes gefährliches Werkzeug.

§ 244 I Nr. 1a ist damit nicht erfüllt.

Möglicherweise liegen aber die Voraussetzungen des § 244 I Nr. 1b vor.

Dazu müsste die Spielzeugpistole sonst ein Werkzeug oder Mittel sein. In Abgrenzung zu § 244 I Nr. 1a sind darunter Gegenstände zu verstehen, die als solche nicht erheblich verletzungsgefährlich sind.

Die Spielzeugpistole sollte angesichts ihres Erscheinungsbildes als sogenannte Scheinwaffe eingesetzt werden. Ob aber auch oder möglicherweise sogar gerade Scheinwaffen von § 244 I Nr. 1b erfasst sein sollten, muss näher geprüft werden.

Scheinwaffen könnten zumindest dann einzubeziehen sein, wenn sie ihrem äußeren Erscheinungsbild nach nicht offensichtlich ungefährlich sind. Dies kommt in der Systematik des § 244 I Nr. 1 klar zum Ausdruck. Verlangte man unter Ausschluss der Scheinwaffe auch für § 244 I Nr. 1b eine objektive Eignung, Verletzungen herbeizuführen, wäre diese Variante gegenüber dem gefährlichen Werkzeug in § 244 I Nr. 1a ohne nennenswerte Bedeutung. Jedenfalls nicht offensichtlich erkennbar ungefährliche Scheinwaffen sind danach ein Mittel im Sinne des § 244 I Nr. 1b.

Die täuschend echt aussehende Spielzeugpistole kann visuell ohne Weiteres den Eindruck einer gefährlichen Schusswaffe erwecken. Sie ist ihrem äußeren Erscheinungsbild nach nicht offensichtlich ungefährlich und ist damit im Ergebnis eindeutig als Mittel im Sinne des § 244 I Nr. 1b zu werten.

B hat dieses Mittel während der Tat bei sich geführt.

Sie handelte auch diesbezüglich vorsätzlich.

Darüber hinaus müsste er nach § 244 I Nr. 1b mit Gebrauchsabsicht gehandelt haben, also in der Absicht, mit dem Gegenstand den Widerstand eines anderen durch Gewalt oder Drohung mit Gewalt zu verhindern oder zu überwinden.

B wollte die Spielzeugpistole nicht unter allen Umständen einsetzen. Der Einsatz war vielmehr für den Fall der Entdeckung geplant. Die Gebrauchsabsicht liegt aber schon dann vor, wenn der Täter den Einsatz des Gegenstands von einer objektiven Bedingung abhängig macht, auf deren Eintritt er keinen unmittelbaren Einfluss hat. Die mögliche Entdeckung hing vornehmlich von Umständen ab, die B nicht beeinflussen konnte. Sie ist eine objektive Bedingung im genannten Sinne. B wollte etwaigem Widerstand durch Vorhalten der Spielzeugpistole in der erforderlichen Weise – namentlich durch Drohung mit Gewalt – entgegenwirken.

Sie handelte folglich mit der für § 244 I Nr. 1b erforderlichen Gebrauchsabsicht.

II. Die Tat geschah rechtswidrig.

III. B handelte schuldhaft.

IV. Sie hat sich durch das Entwenden der Kette in Anbetracht der mitgeführten Spielzeugpistole gemäß §§ 242 I, 244 I Nr. 1b strafbar gemacht.

Fazit

1. Die Spielzeugpistole ist nur eine Attrappe und damit eine sogenannte ***Scheinwaffe***. Zu den Scheinwaffen zählen weiter echte Schusswaffen, die aber nicht einsatzbereit sind und deshalb ebenfalls ***keine Waffe***n ***i.S.d. § 244 I Nr. 1a*** sind (vgl. Fall 19, Fazit 1.).

Es kann im Übrigen durchaus sein, dass im Einzelfall die Scheinwaffe als anderes gefährliches Werkzeug im Sinne des § 244 I Nr. 1a in Betracht kommt (vgl. Fall 19, Fazit 2.). Im Ausgangsfall sollte allerdings die Beschreibung der Spielzeugpistole („aus leichtem Kunststoff") solche Überlegungen im Keim ersticken.

Wegen des großen Missverständnispotenzials noch einmal ganz deutlich: Die ***Scheinwaffe*** ist gerade ***keine Waffe*** und typischerweise auch kein anderes gefährliches Werkzeug i.S.d. § 244 I Nr. 1a. Sie fällt (nur) unter § 244 I Nr. 1b.

2. Die Musik spielte dementsprechend schwerpunktmäßig bei ***§ 244 I Nr. 1b*** (vgl. schon Fall 19, Fazit 4.). Im Ergebnis ist klar, dass die (objektiv ungefährliche) ***Scheinwaffe*** von § 244 I Nr. 1b – wie auch von § 250 I Nr. 1b – ***jedenfalls grundsätzlich erfasst*** ist. Das muss allerdings kurz hergeleitet werden, weil es ganz so selbstverständlich nun auch wieder nicht ist. Wie in Lösungsskizze und Formulierungsvorschlag angeklungen, kann es ***möglicherweise Ausnahmen*** geben, wenn der Gegenstand nach dem äußeren Erscheinungsbild offensichtlich ungefährlich ist. Man denke dabei etwa an eine durchsichtige Wasserpistole, die jeder vernünftige Mensch nicht als Drohungsmittel ernst nähme.

Behaltet diesen Gesichtspunkt bitte im Hinterkopf, wir werden darauf in einer wichtigen Fallgestaltung bei § 250 I Nr. 1b zurückkommen.

Neben den ***Scheinwaffen*** kommen als „sonst ein Mittel oder Werkzeug" ***beispielsweise Seile oder Handschellen*** zur Fesselung in Betracht. Körperteile wie die geballte Faust oder der als scheinbare Schusswaffe dem Opfer in den Rücken gedrückte Finger sind selbstverständlich nie „Mittel". Im Einzelfall schwierig kann die Beantwortung der Frage werden, ob es sich um ein „gefährliches Werkzeug" nach § 244 I Nr. 1a oder (nur) um einen Gegenstand nach § 244 I Nr. 1b handelt. Abgrenzungskriterium ist das Ausmaß der Verletzungen, zu denen der Einsatz des Werkzeugs führen kann.

Fassen wir noch einmal zusammen: ***§ 244 I Nr. 1a*** betrifft Gegenstände, die ***objektiv gefährlich*** sind, nämlich entweder objektiv-abstrakt (Waffen) oder aber objektiv-konkret (andere gefährliche Werkzeuge). Dagegen meint ***§ 244 I Nr. 1b*** objektiv ungefährliche Gegenstände, die aber durch die entsprechende Absicht des Täters als ***„subjektiv gefährlich"*** anzusehen sind.

3. Bei § 244 I Nr. 1b muss daher im subjektiven Tatbestand zusätzlich zum Vorsatz eine Komponente geprüft werden, die man etwas verkürzt als ***Gebrauchsabsicht*** (oder auch Verwendungsabsicht) bezeichnen kann. Wie oben demonstriert kommt es dem Täter dabei nicht zugute, dass er den Gegenstand nur unter bestimmten äußeren Umständen einsetzen will. Auch darauf sollte im Ausgangsfall kurz eingegangen werden. Die Gebrauchsabsicht muss auch nicht etwa schon im Vorbereitungsstadium gefasst worden sein, spontane Verwendungsabsicht während des Tathergangs reicht aus. Nach h.M. genügt auch, dass sich der Dieb mit dem Gegenstand nach der Wegnahme nur den Rückzug sichern will.

Fall 22

Die Profiganoven P und G haben die Vorteile der Zusammenarbeit entdeckt. Eines Nachts sind sie auf einem der vielen Beutezüge unterwegs. An einer Straßenecke entdecken sie einen nicht abgeschlossenen Motorroller. Während P durch heftiges Anschieben den Motor startet, steht G Schmiere. P fährt mit dem Roller davon. Am nächsten Tag treffen sich die beiden plangemäß in der Garage des G. Dort wird das Gefährt umlackiert. Der durch einen von Anfang an vorgesehenen gemeinsamen Verkauf zu erzielende Erlös soll geteilt werden.

Frage: Wie haben sich P und G strafbar gemacht ?
Die Strafbarkeit gemäß § 246 und § 248b ist nicht zu prüfen.

Lösungsskizze Fall 22

Vorüberlegung: Bei einer möglichen Mittäterschaft ist es sinnvoll, denjenigen zuerst für sich genommen zu prüfen, der offensichtlich den Tatbestand allein erfüllt.

- Strafbarkeit des P gemäß §§ 242 I, 244a I ?

I. Tatbestand

1. Tatbestand § 242 I

a. Objektiver Tatbestand

aa. fremde bewegliche Sache ? **(+)**

bb. Wegnahme ? **(+)**

cc. <u>also</u>: objektiver Tatbestand **(+)**

b. Subjektiver Tatbestand

aa. Vorsatz ? **(+)**

bb. Absicht der rechtswidrigen Zueignung ? **(+)**

cc. <u>also</u>: subjektiver Tatbestand **(+)**

c. <u>also</u>: Tatbestand § 242 I **(+)**

2. Tatbestand § 244a I

a. Objektiver Tatbestand

aa. Mitglied einer Bande ?
= ernsthafte Verbindung mehrerer Personen mit dem Ziel, künftig über eine gewisse Dauer mehrere selbstständige, im Einzelnen noch unbestimmte Taten zu begehen

HIER (–) → eine Bande muss aus mindestens drei Personen bestehen (a.A. vertretbar); charakteristisch sind (vor allem in Abgrenzung zur wiederholten Begehung durch Personen, die nur „einfache" Mittäter sind) mehrheitliche oder hierarchische Einwirkungsmöglichkeiten auf das einzelne Mitglied; die Gruppendynamik fehlt bei zwei Personen; außerdem liegt ein Vergleich mit § 129 I nahe, bei dem unstreitig mindestens drei Personen erforderlich sind

bb. ***also**: objektiver Tatbestand* **(–)**

b. ***also**: Tatbestand § 244a I* **(–)**

3. ***also**: (nur) Tatbestand § 242 I* **(+)**

II. Rechtswidrigkeit **(+)**

III. Schuld **(+)**

IV. Ergebnis:

Strafbarkeit des P gemäß § 242 I (+)

- Strafbarkeit des P gemäß §§ 242 I, 243 I 1, 2 Nr. 3 ?

I. Tatbestand § 242 I (+), s.o.

II. Rechtswidrigkeit (+), s.o.

III. Schuld (+), s.o.

IV. Strafzumessungsregel des § 243 I 1, 2 Nr. 3

- Gewerbsmäßigkeit ?

= Wille, sich durch Diebstähle eine nicht nur vorübergehende Einnahmequelle zu verschaffen

HIER (+) → P will als „Profiganove" seinen Lebensunterhalt dauerhaft durch Diebstähle bestreiten

V. Ergebnis:

Strafbarkeit des P gemäß §§ 242 I, 243 I 1, 2 Nr. 3 (+)

- Strafbarkeit des G gemäß §§ 242 I, 243 I 1, 2 Nr. 3, 25 II ?

I. Tatbestand

1. Subjektiver Tatbestand

a. gemeinsamer Tatplan / Täterwille ?

HIER (+) → gemeinsamer Plan; der Verkaufserlös sollte geteilt werden

b. Vorsatz bezüglich der Verwirklichung des objektiven Tatbestands durch P ? (+)

c. Absicht der rechtswidrigen Zueignung ? (+)

d. <u>also</u>: subjektiver Tatbestand (+)

2. Objektiver Tatbestand / funktionale Tatherrschaft

HIER (+) → arbeitsteiliges Vorgehen; Schmiere-Stehen

3. <u>also</u>: Tatbestand (+)

II. Rechtswidrigkeit (+)

III. Schuld (+)

IV. Strafzumessungsregel des § 243 I 1, 2 Nr. 3 (+)

V. Ergebnis:
Strafbarkeit des G gemäß §§ 242 I, 243 I 1, 2 Nr. 3, 25 II (+)

- Gesamtergebnis

Strafbarkeit des P gemäß §§ 242 I, 243 I 1, 2 Nr. 3 (+);
Strafbarkeit des G gemäß §§ 242 I, 243 I 1, 2 Nr. 3, 25 II (+)

Formulierungsvorschlag Fall 22

- Strafbarkeit des P gemäß §§ 242 I, 244a I

P könnte sich durch das Davonfahren mit dem Motorroller in Anbetracht des Zusammenwirkens mit G gemäß §§ 242 I, 244a I strafbar gemacht haben.

I. Der Roller war eine für P fremde bewegliche Sache.

Er hat ihn spätestens mit dem Losfahren weggenommen.

P handelte vorsätzlich und in der Absicht, sich den Roller rechtswidrig zuzueignen.

Er könnte die Tat als Mitglied einer Bande zur fortgesetzten Begehung von Raub oder Diebstahl unter Mitwirkung eines anderen Bandenmitglieds und unter den in § 243 I 2 Nr. 3 genannten Voraussetzungen begangen haben, § 244a I.

Eine Bande ist eine für eine gewisse Dauer vorgesehene ernsthafte Verbindung einer Mehrzahl von Personen zur Begehung mehrerer selbstständiger, im Einzelnen noch unbestimmter Taten. Im Normalfall besteht eine Bande aus einer Vielzahl von Mitgliedern, jedenfalls aus mehr als zwei Mitgliedern.

Problematisch erscheint daher, ob bereits der Zusammenschluss zweier Personen genügt.

Dafür spricht die gegenüber dem Einzeltäter erhöhte Gefährlichkeit. Schon durch das planmäßige und arbeitsteilige Zusammenwirken mit einer weiteren Person kann der Dieb effizienter vorgehen. Das aber kennzeichnet auch die „einfache“ Mittäterschaft.

Deshalb kann man erst beim Zusammenschluss mindestens dreier Personen von einer Bande sprechen. Die Bande zeichnet sich dadurch aus, dass auf die einzelnen Mitglieder mehrheitlich oder hierarchisch eingewirkt werden kann. Gruppendynamische Prozesse dieser Art können aber im Verhältnis zweier Personen zueinander nicht ablaufen. Im Übrigen wird beim insoweit durchaus vergleichbaren § 129 I einhellig vom Erfordernis mindestens dreier Personen ausgegangen.

Demnach sind für eine Bande im Sinne des § 244 I Nr. 2 bzw. des § 244a I mindestens drei Personen erforderlich. P und G bilden damit keine Bande.

§ 244a I ist nicht erfüllt. Lediglich der Tatbestand des § 242 I ist gegeben.

II. Die Tat geschah rechtswidrig.

III. P handelte schuldhaft.

IV. Er hat sich durch das Davonfahren mit dem Roller gemäß § 242 I strafbar gemacht.

- Strafbarkeit des P gemäß §§ 242 I, 243 I 1, 2 Nr. 3

Möglicherweise hat P mit dem Davonfahren den Motorroller gewerbsmäßig im Sinne der §§ 242 I, 243 I 1, 2 Nr. 3 gestohlen.

I. P hat den Tatbestand des § 242 I erfüllt.

II. Die Tat geschah rechtswidrig.

III. P hat zudem schuldhaft gehandelt.

IV. Gewerbsmäßiger Diebstahl nach § 243 I 2 Nr. 3 liegt vor, wenn sich der Täter aus Diebstählen eine nicht nur vorübergehende Einnahmequelle verschaffen will. P bestreitet als „Profiganove“ seinen Lebensunterhalt dauerhaft aus Diebstählen.

Somit hat P gewerbsmäßig gestohlen.

V. Er hat sich durch das Davonfahren gemäß §§ 242 I, 243 I 1, 2 Nr. 3 strafbar gemacht.

- Strafbarkeit des G gemäß §§ 242 I, 243 I 1, 2 Nr. 3, 25 II

Möglicherweise hat sich G durch das „Schmiere-Stehen“ gemäß §§ 242 I, 243 I 1, 2 Nr. 3, 25 II strafbar gemacht.

I. G selbst hat den fremden Roller nicht entwendet. Die Tathandlung des P müsste ihm nach den Regeln der Mittäterschaft zuzurechnen sein.

Die Tat des P beruht auf einem mit G gemeinsam gefassten Tatplan. Der Erlös sollte nach gemeinsamem Verkauf geteilt werden. G sollte für seine Mitwirkung nicht etwa ein vor Tatausführung vereinbartes Entgelt erhalten. Das spricht maßgeblich für einen täterschaftlichen Willen auch des G. Er war sich von Anfang an seiner Rolle als gleichberechtigter Partner der Tat bewusst.

In subjektiver Hinsicht ist ihm die Tathandlung des P damit zuzurechnen.

G hatte Vorsatz bezüglich der Verwirklichung des objektiven Tatbestands durch P.

Er handelte in der Absicht rechtswidriger Zueignung.

In objektiver Hinsicht müsste G funktionale Tatherrschaft gehabt haben, die sich typischerweise durch ein arbeitsteiliges Zusammenwirken mit dem Partner auszeichnet. G hat die Tathandlung des P durch sein Verhalten gegen unliebsame Beobachter abgesichert. Damit hat er P, dessen besondere Aufmerksamkeit sich so auf den Roller richten konnte, arbeitsteilig unterstützt.

Mithin hatte G die erforderliche funktionale Tatherrschaft.

II. Die Tat geschah rechtswidrig.

III. G handelte schuldhaft.

IV. Bezüglich § 243 I 1, 2 Nr. 3 gilt nichts anderes als bei P. Auch G hat als „Profiganove“ und Mittäter gewerbsmäßig gestohlen.

V. Er hat sich durch das Schmiere-Stehen gemäß §§ 242 I, 243 I 1, 2 Nr. 3, 25 II strafbar gemacht.

- Gesamtergebnis

P hat sich durch das Davonfahren gemäß §§ 242 I, 243 I 1, 2 Nr. 3 strafbar gemacht.

G hat sich durch das Schmiere-Stehen gemäß §§ 242 I, 243 I 1, 2 Nr. 3, 25 II strafbar gemacht.

Fazit

1. ***§ 244a*** ist eine Vorschrift zur Bekämpfung der Organisierten Kriminalität. Es handelt sich im Grunde um Kombinationen aus § 244 I Nr. 2 (Bandendiebstahl) mit § 243 I 2 oder § 244 I Nr. 1/3, die den Diebstahl zum Verbrechen qualifiziert (vgl. § 12 I, III / wichtig für die Versuchsstrafbarkeit, vgl. § 23 I und Die Fälle – Strafrecht AT, Fall 35, Fazit 2.). Der schwere Bandendiebstahl war vorrangig zu prüfen, weil ja sowohl eine „Bande“ (§ 244 I Nr. 2) als auch „Gewerbsmäßigkeit“ (§ 243 I 2 Nr. 3) in Betracht kamen.

   Damit spielte sich das klassische ***„Bandenproblem“*** des § 244 I Nr. 2 hier einmal bei § 244a I ab. Dasselbe Ding kann euch in der Prüfung des § 250 I Nr. 2 über den Weg laufen. § 250 I Nr. 2 entspricht § 244 I Nr. 2 (siehe auch jetzt schon § 253 IV 2, § 260 I Nr. 2, § 263 III 2 Nr. 1 sowie § 266 II).

2. Bei der ***„Zwei-Personen-Bande"*** könnt ihr wieder einmal nach Herzenslust argumentieren. Wer – anders als wir – zwei Nasen genügen lässt, befindet sich in Gesellschaft der früher herrschenden Rechtsprechung.

Der BGH hat sich in einer wichtigen Entscheidung des Großen Senats für Strafsachen (NJW 2001, 2266) dazu durchgerungen, dass der Begriff der Bande den Zusammenschluss von mindestens drei Personen voraussetzt. Wir kommen gleich noch einmal auf diese Entscheidung zurück.

Der Rest, also „dauerhafte Verbindung zur fortgesetzten Begehung von Raub oder Diebstahl" und „unter Mitwirkung eines anderen Bandenmitglieds", ginge im Ausgangsfall glatt durch. Wer einmal die Voraussetzungen des § 244 I Nr. 2 bejaht hat, kommt an einer Strafbarkeit nach § 244a I nicht mehr vorbei, weil P zusätzlich gewerbsmäßig (§ 243 I 2 Nr. 3) gestohlen hat. Natürlich liegt dann § 244a I auch bei G als Mittäter vor.

Der ***BGH*** hat in dem genannten Beschluss des Großen Senats (nicht minder wichtig) auch entschieden, dass für den Bandendiebstahl ***nicht vorausgesetzt*** werde, ***dass wenigstens zwei Bandenmitglieder örtlich und zeitlich den Diebstahl zusammen begehen***. Es reiche vielmehr aus, wenn ein Bandenmitglied als Täter und ein anderes Bandenmitglied beim Diebstahl in irgendeiner Weise zusammenwirken. Die Wegnahmehandlung selbst könne sogar auch von einem bandenfremden Täter ausgeführt werden. Damit interpretiert der BGH den Gesetzeswortlaut („unter Mitwirkung ...") quasi im Gegenzug zur Einschränkung bei der Personenzahl (s.o.) sehr weit. Dies wird im Schrifttum teils deutlich kritisiert. Nochmals zur Klarstellung: Im Ausgangsfall wäre der gerade angesprochene Problemkreis selbst dann nicht zu erörtern gewesen, wenn man zwei Personen für eine Bande ausreichen ließe. Unter dem Gesichtspunkt der „Mitwirkung" war Fall 22 nämlich erkennbar unproblematisch.

Streitig ist wiederum, ***ob die Bandenmitgliedschaft ein besonderes persönliches Merkmal i.S.d. § 28 II ist*** (also ein täterbezogenes Merkmal / vgl. allgemein zu § 28 Die Fälle – Strafrecht AT, Fall 34). Die wohl h.M. nimmt dies an, während es sich nach anderer Ansicht um ein tatbezogenes Merkmal handeln soll.

3. Oft bereitet die ***Mittäterschaft*** Aufbauprobleme. Es ist zweckmäßig, zunächst denjenigen allein zu prüfen, der den Tatbestand vollständig erfüllt. Im zweiten Schritt fragt ihr dann, ob dem anderen die Tat über § 25 II zugerechnet werden kann (siehe Vorüberlegung am Anfang der Lösungsskizze).

Das funktioniert selbstverständlich nicht mehr, wenn niemand den Tatbestand für sich allein genommen voll erfüllt hat, wenn sich die Tat also sozusagen erst aus den Beiträgen der Beteiligten zusammensetzt. Dann müsst ihr die vermeintlichen Mittäter gemeinsam prüfen (vgl. Seite 18 / zum Ganzen auch Die Fälle – Strafrecht AT, Fall 25, Fazit 1.).

Im Grundsatz haben die „Täterschaftstheorien" nichts in der Klausur zu suchen (vgl. Die Fälle – Strafrecht AT, Fall 22, Fazit 2.). Wir weisen sicherheitshalber auch an dieser Stelle darauf hin, weil gerade bei der Mittäterschaft oft seitenweise Theoriendarstellung ohne Fallbezug abgeliefert wird.

4. Euch ist hoffentlich aufgefallen, dass wir ***bei der Mittäterschaftsprüfung*** den ***subjektiv***en Tatbestand ***vor*** dem ***objektiv***en gebracht haben. Der Grund dafür: Wie beim Versuch fehlt bei G genau genommen der objektive Diebstahlstatbestand, den hat (nur) P eigenverantwortlich verwirklicht. Die Zurechnung muss vorrangig über den subjektiven Tatbestand laufen. Dort liegt der entscheidende Unterschied zur Beihilfe.

   Der Vollständigkeit halber sei erwähnt, dass die Mittäterschaft von einigen Rechtsfreunden auch konventionell (also objektiv vor subjektiv) geprüft wird. Macht euch immer klar, dass Aufbaufragen in aller Regel Zweckmäßigkeitsfragen sind. Wenn nicht gerade gegen Gesetze der Logik verstoßen wird, gibt es in diesem Bereich streng genommen kein „richtig“ oder „falsch“, höchstens ein „geschickt“ oder „ungeschickt“. Wir halten unseren Aufbauvorschlag aus dem genannten Grund für empfehlenswert (vgl. zum Ganzen Die Fälle – Strafrecht AT, Fall 25, Fazit 1., siehe dort auch Fazit 2.).

   Damit keine Missverständnisse aufkommen: Zueignungsabsicht muss bei jedem Mittäter gesondert vorliegen (im Ausgangsfall unproblematisch). Man kann nicht etwa dem einen die Absicht des anderen ans Bein binden. Über § 25 II lassen sich nur objektive Merkmale gegenseitig zurechnen.

   Nun genügt aber bekanntlich seit einigen Jahren im subjektiven Tatbestand des § 242 I auch die Drittzueignungsabsicht (vgl. insbesondere Fall 12). Ihr solltet euch bewusst machen, dass sich dies im Einzelfall auch auf die Abgrenzung zwischen Mittäterschaft und Beihilfe auswirkt. Man kann Mittäterschaft eben nicht (mehr) allein deswegen ausschließen, weil jemand kein eigenes Interesse an der Beute hat. In einem solchen Fall treten zwangsläufig die Kriterien der sogenannten Tatherrschaftslehre (vgl. abermals Die Fälle – Strafrecht AT, Fall 22, Fazit 2.) in den Vordergrund.

5. ***§§ 242 I, 243 I 1, 2 Nr. 3*** drängt einem der Sachverhalt geradezu auf. Die Prüfung sollte in einem solch eindeutigen Fall nicht breiter als von uns vorgeschlagen ausfallen. Eine kurze Feststellung dürfte auch genügen.

   Zum Aufbau: Ihr müsst hier bei P ausnahmsweise zwangsläufig neu zum besonders schweren Fall ansetzen, schließlich könnt ihr unmöglich § 244 I Nr. 2 und § 243 I 1, 2 Nr. 3 zu Beginn der Prüfung in den Obersatz aufnehmen. Bei G kommt nach unserer Lösung § 244a I ja nicht mehr in Betracht. Dort taucht dann § 243 I 1, 2 Nr. 3 wie üblich bereits im ersten Obersatz auf.

   Wichtig: Der verwirklichte § 244a I verdrängt § 244 I im Wege der Spezialität. Darüber hinaus wird von § 244a I – wie übrigens auch von § 244 I – §§ 242 I, 243 I verdrängt. Die Spezialität erstreckt sich folglich nicht nur auf den Tatbestand, sondern auch auf die Strafzumessungsregel.

   Wenn ihr also § 244a I bejaht (s.o. 2.), sind der besonders schwere Fall nach §§ 242 I, 243 I 1, 2 Nr. 3 und der einfache Bandendiebstahl nach § 244 I Nr. 2 allenfalls eine knappe Erwähnung auf Konkurrenzebene wert (ähnlich §§ 246, 248b I, die im Ausgangsfall von der Prüfung ausgenommen waren).

6. Abschließend zu § 244 I wollen wir noch einmal an dessen Nr. 3 erinnern. ***§ 244 I Nr. 3*** betrifft im Gegensatz zu § 243 I 2 Nr. 1 nicht irgendeinen umschlossenen Raum, sondern speziell eine ***Wohnung***. Darunter sind Räumlich-

keiten zu verstehen, die der permanenten Benutzung durch Menschen dienen, ohne hauptsächlich Arbeitsräume zu sein.

Häufig wird es sich dabei um eine ***Privatwohnung*** handeln. Dann ist mit dem im Jahr 2017 eingefügten ***§ 244 IV i.V.m. § 244 I Nr. 3*** sogar ein Verbrechenstatbestand einschlägig.

Denkbar vielfältige Probleme können sich bei gemischt genutzten Gebäuden (Gewerbe/Wohnen) stellen, je nachdem, wo der Täter einbricht und wohin er sich dann weiter bewegt. Der Tatbestand sollte nicht zuletzt wegen der hohen Strafdrohung tendenziell restriktiv ausgelegt werden. Ansonsten könnt ihr euch aus dem Baukasten bedienen und die Ausführungen zu § 243 I 2 Nr. 1 heranziehen (vgl. insbesondere Fall 15, Fazit 7. und Fall 16, Fazit 5.).

Wichtige Unterschiede ergeben sich aus dem Charakter der Normen. ***§ 243 I 2 Nr. 1*** ist bekanntlich ein ***Regelbeispiel***, während ***§ 244 I Nr. 3*** (genau wie § 244 I Nr. 1 und 2) einen ***Qualifikationstatbestand*** bildet. Daraus folgt: ***§ 244 I Nr. 3*** ist ***zwingend und abschließend*** (vgl. zu § 243 I Fall 15, Fazit 11.), es gibt insbesondere ***keine Geringwertigkeitsklausel*** (wie in § 243 II, vgl. Fälle 17, 18, sowie 19, Fazit 5.). Der ***Versuch*** ist ***nach § 244 II strafbar***. Auf die insoweit für § 243 I 2 typischen Besonderheiten und Probleme (vgl. Fall 16) kommt es hier nicht an.

Fall 23

X sitzt im Park und schaut gelangweilt vor sich hin. Plötzlich fällt aus der Gesäßtasche der vorbeigehenden Rentnerin R ein 10-€-Schein. X rennt zu dem Geldschein, hebt ihn auf und läuft der sich entfernenden R hinterher, um den Schein zurückzugeben. Dann überlegt er es sich anders, steckt das Geld ein und geht nach Hause.

Frage: Wie hat sich X strafbar gemacht ?

Lösungsskizze Fall 23

- Strafbarkeit des X gemäß § 242 I ?

I. Tatbestand

1. Objektiver Tatbestand

***a. fremde bewegliche Sache ?* (+)**

b. Wegnahme ?

= Bruch fremden und Begründung neuen Gewahrsams; Gewahrsam ist tatsächliche Sachherrschaft, die von einem natürlichen Herrschaftswillen getragen wird

aa. Bruch fremden Gewahrsams ?

= Aufhebung des Gewahrsams ohne oder gegen den Willen des bisherigen Inhabers

HIER (−) → R hat den Geldschein verloren; danach befand sich der Schein mangels Einwirkungsmöglichkeit nicht mehr in ihrem Herrschaftsbereich; die Sache stand zum Tatzeitpunkt nicht mehr in fremdem Gewahrsam

***bb. <u>also</u>: Wegnahme* (−)**

***c. <u>also</u>: objektiver Tatbestand* (−)**

***2. <u>also</u>: Tatbestand* (−)**

II. Ergebnis:

Strafbarkeit des X gemäß § 242 I (−)

- Strafbarkeit des X gemäß § 246 I ?

I. Tatbestand

1. Objektiver Tatbestand

***a. fremde bewegliche Sache ?* (+)**

b. rechtswidrige Zueignung ?

aa. Zueignung ?
= objektiv erkennbare Manifestation und Betätigung des Zueignungswillens

HIER (+) → X hat das Geld für sich eingesteckt und ist damit nach Hause gegangen

bb. rechtswidrig ? **(+)**

cc. <u>also</u>: rechtswidrige Zueignung **(+)**

c. <u>also</u>: objektiver Tatbestand **(+)**

2. Subjektiver Tatbestand

- Vorsatz ? **(+)**

3. <u>also</u>: Tatbestand **(+)**

II. Rechtswidrigkeit **(+)**

III. Schuld **(+)**

IV. Ergebnis:
Strafbarkeit des X gemäß § 246 I (+); Verfolgung aber gemäß § 248a nur auf Antrag, wenn nicht die Staatsanwaltschaft ein besonderes öffentliches Interesse bejaht

Formulierungsvorschlag Fall 23

- Strafbarkeit des X gemäß § 242 I

X könnte sich durch das Mitnehmen des Geldscheins gemäß § 242 I strafbar gemacht haben.

I. Bei dem Geld handelt es sich um eine für X fremde bewegliche Sache.

X müsste die Sache weggenommen haben. Wegnahme bedeutet Bruch fremden und Begründung neuen Gewahrsams.

Für einen Gewahrsamsbruch müsste X das Geld ohne oder gegen den Willen des ursprünglichen Gewahrsamsinhabers aus dessen Herrschaftsbereich geschafft haben. Das Geld müsste zum Zeitpunkt des Mitnehmens im Gewahrsam eines anderen gestanden haben.

Gewahrsam ist die von einem Herrschaftswillen getragene Sachherrschaft.

R wusste nicht, wo sie das Geld verloren hatte. Sie hatte keine Einwirkungsmöglichkeit mehr auf die Sache. Das Geld stand somit nicht im Gewahrsam eines anderen.

X konnte folglich keinen Gewahrsam brechen und das Geld damit nicht wegnehmen.

II. Er hat sich durch das Mitnehmen des Geldscheins mangels Wegnahme nicht gemäß § 242 I strafbar gemacht.

- Strafbarkeit des X gemäß § 246 I

X könnte sich aber durch das Mitnehmen des Geldes gemäß § 246 I strafbar gemacht haben.

I. Bei dem Schein handelt es sich um eine für X fremde bewegliche Sache.

Er müsste sich die Sache rechtswidrig zugeeignet haben.

Eine Zueignung ist gegeben, wenn der Täter seinen Zueignungswillen objektiv erkennbar manifestiert und betätigt.

X wollte das Geld ursprünglich wieder der Eigentümerin zukommen lassen. Im Aufheben des Geldscheins liegt daher noch keine Zueignung.

Er hat den Schein dann aber eingesteckt und ist nach Hause gegangen. Hierdurch hat er seinen Zueignungswillen nach außen eindeutig erkennbar manifestiert und betätigt, sich das Geld also zugeeignet.

Die Zueignung war auch rechtswidrig.

X handelte vorsätzlich.

II. Die Tat geschah rechtswidrig.

III. X handelte zudem schuldhaft.

IV. Er hat sich durch das Mitnehmen des Geldscheins gemäß § 246 I strafbar gemacht. Das Tatobjekt ist geringwertig im Sinne des § 248a. Demnach ist die Tat gemäß § 248a nur auf Antrag zu verfolgen, wenn nicht die Staatsanwaltschaft ein besonderes öffentliches Interesse bejaht.

Fazit

1. Eine Bestrafung wegen ***Diebstahl***s scheitert an der Wegnahme. Als der Geldschein unbewusst aus der Tasche der R fiel, verließ er den Herrschaftsbereich der ursprünglichen Gewahrsamsinhaberin (verloren, nicht nur vergessen / vgl. Fall 6, Fazit 1.). Im Gegensatz zur Situation bei Fall 6 hatte auch sonst niemand Gewahrsam (vgl. Fall 6, Fazit 2.). X konnte folglich keinen Gewahrsam brechen.

2. Insbesondere wenn die Strafbarkeit gemäß § 242 I wegen fehlender Wegnahme verneint wird, müsst ihr immer an eine ***Unterschlagung*** (§ 246 I) mit eigenständiger Bedeutung denken. Lest zur Subsidiaritätsklausel bitte noch einmal Ziffer 2. des Fazits zu Fall 2.

3. Diebstahl und Unterschlagung stellen identische Voraussetzungen an das Tatobjekt (fremde bewegliche Sache). Die zu § 242 I angesprochenen Probleme können sich auch hier stellen. Das gilt prinzipiell auch für die Fragen, die sich um die rechtswidrige Zueignung ranken. Zu beachten aber, dass bei ***§ 246 I*** im Gegensatz zu § 242 I die ***Zueignung Tathandlung*** ist. Ihr müsst sie also schon ***im objektiven Tatbestand*** prüfen, wobei innerhalb des objektiven Merkmals „Zueignung" der Zueignungswille die Rolle einer Art Vorbedingung spielt. Dieser ***Zueignungswille muss*** betätigt werden und ***sich*** durch diese Tathandlung eindeutig (zweifelsfrei) nach außen hin ***manifestierten***. Der Täter muss für einen gedachten Beobachter erkennbar zum Ausdruck bringen, dass er die Sache behalten will. Typisch dafür ist z.B. der Verzehr von Lebensmitteln oder der Verkauf einer Sache. Auch im Ausgangsfall war die Zueignung nicht problematisch. Es hätte für einen (gedachten) Beobachter sicher keinen Zweifel daran gegeben, dass X Zueignungswillen hatte.

   Wir wollen der Vollständigkeit halber nicht unerwähnt lassen, dass es mitunter andere Ansätze gibt, das schwammige Tathandlungsmerkmal des § 246 I in den Griff zu bekommen. Teilweise werden mehrdeutige Handlungen, die auch ohne Zueignungswillen zu erwarten sind, als ausreichende Manifestationen angesehen. Zunehmend werden auch ganz abweichende Definitionen vertreten, die mit der Manifestation des Zueignungswillens gar nichts mehr zu tun haben, sondern an streng objektive Gesichtspunkte anknüpfen. Nähere Ausführungen gingen über das Konzept dieses Buches hinaus. Jedenfalls für die Klausur dürfte es völlig ausreichen, auf die „Standardkriterien" abzustellen.

4. Für den subjektiven Tatbestand der Unterschlagung ist lediglich ***Vorsatz*** erforderlich. Anders als beim Diebstahl ist also keine Zueignungsabsicht zu prüfen.

5. Noch etwas zum ***Antragserfordernis*** nach ***§ 248a*** (vgl. schon Fall 1, Fazit 4.), das für § 246 ebenso gilt wie für § 242. Anders als bei § 243 II kommt es ***nur*** auf die ***objektive Lage*** an. Eine etwaige Fehlvorstellung des Täters über den Verkehrswert der Sache ist für § 248a unerheblich. Die Norm ist nämlich nur für die Strafverfolgung von Bedeutung (vgl. aber Fall 17 zu § 243 II). Beachtet im Übrigen auch § 247 (vgl. Fall 12, Fazit 3.).

Fall 24

Nach einem Saufgelage bricht der unersättliche U tot zusammen. A bemerkt dies und entnimmt der Brieftasche des U ein 2-€-Stück, das er einsteckt, um es zu behalten.

Frage: Wie hat sich A strafbar gemacht ?

Lösungsskizze Fall 24

- Strafbarkeit des A gemäß § 242 I ?

I. Tatbestand

1. Objektiver Tatbestand

a. fremde bewegliche Sache ?

aa. Sache ? **(+)**

bb. beweglich ? **(+)**

cc. fremd ?
= im Eigentum eines anderen stehend

HIER (+) → A ist nicht Eigentümer des 2-€-Stücks; Eigentümer sind gemäß § 1922 I BGB (gesetzlicher Eigentumserwerb) die Erben des U

dd. also: fremde bewegliche Sache **(+)**

b. Wegnahme ?
= Bruch fremden und Begründung neuen Gewahrsams; Gewahrsam ist tatsächliche Sachherrschaft, die von einem natürlichen Herrschaftswillen getragen wird

aa. Bruch fremden Gewahrsams ?
= Aufhebung des Gewahrsams ohne oder gegen den Willen des bisherigen Inhabers

HIER (–) → die Erben haben zwar gemäß § 857 BGB Besitz an allen Gegenständen, die im Besitz des Erblassers (= U) standen; sie erlangen mit dem Tod aber keinen Gewahrsam an den Gegenständen des Verstorbenen; es gibt keinen gesetzlichen Gewahrsamserwerb; Gewahrsam setzt jedenfalls einen Herrschaftswillen der Erben voraus; die Erben wissen aber noch gar nichts vom Tod des U, haben demnach auch keinen entsprechenden Willen; A konnte folglich keinen Gewahrsam brechen

bb. also: Wegnahme **(–)**

c. also: objektiver Tatbestand **(–)**

2. also: Tatbestand **(–)**

II. Ergebnis:
Strafbarkeit des A gemäß § 242 I (–)

- Strafbarkeit des A gemäß § 246 I ?

I. Tatbestand

1. Objektiver Tatbestand

a. fremde bewegliche Sache ? (+), s.o.

b. rechtswidrige Zueignung ? (+)

aa. Zueignung ?
= objektiv erkennbare Manifestation und Betätigung des Zueignungswillens

HIER (+) → A hat das Geld eingesteckt, um es zu behalten

bb. rechtswidrig ? (+)

cc. also: rechtswidrige Zueignung (+)

c. also: objektiver Tatbestand (+)

2. Subjektiver Tatbestand

- Vorsatz ? (+)

3. also: Tatbestand (+)

II. Rechtswidrigkeit (+)

III. Schuld (+)

IV. Ergebnis:
Strafbarkeit des A gemäß § 246 I (+); Verfolgung aber gemäß § 248a nur auf Antrag, wenn nicht die Staatsanwaltschaft ein besonderes öffentliches Interesse bejaht

Formulierungsvorschlag Fall 24

- Strafbarkeit des A gemäß § 242 I

A könnte sich durch das Einstecken des Geldstücks gemäß § 242 I strafbar gemacht haben.

I. Bei dem Geldstück handelt es sich um eine bewegliche Sache.

Außerdem müsste das Geld für A fremd sein. Fremd ist eine Sache, die im Eigentum eines anderen steht. Beim Tod des U sind dessen Erben gemäß § 1922 I BGB in seine Eigentümerstellung gerückt. Das Geld war somit für A fremd.

A müsste die Sache weggenommen haben. Wegnahme bedeutet Bruch fremden und Begründung neuen Gewahrsams. Gewahrsam ist Sachherrschaft, die von einem natürlichen Herrschaftswillen getragen ist.

Für einen Gewahrsamsbruch müsste A das Geld ohne oder gegen den Willen des ursprünglichen Gewahrsamsinhabers aus dessen Herrschaftsbereich geschafft haben. Das Geld müsste zum Zeitpunkt der Entnahme im Gewahrsam eines anderen gestanden haben. Gewahrsam ist die von einem Herrschaftswillen getragene Sachherrschaft.

U selbst war tot, hatte also keinen Gewahrsam. Die Erben des U haben zwar gemäß § 857 BGB Besitz an allen Gegenständen, die auch im Besitz des Erblassers standen, erworben. Ein gesetzlicher Gewahrsamserwerb ist jedoch ausgeschlossen.

Die Erben wussten zum Zeitpunkt des Todes des U nichts von dessen Ableben und hatten somit keinen Gewahrsamswillen. Demnach scheidet auch ein Gewahrsam der Erben aus.

A konnte folglich keinen Gewahrsam brechen und das Geld damit nicht wegnehmen.

II. A hat sich durch das Mitnehmen des Geldstücks mangels Wegnahme nicht gemäß § 242 I strafbar gemacht.

- Strafbarkeit des A gemäß § 246 I

A könnte sich aber durch das Einstecken des 2-€-Stücks gemäß § 246 I strafbar gemacht haben.

I. Bei dem Geldstück handelt es sich wie gezeigt um eine für A fremde bewegliche Sache.

A müsste sich die Sache zugeeignet haben.

Eine Zueignung ist gegeben, wenn der Täter seinen Zueignungswillen objektiv erkennbar manifestiert und betätigt.

A wollte das Geldstück behalten. Er hat es eingesteckt und dadurch seinen Zueignungswillen nach außen eindeutig erkennbar manifestiert.

Er hat sich das Tatobjekt mithin zugeeignet.

Die Zueignung war auch rechtswidrig.

A handelte vorsätzlich.

II. Die Tat geschah rechtswidrig.

III. A handelte zudem schuldhaft.

IV. Er hat sich durch das Einstecken des Geldes gemäß § 246 I strafbar gemacht. Das Tatobjekt ist geringwertig im Sinne des § 248a. Demnach ist die Tat gemäß § 248a nur auf Antrag zu verfolgen, wenn nicht die Staatsanwaltschaft ein besonderes öffentliches Interesse bejaht.

Fazit

1. Die erste Hürde der Fall-Lösung bestand darin, zu erkennen, wer denn nun Eigentümer des Geldes ist. Wenn jemand stirbt, freuen sich (fast) immer die ***Erben***. Sie ***rücken gemäß § 1922 I BGB*** ganz automatisch ***in die Eigentümerstellung*** des gerade Verblichenen (siehe zu § 1922 I BGB auch Fall 3, Fazit 3.).

2. Vergleicht noch einmal Fall 5 mit dem gerade bearbeiteten Fall. Während Schlafende und Bewusstlose ***Gewahrsam*** haben, scheiden Tote als Gewahrsamsinhaber aus (vgl. schon Fall 5, Fazit 2.). Sie haben nämlich weder Sachherrschaft noch einen dementsprechenden Herrschaftswillen. Da die Erben kurz nach dem Dahinscheiden regelmäßig (noch) nichts von ihrem Glück (Erbschaft) wissen, sind auch sie nicht Gewahrsamsinhaber (siehe schon Fall 6, Fazit 4.). Also kann der Täter keinen Gewahrsam brechen und sich nicht gemäß ***§ 242 I*** strafbar machen.

3. Dann müsst ihr aber wie gesagt immer an eine mögliche Strafbarkeit wegen Unterschlagung nach ***§ 246 I*** denken (siehe schon Fall 23, Fazit 2.).

4. Wir wollen noch auf ein meist nur theoretisch bedeutsames Standardproblem hinweisen:

Kann eine ***wiederholte Betätigung des Herrschaftswillens*** § 246 I erfüllen? Die wohl h.M. (sog. ***Tatbestandslösung***) nimmt überzeugend an, dass man sich eine Sache tatbestandlich nur einmal, also nicht wiederholt zueignen kann. Wenn jemand sich also ein Tatobjekt bereits durch eine strafbare Handlung (Diebstahl, Raub, Betrug, Erpressung, Unterschlagung, Untreue) zugeeignet hat, kann er nach h.M. schon tatbestandlich § 246 I nicht durch erneute Betätigung des Herrschaftswillens erfüllen. Anders gewendet: § 246 I setzt schon tatbestandlich (Merkmal „Zueignung") voraus, dass sich der Täter die fremde bewegliche Sache nicht bereits zuvor durch eine strafbare Handlung zugeeignet hat. Klingt logisch, oder? Man kann einen Toten schließlich auch nicht noch einmal töten. Die Gegenmeinung (sog. ***Konkurrenzlösung***) hält vom Tatbestand her wiederholte Zueignungen für möglich, sieht die dadurch verwirklichte Unterschlagung aber als mitbestrafte Nachtat an. Dem Täter wird es herzlich egal sein, ob er durch wiederholte Betätigung seines Willen § 246 I schon tatbestandlich nicht erfüllt oder ob die Unterschlagung auf der Konkurrenzebene unter den Tisch fällt.

Wirklich interessant wird die ganze Angelegenheit bei möglichen ***Teilnehmer***n an der wiederholten Handlung. Nach der Tatbestandslösung fehlt es folgerichtig an der teilnahmefähigen Haupttat, nach der Konkurrenzlösung nicht. Auf diese Weise zugespitzte Prüfungsfälle, in denen es wirklich auf eine Entscheidung ankommt, sind erfahrungsgemäß recht selten.

5. Und noch ein Problem: Kann ***§ 246 I*** auch als unechtes Unterlassungsdelikt (§ 13 I / vgl. allgemein Die Fälle – Strafrecht AT, Fall 43) begangen werden? Das geht nur, wenn der Zueignungswille auch ***durch Unterlassen*** manifestiert werden kann. Die h.M. nimmt das an. Ein typisches Beispiel: „T lässt eine für ihn fremde bewegliche Sache vom Gerichtsvollzieher pfänden und benachrichtigt den Eigentümer nicht."

6. Die sogenannte ***veruntreuende Unterschlagung*** nach ***§ 246 II*** ist eine Qualifikation, auf die später noch am Fall einzugehen sein wird. Hier nur so viel: Die vom Gesetz in § 246 I angeordnete Subsidiarität (vgl. Fall 2, Fazit 2.) erstreckt sich auch auf § 246 II. Ein „Fall des Absatzes 1" ist nämlich nur gegeben, wenn § 246 I nicht zurücktritt. Im „Anvertrautsein" sieht die ganz h.M. ein strafschärfendes besonderes persönliches Merkmal, sodass gegebenenfalls § 28 II anwendbar ist (vgl. Die Fälle – Strafrecht AT, Fall 34, Fazit 2. und 3.).

Raub und räuberischer Diebstahl

Fall 25

Die mittellose Studentin S will ihre Finanzen aufbessern. Deshalb betritt sie den nahe gelegenen Park und hält nach einem Opfer Ausschau. Sie findet es in Person der schmächtigen Oma O, die allmittäglich mit ihrer Handtasche durch die Grünanlage schlurft. Während S sich der O zielstrebig nähert, umklammert diese in Erwartung eines möglichen Überfalls den Griff der Tasche fest mit beiden Händen. S lässt sich dadurch nicht beirren. Sie entreißt der O unter erheblichem Kraftaufwand die Handtasche und flieht dann in ihre Wohnung. Zu ihrer Enttäuschung befindet sich in der Tasche lediglich eine Geldbörse mit 7,65 €.

Frage: Hat sich S gemäß § 249 strafbar gemacht ?

Lösungsskizze Fall 25

- Strafbarkeit der S gemäß § 249 I ?

I. Tatbestand

1. Objektiver Tatbestand

***a. fremde bewegliche Sache ?* (+)**

***b. Wegnahme ?* (+)**

c. (hier) mit Gewalt gegen eine Person ?

= der dem Opfer vermittelte physische Zwang zur Überwindung eines geleisteten oder erwarteten Widerstandes

HIER (+) → S hat der O die Tasche unter erheblichem Kraftaufwand entrissen; sie hat ihren tatsächlichen Widerstand gegen die Wegnahme (Festhalten) durch körperlichen Zwang (Entreißen) überwunden

***d. also: objektiver Tatbestand* (+)**

2. Subjektiver Tatbestand

***a. Vorsatz ?* (+)**

***b. Absicht der rechtswidrigen Zueignung ?* (+)**

***c. also: subjektiver Tatbestand* (+)**

***3. also: Tatbestand* (+)**

***II. Rechtswidrigkeit* (+)**

III. Schuld (+)

IV. Ergebnis:
Strafbarkeit der S gemäß § 249 I (+)

Formulierungsvorschlag Fall 25

- Strafbarkeit der S gemäß § 249 I

S könnte sich durch das Entreißen und Mitnehmen der Tasche gemäß § 249 I strafbar gemacht haben.

I. Bei der Tasche samt Inhalt handelt es sich um für S fremde bewegliche Sachen.

Die erforderliche Wegnahme besteht im Bruch fremden und der Begründung neuen Gewahrsams. S hat die Tasche gegen den Willen der O aus deren Herrschaftsbereich geschafft, also fremden Gewahrsam gebrochen. Sie hat die Tasche an sich genommen und somit neuen Gewahrsam begründet. S hat die Tasche weggenommen.

Außerdem müsste S die Wegnahme mittels Gewalt gegen eine Person oder unter Androhung von gegenwärtiger Gefahr für Leib oder Leben durchgeführt haben.

Gewalt gegen Personen ist der dem Opfer vermittelte physische Zwang zur Überwindung eines geleisteten oder erwarteten Widerstandes. S hat der O die Tasche unter Einsatz erheblichen Kraftaufwands entrissen. Sie hat ihren durch das Festhalten der Tasche manifestierten tatsächlichen Widerstand gegen die Wegnahme durch körperlichen Zwang, nämlich das Entreißen der Tasche, überwunden.

Demnach geschah die Wegnahme mittels Gewalt gegen eine Person.

S handelte vorsätzlich und in der Absicht, sich die Tasche und deren Inhalt rechtswidrig zuzueignen.

II. Die Tat geschah rechtswidrig.

III. S handelte zudem schuldhaft.

IV. Sie hat sich durch das Entreißen und Mitnehmen der Tasche gemäß § 249 I strafbar gemacht.

Fazit

1. Dies war ein ziemlich einfacher Fall zum Raub, § 249 I. Ziel der Aufgabenstellung war unter anderem, euch zu vermitteln, dass ***§ 249 I*** ein ***zusammengesetztes Delikt*** ist. Der Raub beinhaltet zwei Delikte: § 242 I (Diebstahl) und § 240 (Nötigung). Wie ihr sicher in der Lösungsskizze bemerkt habt, wird sowohl im objektiven als auch im subjektiven Tatbestand des § 249 I jedes Merkmal des § 242 I geprüft (Baukastenprinzip). Zusätzlich muss die Wegnahme durch ein Nötigungsmittel des § 240 erfolgt sein.

2. Aufpassen müsst ihr nur beim gerade angesprochenen Nötigungsmittel. Lest einmal § 240 I. Dort heißt es ganz allgemein „mit Gewalt oder durch Drohung mit einem empfindlichen Übel". Daraus wird abgeleitet, dass in § 240 I Gewalt gegen Sachen als Nötigungsmittel nicht ausgeschlossen ist (vgl. Die Fälle – Strafrecht BT 1, Fall 18). § 249 I fordert hingegen ein sog. ***qualifiziertes Nötigungsmittel***. Die ***Gewalt*** muss sich – wie die Drohung – immer gegen Menschen richten. Ist die ***Drohung***svariante einschlägig, muss das in Aussicht gestellte Übel eine gegenwärtige Gefahr für Leib oder Leben sein.

3. ***Wichtig*** ist: Nicht jedes ***Entreißen eines Gegenstands*** muss zwangsläufig als Gewalt gegen eine Person eingestuft werden! Gerade zu diesem Problem haben viele tapfere Juristinnen und Juristen ihren Senf gegeben.

   Herauskristallisieren lässt sich dabei Folgendes: Mit der ganz h.M. ist davon auszugehen, dass Gewalt jedenfalls dann zu verneinen ist, wenn der Täter dem Opfer einen Gegenstand überraschend entreißt oder aus der Hand schlägt und mit der Beute entschwindet. Denn in diesem Fall will der Täter nicht etwa einen angenommenen Widerstand brechen, sondern durch den ***Überraschungsangriff*** erreichen, dass das Opfer erst gar keinen Widerstand entwickelt, den er dann überwinden müsste. Der Täter will dem ***Widerstand*** also gerade ***zuvorkommen***. Diesem Gedankengang schließt sich inzwischen auch die Rechtsprechung an.

   Doch Vorsicht: Anders müsst ihr natürlich entscheiden, wenn der euch präsentierte Sachverhalt ausdrücklich vorgibt, der Täter habe gehandelt, „um den (erwarteten) Widerstand des Opfers zu brechen". Es kommt nämlich schlussendlich immer darauf an, was der Täter will. ***Entscheidend*** ist innerhalb des Merkmals „mit Gewalt gegen eine Person", ***was sich der Täter vorstellt*** (sog. finales Element des Gewaltbegriffs)!

4. Lebensnah war davon auszugehen, dass sich die ***Zueignungsabsicht*** der S auch auf die Tasche selbst und nicht nur auf deren Inhalt bezog. Gegenteilige Anhaltspunkte (vgl. Fall 11, Fazit 5.) enthält unser Sachverhalt nicht.

   Der angegebene Betrag von 7,65 € hatte im Übrigen keinerlei Einfluss auf die Lösung. Zum einen wisst ihr nicht, was die Tasche selbst wert war, vor allem aber spielt eine mögliche Geringwertigkeit im Rahmen der §§ 249 ff nie eine Rolle. § 248a (vgl. schon Fall 1, Fazit 4. und Fall 19, Fazit 5.) ist hier nicht anwendbar. Ein ***Strafantrag*** ist ***beim Raub nie erforderlich***.

Fall 26

A befindet sich wieder einmal in Geldnot. Deshalb beschließt er, den ihm bekannten Y zu überfallen, von dem er weiß, dass er immer viel Bargeld bei sich trägt. Am darauf folgenden Tag lauert er dem Y auf, stellt sich vor ihn und überreicht ihm einen Zettel mit folgender Aufschrift: „Gib mir dein ganzes Geld. Sonst werde ich eine Giftspritze aus der Tasche ziehen und dich damit töten!" Hierbei handelt es sich jedoch um eine Finte. A führt keine Spritze bei sich. Er geht aber davon aus, dass Y die Ankündigung ernst nimmt. So geschieht es. Der verängstigte Y übergibt dem A ein Bündel Geldscheine, mit dem dieser flüchtet.

Frage: Wie hat sich A strafbar gemacht ?
Die Strafbarkeit gemäß § 246 ist nicht zu prüfen.

Lösungsskizze Fall 26

- Strafbarkeit des A gemäß § 249 I ?

I. Tatbestand

1. Objektiver Tatbestand

a. fremde bewegliche Sache ? **(+)**

b. Wegnahme ?

aa. Bruch fremden Gewahrsams ?

= Aufhebung des Gewahrsams ohne oder gegen den Willen des bisherigen Inhabers

HIER (+) → zum Teil wird lediglich auf das äußere Erscheinungsbild des Nehmens (dann Wegnahme = § 249) oder des Gebens (dann keine Wegnahme = §§ 253, 255) abgestellt; Y hat A das Geld überreicht; demnach wäre ein Bruch fremden Gewahrsams zu verneinen (gut vertretbar); richtigerweise ist demgegenüber auf die innere Willensrichtung des Opfers abzustellen; Y blieb aus seiner Sicht keine andere Wahl, als A das Geld auszuhändigen; eine Orientierung am äußeren Erscheinungsbild erscheint willkürlich; auch bei der Abgrenzung von § 242 I zu § 263 I wird unstreitig auf die innere Willensrichtung des Opfers abgestellt; es ist deshalb zu ermitteln, ob das Opfer die Sache freiwillig herausgegeben hat oder unter Zwang; wenn das Opfer glaubt, den Gewahrsamsverlust nicht verhindern zu können, ist das „Weggeben" letztlich gegen seinen Willen erfolgt; Y sah seine Lage als aussichtslos an; also ist ein Bruch fremden Gewahrsams zu bejahen

bb. Begründung neuen Gewahrsams ? **(+)**

cc. <u>also</u>: Wegnahme **(+)**

c. (hier) unter Anwendung von Drohungen mit gegenwärtiger Gefahr für Leib oder Leben ?

= Inaussichtstellen eines künftigen Übels (hier gegenwärtige Gefahr für Leib oder Leben), auf dessen Eintritt der Drohende Einfluss zu haben vorgibt

HIER (+) → A hat mit einer Giftspritze gedroht; unerheblich ist, dass er keine Spritze bei sich trug, das angedrohte Übel also faktisch gar nicht eintreten konnte

d. also: objektiver Tatbestand (+)

2. Subjektiver Tatbestand

a. Vorsatz ? (+)

b. Absicht der rechtswidrigen Zueignung ? (+)

c. also: subjektiver Tatbestand (+)

3. also: Tatbestand (+)

II. Rechtswidrigkeit (+)

III. Schuld (+)

IV. Ergebnis:

Strafbarkeit des A gemäß § 249 I (+)

Formulierungsvorschlag Fall 26

- Strafbarkeit des A gemäß § 249 I

A könnte sich durch das Mitnehmen der Geldscheine unter Ankündigung des Einsatzes einer Giftspritze gemäß § 249 I strafbar gemacht haben.

I. Bei den Geldscheinen handelt es sich um für A fremde bewegliche Sachen.

A müsste das Geld weggenommen haben. Wegnahme bedeutet Bruch fremden und Begründung neuen Gewahrsams.

A hat das Geld erhalten, ein Gewahrsamswechsel hat stattgefunden.

A müsste fremden Gewahrsam gebrochen haben. Gewahrsamsbruch ist die Aufhebung der ursprünglichen Sachherrschaft gegen oder ohne den Willen des bisherigen Inhabers.

Y hat A das Geld überreicht, also gegeben. Nach dem äußeren Erscheinungsbild stellt sich das Geschehen damit nicht als Wegnahme dar.

Denkbar ist aber auch ein Abstellen auf die innere Willensrichtung des Opfers. Y blieb aus seiner Sicht keine andere Wahl, als A das Geld auszuhändigen.

Also ist das „Weggeben“ nicht mit dem Einverständnis des Y geschehen, sondern gegen seinen Willen. Demnach wäre eine Wegnahme zu bejahen.

Eine Beurteilung nach dem äußeren Erscheinungsbild der Tat wird dem Charakter der Wegnahme nur vordergründig gerecht. Der Blick auf die Definition des Gewahrsamsbruchs zeigt, dass es auf den Willen des Opfers ankommt. Nach diesem Kriterium wird im Übrigen auch die Abgrenzung zwischen Betrug und Diebstahl unstreitig vorgenommen. Dass die Abgrenzung beim Raub anders erfolgen soll, ist nicht einzusehen.

Die „Weggabe“ ist somit angesichts der Willensrichtung des Y als Wegnahme einzustufen.

Außerdem müsste A die Wegnahme mittels Gewalt gegen eine Person oder unter Androhung von gegenwärtiger Gefahr für Leib oder Leben durchgeführt haben.

Drohung ist das Inaussichtstellen eines künftigen Übels, auf dessen Eintritt der Drohende Einfluss zu haben vorgibt. A hat den Einsatz einer – wenn auch faktisch nicht vorhandenen – Giftspritze angekündigt, also mit einer gegenwärtigen Gefahr für Leib oder Leben gedroht.

A handelte vorsätzlich und in der Absicht, sich die Geldscheine rechtswidrig zuzueignen.

II. Die Tat geschah rechtswidrig.

III. A handelte schuldhaft.

IV. Er hat sich durch das Mitnehmen des Geldes unter Ankündigung des Einsatzes einer Giftspritze gemäß § 249 I strafbar gemacht.

Fazit

1. Tja nun: Ihr habt gesehen, dass zum Charakter der Wegnahme verschiedene Meinungen vertreten werden. Während der ***BGH*** das ***äußere Erscheinungsbild*** der Tat heranzieht, um zu ergründen, ob eine Wegnahme vorliegt, stellt die herrschende ***Literaturansicht*** auf die ***innere Willensrichtung des Opfers*** ab. Sei’s drum. Dieser Streit ist nur die Spitze des Eisbergs. Dahinter steht der im Rahmen der §§ 253, 255 auftauchende Streitklassiker (dazu später mehr), auf den ihr euch hier nicht einlassen solltet. Wer partout mit der Rechtsprechung auf das äußere Erscheinungsbild abstellen will, musste selbstverständlich eine Strafbarkeit gemäß §§ 253, 255 (räuberische Erpressung) prüfen. Wie das funktioniert, werdet ihr recht bald sehen.

2. Wichtig ist im Zusammenhang mit dem Merkmal „Drohung mit gegenwärtiger Gefahr für Leib oder Leben“, dass ihr euch Folgendes einprägt: ***Das angekündigte Übel muss nicht realisierbar sein!*** Soll heißen: Es reicht vollkommen aus, wenn der Täter vorgibt, auf das Übel Einfluss zu haben.

3. Da nur entscheidend ist, dass der Bedrohte die Drohung für ernsthaft halten soll, ist das Tatbestandsmerkmal etwa auch dann zu bejahen, wenn der Täter mit einer Spielzeugpistole droht. Es kommt letztlich immer auf die Vorstellung des Täters an.

Schon jetzt ein Hinweis: In derartig gestalteten Klausuren solltet ihr an die Qualifikation des § 250 I Nr. 1 denken.

Eine solche Qualifikation musste hier nicht geprüft werden, weil mangels einer tatsächlich vorhandenen Giftspritze schon der objektive Tatbestand des § 250 I Nr. 1 offensichtlich nicht erfüllt war.

Selbstverständlich sind nach Feststellung der Strafbarkeit gemäß § 249 I die darin enthaltenen und im Wege der Spezialität verdrängten §§ 240 und 242 (vgl. Fall 25, Fazit 1.) nicht mehr zu prüfen. Auch zur Bedrohung (§ 241) war im Ausgangsfall kein Wort zu verlieren, da sie ihrerseits klar hinter § 240 und damit hier auch hinter § 249 zurücktritt.

Fall 27

Rocker R zettelt in seiner Stammkneipe „Zum wilden Eber“ einen Streit mit seinem Thekennachbarn T an. Es kommt zu einer tätlichen Auseinandersetzung, in deren Verlauf T bewusstlos zu Boden geht. Dann erblickt R unter dem weit geöffneten Hawaiihemd des T eine dicke goldene Panzerhalskette. Erfreut über die günstige Gelegenheit nimmt er die Kette mit.

Frage: Hat sich R gemäß § 249 strafbar gemacht ?

Lösungsskizze Fall 27

- Strafbarkeit des R gemäß § 249 I ?

I. Tatbestand

1. Objektiver Tatbestand

a. fremde bewegliche Sache ? **(+)**

b. Wegnahme ?

aa. Bruch fremden Gewahrsams ?
= Aufhebung des Gewahrsams ohne oder gegen den Willen des bisherigen Inhabers

HIER (+) → Gewahrsam setzt zwar einen Herrschaftswillen voraus, aber nicht, dass der Gewahrsamsinhaber zu jeder Zeit in der Lage ist, seinen einmal begründeten Willen auszuüben; auch Bewusstlose haben demnach Gewahrsam (potenzieller Gewahrsamswille); R hat die Halskette somit ohne bzw. gegen den Willen des T an sich genommen

bb. Begründung neuen Gewahrsams ? **(+)**

cc. <u>also</u>: Wegnahme **(+)**

c. (hier) mit Gewalt gegen eine Person ?
= der dem Opfer vermittelte physische Zwang zur Überwindung eines geleisteten oder erwarteten Widerstandes

HIER (–) → zwar hat R dem T gegenüber physische Gewalt angewandt; die Gewaltanwendung war jedoch nicht das Mittel zur Wegnahme; es fehlt die finale Verknüpfung beider Merkmale; diese ist immer dann zu verneinen, wenn der Täter erst nach „Ausschaltung“ des Opfers den Entschluss zur Wegnahme fasst

d. <u>also</u>: objektiver Tatbestand **(–)**

2. <u>also</u>: Tatbestand **(–)**

II. Ergebnis:
Strafbarkeit des R gemäß § 249 I (–)

Formulierungsvorschlag Fall 27

- Strafbarkeit des R gemäß § 249 I

R könnte sich durch das Mitnehmen der Halskette im Zusammenhang mit der tätlichen Auseinandersetzung gemäß § 249 I strafbar gemacht haben.

I. Bei der Kette handelt es sich um eine für R fremde bewegliche Sache.

Diese müsste er weggenommen haben. Wegnahme bedeutet Bruch fremden und Begründung neuen Gewahrsams. Gewahrsam ist Sachherrschaft, die von einem natürlichen Herrschaftswillen getragen ist.

Für einen Gewahrsamsbruch müsste R die Kette ohne oder gegen den Willen des ursprünglichen Gewahrsamsinhabers aus dessen Herrschaftsbereich geschafft haben.

Als ursprünglicher Gewahrsamsinhaber kommt der bewusstlose T in Betracht. Gewahrsam setzt nach der Verkehrsauffassung zwar einen Herrschaftswillen voraus, aber nicht, dass der Inhaber zu jeder Zeit in der Lage ist, seinen einmal begründeten Willen auszuüben. Obwohl T bewusstlos gewesen ist, hatte er potenziellen Herrschaftswillen und demnach Gewahrsam an der Halskette.

R hat die Kette gegen beziehungsweise ohne den Willen des T aus dessen Herrschaftsbereich geschafft und somit fremden Gewahrsam gebrochen.

Er hat die Kette in seinen Herrschaftsbereich verbracht und damit auch neuen Gewahrsam begründet.

Demnach liegt die Wegnahme vor.

Außerdem müsste die Kette von R mittels Gewalt gegen eine Person oder unter Androhung von gegenwärtiger Gefahr für Leib oder Leben weggenommen worden sein. R hat gegenüber T physische Gewalt angewandt. Zweifelhaft erscheint jedoch, ob die Gewalt gerade das Mittel zur Wegnahme war.

Eine solche finale Verknüpfung beider Merkmale ist immer dann zu verneinen, wenn der Täter erst nach „Ausschaltung" des Opfers den nunmehr neuen Entschluss zur Wegnahme fasst. R hat erst nach dem Eintritt der Bewusstlosigkeit des T den Entschluss gefasst, die Kette wegzunehmen und dies dann in die Tat umgesetzt.

Die Gewalt wurde demnach nicht als Mittel zur Wegnahme angewandt. R hat die Kette zwar weggenommen, dies aber nicht mittels Gewalt gegen eine Person oder unter Anwendung von Drohungen mit gegenwärtiger Gefahr für Leib oder Leben.

II. Er hat sich durch das Mitnehmen der Kette im Zusammenhang mit der tätlichen Auseinandersetzung nicht gemäß § 249 I strafbar gemacht.

Fazit

1. Beim Prüfungspunkt „Wegnahme" tauchte das kleine Problem des Falls 5 erneut auf. Es war zu untersuchen, ***ob*** T als ***Bewusstloser*** überhaupt ***Gewahrsamsinhaber sein kann***. Hohe Anforderungen sind an den Gewahrsam aber bekanntlich nicht zu stellen. Der Sachherrschaftswille und damit auch der Gewahrsam ist regelmäßig zu bejahen, wenn der Inhaber schläft oder nicht bei Bewusstsein ist. Ein aktualisiertes, d.h. immerwährendes Bewusstsein ist nicht erforderlich.

2. Eine Strafbarkeit gemäß ***§ 249 I musste aber mangels finaler Verknüpfung zwischen Gewalt und Wegnahme ausscheiden***. An diesem Zusammenhang fehlt es, wenn der Täter nicht zielgerichtet (final) zur Wegnahme Gewalt einsetzt. Im Gesetzeswortlaut kommt dies durch die Formulierung ***„Wegnahme mit Gewalt"*** zum Ausdruck.

   Merksatz: Der Täter muss immer hauen oder drohen, um zu nehmen. Das ist elementar!

3. ***Ganz anders*** sind ***Fälle*** zu bewerten, ***in denen der Täter*** zuerst zwar auch nur draufhaut, ohne sich über eine etwaige Wegnahme Gedanken zu machen, dann aber die ***noch anhaltende, d.h. fortdauernde Gewalt zur Wegnahme nutzt***. In diesen Fallkonstellationen ist wiederum der Finalzusammenhang gegeben.

   Beispiel in Abwandlung des Ausgangsfalls: „R schlägt auf T ein und fasst währenddessen den Entschluss, die Kette des T an sich zu nehmen."

   Dann ist die Gewalt nach dem Willen des Täters Mittel zur Wegnahme.

   Doch Vorsicht: In unserer Ausgangskonstellation war das gerade nicht der Fall. T war zu Boden gegangen und „ausgeschaltet". Insofern darf nicht von einer ***fortdauernden*** Gewalt, sondern nur von einer ***fortwirkenden*** ausgegangen werden.

   Die Abgrenzung ist nicht immer einfach. Es soll genügen, dass die Wegnahme unter dem Eindruck der Gewalttätigkeit des Täters geduldet wird und der Täter dies ausnutzt. Ein Zustand der allgemeinen Einschüchterung des Opfers genügt hingegen für den Raub nicht.

4. Es war nur nach § 249 gefragt. Einen Raub hat R aus den geschilderten Gründen nicht begangen. Das heißt aber selbstverständlich nicht, dass er sich überhaupt nicht strafbar gemacht hat. Zu denken wäre an §§ 242 I, 243 I 1, 2 Nr. 6 (§ 246 I ist demgegenüber ausdrücklich subsidiär) und § 223 I (beachte dabei § 230 I 1).

Fall 28

Die böse B trägt regelmäßig einen geladenen Revolver bei sich, um damit bei Straftaten – falls es nötig sein sollte – ihrem Ansinnen Nachdruck verleihen zu können. Eines Tages besinnt sie sich aber anders. Sie legt die Waffe in die Nachttischschublade. Später verlässt sie das Haus und begibt sich in einen Supermarkt. Sie geht zu einer der Kassen und übergibt dem Kassierer einen Zettel mit folgender Aufschrift: „Dies ist ein Überfall. Bleiben Sie ruhig sitzen und unternehmen Sie nichts. Ich habe einen Revolver in der Tasche, von dem ich im Zweifel Gebrauch machen werde. Dann gibt es ein Blutbad!“ B greift in die Kassenschublade und entnimmt alle Geldscheine. Anschließend flüchtet sie. B bemerkt erst später, dass ihr treu sorgender Ehemann den Revolver wieder in ihre Tasche gesteckt hatte, weil er davon ausging, sie werde ihn sonst vergessen.

Frage: Wie hat sich B strafbar gemacht ?
Eine Strafbarkeit gemäß § 123 und § 246 ist nicht zu prüfen.

Lösungsskizze Fall 28

- Strafbarkeit der B gemäß §§ 249 I, 250 I Nr. 1a ?

I. Tatbestand

1. Tatbestand § 249 I

a. Objektiver Tatbestand

aa. fremde bewegliche Sache ? **(+)**

bb. Wegnahme ? **(+)**

cc. (hier) unter Anwendung von Drohungen mit gegenwärtiger Gefahr für Leib oder Leben ?

= Inaussichtstellen eines künftigen Übels (hier gegenwärtige Gefahr für Leib oder Leben), auf dessen Eintritt der Drohende Einfluss zu haben vorgibt

HIER (+) → B hat mit dem Einsatz eines Revolvers gedroht

dd. <u>also</u>: objektiver Tatbestand **(+)**

b. Subjektiver Tatbestand

aa. Vorsatz ? **(+)**

bb. Absicht der rechtswidrigen Zueignung ? **(+)**

cc. <u>also</u>: subjektiver Tatbestand **(+)**

c. <u>also</u>: Tatbestand § 249 I **(+)**

2. Tatbestand § 250 I Nr. 1a

a. Objektiver Tatbestand

aa. (hier) eine Waffe ? (+)

bb. (hier) vom Täter bei sich geführt ? (+)

cc. also: objektiver Tatbestand (+)

b. Subjektiver Tatbestand

- Vorsatz bezüglich des Beisichführens ? (–)

c. also: Tatbestand § 250 I Nr. 1a (–)

3. also: (nur) Tatbestand § 249 I (+)

II. Rechtswidrigkeit (+)

III. Schuld (+)

IV. Ergebnis:
Strafbarkeit der B gemäß § 249 I (+)

Formulierungsvorschlag Fall 28

- Strafbarkeit der B gemäß §§ 249 I, § 250 I Nr. 1a

Möglicherweise hat sich B durch das Mitnehmen des Geldes unter Ankündigung der Verwendung eines Revolvers gemäß §§ 249 I, 250 I Nr. 1a strafbar gemacht.

I. Bei den Geldscheinen handelt es sich um für B fremde bewegliche Sachen.

B hat durch die Entnahme des Geldes aus der Kasse fremden Gewahrsam gebrochen und spätestens mit dem Verlassen des Supermarkts neuen Gewahrsam begründet, also die Tatobjekte weggenommen.

Weiterhin müsste B die Wegnahme mittels Gewalt gegen eine Person oder unter Androhung von gegenwärtiger Gefahr für Leib oder Leben durchgeführt haben. Drohung ist das Inaussichtstellen eines künftigen Übels, auf dessen Eintritt der Drohende Einfluss zu haben vorgibt. B hat den Einsatz eines Revolvers angekündigt, also mit einer gegenwärtigen Gefahr für Leib oder Leben gedroht.

Sie handelte vorsätzlich und in der Absicht, sich das Geld rechtswidrig zuzueignen.

Sie hat mit dem Revolver eine funktionsfähige Schusswaffe – eine Waffe im Sinne des § 250 I Nr. 1a – bei sich geführt.

Außerdem müsste sie vorsätzlich bezüglich des Beisichführens der Waffe gehandelt haben. B hatte die Waffe bewusst zu Hause abgelegt. Sie wusste nichts davon, dass ihr Ehemann den Revolver wieder in seine Tasche gesteckt hatte. Also handelte B insoweit nicht vorsätzlich, § 16 I 1.

§ 250 I Nr. 1a scheidet damit aus.

B hat nur den Tatbestand des § 249 I erfüllt.

II. Die Tat geschah rechtswidrig.

III. B handelte schuldhaft.

IV. Sie hat sich durch das Mitnehmen des Geldes unter Ankündigung der Verwendung eines Revolvers gemäß § 249 I strafbar gemacht.

Fazit

1. Solche Fälle können euch in zwei Konstellationen begegnen:

Der gerade behandelte Fall greift folgende Situation auf: ***Der Täter denkt, er habe die Waffe nicht bei sich***, irrt sich aber fatal. Dummerweise hat er sie nicht aus seiner Tasche entfernt. Oder der treu sorgende Ehemann hat sie ihr wieder in die Tasche gesteckt, nachdem sie sie entfernt hatte.

§ 250 I Nr. 1a kippt nicht schon im objektiven Tatbestand! Der Täter hat ja eine Waffe bei sich geführt. Aber wir haben ja noch den subjektiven Tatbestand des § 250 I Nr. 1a. Und der scheitert, weil der Täter keinen Vorsatz bezüglich des Beisichführens hatte (Tatbestandsirrtum / § 16 I 1).

Anders die strukturell umgekehrte Situation: ***Der Täter meint, er führe eine Waffe bei sich***. Die Wirklichkeit sieht aber ganz anders aus. Er hat die Knarre vergessen. Oder seine treu sorgende Ehefrau hat in Erwartung einer bald folgenden Straftat die Waffe entfernt, ohne dass der Täter dies bemerkt hätte.

Und nun? § 250 I Nr. 1a scheitert schon im objektiven Tatbestand. Wer keine Wumme mitführt, vollendet nur den einfachen Raub, § 249 I. Aber jetzt kommt's: Unser Übeltäter hat sich außerdem gemäß §§ 249 I, 250 I Nr. 1a, 22, 23 I (untauglicher Versuch = umgekehrter Tatbestandsirrtum) strafbar gemacht. Ihr kennt den untauglichen Versuch schon aus Fall 8 (vgl. näher Die Fälle – Strafrecht AT, Fall 36).

2. Die ***Parallelen zwischen § 250 I und § 244 I*** hatten wir im Zusammenhang mit dem Diebstahl schon angedeutet. ***§ 250 I Nr. 1a*** und ***b*** entspricht § 244 I Nr. 1a und b. Hier verweisen wir auf die Fälle 19 bis 21. ***§ 250 I Nr. 2*** stimmt mit § 244 I Nr. 2 überein. Um die Bande ging es in Fall 22.

§ 250 I Nr. 1c ist ein weiterer Qualifikationstatbestand. Gemeint ist eine konkrete Gefahr. Für die schwere Gesundheitsschädigung ist keine schwere Körperverletzung i.S.d. § 226 I erforderlich (vgl. dazu Die Fälle – Strafrecht BT 1, Fälle 11 bis 13). Vielmehr genügt ein das Opfer langwierig beeinträchtigender Krankheitszustand. Die Norm ist keine Erfolgsqualifikation (vgl. § 18). Der Vorsatz muss sich (auch) auf die konkrete Gefahr beziehen, § 15.

Eine im Vergleich zu § 250 I noch deutlich höhere Mindeststrafe droht dem Täter, wenn (zumindest) eine der qualifizierenden Voraussetzungen des ***§ 250 II*** gegeben ist.

§ 250 II Nr. 1 unterscheidet sich von § 250 I Nr. 1a dadurch, dass die Waffe oder das gefährliche Werkzeug nicht nur bei sich geführt wird, sondern tatsächlich zum Einsatz kommt.

§ 250 II Nr. 2 ist eine Kombination aus § 250 I Nr. 2 und Nr. 1a. Beachtet aber, dass hier eine Waffe mitgeführt werden muss. Ein „anderes gefährliches Werkzeug" genügt nicht.

Von einer körperlich schweren Misshandlung i.S.d. ***§ 250 II Nr. 3a*** werdet ihr ausgehen können, wenn das Opfer qualvolle Schmerzen erleidet oder die Körperverletzung nachhaltige – insbesondere langwierige – Gesundheitsbeeinträchtigungen mit sich bringt.

§ 250 II Nr. 3b ist wie § 250 I Nr. 1c gestrickt, wobei hier eine konkrete Todesgefahr erforderlich ist.

3. ***§ 251*** ist im Gegensatz zu § 250 I, II (vgl. soeben 2.) ein erfolgsqualifiziertes Delikt. Eine Besonderheit besteht darin, dass die Folge wie bei einer Vielzahl anderer Erfolgsqualifikationen „wenigstens leichtfertig" verursacht werden muss. Einfache Fahrlässigkeit (vgl. § 18) genügt nicht (siehe auch Die Fälle – Strafrecht AT, Fall 41, Fazit 2. und Fall 38, Fazit 6.).

4. Vielleicht habt ihr euch gefragt, warum wir § 123 von der Prüfung ausgenommen haben. Bei uneingeschränkter Fallfrage hätte man durchaus auch über den Hausfriedensbruch gemäß ***§ 123 I*** nachdenken müssen. Wieso das? Nun, das Problem liegt beim sogenannten ***Betreten in rechtsfeindlicher Absicht bei genereller Zutrittserlaubnis***. Eine nicht ganz unbeachtliche Mindermeinung nimmt ein Eindringen i.S.d. § 123 I auch dann an, wenn man dem Schuft beim Betreten des Ladens die rechtsfeindliche Absicht nicht ansieht (vgl. zum Ganzen Die Fälle – Strafrecht BT 1, Fall 22). Im Ausgangsfall wäre die besagte Mindermeinung zum Hausfriedensbruch gekommen, während sich B nach herrschender und überzeugender Meinung nicht gemäß § 123 I strafbar gemacht hat. Blättert in diesem Zusammenhang noch einmal zu Fall 7 zurück. Dort wäre eine Prüfung des § 123 I auch bei offener Fallfrage unangebracht gewesen. Der Sachverhalt („kann im Supermarkt der Versuchung nicht widerstehen") deutet darauf hin, dass F den Supermarkt nicht schon in rechtsfeindlicher Absicht betreten hatte. Schaut euch unter diesem Gesichtspunkt vielleicht auch noch einmal die Fälle 11, 19 und 21 an.

Fall 29

V arbeitet als Verkäuferin in einem Bioladen und hat panische Angst vor Überfällen. Der gnadenlose G ist sich dessen bewusst. Eines Tages betritt er den Laden und drückt der V kommentarlos eine (nicht angezündete) Zigarre in den Rücken. G geht zutreffend davon aus, V werde die Zigarre für die Laufmündung einer Pistole halten. Während V vollkommen verängstigt stillsteht, entnimmt G aus der Verkaufstheke ein Müslibrötchen. Dann verlässt er das Geschäft.

Frage: Wie hat sich G strafbar gemacht ?
Eine Strafbarkeit gemäß § 123 und § 246 ist nicht zu prüfen.

Lösungsskizze Fall 29

- Strafbarkeit des G gemäß §§ 249 I, 250 I Nr. 1b ?

I. Tatbestand

1. Tatbestand § 249 I

a. Objektiver Tatbestand

aa. fremde bewegliche Sache ? **(+)**

bb. Wegnahme ? **(+)**

cc. (hier) unter Anwendung von Drohungen mit gegenwärtiger Gefahr für Leib oder Leben ?

= Inaussichtstellen eines künftigen Übels (hier gegenwärtige Gefahr für Leib oder Leben), auf dessen Eintritt der Drohende Einfluss zu haben vorgibt

HIER (+) → G hat bewusst den Eindruck erweckt, bei dem in den Rücken gedrückten Gegenstand handele es sich um eine Pistole; den Einsatz einer solchen Schusswaffe hat G durch schlüssiges Verhalten (konkludent) in Aussicht gestellt; unerheblich ist, dass das angedrohte Übel faktisch gar nicht eintreten konnte

dd. <u>also</u>: objektiver Tatbestand **(+)**

b. Subjektiver Tatbestand

aa. Vorsatz ? **(+)**

bb. Absicht der rechtswidrigen Zueignung ? **(+)**

cc. <u>also</u>: subjektiver Tatbestand **(+)**

c. <u>also</u>: Tatbestand § 249 I **(+)**

2. Tatbestand § 250 I Nr. 1b

a. Objektiver Tatbestand

aa. sonst ein Werkzeug oder Mittel ?

= Gegenstand, der als solcher nicht erheblich verletzungsgefährlich ist (in Abgrenzung zu § 250 I Nr. 1a)

HIER (–) → eine sogenannte Scheinwaffe ist zwar grundsätzlich ein Mittel i.S.d. § 250 I Nr. 1b; das gilt aber nicht für Gegenstände, die – wie die Zigarre – ihrem äußeren Erscheinungsbild nach offensichtlich ungefährlich sind (a.A. vertretbar); zwar kommt es bei § 250 I Nr. 1b im Gegensatz zu § 250 I Nr. 1a auf eine objektive Gefährlichkeit des Gegenstands gerade nicht an; offensichtlich harmlose Objekte können aber ihrer Art nach von vornherein kein Drohungsmittel sein; so ist etwa eine täuschend echt aussehende Pistolenattrappe gerade deswegen eine typische Scheinwaffe, weil sie von ihrem äußeren Erscheinungsbild her geeignet ist, visuell ohne Weiteres den Eindruck einer echten Waffe zu vermitteln; erkennbar harmlose Gegenstände sind aber allenfalls geeignet, unter ergänzenden verbalen oder konkludenten Vorspiegelungen einen Täuschungseffekt zu erzielen; dann beruht die Täuschung weniger auf dem Gegenstand als solchem, sondern auf eben diesen ergänzenden Vorspiegelungen; ließe man jeden beliebigen – seiner Art nach auch noch so harmlosen – Gegenstand als Mittel für § 250 I Nr. 1b genügen, käme es zu unsachgerechten Ergebnissen

bb. <u>also</u>: objektiver Tatbestand (–)

b. <u>also</u>: Tatbestand § 250 I Nr. 1b (–)

3. <u>also</u>: (nur) Tatbestand § 249 I (+)

II. Rechtswidrigkeit (+)

III. Schuld (+)

IV. Ergebnis:

Strafbarkeit des G gemäß § 249 I (+)

Formulierungsvorschlag Fall 29

- Strafbarkeit des G gemäß §§ 249 I, § 250 I Nr. 1b

G könnte sich durch das Mitnehmen des Müslibrötchens unter Verwendung der Zigarre gemäß §§ 249 I, 250 I Nr. 1b strafbar gemacht haben.

I. Bei dem Brötchen handelt es sich um eine für G fremde bewegliche Sache.

Diese hat er weggenommen.

G müsste die Wegnahme mittels Gewalt gegen Personen oder unter Androhung von gegenwärtiger Gefahr für Leib oder Leben durchgeführt haben. Drohung ist das Inaussichtstellen eines künftigen Übels, auf dessen Eintritt der Drohende Einfluss zu haben vorgibt.

G hat bewusst den Eindruck erweckt, bei dem in den Rücken gedrückten Gegenstand handele es sich um eine Pistole. Damit hat er V den Einsatz einer solchen Waffe konkludent – also durch schlüssiges Verhalten – in Aussicht gestellt. G hat zugleich – ebenfalls konkludent – vorgegeben, auf den Eintritt der Gefahr für Leib und Leben Einfluss zu haben. Dass dies faktisch nicht möglich war, ist für die Drohung unerheblich.

Mithin geschah die Wegnahme unter Anwendung einer Drohung mit gegenwärtiger Gefahr für Leib und Leben.

G handelte vorsätzlich und in der Absicht, sich das Brötchen rechtswidrig zuzueignen.

Die Zigarre müsste im Sinne des § 250 I Nr. 1b sonst ein Werkzeug oder Mittel sein. Darunter sind allgemein in Abgrenzung zu § 250 I Nr. 1a Gegenstände zu verstehen, die als solche nicht erheblich verletzungsgefährlich sind.

Hierzu zählt im Grundsatz auch und gerade die sogenannte Scheinwaffe. Die nicht angezündete Zigarre ist aber im Gegensatz zur typischen Scheinwaffe erkennbar ungeeignet, auf den Körper eines anderen in erheblicher Weise einzuwirken. Ob von § 250 I Nr. 1b auch solche, ihrem äußeren Erscheinungsbild nach offensichtlich ungefährliche Gegenstände erfasst sind, erscheint zweifelhaft.

Dafür spricht zumindest vordergründig, dass es ja für § 250 I Nr. 1b anders als für § 250 I Nr. 1a auf die objektive Gefährlichkeit gerade nicht ankommt. Andererseits drängen sich bei offensichtlich harmlosen Gegenständen große Bedenken auf, sie überhaupt als das eigentliche Drohungsmittel anzusehen. So ist etwa eine täuschend echt aussehende Pistolenattrappe gerade deswegen eine typische Scheinwaffe, weil sie von ihrem äußeren Erscheinungsbild her geeignet ist, visuell ohne Weiteres den Eindruck einer echten Waffe zu vermitteln. Bei erkennbar harmlosen Gegenständen müssen ergänzende verbale oder konkludente Vorspiegelungen hinzukommen, um einen Täuschungseffekt zu erzielen. Dann beruht die Täuschung aber weniger auf dem Gegenstand als solchem, sondern vielmehr auf eben diesen ergänzenden Vorspiegelungen.

Ließe man jeden beliebigen – seiner Art nach auch noch so harmlosen – Gegenstand als Mittel für § 250 I Nr. 1b genügen, wären die Ergebnisse kaum noch nachvollziehbar. Dann machte sich wegen schweren Raubes strafbar, wer dem Opfer etwa einen Lippenstift in den Rücken drückt. Für den Betroffenen entsteht dabei aber kein anderer Eindruck, als wenn er nur den ausgestreckten Zeigefinger des Täters im Rücken spürt. Ein bloßer Körperteil kann jedoch nie „Mittel“ im Sinne des § 250 I Nr. 1b sein. Somit entstünden krasse Wertungswidersprüche, ließe man unter letztlich uferloser Ausdehnung des Tatbestands schlechthin jeden Gegenstand für § 250 I Nr. 1b genügen.

Nach alledem setzt § 250 I Nr. 1b voraus, dass der bei sich geführte Gegenstand seinem äußeren Erscheinungsbild nach nicht offensichtlich ungefährlich ist. Die von G eingesetzte Zigarre ist von der äußeren Erscheinung her offensichtlich ungefährlich und somit kein Werkzeug oder Mittel im maßgeblichen Sinne. § 250 I Nr. 1b scheidet im Ergebnis aus.

Nur der Tatbestand des § 249 I ist erfüllt.

II. Die Tat geschah rechtswidrig.

III. G handelte schuldhaft.

IV. Er hat sich durch das Mitnehmen des Müslibrötchens unter Verwendung der Zigarre gemäß § 249 I strafbar gemacht.

Fazit

1. Eigentlich erstaunlich, was man mit so einer Zigarre alles machen kann. In Ziffer 2. des Fazits zu Fall 21 hatten wir versprochen, auf das ***Sonderproblem des schon von der äußeren Erscheinung her offensichtlich ungefährlichen Gegenstands*** zurückzukommen. Das ist mit diesem Fall geschehen.

2. Nun aber der Reihe nach:

Im Gegensatz zu Fall 21 war hier die Prüfung einer Waffe oder eines anderen gefährlichen Werkzeugs (§ 250 I Nr. 1a / in Fall 21 § 244 I Nr. 1a) so fernliegend, dass man sich schon im Obersatz konkret auf den einzig ernsthaft in Betracht kommenden ***§ 250 I Nr. 1b*** festlegen konnte.

Wie ihr gesehen habt, kann auch in schlüssigem Verhalten eine ***Drohung*** liegen (sog. konkludente Drohung). Es muss also nicht notwendig ausdrücklich gedroht werden.

3. Das Kernproblem spielte sich dann bei ***§ 250 I Nr. 1b*** ab. Im Unterschied zu Fall 21 hatten wir es hier mit einem schon äußerlich offensichtlich ungefährlichen Gegenstand zu tun. Wie gezeigt spricht vieles dafür, solche Gegenstände nicht unter § 250 I Nr. 1b zu packen. So hat es denn auch der BGH schon in der sogenannten „Labello-Entscheidung" aus dem Jahr 1996 für § 250 I Nr. 2 alter Fassung gesehen und auch für die aktuelle Gesetzesfassung mehrfach bestätigt. Im Gegensatz zu einem Labello ist eine Luftpumpe nicht als offensichtlich ungefährlicher Gegenstand angesehen worden. Immerhin kann die Luftpumpe als Schlagwerkzeug verwendet werden (BGH BeckRS 2023, 8071).

Noch einmal zur Klarstellung (vgl. zum Ganzen schon Fall 21, Fazit 1.): Die ***Scheinwaffe*** ist ***keine Waffe*** und typischerweise auch kein anderes gefährliches Werkzeug i.S.d. § 244 I Nr. 1a.

Dass Scheinwaffen grundsätzlich von § 250 Nr. 1b und § 244 Nr. 1b erfasst sind, ist im Ergebnis ebenfalls eindeutig und sollte, wenn man es mit der klassischen Scheinwaffe zu tun hat, nur wie in Fall 21 demonstriert hergeleitet werden.

Es stellt sich aber die Frage, ob und wie man eine (der Sache nach allgemein für sinnvoll gehaltene) ***Einschränkung*** in Konstellationen wie der des Ausgangsfalls auf die Reihe bekommt. Dem BGH wurde bereits auf Grundlage der alten Gesetzesfassung eine gewisse Inkonsequenz vorgeworfen: Wenn man schon Scheinwaffen einbeziehe, müsse man letztlich jeden beliebigen Gegenstand als taugliches Mittel für den schweren Raub ansehen.

Wir haben in der Fall-Lösung aufgezeigt, wie man angesichts der Gesetzesvorgaben im Einklang mit der inzwischen gefestigten BGH-Rechtsprechung die Kurve kriegen kann. Der ***Schwerpunkt*** liegt in den nicht „qualifikationswürdigen" Ausnahmefällen eben gerade ***nicht auf der Verwendung des Gegenstands, sondern auf ergänzenden Vorspiegelungen***. Das eigentliche Drohungsmittel ist gar nicht der fragliche Gegenstand, wenn er nach seinem äußeren Erscheinungsbild nicht den Eindruck eines zumindest halbwegs gefährlich einsetzbaren Mittels macht (kurz: keine objektive Scheinwirkung).

Wenn man wie wir diese Schiene fährt, erübrigen sich wie gesehen auch nähere Ausführungen darüber, warum die Scheinwaffe grundsätzlich einzubeziehen ist (vgl. dazu näher Fall 21). Wir haben den Grundsatz hier nur als solchen in den Raum gestellt. Mehr war in Fall 29 nicht nötig, weil nach unserer Lösung ja unter dem Strich ohnehin die Einschränkung angesagt ist.

4. Warum § 123 von der Prüfung ausgenommen war, dürfte inzwischen klar sein (vgl. Fall 28, Fazit 4.).

Fall 30

Kettenraucherin K betritt abends die nahe gelegene Tankstelle des T, weil sie kein Kleingeld für den Zigarettenautomaten hat. K nimmt scheinbar unbemerkt fünf Stangen Zigaretten ihrer Lieblingsmarke an sich und verlässt den Kassenraum. Außerhalb des Tankstellengeländes stellt sich ihr der beherzte Rentner R entgegen, der den Vorfall beobachtet hat. Da K einer Strafverfolgung entgehen und die Zigaretten behalten will, springt sie auf R zu, stößt ihn zu Boden und entkommt.

Frage: Hat sich K gemäß § 252 strafbar gemacht ?

Lösungsskizze Fall 30

- Strafbarkeit der K gemäß § 252 ?

I. Tatbestand

1. Objektiver Tatbestand

a. Täter bei einem Diebstahl auf frischer Tat betroffen ?

aa. bei einem Diebstahl ?
= taugliche Vortat

HIER (+) → K hat für sie fremde bewegliche Sachen in der Absicht rechtswidriger Zueignung weggenommen; diese Tat geschah rechtswidrig; K handelte schuldhaft; sie hat sich gemäß § 242 I strafbar gemacht

bb. auf frischer Tat betroffen ?
= Wahrnehmung des Täters am Tatort oder in dessen Nähe kurz nach der Tat

HIER (+) → K wurde bereits bei der Tatausführung durch R wahrgenommen

***cc. <u>also</u>: Täter bei einem Diebstahl auf frischer Tat betroffen* (+)**

b. (hier) Gewalt gegen eine Person ?
= der dem Opfer vermittelte physische Zwang zur Überwindung eines geleisteten oder erwarteten Widerstandes

HIER (+) → K hat R zu Boden gestoßen; sie hat seinen tatsächlichen Widerstand (Entgegenstellen) durch körperlichen Zwang (Niederstoßen) überwunden

***c. <u>also</u>: objektiver Tatbestand* (+)**

2. Subjektiver Tatbestand

***a. Vorsatz ?* (+)**

b. Besitzerhaltungsabsicht ?
= Absicht, sich die Beute zu sichern, d.h. eine Gewahrsamsentziehung zu verhindern

HIER (+) → zwar handelte K auch in der Absicht, der Strafverfolgung zu entgehen; die Besitzerhaltungsabsicht muss jedoch nicht die alleinige Absicht des Täters sein

***c. also: subjektiver Tatbestand* (+)**

***3. also: Tatbestand* (+)**

***II. Rechtswidrigkeit* (+)**

***III. Schuld* (+)**

IV. Ergebnis:
Strafbarkeit der K gemäß § 252 (+)

Formulierungsvorschlag Fall 30

- Strafbarkeit der K gemäß § 252

K könnte sich durch das Niederstoßen des R gemäß § 252 strafbar gemacht haben.

I. Zunächst müsste der Täter bei einem Diebstahl auf frischer Tat betroffen worden sein.

Bei den Zigaretten handelt es sich um für K fremde bewegliche Sachen, die sie auch spätestens mit Verlassen des Tankstellenbereichs weggenommen hat.

K handelte vorsätzlich und in der Absicht, sich die Zigaretten rechtswidrig zuzueignen. Die Tat geschah zudem rechtswidrig. K handelte auch schuldhaft.

Sie hat sich demnach wegen Diebstahls gemäß § 242 I strafbar gemacht.

Außerdem müsste sie auf frischer Tat betroffen worden sein. Das ist der Fall, wenn der Täter am Tatort oder in dessen Nähe kurz nach der Tat wahrgenommen wird. K wurde bereits während der Tatausführung von R wahrgenommen, also auf frischer Tat betroffen.

Zudem müsste K mittels Gewalt gegen eine Person vorgegangen sein oder gegenwärtige Gefahr für Leib oder Leben angedroht haben.

Gewalt gegen eine Person ist der dem Opfer vermittelte physische Zwang zur Überwindung eines geleisteten oder erwarteten Widerstandes. K hat R zu Boden gestoßen. Sie hat dessen tatsächlichen Widerstand durch das Niederstoßen, also durch körperlichen Zwang überwunden. K ist somit mittels Gewalt gegen eine Person vorgegangen.

Sie handelte vorsätzlich.

Darüber hinaus müsste sie in Besitzerhaltungsabsicht gehandelt haben. K hatte einerseits die Absicht, einer Strafverfolgung zu entgehen, andererseits handelte sie, um sich die Beute zu sichern. Die Besitzerhaltung braucht weder der einzige, noch der dominierende Zweck zu sein. K handelte somit in der erforderlichen Absicht.

II. Die Tat geschah rechtswidrig.

III. K handelte schuldhaft.

IV. Sie hat sich durch das Niederstoßen des R gemäß § 252 strafbar gemacht.

Fazit

1. Der ***räuberische Diebstahl*** unterscheidet sich vom Raub nur dadurch, dass das ***Nötigungsmittel nach Vollendung der Wegnahme zur Sicherung des Gewahrsams an der Beute*** eingesetzt wird. Deswegen bezeichnet man § 252 auch als ***raubähnliches Sonderdelikt***.

   Der Wortlaut des § 252 („... ist gleich einem Räuber zu bestrafen.") bezieht sich natürlich nicht nur auf § 249 I. Er verweist insbesondere ***auch*** auf ***Qualifikationen des § 249 I***. Der Täter kann sich also gemäß §§ 252, 250 I, II (oder auch §§ 252, 251) strafbar machen. Und nun sind wir wieder in bekannten Gewässern. Alle Probleme, die ihr bei §§ 249 I, 250 I, II bzw. § 244 I Nr. 1 und 2 kennengelernt habt, können auch bei §§ 252, 250 I, II auftauchen.

2. ***Streitig*** ist, ***ob*** auch der ***Gehilfe der Vortat § 252 begehen kann***. Der Wortlaut steht dem nicht entgegen. Der BGH hält deshalb auch den Gehilfen für einen tauglichen Täter des § 252, sofern er Beutebesitz hat. Die h.L. sieht das anders. Sie stellt auf den raubähnlichen Charakter der Norm ab und verlangt folgerichtig, dass auch der Täter des § 252 Diebstahl und Nötigung täterschaftlich verwirklicht.

   Täter der Vortat, also auch ***Mittäter***, können dagegen im Grundsatz unstreitig einen räuberischen Diebstahl begehen. Nach h.M. gilt das selbst dann, wenn der Mittäter keinen Beutebesitz hat.

3. Die Vortat war hier im Rahmen des § 252 zu prüfen.

4. Obwohl der Wortlaut des § 252 voraussetzt, dass der Täter „bei einem ***Diebstahl*** auf frischer Tat betroffen" wird, ist ***auch der Raub taugliche Vortat*** des § 252. Notwendiger Bestandteil des § 249 I ist ein Diebstahl. Aber das wisst ihr ja schon (vgl. Fall 25, Fazit 1.).

   Bei einem Raub als Vortat ist § 252 grundsätzlich subsidiär.

   Ausnahme: § 252 ist durch § 250 (oder § 251) qualifiziert, bei § 249 I ist nur der Grundtatbestand gegeben. Dann geht natürlich der räuberische Diebstahl als das schwerere Delikt vor.

5. Selbst ein ***Diebstahl geringwertiger Sachen*** (§ 248a / vgl. Fall 1, Fazit 4.) ***reicht*** im Rahmen des § 252 ***als Vortat*** aus.

6. Das Merkmal ***„auf frischer Tat betroffen“*** setzt einen ***engen räumlichen und zeitlichen Zusammenhang*** voraus (siehe näher BGH BeckRS 2023, 8078).

   Laut BGH genügt es, dass der ***Täter*** – etwa durch Zuschlagen aus dem Hinterhalt – ***dem Bemerktwerden zuvorkommt***. Das ist kriminalpolitisch sinnvoll und mit dem Wortlaut dann vereinbar, wenn man „Betreffen“ ***aus Tätersicht*** als schlichtes „Zusammentreffen“ interpretiert. Unter dieser Prämisse ist im Grunde jede Begegnung ein „Betreffen“. Dann kann es konsequenterweise auch nicht darauf ankommen, ob der Täter, wie im Ausgangsfall, als Dieb wahrgenommen wird oder sich das nur einbildet. Nach einer restriktiveren Auffassung kann das Merkmal nur ***aus der Perspektive des Opfers*** verstanden werden. So gewendet wäre also ein „Ertappen“ oder zumindest ein „Bemerken“ zu verlangen.

7. Wenn der Täter ***<u>nur</u> seine Strafverfolgung verhindern will***, scheidet eine Bestrafung wegen § 252 aus. Er muss immer handeln, ***um sich den Besitz*** an der gestohlenen oder geraubten Sache ***zu erhalten***. Dass ***daneben*** auch noch ***andere Absichten*** vorliegen, ist ***unschädlich***. Wenn irgendwo im Sachverhalt die Besitzerhaltungsabsicht ausdrücklich oder in Form entsprechender Indizien (= Hilfstatsachen) auftaucht, ist der Täter dumm dran. Bei Vorliegen der übrigen Voraussetzungen wird er gemäß § 252 bestraft.

   Der Täter des § 252 muss ***sich selbst*** den Besitz erhalten wollen, die Drittbesitzerhaltungsabsicht ist nicht erfasst (anders als bei der beabsichtigten Zueignung in §§ 242, 249 und bei der tatsächlichen Zueignung in § 246, siehe insbesondere Fall 12).

Fall 31

Neffe N betritt eine Filiale der Sex-Shop-Kette seiner Tante O und steckt eine Gummipuppe des Typs „Lalola“ (ohne Luft) unter seinen Mantel. Dann verlässt er – ohne zu bezahlen – den Laden. Hausdetektivin H, die den Vorfall beobachtet hat, stellt ihn vor der Eingangstür und fordert ihn auf, den Gegenstand zurückzugeben. N, der die Puppe unbedingt behalten will, schlägt H nieder und entkommt. Am nächsten Tag erfährt er, dass seine Tante schon vor zwei Wochen verstorben war und ihn wirksam als Alleinerben eingesetzt hat.

Frage: Wie hat sich N strafbar gemacht ?
Eine Strafbarkeit gemäß § 123, § 223 und § 246 ist nicht zu prüfen.

Lösungsskizze Fall 31

- Strafbarkeit des N gemäß § 242 I ?

I. Tatbestand

1. Objektiver Tatbestand

a. fremde bewegliche Sache ? **(+)**

aa. Sache ? **(+)**

bb. beweglich ? **(+)**

cc. fremd ?
= im Eigentum eines anderen stehend

HIER (–) → N war schon zur Tatzeit Alleinerbe der O; er ist gemäß § 1922 I BGB in die Eigentümerstellung der O gerückt

dd. also: fremde bewegliche Sache **(–)**

b. also: objektiver Tatbestand **(–)**

2. also: Tatbestand **(–)**

II. Ergebnis:
Strafbarkeit des N gemäß § 242 I (–)

- Strafbarkeit des N gemäß § 242, 22, 23 I ?

(- Vorprüfung)

1. Nichtvollendung der Tat ? **(+)**

2. Strafbarkeit des Versuchs ? **(+)** → ***§ 242 II***

I. Tatbestand

1. Subjektiver Tatbestand

a. Tatentschluss ?
= Vorsatz bezüglich der objektiven Merkmale

HIER (+) → N wusste nichts vom Tod der O und erst recht nichts von der Erbschaft; er wollte eine bewegliche Sache wegnehmen, die er seinem Kenntnisstand nach auch für fremd hielt; auch ein solcher untauglicher Versuch ist strafbar (§ 22 / Umkehrschluss aus § 23 III)

***b. Absicht der rechtswidrigen Zueignung ?* (+)**

***c. also: subjektiver Tatbestand* (+)**

***2. Objektiver Tatbestand = unmittelbares Ansetzen ?* (+)**

***3. also: Tatbestand* (+)**

***II. Rechtswidrigkeit* (+)**

***III. Schuld* (+)**

IV. Ergebnis:
Strafbarkeit des N gemäß § 242, 22, 23 I (+)

- Strafbarkeit des N gemäß § 252 ?

I. Tatbestand

1. Objektiver Tatbestand

a. Täter bei einem Diebstahl auf frischer Tat betroffen ?

aa. bei einem Diebstahl ?
= taugliche Vortat

HIER (–) → erforderlich ist eine vollendete Tat; K hat aber nur einen versuchten Diebstahl begangen

***bb. also: Täter bei einem Diebstahl auf frischer Tat betroffen* (–)**

***b. also: objektiver Tatbestand* (–)**

***2. also: Tatbestand* (–)**

II. Ergebnis:
Strafbarkeit des N gemäß § 252 (–)

- Strafbarkeit des N gemäß § 252, 22, 23 I ?

(- Vorprüfung)

***1. Nichtvollendung der Tat ?* (+)**

2. Strafbarkeit des Versuchs ?* (+) → *§§ 252, 249 I, 23 I, 12 I

I. Tatbestand

1. Subjektiver Tatbestand

a. Tatentschluss ?
= Vorsatz bezüglich der objektiven Merkmale

HIER (+) → N glaubte, bei einem Diebstahl auf frischer Tat betroffen zu sein und wollte Gewalt gegen eine Person anwenden (untauglicher Versuch / s.o.)

***b. Besitzerhaltungsabsicht ?* (+)**

***c. also: subjektiver Tatbestand* (+)**

***2. Objektiver Tatbestand = unmittelbares Ansetzen ?* (+)**

***3. also: Tatbestand* (+)**

***II. Rechtswidrigkeit* (+)**

***III. Schuld* (+)**

IV. Ergebnis:
Strafbarkeit des N gemäß § 252, 22, 23 I (+)

- Gesamtergebnis und Konkurrenzen

Strafbarkeit des N gemäß §§ 242 I, 22, 23 I (+); Strafbarkeit des N gemäß §§ 252, 22, 23 I (+); der versuchte räuberische Diebstahl verdrängt den versuchten Diebstahl (Gesetzeskonkurrenz)

Formulierungsvorschlag Fall 31

- Strafbarkeit des N gemäß § 242 I

N könnte sich durch das Mitnehmen der Gummipuppe gemäß § 242 I strafbar gemacht haben.

I. Bei der Puppe handelt es sich um eine bewegliche Sache.

Außerdem müsste die Puppe für N fremd sein. Fremd ist eine Sache, die im Eigentum eines anderen steht. Beim Tod der O ist deren Erbe N gemäß § 1922 I BGB allein in die Eigentümerstellung gerückt. N war demnach Alleineigentümer. Die Gummipuppe war somit für ihn nicht fremd.

II. N hat sich durch das Mitnehmen der Puppe nicht gemäß § 242 I strafbar gemacht.

- Strafbarkeit des N gemäß §§ 242, 22, 23 I

N könnte sich aber durch das Mitnehmen der Gummipuppe gemäß §§ 242, 22, 23 I strafbar gemacht haben.

Die Tat ist nicht vollendet.

Der Versuch ist gemäß § 242 II strafbar.

I. N müsste Tatentschluss gehabt haben. Er wusste nichts vom Tod der O, geschweige denn von der Erbschaft. Er hatte den Entschluss, eine bewegliche Sache wegzunehmen, die er seinem Kenntnisstand nach auch für fremd hielt. N hatte Tatentschluss.

Dass die Gummipuppe objektiv kein für § 242 I taugliches Tatobjekt mehr war, führt strukturell zum untauglichen Versuch, dessen Strafbarkeit sich aus § 22 sowie einem Umkehrschluss aus § 23 III ergibt.

N handelte darüber hinaus in der Absicht, sich die Puppe rechtswidrig zuzueignen.

Spätestens mit dem Einstecken der Puppe hat N unmittelbar zur Tatbestandsverwirklichung angesetzt.

II. Die Tat geschah rechtswidrig.

III. N handelte schuldhaft.

IV. Somit hat er sich durch das Mitnehmen der Gummipuppe gemäß §§ 242, 22, 23 I strafbar gemacht.

- Strafbarkeit des N gemäß § 252

N könnte sich durch das Niederschlagen der H gemäß § 252 strafbar gemacht haben.

I. Zunächst müsste der Täter bei einem Diebstahl auf frischer Tat betroffen worden sein.

Als taugliche Vortat des § 252 kommt jedoch nur eine vollendete Tat in Betracht. N hat lediglich einen versuchten Diebstahl begangen.

Er war also nicht bei einem Diebstahl auf frischer Tat betroffen.

II. N hat sich durch das Niederschlagen der H nicht gemäß § 252 strafbar gemacht.

- Strafbarkeit des N gemäß §§ 252, 22, 23 I

N könnte jedoch durch das Niederschlagen einen untauglichen Versuch des räuberischen Diebstahls gemäß §§ 252, 22, 23 I begangen haben.

Die Tat ist nicht vollendet.

Der Versuch ist gemäß §§ 252, 249 I, 23 I, 12 I strafbar.

I. N glaubte, bei einem Diebstahl auf frischer Tat betroffen zu sein und wollte Gewalt gegen eine Person anwenden.

Er hatte also den Tatentschluss zur Verwirklichung des objektiven Tatbestands.

N handelte auch in Absicht, sich den Besitz der vermeintlich gestohlenen Sache zu erhalten.

Spätestens mit dem Einschlagen auf H hat er unmittelbar zur Tatbestandsverwirklichung angesetzt.

II. Die Tat geschah rechtswidrig.

III. N handelte zudem schuldhaft.

IV. Somit hat er sich durch das Niederschlagen des H gemäß §§ 252, 22, 23 I strafbar gemacht.

- Gesamtergebnis und Konkurrenzen

Der versuchte Diebstahl nach §§ 242, 22, 23 I wird vom versuchten räuberischen Diebstahl nach §§ 252, 22, 23 I im Wege der Gesetzeskonkurrenz verdrängt.

Fazit

1. ***Taugliche Vortat*** des § 252 kann ***nur*** eine ***vollendete Tat***, d.h. ein vollendeter Diebstahl oder ein vollendeter Raub sein (vgl. Fall 30, Fazit 1. und 4.). Eine versuchte Tat – hier §§ 242, 22, 23 I (untauglicher Versuch, vgl. schon Fall 8, Fazit 2.) – erfüllt die Voraussetzungen des § 252 nicht.

2. Folgerichtig war der (untaugliche) ***Versuch des § 252*** zu prüfen. Nun findet sich aber in § 252 kein Hinweis auf die Strafbarkeit des Versuchs, sondern nur die Formulierung „***gleich einem Räuber*** zu bestrafen". § 249 ist in jedem Fall ein Verbrechen (vgl. § 12 I, III), sodass sich die ***Strafbarkeit*** des Versuchs aus ***§§ 252, 249 I, 23 I, 12 I*** ergibt (vgl. allgemein zur Strafbarkeit des Versuchs Die Fälle – Strafrecht AT, Fall 35, Fazit 2.).

3. Wer über § 247 nachgedacht haben sollte, wird festgestellt haben, dass die Tante kein Angehöriger im maßgeblichen Sinne war (§ 11 I Nr. 1 / vgl. zu § 247 Fall 12, Fazit 3.). Abgesehen davon ist auch ein Haus- oder Familiendiebstahl eine für § 252 taugliche Vortat (vgl. schon Fall 30, Fazit 5. zu § 248a).

4. So wie der vollendete räuberische Diebstahl auf Konkurrenzebene den vollendeten Diebstahl (als Vortat) in den Hintergrund drängt (Gesetzeskonkurrenz), trat im Ausgangsfall auch der untaugliche Versuch des Diebstahls hinter den des räuberischen Diebstahls zurück. Das sollte aber wohl kein ernsthaftes Problem gewesen sein.

Betrug, Erpressung, Untreue

Fall 32

O ist an einer Übernahme der Kneipe der T interessiert. Deren Versicherung, das Gasthaus „gehe gut“, überzeugt O. Er erwirbt das Haus zu einem weit über dem wirklichen Wert liegenden Preis. Später stellt sich heraus, dass sich – wie schon zu Zeiten der T – kaum ein Gast in die Kneipe verirrt.

Frage: Hat sich T gemäß § 263 strafbar gemacht ?

Lösungsskizze Fall 32

- Strafbarkeit der T gemäß § 263 I zum Nachteil des O ?

I. Tatbestand

1. Objektiver Tatbestand

a. Täuschung über Tatsachen ?

= Verhalten, das irreführend auf die Vorstellung eines anderen über Tatsachen (= vergangene oder gegenwärtige Vorgänge oder Zustände) einwirken soll

HIER (+) → eigentlich handelt es sich bei der Äußerung der T um eine subjektive Einschätzung, also um ein bloßes Werturteil; es enthält aber eine konkrete Aussage über Eigenschaften des Gasthauses, nämlich den objektivierbaren Tatsachenkern, dass das Haus Gewinn abwerfe (a.A. noch vertretbar)

b. (darauf kausal beruhender) Irrtum ? (+)

c. (darauf kausal beruhende) Vermögensverfügung ? (+)

d. (darauf kausal beruhender) Vermögensschaden ? (+)

e. <u>also</u>: objektiver Tatbestand (+)

2. Subjektiver Tatbestand

a. Vorsatz ? (+)

b. Absicht der rechtswidrigen Bereicherung ? (+)

c. (Stoffgleichheit) ? (+)

d. <u>also</u>: subjektiver Tatbestand (+)

3. <u>also</u>: Tatbestand (+)

II. Rechtswidrigkeit (+)

III. Schuld (+)

IV. Ergebnis:
Strafbarkeit der T gemäß § 263 I zum Nachteil des O (+)

Formulierungsvorschlag Fall 32

- Strafbarkeit der T gemäß § 263 I zum Nachteil des O

T könnte sich durch die Versicherung, die Kneipe „gehe gut“, gemäß § 263 I zum Nachteil des O strafbar gemacht haben.

I. Dazu müsste T zunächst über Tatsachen getäuscht haben.

Tatsachen sind vergangene oder gegenwärtige Vorgänge oder Zustände. Sie sind somit von bloßen Werturteilen abzugrenzen. T hat mit ihrer Behauptung nicht unmittelbar einen Vorgang oder Zustand beschrieben, sondern lediglich ihre persönliche Wertung wiedergegeben. Es scheint sich daher auf den ersten Blick um ein Werturteil zu handeln.

Der Aussage der T ist aber lebensnah eine Beschreibung von Eigenschaften des Gasthauses zu entnehmen, nämlich dass sich mit dem Haus ein guter Gewinn erzielen lasse. Diese Beschreibung bezieht sich auf die Vergangenheit und die Gegenwart. Das Werturteil enthält einen objektivierbaren Tatsachenkern. Insofern bezieht sich die Angabe der T auf eine Tatsache.

T hat irreführend auf die Vorstellung des O eingewirkt, also über eine Tatsache getäuscht.

O hat sich daraufhin entsprechend geirrt.

Durch Zahlung des Kaufpreises hat O aufgrund dessen über sein Vermögen verfügt.

Er hat keinen entsprechenden Gegenwert erhalten, also durch die Verfügung einen Vermögensschaden erlitten.

T handelte vorsätzlich.

Sie hatte weiterhin die Absicht der rechtswidrigen und stoffgleichen Bereicherung.

II. Die Tat geschah rechtswidrig.

III. T handelte schuldhaft.

IV. Somit hat sich T durch ihre Behauptung gemäß § 263 I zum Nachteil des O strafbar gemacht.

Fazit

1. ***§ 263 I*** ist der einzige klausurrelevante Tatbestand, bei dem die Gesetzeslektüre mehr Verwirrung stiftet als Nutzen bringt. Prägt euch daher das in der Lösungsskizze aufgeführte Prüfungsschema ein! Der Betrug ist ein ***Selbstschädigungs- und Vermögensverschiebungsdelikt***. Auf diese hier zunächst nur abstrakt in den Raum gestellten Begriffe gehen wir im Folgenden noch konkret ein.

   Gewöhnt euch generell an, bei § 263 I in den Obersatz zu schreiben, zu wessen Nachteil der Betrug geprüft wird.

2. Das Problem des Falls liegt in der ***Abgrenzung von Tatsachen zu Werturteilen***. Die Grenzen sind fließend. Wie immer kommt es vor allem auf das Problembewusstsein an. Mit entsprechender Argumentation könnte man hier § 263 I auch ablehnen, wenngleich unsere Lösung näher liegt.

   Schon von der Definition her sind allerdings reine ***Zukunftsprognosen*** wie „Der Goldpreis steigt todsicher!" oder „Das Pferd XY gewinnt das Rennen garantiert!" eindeutig ***keine Tatsachen***. Anders sieht es wiederum aus, wenn die Prognose auf Basis falscher gegenwärtiger Umstände gestellt wird. Dann kann das Pendel vom Werturteil wieder zur Tatsache umschlagen.

   Ihr seht: Dem Scharfsinn sind gerade im Strafrecht keine Grenzen gesetzt!

3. Auf die zwischen den einzelnen Merkmalen des objektiven Tatbestands bestehende ***Kausalität*** und die erforderliche ***Stoffgleichheit*** im subjektiven Tatbestand solltet ihr nur näher eingehen, wenn es (ausnahmsweise) problematisch erscheint. Auf keinen Fall sollten diese Punkte bei eindeutigem Vorliegen gutachterlich geprüft werden. Das langweilt jeden Korrektor und jede Korrektorin. Wir wissen nicht, was euer freundlicher Dozent oder eure freundliche Dozentin empfiehlt, wir empfehlen: Deutet die (gedanklichen / deshalb auch in der Lösungsskizze in Klammern gesetzten) Prüfungspunkte wie in unserem Formulierungsvorschlag an: „aufgrund dessen"; „daraufhin"; „durch"; „... und stoffgleichen Bereicherung".

4. Die ***Rechtswidrigkeit der beabsichtigten Bereicherung*** bedeutet strukturell nichts anderes als das entsprechende Merkmal bei der beabsichtigten Zueignung des § 242 I und bei der (verwirklichten) Zueignung des § 246 I. Es gilt wiederum das Baukastenprinzip. Ihr müsst die Elemente nur richtig zusammensetzen!

5. ***§ 263 III*** enthält ***Regelbeispiele für besonders schwere Fälle*** des Betrugs. Dabei findet ***§ 243 II*** über § 263 IV entsprechende Anwendung. Werft zur Regelbeispieltechnik zunächst noch einmal einen Blick in Ziffer 11. des Fazits zu Fall 15.

   Klappern wir die einzelnen Nummern des ***§ 263 III 2*** der Reihe nach ab:

   Nr. 1 enthält zwei Varianten, nämlich ***gewerbsmäßiges*** und ***bandenmäßiges*** Handeln. Beachtet in diesem Zusammenhang schon jetzt § 263 V. Inhaltlich kann auf die Ausführungen zu § 243 I 2 Nr. 3 und § 244 I Nr. 2 verwiesen werden (siehe Fall 15, Fazit 9. und Fall 22, Fazit 2.).

Auch ***Nr. 2*** ist mit zwei Varianten am Start:

Der ***herbeigeführte Vermögensverlust großen Ausmaßes*** (objektives Merkmal) ist natürlich ein „Gummikriterium". Im Anschluss an die entsprechenden Vorstellungen des Gesetzgebers geht nun auch der BGH von 50.000 € als Regel-Grenze aus.

Das Merkmal der ***Absicht*** (subjektives Merkmal), ***durch die fortgesetzte Begehung von Betrug eine große Zahl von Menschen in die Gefahr des Verlustes von Vermögenswerten zu bringen***, bereitet einige Schwierigkeiten. Was ist eine große Zahl von Menschen? Einigkeit besteht offenbar dahingehend, dass diese Frage jeweils tatbestandsspezifisch zu beantworten ist. Gemeint ist damit, dass etwa für § 306b I nicht zwangsläufig die gleiche Größenordnung maßgeblich ist wie für § 263 III 2 Nr. 2. Das bringt uns aber konkret auch kaum weiter. Immerhin werden in der Literatur einige Zahlen vage in den Raum geworfen (nämlich 10, 20 oder auch 50). Im Grunde kann aber niemand sachlich begründen, warum z.B. 10 Personen genügen sollen oder auch weniger als 20 oder 50 Leute noch keine „große Zahl von Menschen" sein sollen. Das alles erinnert doch sehr an die berühmte Frage danach, wie viele Steine einen Haufen bilden. Rechtsprechung zur „großen Zahl von Menschen" speziell bei § 263 III 2 Nr. 2 gibt es soweit ersichtlich (noch) nicht. Einige Autoren greifen deshalb „in ihrer Not" trotz grundsätzlich tatbestandsspezifischer Betrachtung (s.o.) auf eine BGH-Entscheidung zu § 306b I zurück (14 Personen ausreichend).

Schon ein wenig handfester wirkt da ***Nr. 3***. Wirtschaftliche Not wird man annehmen können, wenn das Opfer lebenswichtige Aufwendungen nicht mehr bestreiten kann.

Bei ***Nr. 4*** bedarf es eigentlich keiner besonderen Hinweise. Wisst ihr, wer Amtsträger ist? § 11 I Nr. 2 gibt die Antwort.

In ***Nr. 5*** findet sich der alte Versicherungsbetrug (ehemals § 265) wieder.

6. ***§ 263 V*** ist ein ***Qualifikationstatbestand***, also im Gegensatz zu § 263 III nicht „nur" eine Strafzumessungsregel. Erforderlich ist hier eine banden- und gewerbsmäßige Begehung (vgl. nochmals § 263 III 2 Nr. 1 „oder").

Fall 33

Gourmet G bestellt im Nobelrestaurant des N ein siebengängiges Menü für mehr als 500 €. Er hat zwar die Taschen voller Geld, will aber von Anfang an nicht zahlen. Nachdem er es sich hat schmecken lassen, verlässt er das Lokal unbemerkt.

Frage: Hat sich G gemäß § 263 strafbar gemacht ?

Lösungsskizze Fall 33

- Strafbarkeit des G gemäß § 263 I zum Nachteil des N ?

I. Tatbestand

1. Objektiver Tatbestand

a. Täuschung über Tatsachen ?

= Verhalten, das irreführend auf die Vorstellung eines anderen über Tatsachen (= vergangene oder gegenwärtige Vorgänge oder Zustände) einwirken soll

HIER (+) → G wollte N irreführen; er hat zwar nicht ausdrücklich getäuscht, in der Bestellung liegt aber eine konkludente Täuschung über die innere Tatsache der Zahlungswilligkeit

b. (darauf kausal beruhender) Irrtum ? **(+)**

c. (darauf kausal beruhende) Vermögensverfügung ? **(+)**

d. (darauf kausal beruhender) Vermögensschaden ? **(+)**

e. <u>also</u>: objektiver Tatbestand **(+)**

2. Subjektiver Tatbestand

a. Vorsatz ? **(+)**

b. Absicht der rechtswidrigen Bereicherung ? **(+)**

c. (Stoffgleichheit) ? **(+)**

d. <u>also</u>: subjektiver Tatbestand **(+)**

3. <u>also</u>: Tatbestand **(+)**

II. Rechtswidrigkeit **(+)**

III. Schuld **(+)**

IV. Ergebnis:

Strafbarkeit des G gemäß § 263 I zum Nachteil des N (+)

Formulierungsvorschlag Fall 33

- Strafbarkeit des G gemäß § 263 I zum Nachteil des N

G könnte sich durch die Bestellung gemäß § 263 I zum Nachteil des N strafbar gemacht haben.

I. Dazu müsste er über eine Tatsache getäuscht haben.

Täuschung ist ein Verhalten, das irreführend auf die Vorstellung eines anderen einwirken soll. Tatsachen sind vergangene oder gegenwärtige Vorgänge oder Zustände.

Als Tatsachen kommen nicht nur äußere Umstände in Betracht, auch über innere Tatsachen kann getäuscht werden. Die Zahlungswilligkeit ist eine solche innere Tatsache.

Ausdrücklich hat G darüber allerdings nicht getäuscht. Der Bestellung des Gastes kann aber schlüssig die Aussage entnommen werden, er sei zahlungsfähig und zahlungswillig. Hinsichtlich der Zahlungswilligkeit sollte die Bestellung irreführend wirken. Somit hat G konkludent über die innere Tatsache seiner Zahlungswilligkeit getäuscht.

N hat sich entsprechend geirrt.

Aufgrund dieses Irrtums hat er die Leistung erbracht, also eine Vermögensverfügung getroffen.

N hat dafür keine Gegenleistung erhalten, somit also einen Vermögensschaden erlitten.

G handelte vorsätzlich und in der Absicht, sich rechtswidrig und stoffgleich zu bereichern.

II. Die Tat geschah rechtswidrig.

III. G handelte schließlich auch schuldhaft.

IV. Somit hat sich G durch die Bestellung gemäß § 263 I zum Nachteil des N strafbar gemacht.

Fazit

1. Hier haben wir es mit einer typischen ***Täuschung durch schlüssiges Verhalten*** (= konkludente Täuschung) zu tun. Um Missverständnissen vorzubeugen: Es handelt sich dabei genau wie bei der ausdrücklichen Täuschung um ***positives Tun, nicht etwa*** um ***Unterlassen***. Wenn nicht ausdrücklich getäuscht wird, solltet ihr den Sachverhalt immer zuerst auf eine mögliche konkludente Täuschung abklopfen, bevor ihr euch unnötig auf das dünne Eis der Täuschung durch Unterlassen begebt.

Der BGH bejaht eine konkludente Täuschung auch in den unlängst rege diskutierten Fällen, in denen jemand dem Opfer ein als „Rechnung" getarntes Angebot zusendet. Bei solchen planvoll unklar formulierten ***Scheinrechnungen*** komme es auf den „täuschenden Gesamteindruck" an. Das ist problematisch, weil ja nichts Unrichtiges behauptet wird. Vielmehr legt es der Absender „geschickt" nur darauf an, dass das Opfer aufgrund fehlender Sorgfalt das Schreiben nicht genau liest, seinen wahren Charakter nicht erkennt und auf die scheinbare Rechnung zahlt. Aber wird bei einem zu diesem Zweck verwirrend gestalteten Schreiben nicht doch konkludent getäuscht, auch wenn sich die Erklärung bei näherer, sorgfältigerer Betrachtung „selbst dementiert"? Der Absender will jedenfalls, dass bei dem Opfer der Eindruck einer Zahlungspflicht entsteht. Es kommt aber auf den objektiven Erklärungswert an, der sich nach der Verkehrsanschauung bestimmt. Die „richtige" Interpretationsmöglichkeit ist vorhanden, steht aber (gezielt) im Hintergrund.

Ähnlich wie die Scheinrechnungen sind die sogenannten ***Internet-Kostenfallen*** zu bewerten. Die Web-Seiten enthalten typischerweise zwar einen Hinweis auf Kosten, dies aber gezielt an versteckter Stelle. Auch das ist eine konkludente Täuschung (vgl. BGH NJW 2014, 2595 ff).

Die Annahme einer konkludenten Täuschung ist jedenfalls nach der BGH-Rechtsprechung auch die Basis für den ***Sportwettenbetrug*** durch manipulierte Spiele (Fall „Hoyzer" NJW 2007, 782 ff / fortgeführt in BGH NJW 2013, 883 ff).

Über die Täuschung durch schlüssiges Verhalten (konkludente Täuschung) ist es weiter nicht fernliegend, § 263 im Zusammenhang mit den bekannten ***Call-in-Shows*** zu prüfen (Stichwort: Automarken mit „A" ... / Anruf für 0,50 €).

Der BGH hat schließlich in sogenannten ***Ping-Anrufen*** eine konkludente Täuschung gesehen (BGH NJW 2014, 2054 ff). Diese Anrufe werden nach Herstellung der Verbindung gezielt gleich wieder unterbrochen und sollen den Angerufenen zu einem kostenpflichtigen Rückruf animieren.

2. Unser Fall zeigt, dass man problemlos auch über sogenannte ***innere Tatsachen*** täuschen kann. Merkbeispiel zur Unterscheidung: Zahlungsfähigkeit (äußere Tatsache) / Zahlungswilligkeit (innere Tatsache).

3. Die Wertangabe zielt auf ***§ 263 IV***, der unter anderem § 248a entsprechend für den Betrug gelten lässt. Mit mehr als 500 € ist der Schaden und der erstrebte Vermögensvorteil jeweils eindeutig nicht geringwertig (vgl. Fall 1, Fazit 4.), weshalb § 263 IV in Verbindung mit § 248a nicht angesprochen werden sollte.

Fall 34

Der aus dem Sauerland stammende S will in Berlin einmal „richtig die Sau rauslassen". Er mietet sich für eine Woche im teuersten Hotel am Platze ein. Nach fünf Tagen merkt er, dass das Großstadtleben doch sehr kostspielig ist. Er hat nicht mehr genug Geld, um seine Hotelrechnung zu bezahlen. Trotzdem beschließt S, sein Zimmer für den Rest der geplanten Zeit zu bewohnen. Am Ende der Woche verlässt er das Hotel durch den Hintereingang, ohne vorher seine Rechnung beglichen zu haben.

Frage: Wie hat sich S strafbar gemacht ?

Lösungsskizze Fall 34

- Strafbarkeit des S gemäß § 263 I zum Nachteil d. Hotelinhabers ?

I. Tatbestand

1. Objektiver Tatbestand

a. Täuschung über Tatsachen (hier durch positives Tun) ?
= Verhalten, das irreführend auf die Vorstellung eines anderen über Tatsachen (= vergangene oder gegenwärtige Vorgänge oder Zustände) einwirken soll

HIER (–) → weder ausdrücklich noch konkludent; zum Zeitpunkt der Einmietung war S noch zahlungsfähig; in der bloßen weiteren Entgegennahme der vereinbarten Leistung liegt keine konkludente Täuschung über die inzwischen nicht mehr bestehende Zahlungsfähigkeit

b. <u>also</u>: objektiver Tatbestand **(–)**

2. <u>also</u>: Tatbestand **(–)**

II. Ergebnis:
Strafbarkeit des S gemäß § 263 I zum Nachteil des Hotelinhabers (–)

- Strafbarkeit des S gemäß §§ 263 I, 13 I z. N. des Hotelinhabers ?

I. Tatbestand

1. Objektiver Tatbestand

a. Täuschung über Tatsachen (hier durch Unterlassen) ?
= Aufklärungspflicht aufgrund einer Garantenstellung (§ 13 I)

HIER (–) → keine Garantenstellung aus Ingerenz (= pflichtwidriges Vorverhalten); zunächst war S zahlungsfähig; das Vorverhalten war also nicht pflichtwidrig; keine Garantenstellung aus dem Grundsatz von Treu und Glauben (§ 242 BGB) in Verbindung mit dem Beherbergungsvertrag; selbst bei grundsätzlicher Anerkennung einer solchen Garantenstellung liegen die Voraussetzungen hier nicht vor; kein besonderes Vertrauensverhältnis, kein außergewöhnlich hoher Schaden (nur eine Woche Aufenthalt) und keine Unerfahrenheit des Hotelinhabers

b. also: objektiver Tatbestand **(–)**

2. also: Tatbestand **(–)**

II. Ergebnis:

Strafbarkeit des S gemäß §§ 263 I, 13 I z. N. des Hotelinhabers (–)

Formulierungsvorschlag Fall 34

- Strafbarkeit des S gemäß § 263 I zum Nachteil des Hotelinhabers

Möglicherweise hat sich S durch das weitere Bewohnen des Zimmers gemäß § 263 I zum Nachteil des Hotelinhabers strafbar gemacht.

I. Er müsste dazu durch positives Tun über Tatsachen getäuscht haben.

Als Tatsache kommt seine Zahlungsfähigkeit in Betracht. Ausdrücklich hat S darüber nicht getäuscht. Er könnte allerdings durch schlüssiges Verhalten getäuscht haben. Bei Vertragsschluss hat S seine Zahlungsfähigkeit konkludent erklärt. Zu diesem Zeitpunkt ging er aber noch von seiner uneingeschränkten Zahlungsfähigkeit aus, deshalb kann eine konkludente Täuschung allenfalls in der weiteren Entgegennahme der vereinbarten Leistung liegen.

Dazu müsste diesem Verhalten seiner verkehrsüblichen Bedeutung nach ein entsprechender Erklärungswert zukommen. In der fortdauernden Entgegennahme müsste eine weitere schlüssige Erklärung der Zahlungsfähigkeit liegen. Dem bloßen Aufenthalt im Hotel den stetigen Erklärungswert „Ich bin noch immer zahlungsfähig." beizumessen, erscheint nicht lebensnah. Eine solche Deutung wäre nicht mehr verkehrsüblich, sondern bedeutete eine künstliche und weltfremde Überinterpretation des fraglichen Verhaltens.

In der bloßen weiteren Entgegennahme der Leistung liegt demnach keine konkludente Täuschung.

Somit hat S nicht durch positives Tun über seine Zahlungsfähigkeit getäuscht.

II. Er hat sich demnach nicht gemäß § 263 I zum Nachteil des Hotelinhabers strafbar gemacht.

- Strafbarkeit des S gemäß §§ 263 I, 13 I z. N. des Hotelinhabers

S könnte sich aber durch das weitere Bewohnen des Zimmers gemäß §§ 263 I, 13 I strafbar gemacht haben.

I. Dazu müsste er durch Unterlassen getäuscht haben. Er müsste eine aus einer Garantenstellung resultierende Pflicht zur Aufklärung seiner nunmehr eingetretenen Zahlungsunfähigkeit gehabt haben.

Eine solche Garantenstellung könnte sich zunächst aus Ingerenz – also pflichtwidrigem Vorverhalten – ergeben. S war aber gerade nicht von Anfang an in finanziellen Schwierigkeiten. In der Entgegennahme der Hotelleistungen vor Eintritt der Zahlungsunfähigkeit kann daher kein pflichtwidriges Vorverhalten liegen. Eine Garantenstellung aus Ingerenz scheidet aus.

Zu denken ist aber weiter an eine Garantenstellung aus dem in § 242 BGB normierten Grundsatz von Treu und Glauben in Verbindung mit dem Beherbergungsvertrag. Eine solche Garantenstellung stößt mit Blick auf das Bestimmtheitsgebot des Art. 103 II GG auf Bedenken.

Darauf käme es allerdings nicht an, wenn selbst bei grundsätzlicher Anerkennung der Garantenstellung aus § 242 BGB deren Voraussetzungen nicht vorlägen. Eine Pflicht zur Offenbarung der verschlechterten Vermögensverhältnisse aus § 242 BGB kann nur angenommen werden, wenn ein besonderes Vertrauensverhältnis zwischen den Vertragsparteien besteht, ein ungewöhnlich hoher Schaden zu entstehen droht, oder die außergewöhnliche Unerfahrenheit des Opfers ausgenutzt würde.

S ist nicht etwa langjähriger Stammgast, ein besonderes Vertrauensverhältnis besteht nicht. Der Schaden hält sich angesichts des Aufenthalts von nur einer Woche in vergleichsweise geringen Grenzen. Schließlich kann auch von einer außergewöhnlichen Unerfahrenheit des Hotelinhabers keine Rede sein.

Somit bestand keine Pflicht zur Offenbarung der zwischenzeitlich eingetretenen Zahlungsunfähigkeit aus § 242 BGB.

Selbst bei deren grundsätzlicher Anerkennung läge folglich keine Garantenstellung aus dem Grundsatz von Treu und Glauben vor.

S hatte damit keine Garantenstellung im Sinne des § 13 I.

II. Er hat sich durch das weitere Bewohnen nicht gemäß §§ 263 I, 13 I zum Nachteil des Hotelinhabers strafbar gemacht.

Fazit

1. Löst euch von dem Gedanken, dass jede Schweinerei strafbar sein muss. Dem ist nicht so! Wissenschaftlich führt man diese Erkenntnis auf den „fragmentarischen Charakter des (Vermögens-)Strafrechts" zurück.

2. Aufbautechnisch mag verwundern, dass der ***Betrug*** hier ***zweimal geprüft*** wird. Das liegt daran, dass beim unechten Unterlassungsdelikt (vgl. Die Fälle – Strafrecht AT, Fall 43) § 13 I genau genommen immer in den Obersatz gehört. Wenn ihr das im Rahmen einer Gesamtprüfung macht, wirkt die Diskussion der konkludenten Täuschung angesichts des Obersatzes (§ 13 I) deplatziert. Lasst ihr dagegen § 13 I im alles umfassenden Obersatz weg, fehlt eben etwas. Unser Vorschlag ist also die saubere Variante, die zudem nur unwesentlich mehr Schreibarbeit erfordert.

3. Dass hier im Ergebnis ***keine konkludente Täuschung*** vorliegt, entspricht der ganz herrschenden Meinung. Der entscheidende Unterschied zum vorangegangenen Fall 33 dürfte klar geworden sein. Wenn S allerdings zusätzliche Sonderleistungen – etwa ein nicht im Beherbergungsvertrag enthaltenes Frühstück – in Anspruch genommen hätte, befändet ihr euch insoweit natürlich wieder auf der Schiene von Fall 33.

4. Komplizierter wird es beim ***Betrug durch Unterlassen***. Die ***Garantenstellung aus Treu und Glauben*** wird teilweise immer noch – in engen Grenzen – speziell für §§ 263 I, 13 I akzeptiert, ist aber eine problematische Sache. Das Bestimmtheitsgebot aus Art. 103 II GG (§ 1 StGB) sollte ernst genommen werden. § 242 BGB ist so ziemlich die schwammigste, also unbestimmteste Regelung der gesamten Rechtsordnung.

Diese grundsätzlichen Bedenken werden in der Lösung wohlweislich nur angerissen. Wir arbeiten an dieser Stelle mit der angesagten ***„kann-dahinstehen-wenn"-Technik***. Ihr sollt bekanntlich Streitfragen nur auflösen, wenn es im konkreten Fall letztlich darauf ankommt (vgl. Seiten 15, 28 f)! Das wäre etwa der Fall, wenn der langjährige Großkunde einer Hausbank seine Vermögenslosigkeit nicht offenbart.

Die Rechtsprechung ist inzwischen deutlich von ihrer früheren Tendenz zur Annahme von Aufklärungspflichten aus § 242 BGB abgerückt. Vor diesem Hintergrund solltet auch ihr an dieser Stelle zumindest tendenziell zurückhaltend sein.

Fall 35

Die A bezahlt im Supermarkt mit einem 100-€-Schein. Der überarbeitete Kassierer K gibt ihr versehentlich auf 200 € heraus. A erkennt die Situation, weist K aber nicht auf den Irrtum hin. Erfreut über den unerwarteten Gewinn zieht A von dannen.

Frage: Wie hat sich A strafbar gemacht ?

Lösungsskizze Fall 35

- Strafbarkeit der A gemäß §§ 263 I, 13 I zum Nachteil des K ?

I. Tatbestand

1. Objektiver Tatbestand

a. Täuschung über Tatsachen (hier durch Unterlassen) ?
= Aufklärungspflicht aufgrund einer Garantenstellung (§ 13 I)

HIER (–) → allenfalls aus § 242 BGB; selbst bei grundsätzlicher Anerkennung einer Garantenstellung aus Treu und Glauben liegen die Voraussetzungen nicht vor; kein besonderes Vertrauensverhältnis, kein hoher Schaden und keine Unerfahrenheit des Opfers (K war nur überarbeitet)

b. <u>also</u>: objektiver Tatbestand **(–)**

2. <u>also</u>: Tatbestand **(–)**

II. Ergebnis:
Strafbarkeit der A gemäß §§ 263 I, 13 I zum Nachteil des K (–)

Formulierungsvorschlag Fall 35

- Strafbarkeit der A gemäß §§ 263 I, 13 I zum Nachteil des K

A könnte sich durch ihr Schweigen gemäß §§ 263 I, 13 I strafbar gemacht haben.

I. Dazu müsste sie über eine Tatsache getäuscht haben.

Täuschung ist jedes Verhalten, das irreführend auf die Vorstellung eines anderen einwirken soll. A hat weder ausdrücklich noch konkludent getäuscht. Es kommt nur eine Täuschung durch Unterlassen in Betracht.

Dazu müsste A eine Garantenpflicht zur Aufklärung des Irrtums gehabt haben, die sich hier lediglich aus dem in § 242 BGB normierten Grundsatz von Treu und Glauben ergeben könnte. Die Anerkennung einer Garantenstellung aus

Treu und Glauben stößt mit Blick auf das in Art. 103 II GG (§ 1 StGB) enthaltene Bestimmtheitsgebot auf elementare Bedenken.

Unter Umständen ist aber ungeachtet dessen ohnehin keine Verpflichtung aus Treu und Glauben gegeben.

Zwischen K und A existiert kein besonderes Vertrauensverhältnis. Der Schaden ist relativ gering. Schließlich nutzte A auch nicht eine außergewöhnliche Unerfahrenheit des Kassierers aus. K war lediglich überarbeitet und daher unkonzentriert.

Somit besteht selbst bei deren grundsätzlicher Anerkennung keine Aufklärungspflicht aus Treu und Glauben.

Mangels rechtlicher Verpflichtung zur Aufklärung hat A also nicht im Sinne der §§ 263 I, 13 I durch Unterlassen getäuscht.

II. Sie hat sich demnach durch ihr Schweigen nicht gemäß §§ 263 I, 13 I zum Nachteil des K strafbar gemacht.

Fazit

1. Nach Fall 34 müsste diese aus dem prallen Alltagsleben gegriffene Konstellation eine leichte Übung gewesen sein. Es wäre zwar ein feiner Zug von A gewesen, den Irrtum aufzuklären, eine rechtliche Verpflichtung dazu lässt sich aber beim besten Willen nicht konstruieren. Deswegen sollte die Fall-Lösung angemessen knapp gehalten werden.

   Noch einmal: ***Hütet euch vor einer unüberlegten Bejahung der Garantenstellung aus § 242 BGB!*** Wenn sie sich überhaupt rechtfertigen lässt, dann nur in engen Grenzen (vgl. Fall 34, Fazit 4.).

2. Die ***bloße Entgegennahme des Wechselgeldes*** ist natürlich ***keine konkludente Täuschung***. Das liegt dermaßen auf der Hand, dass ihr euch (im Gegensatz zu Fall 34, vgl. dort Fazit 2.) einen auf positives Tun gerichteten Obersatz (§ 263 I) ersparen könnt.

3. In diesem Zusammenhang: ***Streitig*** ist, ob im bewussten ***Umtauschangebot*** alter ausländischer Banknoten, die nach einer Abwertung nur noch einen Bruchteil der entsprechenden neuen Scheine wert sind, eine konkludente Täuschung liegt. Dazu müsste man dem geschilderten Verhalten den objektiven Erklärungswert „Der aufgedruckte Wert ist noch aktuell." beimessen können. Das dürfte aber zu weit führen. Lebensnah ist allein die Interpretation „Ich möchte den aktuellen Gegenwert in €." Damit liegt keine Täuschung durch schlüssiges Verhalten vor. Denkt bei der konkludenten Täuschung daran, den objektiv nach der Verkehrsanschauung zu ermittelnden Erklärungswert nicht überzustrapazieren. Auf die bösen Hintergedanken des (potenziellen) Täters kommt es dabei nicht an (vgl. schon Fall 33, Fazit 1.).

4. Vielleicht hat euch gewundert, dass der Betrug zum Nachteil des K (nicht zum Nachteil des Supermarktinhabers) geprüft wurde. Dies liegt daran, dass die

armen Kassiererinnen und Kassierer üblicherweise selbst für Fehlbeträge einstehen müssen.

5. Noch ein griffiges Gegenbeispiel zum Ausgangsfall: Wer staatliche Transferleistungen erhält und einschlägige Veränderungen nicht mitteilt, verletzt eine betrugsrelevante Aufklärungspflicht, kann sich also gemäß §§ 263 I, 13 I strafbar machen.

Fall 36

Jurastudentin J begeistert sich schon seit geraumer Zeit für eine Fahrt mit dem ICE von München nach Hamburg. Da sie die Bahnpreise jedoch für maßlos überhöht hält, verzichtet sie auf den Kauf einer Fahrkarte. Einige Minuten nach Abfahrt des Zuges erscheint Kontrolleurin K im Rahmen ihres üblichen Rundgangs im Abteil der J und fragt: „Noch jemand zugestiegen?" J reagiert nicht, sondern liest weiter gelangweilt in einem mitgebrachten Lehrbuch zum StGB.

Frage: Hat sich J gemäß § 263 strafbar gemacht ?

Lösungsskizze Fall 36

- Strafbarkeit der J gemäß § 263 I z. N. der Deutsche Bahn AG ?

I. Tatbestand

1. Objektiver Tatbestand

a. Täuschung über Tatsachen ?

= Verhalten, das irreführend auf die Vorstellung eines anderen über Tatsachen (= vergangene oder gegenwärtige Vorgänge oder Zustände) einwirken soll

HIER (+) → das Verhalten der J ist als konkludente Erklärung über die Tatsache, schon kontrolliert worden zu sein, aufzufassen (a.A. vertretbar, dann aber Täuschung durch Unterlassen (§ 13 I) einschlägig)

b. (darauf kausal beruhender) Irrtum ?

= jede Fehlvorstellung über Tatsachen

HIER (+) → K macht sich zwar bezüglich J keine konkrete Vorstellung, denkt aber zumindest, alles sei in Ordnung; dieser Gedanke resultiert aus einer konkreten Tatsache (auf die Frage hat sich niemand gemeldet)

c. (darauf kausal beruhende) Vermögensverfügung ?

= jedes Handeln, Dulden oder Unterlassen, das sich unmittelbar vermögensmindernd auswirkt

HIER (+) → Unterlassen der Geltendmachung der Forderung (Zahlung des Fahrpreises)

d. (darauf kausal beruhender) Vermögensschaden ?

= jede negative Differenz beim Vergleich des Vermögens vor und nach der Verfügung

HIER (+) → durch die Anwesenheit der J wurde die begrenzte Zahl von zur Verfügung stehenden Plätzen verringert; dafür hat die Bahn keine Gegenleistung (Fahrpreis) erhalten

***e. <u>also</u>. objektiver Tatbestand* (+)**

2. Subjektiver Tatbestand

a. Vorsatz ? (+)

b. Absicht der rechtswidrigen Bereicherung ? (+)

c. (Stoffgleichheit) ? (+)

d. also: subjektiver Tatbestand (+)

3. also: Tatbestand (+)

II. Rechtswidrigkeit (+)

III. Schuld (+)

IV. Ergebnis:
Strafbarkeit der J gemäß § 263 I z. N. der Deutsche Bahn AG (+)

Formulierungsvorschlag Fall 36

- Strafbarkeit der J gemäß § 263 I z. N. der Deutsche Bahn AG

J könnte sich durch ihr Verhalten gemäß § 263 I zum Nachteil der Deutsche Bahn AG strafbar gemacht haben.

I. Dann müsste sie über eine Tatsache getäuscht haben. Täuschung ist jedes Verhalten, das irreführend auf die Vorstellung eines anderen einwirken soll.

Ausdrücklich hat J nicht getäuscht. Möglicherweise liegt in ihrem Verhalten aber eine konkludente Täuschung. Nach der Verkehrsanschauung ist davon auszugehen, dass ein Fahrgast, der auf die übliche Frage des Kontrolleurs nicht reagiert, zu verstehen gibt, er sei bereits kontrolliert worden. In der konkreten Situation ist dem Schweigen der J damit ein Erklärungswert hinsichtlich der Tatsache beizumessen, schon kontrolliert worden zu sein. J hat also durch schlüssiges Verhalten über die genannte Tatsache getäuscht.

K müsste sich daraufhin entsprechend geirrt haben. Irrtum ist jede Fehlvorstellung über Tatsachen.

Konkret hat sich K sicher nicht vorgestellt, J sei schon kontrolliert worden. Lebensnah wird sie sich vielmehr lediglich gedacht haben, alles sei in Ordnung. Eine solche allgemeine Vorstellung genügt aber jedenfalls dann für einen Irrtum, wenn sie sich aus einer bestimmten Tatsache ableitet. Die Vorstellung der K beruht auf der Tatsache, dass sich auf ihre Frage hin im Abteil niemand gemeldet hat. Somit hat sich K aufgrund der Täuschung entsprechend geirrt.

Wegen des Irrtums hat K den Fahrpreis nicht geltend gemacht, also eine Vermögensverfügung getroffen.

Der Bahn müsste dadurch ein Vermögensschaden entstanden sein. Ein Schaden liegt vor, wenn sich beim Vergleich des Vermögens vor und nach der Verfügung eine negative Differenz ergibt. Die beschränkte Zahl der zur Verfügung stehenden Plätze wird durch die Mitfahrt der J verringert. Dafür erhält die Bahn kein Entgelt in Form des Fahrpreises. Somit ergibt sich die erforderliche negative Differenz. Der Bahn ist damit durch die Verfügung der K ein Schaden entstanden.

J handelte vorsätzlich und in der Absicht der rechtswidrigen und stoffgleichen Bereicherung.

II. Die Tat geschah rechtswidrig.

III. J handelte schuldhaft.

IV. Mithin hat sich J durch ihr Verhalten gemäß § 263 I zum Nachteil der Deutsche Bahn AG strafbar gemacht.

Fazit

1. Die Fall-Lösung ist wie gesehen an insgesamt drei Prüfungspunkten nicht ganz unproblematisch.

2. Wer im Schweigen kein ***irreführendes schlüssiges Verhalten*** sieht (vertretbar), kommt letztlich über §§ 263 I, 13 I zur Täuschung durch Unterlassen. Es besteht nämlich eine weitgehend anerkannte Garantenpflicht des Fahrgastes, sich auf die Frage der kontrollierenden Person zu melden.

3. Ein ***Irrtum*** ist hier im Ergebnis eindeutig zu bejahen. Komplizierter wird es, wenn der Kontrolleur oder die Kontrolleurin gar nicht fragt, sondern mit dem allgemeinen Gedanken „Es wird schon alles in Ordnung sein." durch den Zug wandelt. Dann fehlt es an der Bezugstatsache für seine Vorstellung. Abgesehen davon fiele in diesem Fall schon die Begründung einer Täuschung überaus schwer. Ihr seht: Täuschung und Irrtum sind zwei Seiten einer Medaille.

Bei Verneinung des § 263 I bleibt immer noch ***§ 265a I*** (im Volksmund „Schwarzfahren"), sodass sich die vielbefürchteten Strafbarkeitslücken in erträglichen Grenzen halten. Der BGH hat erst Anfang des Jahres 2009 nochmals bekräftigt, dass die ***Beförderungserschleichung*** schon dann anzunehmen sei, wenn der Täter ein Verkehrsmittel unberechtigt nutzt und sich dabei allgemein mit dem Anschein umgibt, er erfülle die nach den Geschäftsbedingungen des Betreibers erforderlichen Voraussetzungen. Danach soll nicht erforderlich sein, dass der Täter beispielsweise eine konkrete Schutzvorrichtung überwindet oder eine Kontrolle umgeht (wie es allerdings die h.L. verlangt).

4. Schließlich bereitet auch der ***Schaden*** unerwartete Probleme, der Zug fährt schließlich so oder so. Der durch J verursachte Mehrverbrauch von Energie dürfte kaum messbar sein. Wie dennoch ein Schaden konstruiert wird, wurde oben gezeigt. Darauf muss man erst einmal kommen!

Fall 37

F hat gegen den windigen W eine Kaufpreisforderung in Höhe von 3.000 €. Weil W hartnäckig die Zahlung verweigert, verklagt ihn F nach einiger Zeit. W bestreitet im Prozess vor dem Amtsgericht bewusst wahrheitswidrig, jemals einen Kaufvertrag mit F abgeschlossen zu haben. Dummerweise wurde der Vertrag weder schriftlich festgehalten, noch waren Zeugen anwesend. Deshalb kann F den Vertragsschluss nicht beweisen. Seine Klage wird daraufhin von Richter R abgewiesen.

Frage: Hat sich W gemäß § 263 strafbar gemacht ?

Lösungsskizze Fall 37

- Strafbarkeit des W gemäß § 263 I zum Nachteil des F ?

I. Tatbestand

1. Objektiver Tatbestand

a. Täuschung über Tatsachen ?

HIER (+) → über die Tatsache des Vertragsschlusses

b. (darauf kausal beruhender) Irrtum ?
= jede Fehlvorstellung über Tatsachen

HIER (+) → R zweifelt zwar an der Richtigkeit der Behauptung des W, hält sie aber im Hinblick auf die prozessuale Wahrheitspflicht (§ 138 I ZPO) zumindest für möglich; das genügt für den Irrtum, weil § 263 das Vermögen umfassend gegen die besondere Angriffsart der Überlistung schützen soll

c. darauf kausal beruhende Vermögensverfügung ?
= jedes Handeln, Dulden oder Unterlassen, das sich unmittelbar vermögensmindernd auswirkt

HIER (+) → R hat mit dem Urteil eine Vermögensverfügung getroffen; er konnte aufgrund der irrigen Vorstellung in Ermangelung von Beweismöglichkeiten nicht den von F vorgetragenen Sachverhalt zugrunde legen (in der Terminologie des Zivilprozesses sogenanntes non liquet); daraufhin erging das Beweislasturteil zuungunsten des F; Kausalität liegt also vor; die hoheitliche Sonderstellung des Richters begründet die erforderliche Nähebeziehung zum Vermögen des Geschädigten

d. (darauf kausal beruhender) Vermögensschaden ?
= jede negative Differenz beim Vergleich des Vermögens vor und nach der Verfügung

HIER (+) → es genügt bereits eine konkrete Vermögensgefährdung; der Anspruch ist für F faktisch nicht mehr durchsetzbar; die Berufung gegen das Urteil ist zwar von der Summe her zulässig (§ 511 II Nr. 1 ZPO), aber ersichtlich nicht Erfolg versprechend

e. also: objektiver Tatbestand (+)

2. Subjektiver Tatbestand

a. Vorsatz ? (+)

b. Absicht der rechtswidrigen Bereicherung ? (+)

c. (Stoffgleichheit) ? (+)

d. also: subjektiver Tatbestand (+)

3. also: Tatbestand (+)

II. Rechtswidrigkeit (+)

III. Schuld (+)

IV. Ergebnis:
Strafbarkeit des W gemäß § 263 I zum Nachteil des F (+)

Formulierungsvorschlag Fall 37

- Strafbarkeit des W gemäß § 263 I zum Nachteil des F

W könnte sich durch seine Behauptung im Prozess gemäß § 263 I zum Nachteil des F strafbar gemacht haben.

I. Er hat über die Tatsache des Vertragsschlusses getäuscht.

R müsste sich dadurch entsprechend geirrt haben. Irrtum ist jede Fehlvorstellung über Tatsachen. R wurden von den Parteien zwei sich widersprechende Versionen präsentiert. Deshalb ist nicht davon auszugehen, dass er von der Richtigkeit der Darstellung des W überzeugt war.

Vielmehr dürfte R wegen der gegensätzlichen Vorträge daran gezweifelt haben, ob tatsächlich ein Vertrag geschlossen wurde. Schutzzweck des § 263 ist, das Vermögen umfassend vor der besonderen Angriffsart der Überlistung zu schützen. Unter diesem Gesichtspunkt begründen Zweifel dann eine Fehlvorstellung und damit einen Irrtum, wenn der Getäuschte die Wahrheit der behaupteten Tatsache für möglich hält. Mit Blick auf die aus § 138 I ZPO resultierende Wahrheitspflicht der Parteien im Zivilprozess hielt R die Richtigkeit der Darstellung des W zumindest für möglich.

Somit hat sich R entsprechend geirrt.

R hat mit dem klageabweisenden Urteil eine Vermögensverfügung getroffen. Die Verfügung müsste in einem Kausalzusammenhang mit dem Irrtum gestanden haben. R konnte seiner Entscheidung aufgrund der von W veranlassten irrigen Vorstellung – in Ermangelung von Beweismöglichkeiten – nicht den von F vorgetragenen Sachverhalt zugrunde legen. Deshalb ist das Beweislasturteil zugunsten des W ergangen. Von daher beruhte die Verfügung auf dem Irrtum. Der Kausalzusammenhang ist gegeben.

Das bei fehlender Identität von Verfügendem und Geschädigtem erforderliche Näheverhältnis liegt in der hoheitlichen Sonderstellung, kraft derer der Richter unmittelbar nachteilig auf das Vermögen des Geschädigten einwirken kann.

Durch das Urteil müsste F ein Vermögensschaden entstanden sein. Ein Schaden liegt vor, wenn sich beim Vergleich des Vermögens vor und nach der Verfügung eine negative Differenz ergibt. Hierzu genügt bereits eine konkrete Vermögensgefährdung. Die Berufung gegen das Urteil ist zwar von der Summe her nach § 511 II Nr. 1 ZPO zulässig, verspricht aber wegen der fehlenden Beweismittel aus Sicht des F keinerlei Erfolg. F hat also faktisch keine Chance mehr, seinen Anspruch durchzusetzen. Somit ist ihm ein Vermögensschaden in Form einer denkbar konkreten Vermögensgefährdung entstanden.

W handelte vorsätzlich und in der Absicht der rechtswidrigen und stoffgleichen Bereicherung.

II. Die Tat geschah rechtswidrig.

III. W handelte schuldhaft.

IV. Er hat sich durch seine Behauptung im Prozess gemäß § 263 I zum Nachteil des F strafbar gemacht.

Fazit

1. Der ***Prozessbetrug*** ist vor allem deswegen bei Studenten eher unbeliebt, weil hier Grundsätze des für sie weitgehend unbekannten Prozessrechts eine wichtige Rolle spielen und viele Details umstritten sind. Dennoch muss man damit rechnen, wobei faire Professoren die vergleichsweise ungewohnte Problematik sicher vorbesprechen werden.

2. Im Ausgangsfall ging es um Betrug allein durch ***unwahre Parteibehauptung im Zivilprozess***. Denkbar ist auch ein Betrug durch wahrheitswidrige Aussagen von Zeugen oder in den Fällen, in denen eine Partei etwa eine gefälschte Quittung als Beweismittel im Prozess nutzt.

Beim Irrtum stellte sich die Frage, ob ***Zweifel*** genügen. Die in Literatur und Rechtsprechung ganz h.M. nimmt mit der oben angeklungenen Begründung einen Irrtum schon an, wenn der Getäuschte die Möglichkeit sieht, die vorgespiegelte Tatsache könne wahr sein. Im Normalfall wird der Getäuschte dann nämlich (schutzwürdig) auf die Wahrheit vertrauen und deshalb verfügen. Vereinzelt werden andere Ansätze vertreten. Die konkrete Auseinandersetzung damit scheint uns aber allenfalls etwas für Hausarbeiten zu sein.

Im Anschluss wurde ausnahmsweise einmal die ***Kausalität zwischen Irrtum und Verfügung*** problematisch. Der Irrtum bestand ja in einem Zweifel des R.

Das Urteil erging nicht etwa deswegen, weil der Richter von der Version des W überzeugt gewesen wäre. Die Entscheidung beruhte vielmehr auf Beweislastregeln. Die Kausalität ergibt sich aber daraus, dass es ohne die Täuschung und den entsprechenden Irrtum gar nicht zur Anwendung der Beweislastregeln und damit zum klageabweisenden Urteil gekommen wäre.

Schließlich seht ihr beim Prozessbetrug sehr schön, dass ***Verfügender und Geschädigter nicht notwendig personenidentisch*** sein müssen (Dreiecksbetrug / dazu später mehr). ***Der Irrende muss aber immer auch der Verfügende sein!***

3. Der Schaden ist im Ergebnis unproblematisch. F hätte in einer Berufungsinstanz (hier vor dem Landgericht) keine Chance. Die ***Vermögensgefährdung*** könnte kaum konkreter sein. Der gängige Begriff der (konkreten) Vermögensgefährdung darf nicht den Blick dafür verstellen, dass damit tatsächlich ein „echter" Vermögensschaden gemeint ist. Dieser Schaden besteht in dem Verlustrisiko zum allein maßgeblichen Zeitpunkt der Vermögensverfügung. Weil es ein „echter" Schaden ist, solltet ihr speziell die in diesem Zusammenhang häufig anzutreffende aber etwas schiefe Bezeichnung „schadensgleiche Vermögensgefährdung" besser vermeiden.

Ein Grenzfall liegt zum Beispiel vor, wenn die Bank einem zum Missbrauch entschlossenen Täter ein Scheckbuch aushändigt. Wer etwa in einem solchen Fall die Vermögensgefährdung für (noch) nicht konkret genug hält, muss folgerichtig versuchten Betrug prüfen.

4. Eine wichtige Variante des Ausgangsfalls ist das ***Versäumnisverfahren*** (§§ 330 ff ZPO): Der Kläger bringt bewusst wahrheitswidrig Tatsachen vor, die einen Anspruch begründen. Weil der Beklagte in der mündlichen Verhandlung nicht erscheint, beantragt der Kläger ein Versäumnisurteil (§ 331 ZPO), das dann auch wunschgemäß ergeht.

Hier kann man mit einer beachtlichen Literaturmeinung locker den Betrug ablehnen, weil es am Irrtum oder jedenfalls an der Kausalität zwischen Irrtum und Verfügung fehlt. Im Gegensatz zum kontradiktorischen („normalen") Verfahren macht sich der Richter überhaupt keine Gedanken über Wahrheit und Beweisbarkeit des Klägervorbringens. Geprüft wird lediglich, ob der Vortrag – als wahr unterstellt – einen Anspruch begründet (sog. Schlüssigkeit / § 331 I 1 ZPO). Das hindert den BGH allerdings nicht daran, auch beim Versäumnisurteil unter Hinweis auf § 138 I ZPO einen Prozessbetrug anzunehmen.

Die gleiche Angelegenheit wird gelegentlich immer noch auch beim ***Mahnverfahren*** diskutiert. Das müsste sich überholt haben, weil das Verfahren inzwischen weitgehend automatisiert ist und die Schlüssigkeit nicht geprüft wird (§ 692 I Nr. 2 ZPO). Zudem wird wegen der Möglichkeit des Widerspruchs gegen den Mahnbescheid auch keine hinreichende Vermögensgefährdung bestehen, solange kein Vollstreckungsbescheid in der Welt ist (vgl. § 692 I Nr. 4 ZPO). § 263 I dürfte also jedenfalls bei Erwirkung eines Mahnbescheids abzulehnen sein.

Fall 38

B zieht bettelnd durch die Fußgängerzone. Der O erklärt er wahrheitswidrig, er habe sieben hungrige Mäuler zu stopfen. Drei der Kinder benötigten zudem dringend Medikamente. Die mildtätig gestimmte O gibt B daraufhin einen 10-€-Schein. Den setzt B umgehend – wie von Anfang an geplant – im nächsten Supermarkt in eine Flasche Jägermeister für den Eigenbedarf um.

Frage: Hat sich B gemäß § 263 strafbar gemacht ?

Lösungsskizze Fall 38

- Strafbarkeit des B gemäß § 263 I zum Nachteil der O ?

I. Tatbestand

1. Objektiver Tatbestand

***a. Täuschung über Tatsachen ?* (+)**

b. (darauf kausal beruhender) Irrtum ?
= jede Fehlvorstellung über Tatsachen

HIER (+) → selbst wenn man fordert, dass der Irrtum dem Getäuschten den Vermögensschaden verbergen muss (so die herrschende Lehre von der unbewussten Selbstschädigung), liegt diese Voraussetzung vor; O weiß zwar, dass er keine Gegenleistung erhält, verfolgt aber mit der Spende einen sozialen Zweck, der (unbewusst) verfehlt wird

***c. (darauf kausal beruhende) Vermögensverfügung ?* (+)**

d. (darauf kausal beruhender) Vermögensschaden ?

HIER (+) → zumindest Zweckverfehlung (s.o.)

***e. <u>also</u>: objektiver Tatbestand* (+)**

2. Subjektiver Tatbestand

***a. Vorsatz ?* (+)**

***b. Absicht der rechtswidrigen Bereicherung ?* (+)**

***c. (Stoffgleichheit) ?* (+)**

***d. <u>also</u>: subjektiver Tatbestand* (+)**

***3. <u>also</u>: Tatbestand* (+)**

***II. Rechtswidrigkeit* (+)**

***III. Schuld* (+)**

IV. Ergebnis:

Strafbarkeit des B gemäß § 263 I zum Nachteil der O (+); die Tat wird gemäß § 263 IV i.V.m. § 248a nur auf Antrag verfolgt, wenn nicht die Staatsanwaltschaft ein besonderes öffentliches Interesse bejaht

Formulierungsvorschlag Fall 38

- Strafbarkeit des B gemäß § 263 I zum Nachteil der O

B könnte sich durch seine Behauptung gemäß § 263 I zum Nachteil der O strafbar gemacht haben.

I. Er hat über die Tatsache getäuscht, hilfsbedürftige Kinder zu haben.

O müsste sich aufgrund der Täuschung entsprechend geirrt haben. Irrtum ist jede Fehlvorstellung über Tatsachen. Durch die Täuschung ist O in den Glauben versetzt worden, B habe tatsächlich hilfsbedürftige Kinder. Insoweit hat sie sich also geirrt.

Ihr war allerdings bewusst, dass sie für ihre Spende keine Gegenleistung erhält. Fraglich ist deshalb, ob der Irrtum dem Getäuschten auch den Vermögensschaden verbergen muss, ob § 263 I also eine unbewusste Selbstschädigung voraussetzt. Die Frage könnte unbeantwortet bleiben, wenn letztlich eine unbewusste Selbstschädigung vorläge.

O hat mit ihrer Spende einen sozialen Zweck verfolgt. B sollte die 10 € nicht in Alkohol umsetzen, sondern sie sinnvoll für seine vermeintlichen Kinder einsetzen. Die Spende hat ihren Zweck verfehlt. In dieser Zweckverfehlung liegt ein Schaden, der O auch durch den Irrtum verborgen blieb.

Im Ergebnis liegt damit eine unbewusste Selbstschädigung vor, sodass die Frage nach deren Erforderlichkeit hier nicht geklärt werden muss.

O hat sich also der Täuschung entsprechend über die Bedürftigkeit vermeintlicher Kinder und über die eintretende Selbstschädigung geirrt.

Wegen des Irrtums hat O die 10 € übergeben, also eine Vermögensverfügung getroffen.

Der unbewusst durch die Verfügung herbeigeführte Schaden besteht – wie gesehen – in der Verfehlung des sozialen Zwecks.

B handelte vorsätzlich und in der Absicht der rechtswidrigen und stoffgleichen Bereicherung.

II. Die Tat geschah rechtswidrig.

III. B handelte schuldhaft.

IV. Er hat sich damit durch seine Behauptung gemäß § 263 I zum Nachteil der O strafbar gemacht. Der Schaden und der erstrebte Vermögensvorteil ist jeweils geringwertig im Sinne des § 263 IV i.V.m. § 248a. Nach diesen Vorschriften wird die Tat nur auf Antrag verfolgt, wenn nicht die Staatsanwaltschaft ein besonderes öffentliches Interesse bejaht.

Fazit

1. Der Betrug ist bekanntlich ein Selbstschädigungsdelikt, während z.B. für den Diebstahl eine Fremdschädigung kennzeichnend ist. Die herrschende Lehre fordert bei § 263 I eine ***unbewusste Selbstschädigung*** des Opfers. Es darf nicht von vornherein klar sein, dass ein Schaden entsteht. Um den Bettel-, Spenden- und Subventionsbetrug trotzdem erfassen zu können, wurde die sogenannte ***Lehre von der Zweckverfehlung*** entwickelt. Der in der Literatur überwiegend vertretene Standpunkt sieht damit folgendermaßen aus: Zwar erfordert § 263 I eine unbewusste Selbstschädigung. Die kann aber auch in der bloßen Zweckverfehlung liegen. Im Ergebnis unterscheiden sich damit Lehre und Rechtsprechung hier nicht, weshalb wieder einmal kein Meinungsstreit entschieden werden muss (vgl. Seiten 15, 28 f).

2. Das ***Problem*** lässt sich leider nicht eindeutig einem bestimmten Prüfungspunkt zuordnen. Es ***wird vielfach erst beim Schaden*** erörtert, obwohl die Frage nach dem Bewusstsein des Opfers natürlich bereits zum Irrtum gehört. Wer also aufbautechnisch sauber bleiben will, sollte die ganze Geschichte beim Irrtum aufrollen. Das hat allerdings zugegebenermaßen den Nachteil, dass man den Schaden dort vorweggenommen prüfen muss.

3. Wenn das Geld ausschließlich gegeben wird, um etwa die als lästig empfundene Bettlerin loszuwerden, fehlt es an der ***Kausalität zwischen Irrtum und Verfügung***. Der Spender oder die Spenderin hätte dann nämlich auch ohne die herzergreifende Story gelöhnt.

Fall 39

O hat ein Autoradio gestohlen. Seine Freundin F will das Gerät, von dessen Herkunft sie nichts weiß, kaufen. Die beiden werden sich nach langem Feilschen über einen Preis von 200 € handelseinig. F bezahlt allerdings mit zwei selbst hergestellten falschen 100-€-Scheinen. Der ahnungslose O händigt ihr das Radio aus.

Frage: Hat sich F gemäß § 263 strafbar gemacht ?

Lösungsskizze Fall 39

- Strafbarkeit der F gemäß § 263 I zum Nachteil des O ?

I. Tatbestand

1. Objektiver Tatbestand

a. Täuschung über Tatsachen ? **(+)**

b. (darauf kausal beruhender) Irrtum ? **(+)**

c. (darauf kausal beruhende) Vermögensverfügung ? **(+)**

d. (darauf kausal beruhender) Vermögensschaden ?
= negative Differenz beim Vergleich des Vermögens vor und nach der Verfügung

HIER (+) → der Besitz des Radios hat wirtschaftlichen Wert, gehörte also vor der Verfügung zum Vermögen des O; eine zivilrechtliche Billigung des deliktischen Besitzes liegt nicht vor, ist aber auch nicht erforderlich (BGH / a.A. gut vertretbar); das Zivilrecht ist vom Strafrecht unabhängig; ansonsten wäre mit Selbstjustiz im Ganovenbereich zu rechnen; die Strafwürdigkeit ist unvermindert, wenn das Opfer selbst deliktisch handelt

e. <u>also</u>: objektiver Tatbestand **(+)**

2. Subjektiver Tatbestand

a. Vorsatz ? **(+)**

b. Absicht der rechtswidrigen Bereicherung ? **(+)**

c. (Stoffgleichheit) ? **(+)**

d. <u>also</u>: subjektiver Tatbestand **(+)**

3. <u>also</u>: Tatbestand **(+)**

II. Rechtswidrigkeit **(+)**

III. Schuld **(+)**

IV. Ergebnis:
Strafbarkeit der F gemäß § 263 I zum Nachteil des O (+)

Formulierungsvorschlag Fall 39

- Strafbarkeit der F gemäß § 263 I zum Nachteil des O

F könnte sich durch die Übergabe des Falschgeldes gemäß § 263 I zum Nachteil des O strafbar gemacht haben.

I. F hat konkludent über die Tatsache der Echtheit des Geldes getäuscht.

Aufgrund der Täuschung hat sich O entsprechend geirrt.

Deswegen hat er das Radio ausgehändigt, also eine Vermögensverfügung getroffen.

O müsste durch die Verfügung ein Vermögensschaden entstanden sein. Dazu müsste sich beim Vergleich des Vermögens vor und nach der Verfügung eine negative Differenz ergeben. O hat mit dem Falschgeld keine gleichwertige Gegenleistung erhalten.

Es gilt aber zu klären, ob das Radio vor der Verfügung überhaupt zum Vermögen des O gehört hat. Das erscheint im Hinblick auf den Umstand zweifelhaft, dass er das Gerät gestohlen, also deliktisch erlangt hat. Unter den strafrechtlichen Vermögensbegriff fallen zunächst alle geldwerten Güter. Das Radio hatte einen wirtschaftlichen Wert, wird also von dieser Definition erfasst.

Teilweise wird jedoch darüber hinaus gefordert, dass die Vermögensposition von der Zivilrechtsordnung gebilligt sein muss. Der deliktisch erlangte Besitz wird zivilrechtlich nicht geschützt. Somit zählt er auf Basis des engeren juristisch-ökonomischen Vermögensbegriffs nicht zum Vermögen des O.

Für diese engere Auffassung spricht die Einheit der Rechtsordnung. Es erscheint zumindest auf den ersten Blick als Wertungswiderspruch, zivilrechtlich missbilligtes Vermögen strafrechtlich zu schützen. Dieses Argument vermag allerdings nur vordergründig zu überzeugen. Das Strafrecht ist dem Zivilrecht gegenüber eigenständig. In vielen anderen Bereichen wird eine abweichende Interpretation strafrechtlicher Begriffe schließlich auch akzeptiert, ohne dass auf vermeintliche Widersprüche hingewiesen würde.

Zudem kann kriminalpolitisch nicht auf die Erfassung deliktischen Verhaltens auch unter Ganoven verzichtet werden. Andernfalls wäre der Selbstjustiz Tür und Tor geöffnet, es entstünde ein rechtsfreier Raum.

Der Betrüger ist auch nicht etwa deswegen weniger strafwürdig, weil er sich, unter Umständen zufällig, ein Opfer ausgesucht hat, das seinerseits deliktisch handelt.

Somit kommt es für den strafrechtlichen Vermögensbegriff nicht auf die Billigung der Zivilrechtsordnung an.

Das Radio zählte zum Vermögen des O. Nach der Verfügung ergibt sich damit eine negative Differenz.

O hat einen Vermögensschaden erlitten.

F handelte vorsätzlich und in der Absicht der rechtswidrigen und stoffgleichen Bereicherung.

II. Die Tat geschah rechtswidrig.

III. F handelte schuldhaft.

IV. Mithin hat sie sich durch die Übergabe des Falschgeldes gemäß § 263 I zum Nachteil des O strafbar gemacht.

Fazit

1. Es geht um die berühmt-berüchtigte Frage, ob das Strafrecht auch unter Ganoven gilt. Ausnahmsweise kommt es einmal auf den Streitklassiker ***„strafrechtlicher Vermögensbegriff"*** an. Teilweise wird das Problem schon bei der Vermögensverfügung diskutiert. Das ist völlig in Ordnung, denn von der Definition her geht es schon hier um den Vermögensbegriff. Trotzdem ist es üblicher, die Angelegenheit erst beim Schaden zu bringen. Dem haben wir uns angeschlossen.

Macht nicht den Fehler, den Streit historisch abzuspulen. Der rein juristische Vermögensbegriff wird heute nicht mehr ernsthaft vertreten und ist daher keine Zeile wert.

Übrigens stellt sich bei Ansprüchen aus verbotenen oder sittenwidrigen Verträgen (§§ 134, 138 BGB) vom Prinzip her das gleiche Problem, wenn auch mit etwas anderen Nuancen.

2. Wir folgen dem ***wirtschaftlichen Vermögensbegriff*** (so im Grundsatz auch der BGH, aber nicht immer konsequent). Dagegen vertritt die ***h.L.*** den ***juristisch-ökonomischen Vermögensbegriff***. Wer ihr folgen will, sollte das Selbstjustiz-Argument des BGH damit widerlegen, dass im Ganovenbereich ohnehin kein Vertrauen in die Justiz bestehe.

3. Weil F nichts von der Herkunft des Geräts wusste, müsst ihr ***bei Ablehnung des Betrugs*** (auf Basis der h.L.) den ***untauglichen Versuch*** prüfen und bejahen. Nach Vorstellung des F liegt unproblematisch ein Schaden vor (untauglicher Versuch = umgekehrter Tatbestandsirrtum / vgl. Die Fälle – Strafrecht AT, Fall 36).

4. Wenn dem Dieb der Besitz wie hier durch Täuschung wieder entzogen wird, wollen besonders spitzfindige Juristen einen ***Betrug zum Nachteil des Eigentümers*** konstruieren. Das erscheint aber nicht nachvollziehbar. Ein (zweiter) Schaden für den Eigentümer ist nicht feststellbar.

5. ***§ 146 I*** sollte laut Fallfrage nicht geprüft werden. Er liegt klar vor. Bei uneingeschränkter Fragestellung sollten eure Ausführungen in der Klausur an diesem Punkt nicht zu breit sein. Es kommt dann vor allem darauf an, dass ihr die wenig geläufige Vorschrift überhaupt seht.

Fall 40

L hat sich von E ein Fernsehgerät geliehen. B, der bei L zu Besuch ist, will das Gerät kaufen, da seine Mattscheibe just vor Beginn der Fußball-WM das Zeitliche gesegnet hat. L zeigt sich verständnisvoll und veräußert B „sein" Fernsehgerät zum angemessenen Preis von 700 €. Nach Erhalt des Kaufpreises händigt L die Kiste an B aus.

Frage: Wie hat sich L strafbar gemacht ?
Eine Strafbarkeit gemäß § 266 und § 263 zum Nachteil des E ist nicht zu prüfen.

Lösungsskizze Fall 40

- Strafbarkeit des L gemäß § 263 I zum Nachteil des B ?

I. Tatbestand

1. Objektiver Tatbestand

a. Täuschung über Tatsachen ? **(+)**

b. (darauf kausal beruhender) Irrtum ? **(+)**

c. (darauf kausal beruhende) Vermögensverfügung ? **(+)**

d. (darauf kausal beruhender) Vermögensschaden ?
= negative Differenz beim Vergleich des Vermögens vor und nach der Verfügung

HIER (–) → B hat gemäß §§ 929 S. 1, 932 I 1 BGB gutgläubig von L Eigentum am Gerät erworben; § 935 I BGB steht dem nicht entgegen, da kein unfreiwilliger Besitzverlust (= Abhandenkommen); weder § 935 I 1 BGB noch § 935 I 2 i.V.m. 1 BGB ist erfüllt; auch kann man heute nicht mehr ernsthaft von „bemakeltem Eigentum" sprechen (so noch das RG); das Risiko, als gutgläubiger Erwerber verklagt zu werden ist gering, weil der Kläger (der ursprüngliche Eigentümer) die Beweislast für die Bösgläubigkeit trägt; außerdem kann jeder unberechtigt verklagt werden; B hat damit einen vollwertigen Ausgleich für die 700 € erhalten, eine negative Differenz ist nicht feststellbar

e. <u>also</u>: objektiver Tatbestand **(–)**

2. <u>also</u>: Tatbestand **(–)**

II. Ergebnis:
Strafbarkeit des L gemäß § 263 I zum Nachteil des B (–)

- Strafbarkeit des L gemäß § 246 I, II ?

I. Tatbestand

1. Tatbestand § 246 I

a. Objektiver Tatbestand

aa. fremde bewegliche Sache ? (+)

bb. rechtswidrige Zueignung ? (+)

cc. also: objektiver Tatbestand (+)

b. Subjektiver Tatbestand

- Vorsatz ? (+)

c. also: Tatbestand § 246 I (+)

2. Tatbestand § 246 II

a. Objektiver Tatbestand

- Sache dem Täter anvertraut ? (+)

b. Subjektiver Tatbestand

- Vorsatz ? (+)

c. also: Tatbestand § 246 II (+)

3. also: Tatbestand § 246 I, II (+)

II. Rechtswidrigkeit (+)

III. Schuld (+)

IV. Ergebnis:
Strafbarkeit des L gemäß § 246 I, II (+)

Formulierungsvorschlag Fall 40

- Strafbarkeit des L gemäß § 263 I zum Nachteil des B

Möglicherweise hat sich L durch den Verkauf des Fernsehgeräts gemäß § 263 I zum Nachteil des B strafbar gemacht.

I. L hat über die Eigentumsverhältnisse am Fernsehgerät getäuscht.

B hat sich dadurch entsprechend geirrt.

Daraufhin hat B mit der Zahlung von 700 € eine Vermögensverfügung vorgenommen.

Durch die Verfügung müsste ein Vermögensschaden entstanden sein. Ein Vermögensschaden liegt vor, wenn sich beim Vergleich des Vermögens vor und nach der Verfügung eine negative Differenz ergibt.

B könnte als Gegenleistung das Eigentum am Fernsehgerät erworben haben.

Ursprünglich war E Eigentümer. B kann Eigentum also nur von L als Nichtberechtigtem gemäß §§ 929 S. 1, 932 I 1 BGB erworben haben. Eine Einigung über den Eigentumserwerb hat stattgefunden, das Gerät wurde an den Erwerber B übergeben. Ein Eigentumserwerb vom Nichtberechtigten ist allerdings gemäß § 932 I 1 BGB ausgeschlossen, wenn der Erwerber nicht in gutem Glauben ist. Wann das der Fall ist, richtet sich nach § 932 II BGB.

B ging davon aus, dass das Fernsehgerät L gehörte. Er hatte auch keinen Anlass, an den ihm vorgespiegelten Eigentumsverhältnissen zu zweifeln. Damit hat er jedenfalls nicht grob fahrlässig verkannt, dass das Gerät nicht L gehörte. B war folglich in gutem Glauben.

Allenfalls könnte § 935 I BGB dem Eigentumserwerb entgegenstehen. Abhandenkommen bedeutet unfreiwilligen Verlust des unmittelbaren Besitzes. E hat L das Gerät freiwillig übergeben. Besitzmittler L trat gegenüber B selbst als Veräußerer auf. Somit liegt weder im Sinne des § 935 I 1 BGB noch im Sinne des § 935 I 2 i.V.m. 1 BGB ein Abhandenkommen vor.

B hat demnach gemäß §§ 929 S. 1, 932 I 1 BGB Eigentum am Fernsehgerät erworben.

Der Preis war angemessen, sodass sich jedenfalls auf den ersten Blick die für den Schaden erforderliche negative Differenz nicht feststellen lässt.

Es gilt aber zu bedenken, dass der gutgläubige Erwerber möglicherweise wirtschaftlich gegenüber dem regulären Erwerber schlechter steht. Insofern ist zumindest an eine Vermögensgefährdung zu denken. Ein sittlicher Makel liegt auf dem gutgläubig erworbenen Eigentum sicher nicht, das Recht kennt kein „Zwei-Klassen-Eigentum".

Allerdings besteht für den, der vom Nichtberechtigten erwirbt, ein Risiko, vom ursprünglichen Eigentümer auf Herausgabe verklagt zu werden. Der Kläger muss aber beweisen, dass der Erwerber bösgläubig war, wie sich aus der Formulierung des § 932 I 1 BGB ergibt. Daher dürfte das Prozessrisiko für den gutgläubigen Erwerber regelmäßig gering sein. Im Übrigen besteht für jedermann ein gewisses Risiko, mit unbegründeten Klagen überzogen zu werden. Eine demgegenüber erhöhte Gefahr für den gutgläubigen Erwerber ist jedenfalls nicht wirtschaftlich messbar.

Demnach steht der gutgläubige Erwerber gegenüber dem regulären Erwerber nicht wirtschaftlich schlechter.

Eine negative Differenz liegt damit nicht vor, es besteht nicht einmal eine hinreichende Vermögensgefährdung.

B hat keinen Vermögensschaden erlitten.

II. L hat sich durch die Veräußerung nicht gemäß § 263 I zum Nachteil des B strafbar gemacht.

- Strafbarkeit des L gemäß § 246 I, II

L könnte sich durch die Veräußerung jedoch gemäß § 246 I, II strafbar gemacht haben.

I. Das Fernsehgerät ist eine für L fremde bewegliche Sache.

Mit dem Verkauf hat er sich als Eigentümer aufgespielt, sich die Sache also zugeeignet.

L handelte vorsätzlich.

Das Fernsehgerät müsste ihm gemäß § 246 II anvertraut gewesen sein. Anvertrauen ist die Hingabe im Vertrauen, der Besitzer werde mit der Sache nur im Sinne des Anvertrauenden verfahren. E vertraute als Entleiher darauf, dass L ihm das Gerät am Ende der Leihzeit wieder übergibt. Die Sache war L somit anvertraut.

Auch darauf bezog sich sein Vorsatz.

II. Die Tat geschah rechtswidrig.

III. L handelte schuldhaft.

IV. Er hat sich damit durch den Verkauf gemäß § 246 I, II strafbar gemacht.

Fazit

1. Bei ***§ 263 I*** zum Nachteil des B schlägt wieder einmal das Zivilrecht – hier in Form des Sachenrechts – zu. Wer sich dabei auf dem falschen Fuß erwischt fühlt, sollte sich die Voraussetzungen des ***Eigentumserwerbs vom Nichtberechtigten*** reinziehen (vgl. Die Fälle – BGB Sachenrecht 1, ab Fall 7). Zur Gutgläubigkeit steht – wie üblich – nichts Konkretes im Sachverhalt. Ihr solltet lebensnah davon ausgehen!

2. Die Tücke des Falls liegt darin, dass man in Unkenntnis des Problems wohl kaum auf die Idee kommt, nach Bejahung des Eigentumserwerbs den Schaden weiterzuprüfen. Zum Trost: Wer eine saubere Prüfung des gutgläubigen Erwerbs hinlegt, um dann den lieben Gott einen guten Mann sein zu lassen, steht sicher nicht ganz schlecht da.

3. Wer höher hinaus will, muss aber wohl oder übel die Argumentation der Rechtsprechung in die Prüfung einbeziehen.

Ihr solltet euch dabei auf keinen Fall zu lange mit der inzwischen weitgehend als überholt angesehenen ***„Makeltheorie“*** des Reichsgerichts (sittlicher Makel des gutgläubig erworbenen Eigentums) herumschlagen.

Inzwischen ist man sich auch weitgehend darüber einig, dass das allgemeine zivilrechtliche ***Prozessrisiko*** den Wert des Eigentums nicht vermögensrelevant schmälert. Etwas salopp gesagt geht die Gefahr, vom ursprünglichen Eigentümer verklagt zu werden, nicht über das allgemeine Lebensrisiko hinaus.

4. Habt ihr an die ***veruntreuende Unterschlagung*** gedacht? § 246 wird in solchen Konstellationen gerne übersehen, weil der ursprüngliche Eigentümer scheinbar nichts mit dem Geschehen zu tun hat. § 246 I, II liegt unproblematisch vor, es handelt sich um den Normalfall. Deswegen könnt ihr je nach Geschmack auch die Qualifikation („Sache dem Täter anvertraut") kurz in einem Satz feststellen.

Streitig ist, ob eine ***Sache*** auch anvertraut im Sinne des § 246 II ist, wenn sie ***zu gesetzlich verbotenen oder sittenwidrigen Zwecken übergeben*** wird. Beispiel: „O gibt T Geld, von dem er Einbruchswerkzeug kaufen soll." Die h.M. stellt auf die tatsächlichen Verhältnisse ab und nimmt ein „Anvertrautsein" an, solange nicht ausnahmsweise die Interessen des Eigentümers tangiert sind (z.B. bei Aufbewahrung gestohlenen Geldes für den Dieb). Die Gegenansicht hebt hervor, ein Vertrauen in gesetzes- oder sittenwidrige Verhältnisse verdiene keinen besonderen Schutz (vgl. im Übrigen zu § 246 II Fall 24, Fazit 6.).

5. Wie ihr schon an der eingeschränkten Fallfrage gesehen habt, ist in Situationen wie der des Ausgangsfalls auch einen ***Betrug zum Nachteil des ursprünglichen Eigentümers*** (hier des E) zu denken. Er ist wegen gutgläubigen Erwerbs des Käufers durch den Verlust des Eigentums geschädigt. Mit dieser wiederum reichlich komplizierten Prüfung des § 263 I wollten wir euch aber an dieser Stelle gezielt nicht belasten, weil die Knackpunkte erst später näher besprochen werden.

Hier nur so viel: Strukturell handelt es sich um die Situation eines Dreiecksbetrugs, weil Verfügender (hier B, Verfügung schon nicht unproblematisch) und Geschädigter (hier E) nicht personenidentisch sind (vgl. bereits Fall 37). Es dürfte an dem zwischen den beiden erforderlichen Näheverhältnis fehlen (dazu später noch ausführlich). Selbst wenn man diese Klippe umschifft, scheitert § 263 I wohl an der im subjektiven Tatbestand erforderlichen Stoffgleichheit, weil sich der Verkäufer aus dem Vermögen des Käufers und nicht aus dem des ursprünglichen Eigentümers bereichern will (auch dazu bald mehr).

Auf § 266 werden wir später noch eingehen. Eine Untreue läge im Ergebnis nicht vor, weil sich die nötige Vermögensbetreuungspflicht nicht schon ohne Weiteres aus einfachen schuldrechtlichen Verpflichtungen ergibt. Begeht nicht den Fehler, die Vermögensbetreuungspflicht in § 266 mit dem „Anvertrautsein" in § 246 II gleichzusetzen.

Fall 41

Beim Bewerbungsgespräch behauptet B wahrheitswidrig auf Anfrage des Chefs C, sie sei nicht vorbestraft. Tatsächlich ist sie zweimal wegen Betrugs verurteilt worden. B wird von C als Sekretärin eingestellt. Sie wandelt seit einiger Zeit auf dem Pfad der Tugend und ist daher bereit und in der Lage, den künftigen Beruf ehrlich und im Übrigen auch fachlich qualifiziert auszuüben.

Frage: Hat sich B gemäß § 263 strafbar gemacht ?

Lösungsskizze Fall 41

- Strafbarkeit der B gemäß § 263 I zum Nachteil des C ?

I. Tatbestand

1. Objektiver Tatbestand

a. Täuschung über Tatsachen ? **(+)**

b. (darauf kausal beruhender) Irrtum ? **(+)**

c. (darauf kausal beruhende) Vermögensverfügung ?
= jedes Handeln, Dulden oder Unterlassen, das sich unmittelbar vermögensmindernd auswirkt

HIER (+) → Vertragsschluss (Konstellation des sogenannten Eingehungsbetrugs)

d. (darauf kausal beruhender) Vermögensschaden ?
= negative Differenz beim Vergleich des Vermögens vor und nach der Verfügung

HIER (−) → B ist bereit und in der Lage, zuverlässig und korrekt zu arbeiten; C erhält also einen angemessenen Gegenanspruch; für eine makellose Vergangenheit wird B nicht bezahlt

e. <u>also</u>: objektiver Tatbestand **(−)**

2. <u>also</u>: Tatbestand **(−)**

II. Ergebnis:
Strafbarkeit der B gemäß § 263 I zum Nachteil des C (−)

Formulierungsvorschlag Fall 41

- Strafbarkeit der B gemäß § 263 I zum Nachteil des C

B könnte sich durch ihre Behauptung gemäß § 263 I zum Nachteil des C strafbar gemacht haben.

I. B hat über ihre Vorstrafen getäuscht.

C hat sich entsprechend geirrt.

Mit dem Vertragsschluss hat C daraufhin eine Vermögensverfügung getroffen.

Dadurch müsste ein Vermögensschaden entstanden sein. Ein Vermögensschaden liegt vor, wenn sich beim Vergleich des Vermögens vor und nach der Verfügung eine negative Differenz ergibt.

Zum Ausgleich der aus dem Vertragsschluss entstandenen Gehaltsansprüche erhält C einen Anspruch auf die entsprechende Arbeitsleistung. B ist fähig und gewillt, diese Arbeitsleistung fachlich korrekt, zuverlässig und ehrlich zu erbringen. Die erforderliche negative Differenz könnte allenfalls aus der Tatsache hervorgehen, dass B in Wahrheit vorbestraft ist. Diese Eigenschaft steht jedoch nicht in Relation zur Bezahlung.

Die Tätigkeit als Sekretärin begründet nicht eine derart intensive Vertrauensstellung, dass sie von vorbestraften Personen schlechthin nicht ausgeübt werden könnte. Als Sekretärin wird B für ihre auszuübende Tätigkeit, nicht für eine makellose Vergangenheit bezahlt. Was aber die Berufsausübung angeht, ist die zu erwartende Leistung wie gesehen nicht zu beanstanden.

Mit dem Vertragsschluss erhält C einen angemessenen Gegenanspruch. Ein Vergleich des Vermögens vor und nach der Verfügung ergibt keine Differenz.

C hat damit durch den Vertragsschluss keinen Vermögensschaden erlitten.

II. B hat sich demnach nicht gemäß § 263 I zum Nachteil des C strafbar gemacht.

Fazit

1. Der ***Anstellungsbetrug*** ist ein weiterer Sonderfall im Rahmen des § 263 I. ***Mangels ausgetauschter Vertragsleistungen*** handelt es sich strukturell um einen sogenannten ***Eingehungsbetrug***. Die Verfügung liegt bereits im Vertragsschluss.

   Merkbeispiel für ***Eingehungsbetrug:*** Kaufvertrag über ein angeblich echtes Bild, das in Wahrheit falsch ist (Vollendung bereits mit Vertragsschluss). Im Gegensatz dazu ***Erfüllungsbetrug:*** Kaufvertrag über ein wirklich echtes Bild, es wird aber ein falsches geliefert.

2. Ein ***Anstellungsbetrug*** liegt natürlich ***immer dann*** vor, ***wenn gerade der vorgetäuschte Umstand zu einer höheren Bezahlung führt***. Das kann etwa bei einem angeblichen Doktortitel der Fall sein.

Ansonsten gilt grundsätzlich: Wenn die zu erwartende Arbeit dem Lohn oder Gehalt entspricht, liegt kein Schaden vor (so auch hier). Dass der Arbeitgeber bei Kenntnis der wahren Umstände den Arbeitnehmer vermutlich nicht eingestellt hätte, steht auf einem ganz anderen Blatt. § 263 I ist bei vollwertiger Arbeitsleistung jedenfalls im Bereich privatrechtlicher Arbeitsverhältnisse ohne außergewöhnliche Vertrauensposition nicht gegeben.

Anders sieht es die herrschende Meinung ***bei Beamten***. Der Vermögensschaden wird hier vereinfacht gesagt damit begründet, dass ein Beamter nicht für seine Arbeit, sondern für die mit seinem ***Sonderstatus*** verbundene Staatstreue bezahlt wird. So sollten unter dem Stichwort der fehlenden persönlichen Zuverlässigkeit (zumindest nach der BGH-Rechtsprechung) etwa bei einem Beamten, der als Bewerber erhebliche „Stasitätigkeit" verschwiegen hat, selbst die besten Fachkenntnisse nichts am Vermögensschaden ändern.

3. Wenn B in Abwandlung des Ausgangsfalls die Vorstrafen lediglich verschwiegen hätte, dürfte man keine Garantenstellung und damit schon keine Täuschung (durch Unterlassen, § 13 / vgl. Fälle 34 und 35) annehmen können.

Nur ganz am Rande: Auch und gerade aus dem Blickwinkel des Arbeitsrechts (als Spezialbereich des Zivilrechts) sind die Fälle sehr interessant, in denen ein später eingestellter Bewerber falsche Angaben macht oder bestimmte Umstände gezielt verschweigt. Aber das ist eine andere Geschichte ...

4. Noch etwas ganz anderes zum ***Vermögensschaden***: § 263 schützt nach h.M. ***nicht Sanktionsansprüche des Staates*** (also insbesondere Strafen und Geldbußen). Deshalb kann das Anbringen eines manipulierten Parkscheins hinter der Windschutzscheibe kein (versuchter) Betrug sein. Wer auf diese Weise einer Geldbuße oder einem Verwarnungsgeld entgehen will, kann damit keinen Vermögensschaden im maßgeblichen Sinne herbeiführen. Die Sanktionen dienen (nur) der Durchsetzung der Rechtsordnung und sind nicht vermögensrechtlicher Natur (nicht Gegenstand des Wirtschaftsverkehrs). Der Vollständigkeit halber weisen wir an dieser Stelle darauf hin, dass bei manipulierten Parkscheinen o.Ä. natürlich an Delikte aus dem Bereich der Urkundenfälschung zu denken ist (§§ 267 ff).

Fall 42

Zeitschriftenwerber Z verkauft Abonnements und erhält von seinem Arbeitgeber V für jeden Vertragsabschluss eine Provision. Die schon etwas senile Oma O überredet er, den „Playboy" zu abonnieren. Er behauptet, die Zeitschrift sei genau die richtige Spielanleitung für den dreijährigen Enkel der O. Z erhält von V gegen Übergabe des unterzeichneten Vertragsformulars 15 € Provision. Noch bevor O gezahlt hat, wird das erste Heft übersandt. Die entsetzte O schickt das Exemplar mit einem gesalzenen Kündigungsschreiben an V zurück. V ist zur Stornierung wie immer anstandslos bereit.

Frage: Hat sich Z gemäß § 263 strafbar gemacht ?

Lösungsskizze Fall 42

- Strafbarkeit des Z gemäß § 263 I zum Nachteil der O und zum eigenen Vorteil ?

I. Tatbestand

1. Objektiver Tatbestand

***a. Täuschung über Tatsachen ?* (+)**

***b. (darauf kausal beruhender) Irrtum ?* (+)**

c. (darauf kausal beruhende) Vermögensverfügung ?

= jedes Handeln, Dulden oder Unterlassen, das sich unmittelbar vermögensmindernd auswirkt

HIER (+) → Eingehung der Verbindlichkeit beim Vertragsschluss

d. (darauf kausal beruhender) Vermögensschaden ?

= negative Differenz beim Vergleich des Vermögens vor und nach der Verfügung

HIER (+) → die Zeitschrift ist objektiv ihr Geld wert, für O aber aus Sicht des objektiven Beobachters wertlos (persönlicher Schadenseinschlag); trotz der Stornierungsbereitschaft des V liegt eine konkrete Vermögensgefährdung vor (a.A. vertretbar); der Besteller löst sich oft aus Unkenntnis nicht vom Vertrag; darauf spekuliert V; die Anfechtungsmöglichkeit gemäß § 123 I BGB hindert den Schaden ebenfalls nicht, andernfalls wäre ein Eingehungsbetrug nie denkbar

***e. <u>also</u>: objektiver Tatbestand* (+)**

2. Subjektiver Tatbestand

***a. Vorsatz ?* (+)**

***b. Absicht der rechtswidrigen (Eigen-)Bereicherung ?* (+)**

c. Stoffgleichheit ?
= die erstrebte Bereicherung muss dem entstandenen Schaden (spiegelbildlich) entsprechen

HIER (–) → die erstrebte Provision ist nicht die Kehrseite des Schadens, sondern geht lediglich mittelbar für Z aus dem Vertrag hervor

***d. also: subjektiver Tatbestand* (–)**

***3. also: Tatbestand* (–)**

II. Ergebnis:

Strafbarkeit des Z gemäß § 263 I zum Nachteil der O und zum eigenen Vorteil (–)

- Strafbarkeit des Z gemäß § 263 I zum Nachteil der O und zum Vorteil des V ?

I. Tatbestand

1. Objektiver Tatbestand* (+) → *s.o.

2. Subjektiver Tatbestand

***a. Vorsatz ?* (+)**

b. Absicht der rechtswidrigen (Fremd-)Bereicherung ?
= entsprechendes zielgerichtetes Wollen

HIER (+) → die Bereicherung des V ist für Z notwendiges Zwischenziel für die eigene Bereicherung, also liegt ein entsprechendes Wollen vor

c. Stoffgleichheit ?
= die erstrebte Bereicherung muss dem entstandenen Schaden (spiegelbildlich) entsprechen

HIER (+) → die erstrebte Bereicherung des V ist die Kehrseite des Schadens

***d. also: subjektiver Tatbestand* (+)**

***3. also: Tatbestand* (+)**

***II. Rechtswidrigkeit* (+)**

***III. Schuld* (+)**

IV. Ergebnis:

Strafbarkeit des Z gemäß § 263 I zum Nachteil der O und zum Vorteil des V (+)

- Strafbarkeit des Z gemäß § 263 I zum Nachteil des V und zum eigenen Vorteil ?

I. Tatbestand

1. Objektiver Tatbestand

a. Täuschung über Tatsachen ?

HIER (+) → konkludent über das rechtmäßige Zustandekommen des Vertrags

b. (darauf kausal beruhender) Irrtum ? (+)

c. (darauf kausal beruhende) Vermögensverfügung ?
= jedes Handeln, Dulden oder Unterlassen, das sich unmittelbar vermögensmindernd auswirkt

HIER (+) → Zahlung der Provision

d. (darauf kausal beruhender) Vermögensschaden ?
= negative Differenz beim Vergleich des Vermögens vor und nach der Verfügung

HIER (+) → der Kundenauftrag als Gegenleistung ist minderwertig, weil er jederzeit wegen arglistiger Täuschung anfechtbar ist; konkrete Vermögensgefährdung

e. also: objektiver Tatbestand (+)

2. Subjektiver Tatbestand

a. Vorsatz ? (+)

b. Absicht der rechtswidrigen (Eigen-)Bereicherung ? (+)

c. Stoffgleichheit ?
= die erstrebte Bereicherung muss dem entstandenen Schaden (spiegelbildlich) entsprechen

HIER (+) → die erstrebte Provision bildet die Kehrseite des Schadens

d. also: subjektiver Tatbestand (+)

3. also: Tatbestand (+)

II. Rechtswidrigkeit (+)

III. Schuld (+)

IV. Ergebnis:

Strafbarkeit des Z gemäß § 263 I zum Nachteil des V und zum eigenen Vorteil (+); die Tat wird gemäß § 263 IV i.V.m. § 248a nur auf Antrag verfolgt, wenn nicht die Staatsanwaltschaft ein besonderes öffentliches Interesse bejaht

- Gesamtergebnis und Konkurrenzen

Strafbarkeit des Z gemäß § 263 I zum Nachteil der O und zum Vorteil des V (+); Strafbarkeit des Z gemäß § 263 I zum Nachteil des V und zum eigenen Vorteil (+); beide Taten stehen zueinander in Idealkonkurrenz, § 52

Formulierungsvorschlag Fall 42

- Strafbarkeit des Z gemäß § 263 I zum Nachteil der O und zum eigenen Vorteil

Z könnte sich durch seine Behauptung gemäß § 263 I zum Nachteil der O und zum eigenen Vorteil strafbar gemacht haben.

I. Z hat durch die Behauptung über die Brauchbarkeit der Zeitschrift für O beziehungsweise deren Enkel getäuscht.

O hat sich dadurch entsprechend geirrt.

Mit dem Vertragsschluss ist O daraufhin eine Verbindlichkeit eingegangen, hat also eine Vermögensverfügung getroffen.

O müsste durch die Verfügung einen Vermögensschaden erlitten haben. Ein Vermögensschaden liegt vor, wenn sich beim Vergleich des Vermögens vor und nach der Verfügung eine negative Differenz ergibt.

Dies erscheint insofern zweifelhaft, als O mit dem Vertragsschluss einen Anspruch auf Lieferung der Zeitschrift hat. Die Zeitschrift ist objektiv ihren Preis wert, der Anspruch ist also auf eine objektiv gleichwertige Gegenleistung gerichtet.

Trotz Gleichwertigkeit von Leistung und Gegenleistung kann aber dann ein Schaden vorliegen, wenn aus Sicht eines objektiven Betrachters die Gegenleistung speziell für das Opfer völlig unbrauchbar ist. Weder O noch ihr Enkel konnte mit dem „Playboy“-Abonnement etwas anfangen. Speziell für O war die Zeitschrift also unbrauchbar und damit wertlos. Dieser Umstand ist dem objektiven Betrachter ohne Weiteres ersichtlich.

Folglich steht die objektive Gleichwertigkeit der Annahme eines Schadens wegen des persönlichen Schadenseinschlags nicht entgegen.

Zusätzliche Bedenken ergeben sich aber aus der von Anfang an bestehenden Bereitschaft des V, den Vertrag aufzulösen. O hatte noch keine Zahlung geleistet. Insofern stellt sich die Frage, ob bereits mit Vertragsabschluss eine hinreichend konkrete Vermögensgefährdung vorlag.

Die Stornierung des Vertrages hängt allein von der Aufmerksamkeit und der Initiative des Bestellers ab. V spekuliert geradezu darauf, dass aus Trägheit oder Unkenntnis am Vertrag festgehalten wird. Die Stornierungsbereitschaft hindert die Annahme einer hinreichend konkreten Vermögensgefährdung mithin nicht. Dasselbe gilt für die Anfechtbarkeit gemäß § 123 I BGB. Sie muss unbeachtlich sein, andernfalls wäre faktisch nie ein Eingehungsbetrug möglich.

Nach der Verfügung ergibt sich damit die erforderliche negative Differenz. Somit liegt bereits im Vertragsschluss ein Schaden in Form einer konkreten Vermögensgefährdung.

Z handelte vorsätzlich und in der Absicht, sich rechtswidrig zu bereichern.

Die beabsichtigte Bereicherung müsste darüber hinaus stoffgleich mit dem entstandenen Schaden sein, sie müsste dem Schaden spiegelbildlich entsprechen. Z wollte die Provision erlangen. Diese Bereicherung ist nicht die Kehrseite des auf Seiten der O entstandenen Schadens, sondern geht nur mittelbar für ihn aus dem Vertragsschluss hervor. Somit ist Stoffgleichheit nicht gegeben.

II. Z hat sich damit durch seine Behauptung nicht gemäß § 263 I zum Nachteil der O und zum eigenen Vorteil strafbar gemacht.

- Strafbarkeit des Z gemäß § 263 I zum Nachteil der O und zum Vorteil des V

Möglicherweise hat sich Z aber gemäß § 263 I zum Nachteil der O und zum Vorteil des V strafbar gemacht.

I. Den objektiven Tatbestand hat er wie soeben gezeigt vorsätzlich erfüllt.

Er müsste die Absicht gehabt haben, V rechtswidrig zu bereichern.

Absicht bedeutet zielgerichtetes Wollen. In erster Linie wollte Z für sich die Provision erlangen. Voraussetzung dafür ist aber, dass der Vertrag zwischen O und V geschlossen wurde. Nur durch Einreichen des unterzeichneten Vertragsformulars konnte Z an die Provision kommen. Folglich war die rechtswidrige Bereicherung des V notwendiges Zwischenziel für den von Z letztlich erstrebten eigenen Vorteil.

Somit hatte er auch die Absicht, V rechtswidrig zu bereichern.

Zwischen dieser beabsichtigten Drittbereicherung und dem Schaden der O liegt die erforderliche Stoffgleichheit vor.

II. Die Tat geschah rechtswidrig.

III. Z handelte schuldhaft.

IV. Damit hat sich Z gemäß § 263 I zum Nachteil der O und zum Vorteil des V strafbar gemacht.

- Strafbarkeit des Z gemäß § 263 I zum Nachteil des V und zum eigenen Vorteil

Darüber hinaus könnte Z einen Betrug gemäß § 263 I zum Nachteil des V und zum eigenen Vorteil begangen haben.

I. Er hat V konkludent über das rechtmäßige Zustandekommen des Vertrags getäuscht. V hat sich dadurch entsprechend geirrt und aufgrund dieses Irrtums durch Zahlung der Provision verfügt.

V müsste durch die Verfügung einen Vermögensschaden erlitten haben. Es müsste sich dazu eine negative Differenz beim Vergleich des Vermögens vor und nach der Verfügung ergeben.

Der Kundenauftrag der O ist für V insofern wirtschaftlich minderwertig, als er wegen arglistiger Täuschung jederzeit anfechtbar ist. V hat also für die Provisionszahlung keine gleichwertige Gegenleistung erhalten. Damit ist sein Vermögen zumindest konkret gefährdet, die erforderliche negative Differenz liegt vor.

V hat durch die Verfügung einen Schaden in Form einer konkreten Vermögensgefährdung erlitten.

Z handelte vorsätzlich und in der Absicht, sich rechtswidrig zu bereichern. Die erstrebte Provision bildet zudem die Kehrseite des Schadens, Stoffgleichheit ist also gegeben.

II. Die Tat geschah rechtswidrig.

III. Z handelte schuldhaft.

IV. Somit hat sich Z auch gemäß § 263 I zum Nachteil des V und zum eigenen Vorteil strafbar gemacht. Der Schaden und der erstrebte Vermögensvorteil ist jeweils geringwertig im Sinne des § 263 IV i.V.m. § 248a. Nach diesen Vorschriften wird die Tat nur auf Antrag verfolgt, wenn nicht die Staatsanwaltschaft ein besonderes öffentliches Interesse bejaht.

- Gesamtergebnis und Konkurrenzen

Z hat sich zum einen gemäß § 263 I zum Nachteil der O und zum Vorteil des V strafbar gemacht, zum anderen hat er einen eigennützigen Betrug zum Nachteil des V begangen. Die beiden Taten stehen zueinander in natürlicher Handlungseinheit und damit in Idealkonkurrenz, § 52.

Fazit

1. Der Fall hat es knüppeldick in sich. Seht die Sache von der positiven Seite: Dabei könnt ihr viel Problem- und Systemverständnis zeigen.

Weil hier ***eigennütziger und fremdnütziger Betrug*** geprüft werden muss, ist die dargestellte Bezeichnung im jeweiligen Obersatz zur Unterscheidung unerlässlich. Manche schreiben „und zum eigenen Vorteil" standardmäßig auch in den Obersatz, wenn ersichtlich kein fremdnütziger Betrug in Betracht kommt. Damit kann man eigentlich nichts falsch machen, der Hinweis kann schlimmstenfalls die Korrekturbemerkung „Zu wessen Vorteil sonst?" einbringen.

Wie gesagt, ***bei den Provisionsvertreterfällen muss die Klarstellung gebracht werden!***

2. Los ging es mit dem auf den ersten Blick am nächsten liegenden Betrug zum Nachteil der O und zum eigenen Vorteil.

Bereits der ***Schaden*** ist ***in zweifacher Hinsicht problematisch:***

Zum einen muss man den ***persönlichen Schadenseinschlag*** diskutieren. Achtet dabei immer auf die ***Sicht des objektiven Betrachters***. Wenn der Getäuschte die Gegenleistung lediglich objektiv nicht nachvollziehbar für wertlos hält, liegt kein Schaden vor!

Zum anderen ist im Zusammenhang mit der ***Stornierungsbereitschaft*** darauf einzugehen, ob die ***Gefährdung*** beim Eingehungsbetrug schon konkret genug ist. An diesem Punkt könnt ihr mit einer Mindermeinung ohne Weiteres auch den Schaden ablehnen. Wenn – anders als hier – dem Getäuschten die Stornierungsbereitschaft oder ein Widerrufsrecht ausdrücklich bereits beim Vertragsschluss bekannt gemacht wird, ist die Gefährdung jedenfalls kaum konkret genug (siehe allgemein zur Vermögensgefährdung Fall 37, Fazit 3.).

Die Ablehnung des Schadens empfiehlt sich im Ausgangsfall deshalb nicht, weil man sich damit die eigentliche ***Pointe des Falls*** abschneidet. Die liegt zunächst darin, dass die ***Provision nicht stoffgleich mit dem Schaden*** ist. Das ist der typische Fall, in dem dieses Merkmal ausnahmsweise einmal relevant wird. Die anerkanntermaßen erforderliche Stoffgleichheit kennzeichnet den Betrug als ***Vermögensverschiebungsdelikt***.

3. Der fremdnützige Betrug zum Vorteil des V geht dagegen wie gesehen durch. Bei der Absicht sollte das Stichwort ***„notwendiges Zwischenziel“*** fallen. Die Stoffgleichheit ist hier wieder eindeutig gegeben.

4. Schließlich war – zu allem Überfluss – an einen Betrug zum Nachteil des V zu denken, der im Ausgangsfall recht problemlos zu bejahen war. Wenn dagegen die Provision (noch) nicht ausgezahlt wurde, ist versuchter Betrug zum Nachteil des Auftraggebers einschlägig.

5. Im Ergebnis hat unser Vertreter damit § 263 I zweimal erfüllt. Es baut sich wohl oder eher übel die Hürde der Konkurrenzen vor euch auf. Man wird von natürlicher Handlungseinheit ausgehen können. Das führt zur Idealkonkurrenz (§ 52). Teilweise wird statt natürlicher Handlungseinheit sogenannte gleichartige Idealkonkurrenz angenommen.

6. Bei uneingeschränkter Fallfrage hätte man zusätzlich an Untreue (§ 266) und Urkundenfälschung (§ 267) denken können.

§ 266 scheitert daran, dass mit der Vorlage der erschlichenen Bestellung keine Vermögensbetreuungspflicht (dazu bald mehr) verletzt wird. Die Pflicht zur Aufklärung über das nicht ordnungsgemäße Zustandekommen der Bestellung ist nur eine vertragliche Nebenpflicht.

Auch § 267 ist im Ausgangsfall nicht erfüllt (vgl. Die Fälle – Strafrecht BT 1, Fall 38, Fazit 5.).

Fall 43

Der Sumo-Ringer S fordert seine Bekannte B auf, ihm sofort 1.000 € zu geben. Ansonsten werde er sie mit der gesamten Kraft seiner 300 kg bis zur Krankenhausreife quetschen. B ist so eingeschüchtert, dass sie tatsächlich den geforderten Betrag aus einem dem S nicht bekannten Versteck holt und ihm das Geld übergibt.

Frage: Wie hat sich S strafbar gemacht ?
Eine Strafbarkeit gemäß § 246 ist nicht zu prüfen.

Lösungsskizze Fall 43

- Strafbarkeit des S gemäß §§ 253 I, II, 255 ?

I. Tatbestand

1. Tatbestand § 253 I

a. Objektiver Tatbestand

aa. (hier) Drohung mit einem empfindlichen Übel ? **(+)**

bb. (darauf kausal beruhende) Vermögensverfügung ?
= jedes Handeln, Dulden oder Unterlassen, das sich unmittelbar vermögensmindernd auswirkt

HIER (+) → zwar ist nach BGH – im Gegensatz zur h.L. – gar keine Vermögensverfügung erforderlich; wenn eine Verfügung vorliegt, kann der Streit aber offenbleiben; B hat S das Geld übergeben; diese Übergabe geschah willentlich (Abgrenzung zur Wegnahme), weil B glaubte, den Gewahrsamsverlust verhindern zu können; Widerstand wäre nicht zwecklos gewesen; S kannte das Geldversteck nicht; eine Verfügung liegt vor

cc. (darauf kausal beruhender) Vermögensnachteil ? **(+)**

dd. also: objektiver Tatbestand **(+)**

b. Subjektiver Tatbestand

aa. Vorsatz ? **(+)**

bb. Absicht der rechtswidrigen Bereicherung ? **(+)**

cc. (Stoffgleichheit) ? **(+)**

dd. also: subjektiver Tatbestand **(+)**

c. also: Tatbestand § 253 I **(+)**

2. Tatbestand § 255

a. Objektiver Tatbestand

- (hier) Drohung mit gegenwärtiger Gefahr für Leib oder Leben ? (+)

b. Subjektiver Tatbestand

- Vorsatz ? (+)

c. also: Tatbestand § 255 (+)

3. also: Tatbestand (+)

II. Rechtswidrigkeit

- § 253 II ? (+)

III. Schuld (+)

IV. Ergebnis:
Strafbarkeit des S gemäß §§ 253 I, II, 255 (+)

Formulierungsvorschlag Fall 43

- Strafbarkeit des S gemäß §§ 253 I, II, 255

S könnte sich durch sein Verhalten gegenüber B gemäß §§ 253 I, II, 255 strafbar gemacht haben.

I. Er hat B mit einem empfindlichen Übel gedroht.

Daraufhin hat B das Geld ausgehändigt.

Ob sich das abgenötigte Verhalten als Vermögensverfügung darstellen muss, ist umstritten. Der Streit kann dahinstehen, wenn eine solche Verfügung vorliegt.

Vermögensverfügung ist jedes Handeln, Dulden oder Unterlassen, das sich unmittelbar vermögensmindernd auswirkt. Die Aushändigung des Geldes ist ein vermögensminderndes aktives Tun der B.

In Abgrenzung zur Wegnahme muss dieses Tun insofern willentlich sein, als das Opfer glauben muss, den Gewahrsamsverlust durch Hinnahme des Übels verhindern zu können. Die Lage darf also nicht so aussichtslos gewesen sein, dass jeder Widerstand zwecklos gewesen wäre.

Allein B kannte den Aufbewahrungsort des Geldes. Hätte sie der Drohung widerstanden, hätte S die 1.000 € nicht bekommen. Der Widerstand wäre deshalb nicht zwecklos gewesen.

B hat das Geld im genannten Sinne willentlich übergeben.

Das abgenötigte Verhalten stellte sich somit als Vermögensverfügung dar. Der Streit um das Erfordernis einer solchen Verfügung kann dahinstehen.

Durch die Verfügung ist B ein Vermögensnachteil entstanden.

S handelte vorsätzlich und in der Absicht, sich rechtswidrig und stoffgleich zu bereichern.

In der Ankündigung des „Quetschens" liegt eine Drohung mit gegenwärtiger Gefahr für den Leib. S hat also ein in § 255 aufgeführtes qualifiziertes Nötigungsmittel angewandt.

Auch hierauf bezog sich sein Vorsatz.

II. Angesichts dieses Mittels ist die Tat als verwerflich im Sinne des § 253 II anzusehen.

Die Tat geschah folglich rechtswidrig.

III. S handelte schuldhaft.

IV. Er hat sich durch sein Verhalten gegenüber B gemäß §§ 253 I, II, 255 strafbar gemacht.

Fazit

1. Das war ein ***unproblematischer Normalfall einer durch § 255 qualifizierten Erpressung***. Zur Verdeutlichung haben wir die beiden Tatbestände hintereinander geprüft. Ihr könnt aber auch bedenkenlos § 255 in die Erpressungsprüfung einbauen, indem ihr von vornherein das qualifizierte Nötigungsmittel prüft.

2. ***§ 253 I*** ist insofern eine recht einfache Vorschrift, als ihr euch voll aus dem Baukasten bedienen könnt. Tathandlung ist die Nötigung (vgl. § 240 I). Der Taterfolg „Vermögensnachteil" (= Vermögensschaden) entspricht dem Betrug. Auch der gesamte subjektive Tatbestand ist mit dem des Betrugs identisch.

   Der ***Unterschied*** zwischen ***Betrug*** und ***Erpressung*** besteht in der ***Tathandlung:*** Bei § 263 I wird der Taterfolg durch Täuschung hervorgerufen, bei § 253 I durch ein Nötigungsmittel.

   Wenn keine Rechtfertigungsgründe vorliegen, ist die ***Rechtswidrigkeit*** nach ***§ 253 II*** – wie bei der Nötigung, § 240 II – positiv festzustellen (sog. offener Tatbestand, vgl. Seite 24).

   § 253 III ordnet die ***Strafbarkeit des Versuchs*** an. ***§ 253 IV enthält Regelbeispiele*** für einen besonders schweren Fall (siehe zur Gewerbsmäßigkeit § 243 I 2 Nr. 3, Fall 15, Fazit 9. und zur Bande § 244 I Nr. 2, Fall 22, Fazit 2.).

3. ***Kernstreitpunkt*** bei der Erpressung ist die Frage, ob – wie bei § 263 I – über den Wortlaut der Norm hinaus eine ***Vermögensverfügung*** des Opfers erforderlich ist (dazu später mehr anhand eines Falls). Weil die Verfügung im gerade behandelten Fall aber vorlag, musstet ihr den ***Streit offenlassen!***

Ganz wichtig: Für die Frage nach der willentlichen („freiwilligen") Verfügung kommt es nicht darauf an, ob ein besonnener Mensch widerstanden hätte (häufiger Fehler!)

Allein entscheidend ist, ***ob Widerstand aus der Sicht des Opfers den Gewahrsamsverlust hätte verhindern können*** (dann Verfügung) oder ob die Lage diesbezüglich so aussichtslos war, dass das Opfer nur die Wahl zwischen Vermögensminderung einerseits und Prügel und Vermögensminderung andererseits hatte (dann nach h.L. trotz äußerlichen „Gebens" Wegnahme, vgl. Fall 26). Letzteres wäre etwa der Fall gewesen, wenn S das Geldversteck gekannt hätte.

Je nach Geschmack hättet ihr den im Ausgangsfall eindeutig nicht vorliegenden § 249 I kurz vorab prüfen können. Werft dazu noch einmal einen Blick auf den gegenteilig gelagerten Fall 26.

4. Die Nötigungsmittel des § 255 entsprechen denen des Raubes. Das Baukastensystem lässt abermals grüßen!

Wenn der Tatbestand des ***§ 255*** gegeben ist, könnt ihr euch bei ***§ 253 II extrem kurz*** fassen. Das qualifizierte Nötigungsmittel ist immer so verwerflich, dass an der Rechtswidrigkeit keine Zweifel bestehen. Deshalb halten es einige Prüfer sogar für falsch, im Zusammenhang mit § 255 überhaupt auf § 253 II einzugehen. Unsere Lösung ist aber aus systematischen Gründen vorzugswürdig, weil die räuberische Erpressung ein qualifizierter Fall der einfachen Erpressung ist.

Die Verweisung ***„gleich einem Räuber"*** betrifft nicht nur das Strafmaß des § 249 I, sondern führt – wie bei § 252 – auch zur etwaigen ***Verknüpfung mit §§ 250 und 251*** (vgl. schon Fall 30, Fazit 1.).

Fall 44

P ist als Prokuristin bei der Firma G angestellt. Weil sich andeutet, dass die wirtschaftlich labile Geschäftspartnerin L in naher Zukunft zahlungsunfähig sein wird, erhält P von ihrer Chefin die ausdrückliche Weisung, in Zukunft keine Verträge mehr mit L abzuschließen. Als ein verlockendes Angebot zum Kauf mehrerer Dutzend Porzellanwindhunde von L eingeht, kann P nicht widerstehen und lässt sich auf das Geschäft ein.

Frage: Hat sich P gemäß § 266 strafbar gemacht ?

Lösungsskizze Fall 44

- Strafbarkeit der P gemäß § 266 I Var. 1 zum Nachteil der Fa. G ?

I. Tatbestand

1. Objektiver Tatbestand

a. Missbrauch einer rechtsgeschäftlichen Befugnis, einen anderen zu verpflichten ?

= Überschreitung des rechtlichen Dürfens im Innenverhältnis im Rahmen des rechtlichen Könnens im Außenverhältnis

HIER (+) → P konnte G wirksam verpflichten; die interne Beschränkung der Prokura spielt im Außenverhältnis zu L keine Rolle (vgl. §§ 49, 50 HGB)

b. Vermögensbetreuungspflicht ?

= Hauptpflicht von einiger Bedeutung

HIER (+) → die Prokuristin handelt selbstständig, sie hat eine bedeutende Hauptpflicht zur Vermögensbetreuung

c. (kausal auf dem Missbrauch beruhender) Vermögensnachteil ?

= Wertminderung des Vermögens in seinem Gesamtbestand

HIER (+) → ausdrücklich von der Chefin verbotenes Risikogeschäft; konkrete Vermögensgefährdung

d. also: objektiver Tatbestand (+)

2. Subjektiver Tatbestand

- Vorsatz ? (+)

3. also: Tatbestand (+)

II. Rechtswidrigkeit (+)

III. Schuld (+)

IV. Ergebnis:
Strafbarkeit der P gemäß § 266 I Var. 1 zum Nachteil der Firma G (+)

Formulierungsvorschlag Fall 44

- Strafbarkeit der P gemäß § 266 I Var. 1 zum Nachteil der Firma G

P könnte sich durch den Vertragsabschluss gemäß § 266 I Var. 1 zum Nachteil der Firma G strafbar gemacht haben.

I. Dann müsste sie eine in § 266 I genannte Befugnis missbraucht haben. In Betracht kommt die rechtsgeschäftliche Befugnis, einen anderen zu verpflichten. Die rechtsgeschäftlich erteilte Prokura berechtigt P gemäß § 49 HGB auch zum Abschluss verpflichtender Verträge.

P müsste trotz der Weisung der Chefin auch zum Vertragsschluss mit L berechtigt gewesen sein. Die interne Beschränkung der Prokura spielt gemäß § 50 HGB im Außenverhältnis keine Rolle. Somit war P extern zum vorgenommenen Geschäft befugt, sie konnte es wirksam abschließen.

Sie hat dabei allerdings die ausdrückliche interne Beschränkung missachtet. P hat im Rahmen ihres externen rechtlichen Könnens das interne rechtliche Dürfen überschritten.

Folglich hat sie die rechtsgeschäftliche Befugnis, einen anderen zu verpflichten, missbraucht.

Dass der Missbrauchstatbestand weiter eine Vermögensbetreuungspflicht dem Opfer gegenüber erfordert, ist nicht ganz unumstritten. Die Frage nach dem Erfordernis kann aber dahinstehen, wenn die Vermögensbetreuungspflicht vorliegt.

Es muss sich dabei um eine Hauptpflicht von nicht unerheblicher Bedeutung handeln. Die Prokuristin handelt weitgehend selbstständig und genießt besonderes Vertrauen. Ihre Hauptpflicht besteht angesichts der umfassenden Vollmacht gerade darin, das Vermögen des Kaufmanns zu betreuen.

Mithin hatte P die überwiegend auch beim Missbrauchstatbestand für erforderlich gehaltene Vermögensbetreuungspflicht.

Schließlich müsste der Firma G durch das Verhalten der P ein Nachteil entstanden sein. Dazu ist eine Wertminderung des Vermögens in ihrem Gesamtbestand erforderlich. Es genügt bereits eine hinreichend konkrete Vermögensgefährdung.

Angesichts der drohenden Zahlungsunfähigkeit der L hat P ein wirtschaftlich äußerst riskantes Geschäft getätigt. Sie hat – zumal unter Missachtung der ausdrücklichen Anweisung der Chefin – entgegen den Regeln kaufmännischer Sorgfalt eine erhebliche Verlustgefahr auf sich genommen. Damit war das Vermögen der Firma G konkret gefährdet, eine Wertminderung liegt vor.

Der Firma G ist somit durch das Verhalten der P ein Nachteil entstanden.

P handelte vorsätzlich.

II. Die Tat geschah rechtswidrig.

III. P handelte schuldhaft.

IV. Sie hat sich also gemäß § 266 I Var. 1 zum Nachteil der Firma G strafbar gemacht.

Fazit

1. Wir haben es mit einem typischen Fall des ***Missbrauchstatbestands*** (Überschreiten des internen Dürfens im Rahmen des externen rechtlichen Könnens) zu tun. Der sehr spezielle § 266 I Var. 1 ist in Prüfungsarbeiten nur selten einschlägig.

   Er wird tendenziell zu oft unnötig geprüft und vielfach unzutreffend bejaht. Checkt gedanklich immer genau ab, ob der Täter das fragliche Rechtsgeschäft tatsächlich ***im Außenverhältnis aufgrund rechtlichen Könnens wirksam*** abschließen kann. Nur dann greift der Missbrauchstatbestand!

   Das soll nach h.M. bei der ***Anscheinsvollmacht*** nicht der Fall sein: Die Wirksamkeit beruht hier lediglich auf dem Rechtsschein, also letztlich auf rein tatsächlichen Umständen.

2. Nach heute ganz h.M. ist der Missbrauchstatbestand nur ein Spezialfall des Treubruchstatbestands (§ 266 I Var. 2). Diese Interpretation führt dazu, dass ***auch bei § 266 I Var. 1 eine Vermögensbetreuungspflicht*** vorliegen muss. Das ***Problem*** hat der Gesetzgeber auf Empfehlung des BGH weitgehend ***entschärft***: Der mit Abstand wichtigste Fall fehlender Vermögensbetreuungspflicht bei § 266 I Var. 1 ist inzwischen in ***§ 266b*** (lesen!) spezialgesetzlich geregelt.

3. Der ***Nachteil*** ist nach allgemeiner Auffassung ***mit dem Schaden bei § 263 I identisch***. Ihr könnt also auf die dortigen Erkenntnisse zurückgreifen (Baukastensystem). Im Ausgangsfall kommt die ***Besonderheit des sogenannten Risikogeschäfts*** hinzu (siehe allgemein zur Vermögensgefährdung schon Fall 37, Fazit 3.). Das BVerfG hat nochmals klargestellt, dass es sich um eine tatsächlich eingetretene Vermögensminderung handeln muss (NJW 2010, 3209).

4. Mangels konkreter Angaben im Sachverhalt sollte auf ***§ 266 II i.V.m. § 248a*** nicht eingegangen werden.

   Eine eigene Regelung zu ***besonders schwere***n ***Fälle***n der Untreue enthält § 266 zwar nicht, über ***§ 266 II*** gelten aber ***§ 263 III*** (vgl. Fall 32, Fazit 5.) und ***§ 243 II*** entsprechend. Das solltet ihr bei einschlägigen Sachverhalten beachten.

   By the way: Die ***versuchte Untreue*** ist ***nicht strafbar!***

Fall 45

Bengel B macht eine Banklehre. Er darf im Rahmen der Ausbildung bereits am Schalter Auszahlungen vornehmen, Geld kassieren und entsprechende Quittungen ausstellen. Nach Schließung der Bank wird die Kassenbilanz aber regelmäßig von einem vorgesetzten Angestellten, der für die Ausbildung verantwortlich ist, erstellt. B nimmt eines Tages – des langweiligen Bankgeschäfts überdrüssig – einen 500-€-Schein aus der von ihm betreuten Kasse und macht sich aus dem Staub.

Frage: Wie hat sich B strafbar gemacht ?
Die Strafbarkeit gemäß § 246 ist nicht zu prüfen.

Lösungsskizze Fall 45

- Strafbarkeit des B gemäß § 242 I ?

I. Tatbestand

1. Objektiver Tatbestand

***a. fremde bewegliche Sache ?* (+)**

b. Wegnahme ?
= Bruch fremden und Begründung neuen Gewahrsams

HIER (+) → der Vorgesetzte hatte nach der Verkehrsauffassung zumindest übergeordneten Mitgewahrsam (wenn nicht sogar Alleingewahrsam) am Kasseninhalt; B hatte als Auszubildender die Kasse nicht eigenständig zu betreuen

***c. <u>also</u>: objektiver Tatbestand* (+)**

2. Subjektiver Tatbestand

***a. Vorsatz ?* (+)**

***b. Absicht der rechtswidrigen Zueignung ?* (+)**

***c. <u>also</u>: subjektiver Tatbestand* (+)**

***3. <u>also</u>: Tatbestand* (+)**

***II. Rechtswidrigkeit* (+)**

***III. Schuld* (+)**

IV. Ergebnis:
Strafbarkeit des B gemäß § 242 I (+)

- Strafbarkeit des B gemäß § 266 I Var. 2 zum Nachteil der Bank ?

I. Tatbestand

1. Objektiver Tatbestand

a. Verletzung einer Vermögensbetreuungspflicht ?
= Hauptpflicht von einiger Bedeutung

HIER (–) → die Vermögensbetreuung ist zwar Hauptpflicht des B, ist aber angesichts der gebotenen restriktiven Auslegung nicht bedeutend genug; B führte die Kasse als Auszubildender nicht selbstständig und eigenverantwortlich, er stand unter der Kontrolle des Vorgesetzten

b. also: objektiver Tatbestand **(–)**

2. also: Tatbestand **(–)**

II. Ergebnis:
Strafbarkeit des B gemäß § 266 I Var. 2 zum Nachteil der Bank (–)

Formulierungsvorschlag Fall 45

- Strafbarkeit des B gemäß § 242 I

B könnte sich zunächst durch das Verlassen der Bank mit dem Geldschein gemäß § 242 I strafbar gemacht haben.

I. Der Geldschein ist eine für B fremde bewegliche Sache.

Er müsste es weggenommen haben. Wegnahme ist Bruch fremden und Begründung neuen Gewahrsams.

Gewahrsam ist die tatsächliche, von einem Herrschaftswillen getragene Sachherrschaft. Maßgeblich ist die Verkehrsauffassung.

Nach den Anschauungen des täglichen Lebens hat ein Kassierer Alleingewahrsam am Kasseninhalt, wenn er die alleinige Verantwortung für die Kasse hat. B war allerdings als Auszubildender lediglich zu bestimmten Geschäftsvorgängen befugt, die eigentliche Verantwortung lag beim vorgesetzten Angestellten. Ihm weist die Verkehrsanschauung daher zumindest übergeordneten Mitgewahrsam am Kasseninhalt zu. Daraus folgt, dass B allenfalls untergeordneten Mitgewahrsam hatte.

Er hat daher spätestens mit Verlassen der Bank zumindest den übergeordneten Mitgewahrsam des Vorgesetzten gebrochen und gleichzeitig neuen Gewahrsam begründet.

B hat das Geld weggenommen.

Er handelte vorsätzlich und in der Absicht, sich das Geld rechtswidrig zuzueignen.

II. Die Tat geschah rechtswidrig.

III. B handelte schuldhaft.

IV. Er hat sich durch das Verlassen der Bank mit dem Geld gemäß § 242 I strafbar gemacht.

- Strafbarkeit des B gemäß § 266 I Var. 2 zum Nachteil der Bank

Möglicherweise hat sich B durch das Entwenden des Geldes weiter gemäß § 266 I Var. 2 strafbar gemacht.

I. Dazu müsste B eine Vermögensbetreuungspflicht verletzt haben. Es muss sich um eine Hauptpflicht von einiger Bedeutung handeln.

Der Umgang mit Geld ist die Hauptpflicht des Bankangestellten, sei es auch nur ein entsprechend befugter Auszubildender. Die Fürsorgepflicht über das Bankvermögen ist damit Hauptpflicht des B.

Die Pflicht müsste mit Blick auf die gebotene restriktive Auslegung des § 266 I Var. 2 hinreichend bedeutend sein. Indiz dafür ist der Grad der Selbstständigkeit und der Umfang der Verantwortung.

B hatte zwar bereits gewisse eigenständige Befugnisse im Umgang mit der Kasse, angesichts seiner Stellung als Auszubildender stand er aber letztlich unter der ständigen Kontrolle des verantwortlichen Vorgesetzten. Die Tagesabrechnung wurde nicht von B durchgeführt, seine Eigenverantwortung war damit stark begrenzt. B sollte zunächst in die selbstständige Tätigkeit als Bankangestellter eingearbeitet werden, von den Befugnissen des Alleinkassierers war er noch weit entfernt.

Demnach hatte B mangels hinreichender Selbstständigkeit und Eigenverantwortung keine Vermögensbetreuungspflicht im Sinne des § 266 I.

II. B hat sich durch das Entwenden des Geldes nicht gemäß § 266 I Var. 2 zum Nachteil der Bank strafbar gemacht.

Fazit

1. Beim Diebstahl sind die Gewahrsamsverhältnisse problematisch. Wie ihr gesehen habt, kann man auch fremden (gleichrangigen und übergeordneten) ***Mitgewahrsam*** brechen. Wenn der Täter dagegen selbst übergeordneten Mitgewahrsam hat, scheidet eine Wegnahme aus. Dann bekommt die (gegebenenfalls veruntreuende) Unterschlagung nach § 246 I (II) eigenständige Bedeutung, die ja bekanntlich bei Strafbarkeit der Tat gemäß § 242 I ausdrücklich subsidiär ist (vgl. schon Fall 2, Fazit 2. / Fall 24, Fazit 6.).

Ebenfalls ***klausurtypisch*** ist in diesem Zusammenhang der ***Lkw-Fahrer***, der für einen Spediteur unterwegs ist. Ob der Spediteur (zumindest gleichrangigen)

Mitgewahrsam an der Ladung hat, hängt von den entsprechenden Sachverhaltsangaben ab (Funk- oder Handyverbindung, festgelegte Strecke, Entfernung etc.).

Wir haben es fallbezogen dahinstehen lassen, ob der Vorgesetzte (man könnte im Übrigen auch an den Filialleiter denken) sogar Alleingewahrsam hatte, weil übergeordneter Mitgewahrsam eines anderen für die Wegnahme eben völlig genügt.

2. Wenn – wie hier – der Missbrauchstatbestand ersichtlich nicht in Betracht kommt, solltet ihr im Sinne einer stringenten Fall-Lösung kein Wort darüber verlieren.

3. Auch der ***Treubruchstatbestand*** wird ***oft vorschnell bejaht***. Seid mit der Annahme einer Vermögensbetreuungspflicht („wahrnehmen“ und „betreuen“ sind vom Gesetz gleichbedeutend gemeint) zurückhaltend. Der ***Tatbestand*** ist ***strukturell uferlos weit***, jede wie auch immer entstandene Schädigung ist erfasst. Die ***einzige Einschränkungsmöglichkeit*** ist die ***Vermögensbetreuungspflicht***, die deshalb auch übereinstimmend mehr oder weniger eng (restriktiv) ausgelegt wird. Die Rechtsprechung neigt in Grenzfällen verglichen mit großen Teilen des Schrifttums etwas eher zur Bejahung von § 266 I Var. 2. Das ist aber kein Meinungsstreit im engeren Sinne. Es kommt wieder einmal auf die ***Argumentation anhand der Sachverhaltsangaben*** an.

Um euch an dieser Stelle zusätzlich ein gewisses Gespür anhand eines recht plastischen und gut nachvollziehbaren Beispiels zu vermitteln: Der BGH bejaht eine hinsichtlich der ***Mietkaution*** eine Vermögensbetreuungspflicht des Vermieters von Wohnraum, weil mit § 551 III BGB eine einschlägige gesetzliche Regelung existiert. Bei Gewerberaum ist das anders (§ 551 III BGB gilt für diesen Bereich nicht), so dass hier keine Vermögensbetreuungspflicht gesehen wird, insbesondere nicht in der bloßen vertraglichen Vereinbarung einer Kaution.

Fall 46

O will ihre Identität ändern. Zu diesem Zweck gibt sie ihrer langjährigen Partnerin T 2.000 €, von denen sie gefälschte Papiere besorgen soll. T hält sich nicht an den Auftrag, sondern verjubelt das Geld für sich.

Frage: Hat sich T gemäß § 266 strafbar gemacht ?

Lösungsskizze Fall 46

- Strafbarkeit der T gemäß § 266 I Var. 2 zum Nachteil der O ?

I. Tatbestand

1. Objektiver Tatbestand

a. Verletzung einer Vermögensbetreuungspflicht ?
= Hauptpflicht von einiger Bedeutung

HIER (+) → Hauptpflicht, eigenständiger Handlungsspielraum, nicht unbeträchtlicher Umfang, Vertrauensverhältnis; die Sittenwidrigkeit des Auftrags hindert die Annahme einer Vermögensbetreuungspflicht nicht (a.A. gut vertretbar); § 266 I erfasst auch rein faktische Treueverhältnisse, was im Übrigen kriminalpolitisch erwünscht ist; andernfalls entstünde ein rechtsfreier Raum trotz uneingeschränkter Strafwürdigkeit

b. (darauf kausal beruhender) Vermögensnachteil ?
= Wertminderung des Vermögens in seinem Gesamtbestand

HIER (+) → folgerichtig nach rein wirtschaftlichem Vermögensbegriff; der juristisch-ökonomische Vermögensbegriff ist nach Bejahung der Vermögensbetreuungspflicht trotz Sittenwidrigkeit kaum vertretbar (Argumentationswiderspruch)

***c. also: objektiver Tatbestand* (+)**

2. Subjektiver Tatbestand

***- Vorsatz ?* (+)**

***3. also: Tatbestand* (+)**

***II. Rechtswidrigkeit* (+)**

***III. Schuld* (+)**

IV. Ergebnis:
Strafbarkeit der T gemäß § 266 I Var. 2 zum Nachteil der O (+)

Formulierungsvorschlag Fall 46

- Strafbarkeit der T gemäß § 266 I Var. 2 zum Nachteil der O

T könnte sich durch das Ausgeben des Geldes gemäß § 266 I Var. 2 zum Nachteil der O strafbar gemacht haben.

I. Dazu müsste sie eine Vermögensbetreuungspflicht verletzt haben. Es muss sich dabei um eine Hauptpflicht von einiger Bedeutung handeln.

Die Vermögensbetreuung war nicht etwa nur eine beiläufige Nebenpflicht der T, sondern seine Hauptpflicht im Rahmen des Auftrags. T hatte einen eigenständigen Handlungsspielraum, angesichts der Freundschaft genoss sie das Vertrauen der O. Schließlich ist die überlassene Summe von 2.000 € nicht unerheblich. Die Hauptpflicht war deshalb auch von einiger Bedeutung.

Dennoch bestehen angesichts der Sittenwidrigkeit des Auftrags Bedenken gegen die Bejahung einer Vermögensbetreuungspflicht. Fraglich ist, ob auch ein sittenwidriger Auftrag ein Treueverhältnis im Sinne des § 266 I Var. 2 begründen kann. Dagegen scheint die Einheit der Rechtsordnung zu sprechen. Ein nach § 138 I BGB nichtiges Rechtsgeschäft kann schwerlich als Basis für eine Vermögensbetreuungspflicht dienen.

Es darf aber nicht außer Acht gelassen werden, dass § 266 I Var. 2 auch ein faktisches Treueverhältnis erfasst. Dieses faktische Verhältnis bleibt von der Nichtigkeit der rechtlichen Grundlage unberührt.

Der Ausschluss sittenwidrig begründeter Treueverhältnisse wäre zudem kriminalpolitisch unerwünscht, weil dadurch ein rechtsfreier Raum entstünde, in den die Selbstjustiz unter Ganoven Einzug finden könnte. Die Verwerflichkeit des Täters beim eigennützigen Verbrauch anvertrauter Sachen ist angesichts der Sittenwidrigkeit des Rechtsgeschäfts im Übrigen keineswegs geringer. Die hier bevorzugte Auffassung trägt also der uneingeschränkten Strafwürdigkeit Rechnung.

Demnach hindert die Sittenwidrigkeit des Auftrags die Annahme einer faktischen Vermögensbetreuungspflicht nicht.

T hatte gegenüber O die erforderliche Vermögensbetreuungspflicht.

Diese Pflicht hat T verletzt, indem sie das Geld für sich ausgab.

Durch die Pflichtverletzung müsste O ein Nachteil entstanden sein. Nachteil ist jede Wertminderung des Vermögens in seinem Gesamtbestand. Rein wirtschaftlich betrachtet wurde das Vermögen der O durch das Verhalten der T gemindert. Möglicherweise muss das Vermögen aber über diese Betrachtung hinaus zivilrechtlich geschützt sein.

Wie schon angedeutet ist allerdings der strafrechtliche Vermögensbegriff eigenständig und rein wirtschaftlich zu betrachten. Aus den genannten kriminalpolitischen Gründen darf es kein gegen Untreue ungeschütztes Vermögen geben.

O ist demnach durch die Pflichtverletzung ein Nachteil entstanden.

T handelte vorsätzlich.

II. Die Tat geschah rechtswidrig.

III. T handelte schließlich schuldhaft.

IV. Sie hat sich durch das Ausgeben des Geldes gemäß § 266 I Var. 2 zum Nachteil des O strafbar gemacht.

Fazit

1. Kommt euch das Problem bekannt vor? Richtig, es handelt es sich um eine Art ***Nebenschauplatz des klassischen Streits um den Vermögensbegriff***, den ihr schon aus Fall 39 kennt. Das Problem stellt sich gar nicht erst, wenn die allgemeinen Voraussetzungen der Vermögensbetreuungspflicht (Hauptpflicht, eigenständiger Handlungsspielraum, Umfang) nicht vorliegen. Springt also in der Fall-Lösung nicht vorschnell auf die Frage der Sittenwidrigkeit!

2. Wenn es auf die Gesetzes- oder Sittenwidrigkeit ankommt, muss man weiter unterscheiden:

Unstreitig liegt kein strafbarer Treubruch vor, ***wenn der Täter*** lediglich ***die Ausführung*** des gesetzes- oder sittenwidrigen Auftrags ***unterlässt*** (z.B. übergebenes Falschgeld nicht absetzt) oder gar Diebesgut beim Eigentümer oder bei der Polizei abliefert, statt es auftragsgemäß für den Dieb abzusetzen. In diesen Fällen wendet sich der Täter – wenn man so will – dem Recht zu, § 266 I Var. 2 ist nicht erfüllt.

Ein weiteres Beispiel für das Problem des Ausgangsfalls: „T verwertet die ihr zum Verkauf übergebene Diebesbeute oder den erzielten Erlös für sich selbst."

Ihr könnt euch mit der entsprechenden Argumentation so oder so entscheiden. ***Inkonsequent*** wäre es allerdings, ***die Vermögensbetreuungspflicht zu bejahen und dann den Nachteil zu verneinen***. Dazu müsste man sich nämlich die Argumente zu Eigen machen, die man oben gerade verworfen hat.

3. Eine ***veruntreuende Unterschlagung*** war angesichts der eingeschränkten Fallfrage nicht zu prüfen (vgl. aber Fall 40, Fazit 4.). Sie fiele hier ohnehin wegen der Subsidiaritätsklausel im Verhältnis zu § 266 I Var. 2 unter den Tisch (vgl. Fall 24, Fazit 6.).

Hehlerei

Fall 47

Schlingel S hat einen 500-€-Schein gestohlen. In einer Bank wechselt er ihn in fünf 100-€-Scheine. Einen Hunderter schenkt S seiner Freundin F, die er zuvor über das gesamte Geschehen informiert hatte.

Frage: Hat sich F gemäß § 259 strafbar gemacht ?

Lösungsskizze Fall 47

- Strafbarkeit der F gemäß § 259 I Var. 1 ?

I. Tatbestand

1. Objektiver Tatbestand

a. Sache, die ein anderer aus einer tauglichen Vortat erlangt hat ?

HIER (–) → aus dem Diebstahl hat S nur den 500-€-Schein erlangt, der 100-€-Schein geht nur mittelbar daraus hervor (sog. Ersatzsache); die Wertsummentheorie ist hier nicht anwendbar, das wäre eine unzulässige Analogie zuungunsten des Täters (a.A. vertretbar); der Schein ist auch nicht unmittelbar aus einer erneuten Tat hervorgegangen; wegen § 935 II (genauer §§ 929, 932 I 1, 935 II) BGB konnte die Bank gutgläubig Eigentum am 500-€-Schein erwerben, sodass S in der Bank keinen Betrug begangen hat

***b. also: objektiver Tatbestand* (–)**

***2. also: Tatbestand* (–)**

II. Ergebnis:

Strafbarkeit der F gemäß § 259 I Var. 1 (–)

Formulierungsvorschlag Fall 47

- Strafbarkeit der F gemäß § 259 I Var. 1

Durch die Entgegennahme des Geldscheins könnte sich F gemäß § 259 I Var. 1 strafbar gemacht haben.

I. Der Schein ist eine Sache.

S müsste den Geldschein aus einer gegen fremdes Vermögen gerichteten Vortat erlangt haben.

Aus dem Diebstahl hat er unmittelbar den 500-€-Schein erlangt, die 100-€-Scheine gehen nur mittelbar daraus hervor.

Solche Ersatzsachen sind jedenfalls im Grundsatz keine tauglichen Tatobjekte für § 259 I.

Speziell bei Geld kommt es aber nach den Anschauungen des täglichen Lebens weniger auf die Sachidentität, als vielmehr auf den verkörperten Wert an. Mit Blick auf diesen Wertsummengedanken ist in Erwägung zu ziehen, von der Straflosigkeit der Ersatzhehlerei eine Ausnahme zu machen.

Das widerspräche jedoch dem eindeutigen Wortlaut des § 259 I, der die Sachidentität unmissverständlich voraussetzt. Die Berücksichtigung des Wertsummengedankens führte also hier – anders als im Bereich des § 242 I – zu einer Analogie zuungunsten des Täters. Dem steht Art. 103 II GG (§ 1 StGB) entgegen.

Auch bei Geld ist daher an der Straflosigkeit der Ersatzhehlerei festzuhalten.

Der 100-€-Schein ist nicht aus dem Diebstahl erlangt.

Möglicherweise hat S den Schein aber unmittelbar aus einer weiteren Straftat, nämlich einem Betrug, erlangt. In Betracht kommt § 263 I zum Nachteil der Bank.

Die Bank hat jedoch gemäß §§ 929, 932 I 1, 935 II BGB ungeachtet der Herkunft des 500-€-Scheins gutgläubig Eigentum erworben. Somit ist ihr jedenfalls kein Schaden entstanden.

S hat keinen Betrug begangen.

Damit hat er den 100-€-Schein nicht aus einer Vortat erlangt.

II. F hat sich folglich durch die Entgegennahme des 100-€-Scheins nicht gemäß § 259 I Var. 1 strafbar gemacht.

Fazit

1. Zum ***Tatobjekt***: Es kommt ***jede Sache*** in Betracht, egal ob beweglich, unbeweglich, fremd, tätereigen oder herrenlos.

2. Die ***Ersatzhehlerei*** ist das wohl klausurträchtigste Problem im Bereich der Hehlerei.

   Vorsicht Falle: Achtet immer darauf, ob nicht die Ersatzsache selbst durch eine ***erneute Tat*** (meist § 263) unmittelbar erlangt worden ist. Im Ausgangsfall war das wegen § 935 II BGB nicht so. Anders hingegen, wenn etwa gestohlener Schmuck versetzt wird. Dem Käufer hilft dann alle Gutgläubigkeit nichts, es gilt § 935 I BGB. Damit liegt ein Schaden vor.

3. Die Besonderheit des Falls liegt darin, dass es sich bei der Ersatzsache um ***Geld*** handelt. Der ***Wertsummengedanke*** sollte euch bekannt vorkommen (vgl. Fall 13). Getreu dem Motto „des einen Freud, des anderen Leid“ wirkt er sich hier – im Gegensatz zu § 242 I – zum Nachteil des Täters aus. Dem schiebt Art. 103 II GG (§ 1 StGB) mit dem ***Analogieverbot*** einen Riegel vor (bekanntlich immer eine gute Idee). So sieht es jedenfalls die ganz h.M., der wir in diesem Punkt voll beipflichten.

4. ***Vortaten*** i.S.d. § 259 I müssen ***nicht unbedingt Vermögensdelikte*** sein. Es kommen beispielsweise ***auch §§ 240, 267, 274*** in Betracht, sofern dadurch unmittelbar eine ***rechtswidrige Besitzlage*** entsteht. Natürlich ist auch die Hehlerei selbst eine taugliche Vortat (sog. Kettenhehlerei). Die ***Vortat*** muss ***rechtswidrig***, aber ***nicht notwendigerweise schuldhaft*** begangen worden sein!

Nach h.M. muss die ***Vortat der Hehlerei zeitlich vorausgehen***. Gleichzeitigkeit soll nicht genügen. Dafür spricht der Wortlaut „erlangt hat“.

Fall 48

T hat einen wertvollen Nasenring gestohlen, den er verkaufen will. Seine Freundin U nennt ihm gegen Zusage einer Einladung zum Essen den Namen des Nasenringsammlers und potenziellen Kaufinteressenten K. Hierbei war der U die Herkunft des Rings bekannt. Die Vertragsverhandlungen, die T später mit K führt, verlaufen erfolglos.

Frage: Wie hat sich U strafbar gemacht ?
§ 257 sowie Teilnahme an Taten des T ist nicht zu prüfen.

Lösungsskizze Fall 48

- Strafbarkeit der U gemäß § 259 I Var. 4 ?

I. Tatbestand

1. Objektiver Tatbestand

***a. Sache, die ein anderer aus einer tauglichen Vortat erlangt hat ?* (+)**

b. Absatzhilfe ?
= Mitwirken beim Absetzen der Beute durch den Vortäter

HIER (–) → die Absatzhilfe setzt – wie das Absetzen – einen Erfolg voraus; hier sind die Verhandlungen erfolglos verlaufen; die inzwischen überholte Gegenansicht, die sich auf die bis 1974 geltende alte Fassung des § 259 stützte, lässt sich schon mit Blick auf den aktuellen Gesetzeswortlaut nicht halten

***c. <u>also</u>: objektiver Tatbestand* (–)**

***2. <u>also</u>: Tatbestand* (–)**

II. Ergebnis:
Strafbarkeit der U gemäß § 259 I Var. 4 (–)

- Strafbarkeit der U gemäß §§ 259 I Var. 4, 22, 23 I ?

(- Vorprüfung)

***1. Nichtvollendung der Tat ?* (+)**

2. Strafbarkeit des Versuchs ?* (+) → *§ 259 III

I. Tatbestand

1. Subjektiver Tatbestand

a. Tatentschluss ?
= Vorsatz bezüglich der objektiven Merkmale

***aa. Vorsatz bezüglich des Tatobjekts (s.o.) ?* (+)**

***bb. Vorsatz bezüglich der Tathandlung Absatzhilfe ?* (+)**

***cc. also: Tatentschluss* (+)**

b. Bereicherungsabsicht ?

HIER (+) → Bereicherung in Form des Essens erstrebt; Stoffgleichheit ist für § 259 I nicht erforderlich (a.A. noch vertretbar)

***c. also: subjektiver Tatbestand* (+)**

***2. Objektiver Tatbestand = unmittelbares Ansetzen ?* (+)**

***3. also: Tatbestand* (+)**

***II. Rechtswidrigkeit* (+)**

***III. Schuld* (+)**

IV. Ergebnis:
Strafbarkeit der U gemäß §§ 259 I Var. 4, 22, 23 I (+)

Formulierungsvorschlag Fall 48

- Strafbarkeit der U gemäß § 259 I Var. 4

Durch den Hinweis könnte sich U gemäß § 259 I Var. 4 strafbar gemacht haben.

I. Bei dem Nasenring handelt es sich um eine Sache, die ein anderer, nämlich T, aus einem Diebstahl erlangt hat.

U müsste Absatzhilfe geleistet haben.

Darunter ist zunächst jede Hilfeleistung beim Absetzen der Beute durch den Vortäter zu verstehen.

Angesichts der gescheiterten Vertragsverhandlungen stellt sich die Frage, ob die Absatzbemühungen zum Erfolg geführt haben müssen.

Für die bis 1974 geltende alte Fassung des § 259, in der pauschal vom „Mitwirken beim Absatz" die Rede war, wurde ein Absatzerfolg überwiegend für nicht erforderlich gehalten. Diese Ansicht lässt sich aber wegen der aktuellen erfolgsorientierten Gesetzesfassung nicht mehr halten. Begrifflich kann mit Absetzen nicht die bloße Bemühung gemeint sein.

Die gegenteilige Interpretation hält sich nicht mehr im Rahmen einer extensiven Auslegung, sondern sprengt die Grenzen des möglichen Wortsinns.

Ein solcher Verstoß gegen Art. 103 II GG (§ 1 StGB) wäre im Übrigen wegen der Versuchsstrafbarkeit aus § 259 III auch kriminalpolitisch überflüssig.

Absetzen und Absatzhilfe setzen demnach einen Absatzerfolg voraus, der wie eingangs erläutert nicht stattgefunden hat.

U hat damit keine Absatzhilfe geleistet.

II. Sie hat sich durch ihren Hinweis nicht gemäß § 259 I Var. 4 strafbar gemacht.

- Strafbarkeit der U gemäß §§ 259 I Var. 4, 22, 23 I

Möglicherweise hat U aber durch ihren Hinweis eine versuchte Hehlerei gemäß §§ 259 I Var. 4, 22, 23 I begangen.

Die Tat ist nicht vollendet.

Der Versuch ist gemäß § 259 III strafbar.

I. U müsste den Tatentschluss zur Hehlerei gefasst haben, also auf alle objektiven Tatbestandsmerkmale gerichteten Vorsatz gehabt haben.

Sie war sich darüber im Klaren, dass es sich bei dem Nasenring um eine Sache handelte, die T aus einem Diebstahl erlangt hatte.

U wollte mit ihrem Hinweis auf einen erfolgreichen Verkauf des Nasenrings hinwirken, also im Einverständnis mit T Absatzhilfe leisten.

Somit hatte er den erforderlichen Tatentschluss.

Weiter müsste U in Bereicherungsabsicht gehandelt haben. Sie wollte die Belohnung in Form des Essens erlangen und sich somit bereichern. Der Vorteil stammt nicht aus der gehehlten Sache, ist also nicht stoffgleich.

Zu prüfen ist demnach, ob Stoffgleichheit für § 259 erforderlich ist.

Es macht von der Strafwürdigkeit her keinen Unterschied, ob der Absatzgehilfe gerade aus der Beute oder auf andere Weise entlohnt werden soll. Vor allem aber kann die Stoffgleichheit hier im Gegensatz zu § 263 schon deshalb nicht zum Tragen kommen, weil es einen dem erstrebten Vorteil entsprechenden tatbestandsmäßigen Vermögensschaden nicht gibt. Auf Stoffgleichheit kann es also nicht ankommen.

Somit liegt die Bereicherungsabsicht auch ohne Stoffgleichheit vor.

Mit dem Hinweis hat U unmittelbar zur Tatbestandsverwirklichung angesetzt.

II. Die Tat geschah rechtswidrig.

III. U handelte schuldhaft.

IV. Demnach hat sich U durch ihren Hinweis gemäß §§ 259 I Var. 4, 22, 23 I strafbar gemacht.

Fazit

1. Hier dringen wir erstmalig bis zur ***Tathandlung*** vor. Zur Erläuterung:

Alle Varianten des § 259 I setzen ein ***einverständliches Zusammenwirken mit dem Vorbesitzer*** voraus. Das steht zwar nicht ausdrücklich im Gesetz, ist aber allgemein anerkannt. So begeht etwa keine Hehlerei, wer dem Dieb die Beute klaut oder sie unterschlägt.

„Sich-Verschaffen" ist die ***Übernahme der tatsächlichen Verfügungsgewalt zu eigenen Zwecken***. Das „Ankaufen" ist nur ein – wenn auch typischer – Unterfall des „Sich-Verschaffens" und hat keine eigenständige Bedeutung.

„Einem Dritten verschaffen" soll die Fälle erfassen, in denen ***der Täter für den Dritten agiert***. Das ist beispielsweise beim Gewerbegehilfen der Fall, der für seinen Geschäftsherrn gestohlene Sachen erwirbt. Diese Konstellation taucht in Klausuren vergleichsweise selten auf.

Das ***„Absetzen"*** ist strukturell der Gegenpart zur zuletzt genannten Variante „einem Dritten verschaffen". Diesmal ***handelt*** der ***Täter im Interesse des Vortäters*** (nicht des Dritten). Nach h.M. muss es sich dabei um eine ***entgeltliche Veräußerung*** handeln. Das bloße Verschenken hält nur eine Mindermeinung für tatbestandsmäßig.

Die ***„Absatzhilfe"*** ist nichts anderes als eine ***Beihilfekonstellation***. Weil es an der teilnahmefähigen Haupttat fehlt – der absetzende Vortäter kann ja nicht selbst Hehler sein – ist die Beihilfe zur Vermeidung von Strafbarkeitslücken zur Tatbestandsvariante geworden. Mit Absatzhilfe ist also nur Hilfe beim Absatz durch den Vortäter gemeint, nicht etwa – wie man meinen könnte – Hilfe beim Absatz durch den Hehler.

2. Der Fall betrifft einen uralten Problemklassiker, bei dem der BGH im Jahr 2013 im Ergebnis eingelenkt hat.

Dass mit ***„Absetzen" nicht schon der bloße Versuch des Absetzens*** gemeint sein kann, ist eigentlich klar wie Kloßbrühe.

Aber oh Wunder: Der BGH sah dies (bei konkret geeigneten Tathandlungen) über Jahrzehnte hinweg anders. Und jetzt das: Auf eine entsprechende Anfrage des 3. Strafsenats haben alle Strafsenate des BGH ihre seit einer „gefühlten Ewigkeit" stur vertretene Auffassung aufgegeben (vgl. BGH NJW 2014, 951 f). Die Literaturwelt sieht das als Erfolg ihrer Hartnäckigkeit an.

Die genannte BGH-Entscheidung ist lesenswert, weil dort systematisch die klassischen Methoden der Gesetzesauslegung angewandt werden.

Allerdings hat sich der BGH nicht dazu durchgerungen, den Verstoß gegen das Analogieverbot aus Art. 103 II GG klar auszusprechen.

Insofern unterscheidet sich bei gleichem Ergebnis die Begründung des BGH deutlich von unserem Lösungsvorschlag. Unsere Argumentation mit dem Analogieverbot ist prägnanter, wenn man so will angemessen radikal. Sie entspricht dem Kern der langjährigen Kritik in der Literatur. Der BGH kommt nun mit wesentlich aufwändigerer Begründung sozusagen auf Samtpfoten zum richtigen Resultat. Trotz der eher zaghaften Begründung ist der Sinneswandel des BGH sehr bemerkenswert. Die Strukturen waren nämlich gerade in diesem Bereich scheinbar unverrückbar festgefahren. Manche sprachen sogar von einem „Ewigkeitsproblem".

Was bleibt unter dem Strich? Zumindest im Ergebnis sind sich nun alle einig: Das „Absetzen" verlangt einen Absatzerfolg. Da der „Problemklassiker" aber ungezählte Generationen von Juristen beschäftigt hat, wird er noch einige Zeit nachwirken. Der Stern des Problems wird jetzt naturgemäß sinken. Dennoch wird das Bewusstsein dafür aber bis auf Weiteres gefragt sein.

Um die ehemalige BGH-Ansicht überhaupt nachvollziehbar ins Spiel bringen zu können, müsst ihr ausnahmsweise historisch ansetzen.

Das Erfordernis des Absatzerfolgs gilt natürlich mit Blick auf die Absatzhilfe genauso, wie sich aus der geschilderten Struktur unschwer ergibt.

3. Der subjektive Tatbestand setzt zunächst Vorsatz voraus. Der kann insbesondere bezogen auf die Herkunft des Tatobjekts im Einzelfall problematisch sein. Denkt etwa an Fälle, in denen beispielsweise über ***eBay*** mehr oder weniger „verdächtige Ware" erworben wird. Der Käufer kann natürlich auch dann Hehler sein, wenn er – wie es in der Praxis regelmäßig der Fall sein wird – keine genauen Kenntnisse von der Vortat und vom Vortäter hat. Eine allgemeine Vorstellung und das berühmte „billigend in Kauf nehmen" genügt (vgl. grundlegend zum Eventualvorsatz Die Fälle – Strafrecht AT, Fall 2).

Achtet im subjektiven Tatbestand außerdem auf die ***Bereicherungsabsicht***, die nach unserer Lösung wie schon der Vorsatz erst bei der Versuchsprüfung zu untersuchen war. Die beabsichtigte ***Bereicherung muss*** nach deutlich herrschender Meinung im Unterschied zu §§ 263, 253 ***weder rechtswidrig noch stoffgleich sein***.

Schwieriger wäre es, wenn U aus reiner Gefälligkeit gehandelt hätte. In Betracht käme dann nur eine beabsichtigte Bereicherung des T. Zwar ist die ***Drittbereicherung*** in § 259 I ausdrücklich erfasst, nach h.L. und neueren BGH-Entscheidungen soll aber ***Dritter nicht der Vortäter*** sein können.

4. Habt ihr euch Gedanken darüber gemacht, weshalb wir u.a. Teilnahme an Taten des T von der Prüfung ausgenommen haben? Der Grund kann ja nur darin liegen, dass bei uneingeschränkter Fallfrage an eine solche Teilnahme zu denken gewesen wäre. Der Sachverhalt gibt zwar keinerlei Anhaltspunkte für Anstiftung (§ 26) oder Beihilfe (§ 27 I) zum Diebstahl. T könnte aber durch das Angebot gegenüber K eine Unterschlagung begangen haben, wenn man nämlich mit der sogenannten Konkurrenzlösung auch eine wiederholte Zueignung als von § 246 I erfasst ansieht (vgl. Fall 24, Fazit 4.).

Unter dieser Prämisse hätte sich U gemäß §§ 246 I, 27 I strafbar gemacht. Die Beihilfe zur Unterschlagung durch wiederholte Zueignung träte aber jedenfalls hinter eine vollendete Hehlerei zurück (Gesetzeskonkurrenz). Deshalb sollte man sich auch bei offener Fallfrage nicht zu breit über die Teilnahme an einer etwaigen Unterschlagung des Vortäters auslassen (Schwerpunktsetzung).

Zu § 257 verweisen wir auf Die Fälle – Strafrecht BT 1, Fall 28.

Fall 49

Der volksmusikbegeisterte Hobbybastler H sagt B zu, ihm einen Dietrich für einen Diebstahl in einem Plattenladen anzufertigen, wenn bei der Sache eine CD für ihn herausspringt. Einige Tage nach dem dank des Dietrichs erfolgreichen „Bruch" händigt B dem H tatsächlich eines der zahlreichen Beutestücke aus. Es handelt sich um das neueste Werk von „Jodel-Joseph", das einen Wert von 15 € hat.

Frage: Wie hat sich H strafbar gemacht ?
Teilnahme an einer etwaigen Unterschlagung des B ist nicht zu prüfen.

Lösungsskizze Fall 49

- Strafbarkeit des H gemäß §§ 242 I, 243 I 1, 2 Nr. 1, 27 I ?

I. Tatbestand

1. Objektiver Tatbestand

a. vorsätzliche rechtswidrige Haupttat ?

HIER (+) → §§ 242 I, 243 I 1, 2 Nr. 1

b. Hilfe leisten ? **(+)**

c. also: objektiver Tatbestand **(+)**

2. Subjektiver Tatbestand

a. Vorsatz hinsichtlich der Vollendung der Haupttat ? **(+)**

b. Vorsatz hinsichtlich der Gehilfenhandlung ? **(+)**

c. also: subjektiver Tatbestand **(+)**

3. also: Tatbestand **(+)**

II. Rechtswidrigkeit **(+)**

III. Schuld **(+)**

IV. Ergebnis:
Strafbarkeit des H gemäß §§ 242 I, 243 I 1, 2 Nr. 1, 27 I (+)

- Strafbarkeit des H gemäß § 259 I Var. 1 ?

I. Tatbestand

1. Objektiver Tatbestand

a. Sache, die ein anderer aus einer tauglichen Vortat erlangt hat ?

HIER (+) → auch wenn der Täter Teilnehmer der Vortat ist, handelt es sich für ihn um die Tat eines anderen; das gilt selbst dann, wenn die Aushändigung eines Teils der Beute von vornherein vereinbart war (a.A. gut vertretbar); die Erfüllung dieser Vereinbarung geht über die Teilnahme an der Vortat hinaus

***b. Sich-Verschaffen ?* (+)**

***c. also: objektiver Tatbestand* (+)**

2. Subjektiver Tatbestand

***a. Vorsatz ?* (+)**

***b. Bereicherungsabsicht ?* (+)**

***c. also: subjektiver Tatbestand* (+)**

***3. also: Tatbestand* (+)**

***II. Rechtswidrigkeit* (+)**

***III. Schuld* (+)**

IV. Ergebnis:

Strafbarkeit des H gemäß § 259 I Var. 1 (+); Verfolgung wegen Geringwertigkeit des Tatobjekts gemäß § 259 II i.V.m. § 248a nur auf Antrag, wenn nicht die Staatsanwaltschaft ein besonderes öffentliches Interesse bejaht

- Gesamtergebnis und Konkurrenzen

Strafbarkeit des H gemäß §§ 242 I, 243 I 1, 2 Nr. 1, 27 I (+); Strafbarkeit des H gemäß § 259 I Var. 1 (+); die Taten stehen zueinander in Realkonkurrenz, § 53

Formulierungsvorschlag Fall 49

- Strafbarkeit des H gemäß §§ 242 I, 243 I 1, 2 Nr. 1, 27 I

Durch das Aushändigen des Dietrichs könnte sich H gemäß §§ 242 I, 243 1, 2 I Nr. 1, 27 I strafbar gemacht haben.

I. B hat einen Diebstahl begangen, wobei er zur Ausführung der Tat mit einem nicht zur ordnungsgemäßen Öffnung bestimmten Werkzeug in einen Geschäftsraum eingedrungen ist. Somit liegt eine vorsätzliche rechtswidrige Haupttat gemäß §§ 242 I, 243 I 1, 2 Nr. 1 vor.

Mit dem Aushändigen des Dietrichs hat H Hilfe zu dieser Tat geleistet.

Er handelte dabei vorsätzlich bezüglich der Vollendung der Haupttat und seiner Gehilfenhandlung.

II. Die Tat geschah rechtswidrig.

III. H handelte schuldhaft.

IV. Er hat sich also durch das Aushändigen des Dietrichs gemäß §§ 242 I, 243 I 1, 2 Nr. 1, 27 I strafbar gemacht.

- Strafbarkeit des H gemäß § 259 I Var. 1

Durch die Entgegennahme der CD könnte sich H gemäß § 259 I Var. 1 strafbar gemacht haben.

I. Die CD ist eine Sache.

B hat sie durch den Diebstahl erlangt.

Diese Vortat müsste aus Sicht des H die Tat eines anderen sein. B war als Gehilfe an der Vortat beteiligt. Somit drängt sich die Frage auf, ob auch der Teilnehmer an der Vortat Hehler sein kann.

Der Gesetzeswortlaut schließt das jedenfalls nicht aus. Die Teilnahme ist die Beteiligung an einer fremden Tat, also an der Tat eines anderen. Demnach kann grundsätzlich auch der Teilnehmer nach § 259 I bestraft werden.

Fraglich bleibt aber, ob das auch für die Fälle gilt, in denen – wie hier – Teile der Beute von vornherein an den Teilnehmer weitergegeben werden sollen. Der Gehilfe steht in solchen Konstellationen nämlich schon durch die Vortat in einer Beziehung zur Sache. Die Weitergabe bedeutet nur die Erfüllung einer getroffenen Vereinbarung zwischen Vortäter und Teilnehmer.

Es muss aber Berücksichtigung finden, dass der Teilnehmer, der nach der Tat Hehlerhandlungen vornimmt, über die Voraussetzungen der bloßen Teilnahme hinaus tätig wird. Der Schuldgehalt ist höher als es in einer Bestrafung etwa wegen Beihilfe zum Ausdruck kommt.

Schließlich steht die tatsächliche Aushändigung der Beute an den Teilnehmer letztlich dem Vortäter frei. Erst durch die faktische Übergabe wird die durch die Vortat geschaffene rechtswidrige Vermögenslage vertieft. Die vorgelagerte Vereinbarung begründet die von § 259 I erfasste Situation noch nicht.

Somit ist Hehlerei ausnahmslos auch vom Teilnehmer an der Vortat begehbar.

Die Vortat war mithin für H die eines anderen im Sinne des § 259 I.

Er hat sich die CD im Einvernehmen mit dem Vorbesitzer B verschafft.

H handelte vorsätzlich und in Bereicherungsabsicht.

II. Die Tat geschah rechtswidrig.

III. H handelte schuldhaft.

IV. Folglich hat er sich durch die Entgegennahme der CD gemäß § 259 I Var. 1 strafbar gemacht. Das Tatobjekt ist geringwertig im Sinne des § 259 II i.V.m. § 248a. Nach diesen Vorschriften wird die Tat nur auf Antrag verfolgt, wenn nicht die Staatsanwaltschaft ein besonderes öffentliches Interesse bejaht.

- Gesamtergebnis und Konkurrenzen

H hat sich gemäß §§ 242 I, 243 I 1, 2 Nr. 1, 27 I und gemäß § 259 I Var. 1 strafbar gemacht. Zwischen den Taten besteht Realkonkurrenz, § 53.

Fazit

1. Bei Anstiftung oder Beihilfe (Teilnahme, vgl. § 28 I) gilt bekanntlich der eiserne Aufbaugrundsatz „Täter vor Teilnehmer“ Wenn aber – wie hier – nach der Strafbarkeit des Täters gar nicht gefragt ist, muss man zwangsläufig davon eine Ausnahme machen. Dann müsst ihr wie gesehen die Haupttat im Rahmen der Teilnahmeprüfung kurz herausarbeiten. Macht bitte nicht den Fehler, die Haupttat in epischer Breite und auf Basis wilder Sachverhaltsspekulationen zu prüfen. Nach dem insoweit mageren Aufgabentext soll ersichtlich vom Vorliegen der Haupttat ausgegangen werden.

2. Um die ***Hehlerei bei Beteiligung*** (Oberbegriff für Täterschaft und Teilnahme; vgl. § 28 II) an der Vortat ranken sich nette Probleme.

Klar ist zunächst, dass die ***Vortat für den Mittäter nicht die Tat eines anderen*** ist. Eine recht krasse und wenig überzeugende Mindermeinung will davon eine Ausnahme machen, wenn nach Teilung der Beute einer der Mittäter den Anteil des anderen zurückerwirbt.

Apropos ***Rückerwerb:*** Wie sieht es aus, wenn der Vortäter z.B. eine gestohlene Sache zunächst an den (bösgläubigen) Hehler H verkauft, dann aber später doch wieder an das Objekt herankommen möchte und die Sache dem Hehler wieder abkauft. Hier hat man auf den ersten Blick keine Probleme, den Rückerwerb unter § 259 I zu packen, weil die Hehlerei des H taugliche Vortat eines anderen ist (vgl. Fall 47, Fazit 4.). Einige heben nun aber hervor, dass es an einer erneuten Rechtsgutverletzung fehle und deshalb die Hehlerei zumindest als mitbestrafte Nachtat (im Beispiel hinter § 242 I) zurücktreten müsse. Andere nehmen in solchen Rückerwerbsfällen Realkonkurrenz (§ 53) mit dem Argument an, der rückerwerbende Vortäter verlängere die Hehlereikette.

Im Ausgangsfall ging es um die Frage, ob und ***inwieweit Teilnehmer an der Vortat*** (also Anstifter und Gehilfen) ***Hehler sein können***.

Die Auffassung, das sei pauschal ausgeschlossen, wird heute nur noch sehr vereinzelt vertreten und ist daher – jedenfalls in der Klausur – nicht ernsthaft diskussionswürdig.

Die deutlich herrschende Meinung geht vom Gegenteil aus, dass nämlich der Hehlerei des Teilnehmers nichts im Wege steht.

Gerade der Ausgangsfall ist aber auf die Diskussion einer differenzierenden Literaturmeinung ausgerichtet, die hier wegen der von Anfang an geplanten Aushändigung der Beute zur Ablehnung von § 259 I käme.

Euch ist sicher aufgefallen, dass die h.M. wie so oft bestechend simpel ist und sich daher auch leicht merken lässt: ***Mittäter der Vortat können nie Hehler sein, Teilnehmer an der Vortat dagegen uneingeschränkt.***

Ein paar Worte zum ***Prüfungsstandort*** der ganzen Angelegenheit: In Lehrbüchern wird das Problem regelmäßig abstrakt jenseits aller Tatbestandsmerkmale aufgeworfen. Wenn ihr's in der Klausur genauso macht, hängt die Diskussion dann aber ziemlich in der Luft. Wir empfehlen daher die im Formulierungsvorschlag praktizierte Anknüpfung an das Merkmal ***„Tat eines anderen“***.

3. Der Sachverhalt stößt einen regelrecht auf ***§ 259 II i.V.m. § 248a***. Das habt ihr hoffentlich erkannt.

4. Begünstigung ist übrigens schon wegen § 257 III ersichtlich ausgeschlossen. Wer will, kann das in der Lösung kurz erwähnen. Schaut euch zur Einschränkung der Fallfrage nochmals Fall 48, Fazit 4. an.

5. ***§§ 260 I, 260a I*** sind ***Qualifikationen zu § 259***. Hier taucht abermals die gewerbsmäßige und bandenmäßige Begehung auf, wobei § 260a die Kombination von § 260 I Nr. 1 und 2 zum Verbrechen (§ 12 I, III) macht (vgl. schon zu § 263 III und V Fall 32, Fazit 5. und 6. mit weiteren Verweisungen).

Kombinationsfälle

Fall 50

X betritt das Geschäft der Juwelierin J. Er zeigt sich an einigen goldenen Ringen mit überdimensionalen Rubinen interessiert. X fragt J, ob sie ihm die Ringe zur näheren Ansicht aus der Verkaufsvitrine holen könne. J geht auf das Ansinnen des X ein und händigt ihm einen der Ringe aus. Wie von vornherein geplant, ruft X der J ein fröhliches „Und Tschüs!" zu und entschwindet mitsamt dem Ring.

Frage: Hat sich X gemäß § 242 oder § 263 strafbar gemacht ?

Lösungsskizze Fall 50

- Strafbarkeit des X gemäß § 263 I zum Nachteil der J ?

I. Tatbestand

1. Objektiver Tatbestand

a. Täuschung über Tatsachen ?

HIER (+) → über seine Kaufwilligkeit; er wollte sich das Schmuckstück nur aushändigen lassen, um damit zu flüchten

b. (darauf kausal beruhender) Irrtum ? (+)

c. (darauf kausal beruhende) Vermögensverfügung ?

= jedes Handeln, Dulden oder Unterlassen, das sich unmittelbar vermögensmindernd auswirkt

HIER (−) → J hat X zwar den Ring gegeben; das Aushändigen des Ringes ist aber nicht als Gewahrsamsübertragung an X zu werten; es fehlt an einem diesbezüglichen Übertragungswillen der J; sie wollte ihren bestehenden Gewahrsam lockern und nicht etwa aufgeben; J hat X dadurch lediglich die Möglichkeit eröffnet, durch weiteres eigenmächtiges Handeln eine Vermögensminderung herbeizuführen; das Verhalten der J hat sich nur mittelbar vermögensmindernd ausgewirkt; also stellt das Übergeben des Ringes keine Vermögensverfügung dar

d. <u>also</u>: objektiver Tatbestand (−)

2. <u>also</u>: Tatbestand (−)

II. Ergebnis:

Strafbarkeit des X gemäß § 263 I zum Nachteil der J (−)

- Strafbarkeit des X gemäß § 242 I ?

I. Tatbestand

1. Objektiver Tatbestand

a. fremde bewegliche Sache ? **(+)**

b. Wegnahme ?

aa. Bruch fremden Gewahrsams ?
= Aufhebung des Gewahrsams ohne oder gegen den Willen des bisherigen Inhabers

HIER (+) → X hat den Ring gegen des Willen der J aus deren Herrschaftsbereich geschafft; er hat den gelockerten Gewahrsam der J gebrochen

bb. Begründung neuen Gewahrsams ? **(+)**

cc. also: Wegnahme **(+)**

c. also: objektiver Tatbestand **(+)**

2. Subjektiver Tatbestand

a. Vorsatz ? **(+)**

b. Absicht der rechtswidrigen Zueignung ? **(+)**

c. also: subjektiver Tatbestand **(+)**

3. also: Tatbestand **(+)**

II. Rechtswidrigkeit **(+)**

III. Schuld **(+)**

IV. Ergebnis:
Strafbarkeit des X gemäß § 242 I (+)

Formulierungsvorschlag Fall 50

- Strafbarkeit des X gemäß § 263 I zum Nachteil der J

X könnte sich durch sein Auftreten gegenüber J gemäß § 263 I zum Nachteil der J strafbar gemacht haben.

I. Er hat J über die innere Tatsache seiner Kaufwilligkeit getäuscht.

J hat sich dadurch auch entsprechend geirrt.

J müsste über Vermögen verfügt haben. Eine Vermögensverfügung ist jedes Handeln, Dulden oder Unterlassen, das sich unmittelbar vermögensmindernd auswirkt.

Mit der Übergabe hat J noch keinen Willen zur Gewahrsamsübertragung manifestiert. Sie wollte ihren Gewahrsam lockern, nicht aufgeben. J hat X dadurch lediglich die Möglichkeit eröffnet, durch weiteres eigenmächtiges Handeln eine Vermögensminderung herbeizuführen. Das Verhalten der J hat sich daher nur mittelbar vermögensmindernd ausgewirkt.

Also stellt das Übergeben des Ringes keine Vermögensverfügung dar.

II. X hat sich nicht gemäß § 263 I zum Nachteil der J strafbar gemacht.

- Strafbarkeit des X gemäß § 242 I

X könnte sich durch das Mitnehmen des Ringes gemäß § 242 I strafbar gemacht haben.

I. Bei dem Ring handelt es sich um eine für X fremde bewegliche Sache.

X müsste den Ring weggenommen haben. Wegnahme bedeutet Bruch fremden und Begründung neuen Gewahrsams.

Ein Gewahrsamsbruch läge vor, wenn X den Ring gegen oder ohne den Willen des Gewahrsamsinhabers aus dessen Herrschaftsbereich geschafft hätte. J gab ihren Gewahrsam an dem Ring nicht auf, als sie ihn X zur Ansicht überreichte. Sie hatte – wie gesehen – immer noch gelockerten Gewahrsam. Indem X mit dem Ring flüchtete, hat er den gelockerten Gewahrsam der J gegen deren Willen aufgehoben, also gebrochen.

Gleichzeitig hat er neuen Gewahrsam begründet.

Eine Wegnahme ist demnach zu bejahen.

X handelte vorsätzlich und in der Absicht, sich den Ring rechtswidrig zuzueignen.

II. Die Tat geschah rechtswidrig.

III. X handelte zudem schuldhaft.

IV. Somit hat er sich durch das Mitnehmen des Ringes gemäß § 242 I strafbar gemacht.

Fazit

1. Gerade habt ihr den ***„Trickdiebstahl“*** kennengelernt. Das ist einer der Fälle, die euch bei der ***Abgrenzung zwischen § 242 I und § 263 I*** ins Schwitzen bringen können.

2. Zur ***Prüfungsreihenfolge:*** In Fällen, in denen grundsätzlich entweder eine Strafbarkeit gemäß § 242 I oder gemäß § 263 I in Betracht kommt, bietet es sich unserer Ansicht nach an, zuerst den Tatbestand zu prüfen, der im Ergebnis abgelehnt wird.

   So haben wir es hier auch gemacht. Das ist aber – wie so oft – nicht zwingend. Ihr hättet auch mit der Prüfung des § 242 I beginnen und das ganze Problem dort behandeln können. Bei § 263 I wäre dann nicht mehr viel zu sagen gewesen, weil ja zuvor schon eine Wegnahme bejaht wurde.

   Wie ihr vorgeht, mag im Endeffekt wieder einmal von den Vorlieben eures Dozenten abhängig sein. Mitunter wird nämlich die Empfehlung gegeben, immer mit § 242 I zu beginnen. Nur solltet ihr es euch nicht umgekehrt zum Prinzip machen, stets mit § 263 I zu beginnen. Das wäre sicher nicht sinnvoll.

3. ***Zur Klarstellung:*** Eine Handlung kann niemals die Bestrafung nach § 242 I und nach § 263 I zur Folge haben.

   Charakteristisch für den Betrug ist nämlich eine willentliche Selbstschädigung, während der Diebstahl mit dem Gewahrsamsbruch eine dem Willen des Berechtigten widersprechende Fremdschädigung voraussetzt (vgl. bereits Fall 32, Fazit 1.).

   Prägt euch also den ***eisernen Grundsatz*** der ganz h.M. ein (Mindermeinung jedenfalls für die Klausur zu vernachlässigen):

   Wegnahme (Diebstahl) und Vermögensverfügung (Betrug) schließen einander aus!

4. Wenn ein Verkäufer eine Sache an einen scheinbar Kaufwilligen ***zur Ansicht aushändigt*** und dieser dann aufgrund des vorher gefassten Entschlusses das Weite sucht, scheidet eine Bestrafung wegen Betrugs aus. Die ***Vermögensverfügung scheitert, weil die Unmittelbarkeit fehlt***.

5. Das Handeln des Täters ist ***aber*** als ***Diebstahl*** zu werten. Hier hatte J immer noch ***gelockerten Gewahrsam***. Diesen hat X gebrochen und gleichzeitig neuen Gewahrsam begründet.

6. Nach § 123 I war nicht gefragt. Lest in diesem Zusammenhang Ziffer 4. des Fazits zu Fall 28.

7. Zurück zur Abgrenzung zwischen § 242 I und § 263 I: Wie sieht es aus, wenn eine Autoverkäuferin das ***Fahrzeug*** an eine vermeintliche Kaufinteressentin ***zu einer unbegleiteten Probefahrt herausgibt*** und die „Interessentin" wie von Anfang an beabsichtigt mit dem Fahrzeug verschwindet? Dann haben wir es mit einer Vermögensverfügung der Verkäuferin und folgerichtig mit einem Betrug zu tun. Anders als beim Ausgangsfall ist dieses Geschehen nicht mehr als bloße Gewahrsamslockerung anzusehen. Solche Situationen sind übrigens auch und gerade in der zivilrechtlichen Betrachtung interessant (BGH NJW 2020, 3711 ff / von uns aufgegriffen in Die Fälle – Sachenrecht 1, Fall 9, Fazit 3.).

Fall 51

Die Y findet auf der Straße den Kripo-Ausweis der Kommissarin K. Sie stellt aufgrund des eingehefteten Fotos erstaunt fest, dass K ihr sehr ähnlich sieht. Y beschließt, diesen Umstand für sich zu nutzen. Am nächsten Tag erscheint sie in den Geschäftsräumen des Spirituosenhändlers S und stellt sich unter Vorlage des gefundenen Ausweises unter dem Namen der K vor. Dann erklärt sie dem erstaunten S, es bestehe der Verdacht, dass ein Teil der letzten Lieferung einer bekannten Champagnersorte aus einem kürzlich bei einem anderen Händler verübten Einbruch stamme. Zur Klärung des Verdachts müsse sie drei Kisten der Champagnerlieferung beschlagnahmen, um den Inhalt untersuchen zu können. Der immer schon obrigkeitshörige S, der im Übrigen auch keine andere Möglichkeit sieht, beugt sich sofort dem „Wunsch“ der K und gibt drei der Kisten heraus.

Frage: Hat sich Y gemäß § 242 oder gemäß § 263 strafbar gemacht ?

Lösungsskizze Fall 51

- Strafbarkeit der Y gemäß § 263 I zum Nachteil des S ?

I. Tatbestand

1. Objektiver Tatbestand

a. Täuschung über Tatsachen ?

HIER (+) → über ihre Berechtigung zur Beschlagnahme

b. (darauf kausal beruhender) Irrtum ? (+)

c. (darauf kausal beruhende) Vermögensverfügung ?

= jedes (freiwillige) Handeln, Dulden oder Unterlassen, das sich unmittelbar vermögensmindernd auswirkt

HIER (–) → S dachte, es bestehe für ihn keine andere Möglichkeit, als die Ware herauszugeben; er glaubte nicht, einen eigenen Entscheidungsspielraum zu haben; die erzwungene Herausgabe stellt demnach keine Verfügung dar

d. <u>also</u>: objektiver Tatbestand (–)

2. <u>also</u>: Tatbestand (–)

II. Ergebnis:

Strafbarkeit der Y gemäß § 263 I zum Nachteil des S (–)

- Strafbarkeit der Y gemäß § 242 I ?

I. Tatbestand

1. Objektiver Tatbestand

a. fremde bewegliche Sache ? (+)

b. Wegnahme ?

aa. Bruch fremden Gewahrsams ?

= Aufhebung des Gewahrsams ohne oder gegen den Willen des bisherigen Inhabers

HIER (+) → S hat die Kisten zwar selbst herausgegeben, glaubte aber, keine andere Wahl zu haben; die Preisgabe des Gewahrsams geschah somit aus Sicht des S nicht freiwillig, sondern ohne seinen Willen

bb. Begründung neuen Gewahrsams ? (+)

cc. also: Wegnahme (+)

c. also: objektiver Tatbestand (+)

2. Subjektiver Tatbestand

a. Vorsatz ? (+)

b. Absicht der rechtswidrigen Zueignung ? (+)

c. also: subjektiver Tatbestand (+)

3. also: Tatbestand (+)

II. Rechtswidrigkeit (+)

III. Schuld (+)

IV. Ergebnis:

Strafbarkeit der Y gemäß § 242 I (+)

Formulierungsvorschlag Fall 51

- Strafbarkeit der Y gemäß § 263 I zum Nachteil des S ?

Y könnte sich durch ihr Auftreten gemäß § 263 I zum Nachteil des S strafbar gemacht haben.

I. Sie hat S über die Tatsache ihrer Berechtigung zur Beschlagnahme getäuscht.

S hat sich daraufhin entsprechend geirrt.

S müsste über Vermögen verfügt haben. Vermögensverfügung ist jedes freiwillige Handeln, Dulden oder Unterlassen, das sich unmittelbar vermögensmindernd auswirkt.

Das Verhalten des S stellt sich nach seinem äußeren Erscheinungsbild als ein „Geben“ dar.

S dachte aber, es bestehe für ihn keine andere Möglichkeit, als die Ware herauszugeben. Er glaubte nicht, einen eigenen Entscheidungsspielraum zu haben. Die Übergabe der Ware an Y geschah demnach nicht freiwillig.

Die erzwungene Herausgabe stellt somit ungeachtet des äußeren Erscheinungsbildes keine Verfügung dar.

II. Somit hat sich Y durch ihr Auftreten nicht gemäß § 263 I zum Nachteil des S strafbar gemacht.

- Strafbarkeit der Y gemäß § 242 I

Y könnte sich durch das Mitnehmen der Kisten gemäß § 242 I strafbar gemacht haben.

I. Bei den Kisten handelt es sich um für Y fremde bewegliche Sachen.

Y müsste die Kisten weggenommen haben. Wegnahme ist Bruch fremden und Begründung neuen Gewahrsams.

Gewahrsamsbruch ist die Aufhebung der ursprünglichen Sachherrschaft gegen oder ohne den Willen des bisherigen Inhabers.

S hat die Kisten zwar selbst herausgegeben, glaubte aber, aufgrund scheinbar staatlichen Zwangs keine andere Wahl zu haben. Der Gewahrsam wurde somit aus Sicht des S nicht freiwillig, sondern ohne seinen Willen preisgegeben.

Y hat den Gewahrsam des S gebrochen.

Gleichzeitig hat sie neuen Gewahrsam begründet.

Demnach liegt eine Wegnahme vor.

Y handelte vorsätzlich und in der Absicht, sich die Kisten rechtswidrig zuzueignen.

II. Die Tat geschah rechtswidrig.

III. Y handelte zudem schuldhaft.

IV. Damit hat sie sich durch das Mitnehmen der Kisten gemäß § 242 I strafbar gemacht.

Fazit

1. So sehen die Fälle aus, vor denen weiland schon Ede Zimmermann immer so eindringlich gewarnt hat. Genauer gesagt haben wir es mit einem der ***„Beschlagnahmefälle"*** zu tun. Das ***Opfer*** sieht dabei ***regelmäßig keine andere Möglichkeit***, als die verlangten Gegenstände herauszurücken (siehe z.B. BGH NJW 2011, 1979 „falscher Feldjäger").

Der Gag ist also, dass die Gewahrsamsübertragung nicht auf einem freien Willensentschluss des Opfers beruht. Das führt wie gesehen zur Verneinung des Betrugs und zur Bejahung des Diebstahls (vgl. Fall 50, Fazit 3. / zur Prüfungsreihenfolge Fall 50, Fazit 2.).

2. Bei der Abgrenzung dieser Tatbestände stellt übrigens auch die Rechtsprechung – anders als bei § 249 / §§ 253 I, II, 255 (vgl. Fall 26) – auf die innere Willensbildung des Opfers ab und nicht etwa auf das äußere Erscheinungsbild. Das ist nicht sonderlich konsequent.

3. Noch eindeutiger ist das Ergebnis natürlich, wenn der Täter sich mit dem Ausweis den Zutritt zur Wohnung verschafft, um sich dann selbst zu bedienen. Dann liegt schon vom äußeren Erscheinungsbild her eine Wegnahme vor.

4. Wir hatten speziell die geschilderte Abgrenzung im Auge (siehe Fallfrage).

Ansonsten wäre hinsichtlich des Ausweises an ***§ 246 I*** zu denken gewesen.

Bei einer uneingeschränkten Fallfrage hätten weiter § 132 und § 281 beachtet werden müssen (siehe zum Aufspüren auch „versteckter" Tatbestände Seiten 16 f).

Was § 123 I angeht, verweisen wir abermals auf Fall 28, Fazit 4.

Fall 52

T ist Cheffahrer beim Industriellen X. Nach Dienstschluss fährt T die dem X gehörende Luxuskarosse immer auf dessen Privatparkplatz und übergibt dem regelmäßig anwesenden L – einem Hausbediensteten des X – den Wagenschlüssel. Am jeweils folgenden Tag holt T den Schlüssel wiederum bei L ab. Eines Tages kommt es zum Streit zwischen X und T, der mit der fristlosen Entlassung des T endet. Daraufhin will sich T an X rächen. Er betritt am nächsten Morgen den Parkplatz und wendet sich an L, der von der Entlassung des T noch nichts weiß. L gibt T auf dessen Bitte arglos den Wagenschlüssel, worauf T mit dem Auto verschwindet, um es zu verkaufen.

Frage: Hat sich T gemäß § 242 oder gemäß § 263 strafbar gemacht ?

Lösungsskizze Fall 52

- Strafbarkeit des T gemäß §§ 242 I, 25 I Alt. 2 ?

I. Tatbestand

1. Objektiver Tatbestand

***a. fremde bewegliche Sache ?* (+)**

b. Wegnahme durch einen anderen ?

aa. Bruch fremden Gewahrsams ?

= Aufhebung des Gewahrsams ohne oder gegen den Willen des bisherigen Inhabers

HIER (–) → der Gewahrsamswechsel geschah mit dem Willen des L; von seiner Seite aus lag ein tatbestandsausschließendes Einverständnis vor; X hatte zwar auch (gelockerten) Gewahrsam und war nicht selbst einverstanden; er muss sich aber das Einverständnis seines Gewahrsamshüters L zurechnen lassen; L stand der Sache am nächsten und hatte im Auftrag des X die unmittelbare räumliche Einwirkungsmöglichkeit

***bb. also: Wegnahme durch einen anderen* (–)**

***c. also: objektiver Tatbestand* (–)**

***2. also: Tatbestand* (–)**

II. Ergebnis:

Strafbarkeit des T gemäß §§ 242 I, 25 I Alt. 2 (–)

- Strafbarkeit des T gemäß § 263 I zum Nachteil des X ?

I. Tatbestand

1. Objektiver Tatbestand

a. Täuschung über Tatsachen ?

HIER (+) → über seine Berechtigung zum Mitnehmen des Autos

b. (darauf kausal beruhender) Irrtum ? (+)

c. (darauf kausal beruhende) Vermögensverfügung ?
= jedes Handeln, Dulden oder Unterlassen, das sich unmittelbar vermögensmindernd auswirkt

HIER (+) → L hat dem T den Autoschlüssel gegeben und damit ermöglicht, dass T Besitz an dem Wagen erlangen konnte; L stand als Gewahrsamshüter im Lager des X; die beim Dreiecksbetrug erforderliche Nähebeziehung zwischen Verfügendem und später Geschädigtem („Lagertheorie") ist gegeben

d. (darauf kausal beruhender) Vermögensschaden ?

HIER (+) → X hat den Besitz am Auto verloren

e. also: objektiver Tatbestand (+)

2. Subjektiver Tatbestand (+)

3. also: Tatbestand (+)

II. Rechtswidrigkeit (+)

III. Schuld (+)

IV. Ergebnis:
Strafbarkeit des T gemäß § 263 I zum Nachteil des X (+)

Formulierungsvorschlag Fall 52

- Strafbarkeit des T gemäß §§ 242 I, 25 I Alt. 2

T könnte sich angesichts der Aushändigung des Autos durch L gemäß §§ 242 I, 25 I Alt. 2 strafbar gemacht haben.

I. Bei dem Fahrzeug handelt es sich um eine für T fremde bewegliche Sache.

T müsste das Auto durch einen anderen weggenommen haben. Wegnahme bedeutet Bruch fremden und Begründung neuen Gewahrsams.

Der Gewahrsamsbruch läge vor, wenn der Wagen gegen oder ohne den Willen des bisherigen Gewahrsamsinhabers aus dessen Herrschaftsbereich geschafft worden wäre.

L hatte Gewahrsam am Wagen des X. Er hat T den Autoschlüssel freiwillig gegeben. Der Gewahrsamswechsel geschah nicht gegen oder ohne seinen Willen.

Es lag ein tatbestandsausschließendes Einverständnis des L vor.

Allerdings hatte X gelockerte Sachherrschaft, also ebenfalls Gewahrsam an seinem Auto. Er war – im Gegensatz zu L – nicht mit einem Gewahrsamswechsel einverstanden.

Möglicherweise ist unter diesem Gesichtspunkt letztlich doch ein Gewahrsamsbruch anzunehmen.

Auf das fehlende Einverständnis des Geschädigten kann es jedenfalls dann nicht ankommen, wenn der getäuschte Dritte ihn als eine Art Gewahrsamshüter vertritt.

Der Wagenschlüssel war L regelmäßig anvertraut. Er hatte die unmittelbare räumliche Einwirkungsmöglichkeit auf das Fahrzeug.

Somit war L Gewahrsamshüter. Auf das fehlende Einverständnis des X kommt es folgerichtig nicht an.

Es wurde kein Gewahrsam gebrochen.

Eine Wegnahme durch einen anderen scheidet aus.

II. Damit hat sich T nicht gemäß §§ 242 I, 25 I Alt. 2 strafbar gemacht.

- Strafbarkeit des T gemäß § 263 I zum Nachteil des X

T könnte sich durch sein Auftreten gegenüber L gemäß § 263 I zum Nachteil des X strafbar gemacht haben.

I. Er hat L durch sein Herausgabeverlangen konkludent über die Tatsache seiner Berechtigung zum Abholen des Wagens getäuscht.

L hat sich daraufhin entsprechend geirrt.

L müsste über Vermögen verfügt haben. Vermögensverfügung ist jedes Handeln, Dulden oder Unterlassen, das sich unmittelbar vermögensmindernd auswirkt.

Die Herausgabe des Wagens hat für X ohne Zwischenschritte zum Besitzverlust geführt. Somit hat sich das Verhalten des L für X unmittelbar vermögensmindernd ausgewirkt.

L hat also verfügt.

Beim Dreiecksbetrug ist zusätzlich eine Nähebeziehung des Verfügenden zum durch die Verfügung Geschädigten erforderlich. Im Rahmen dieses Näheverhältnisses muss dem Verfügenden eine unmittelbare räumliche Einwirkungsmöglichkeit gewährt sein. L war das Fahrzeug anvertraut. Er stand als Gewahrsamshüter im Lager des X. Aufgrund dieser Nähebeziehung wird X die Verfügung des L wie eine eigene zugerechnet.

X ist durch den Verlust des Besitzes am Auto ein Vermögensschaden entstanden.

T handelte vorsätzlich und in der Absicht der rechtswidrigen und stoffgleichen Bereicherung.

II. Die Tat geschah rechtswidrig.

III. T handelte zudem schuldhaft.

IV. Somit hat er sich durch sein Auftreten gegenüber L gemäß § 263 I zum Nachteil des X strafbar gemacht.

Fazit

1. Dieser Fall ist dem allseits bekannten und wegen seiner Komplexität unbeliebten ***„Sammelgaragenfall"*** nachgebildet.

2. Beim Diebstahl in mittelbarer Täterschaft (§ 25 I Alt. 2 / vgl. allgemein einführend zur mittelbaren Täterschaft Die Fälle – Strafrecht AT, Fall 22, Fazit 4.) stellt sich das Problem, dass sowohl L als auch X Gewahrsam haben. Das ***Einverständnis des Gewahrsamshüters*** L muss sich X ***zurechnen lassen***.

3. Ganz ähnlich wird dann bei § 263 I (hier ***Dreiecksbetrug***, vgl. schon Fall 37) argumentiert, dessen Bejahung im Grunde durch die Ablehnung des Diebstahls vorgezeichnet ist. Die Verfügung des L ist X zuzurechnen, weil L in seinem Lager steht (Näheverhältnis). Nach diesem Kriterium geht die ganz herrschende ***„Lagertheorie"*** vor.

4. Es gibt selbstverständlich auch ***Fälle mit umgekehrtem Ergebnis***.

Beispiel: „T bittet den gutgläubigen Passanten P, ihm „seinen" Koffer, den er auf dem Bahnsteig vergessen habe, noch schnell in den abfahrenden Zug zu reichen. So geschieht es. In Wirklichkeit handelt es sich um den Koffer des O, der ihn für kurze Zeit unbeobachtet gelassen hatte."

Hier steht P nicht im Lager des Geschädigten O. T hat also keinen Betrug, sondern einen Diebstahl in mittelbarer Täterschaft begangen.

Im Gegensatz zum Ausgangsfall ist auf den Gewahrsam des Eigentümers (hier O) abzustellen. Er ist nicht mit dem Gewahrsamswechsel einverstanden, sodass §§ 242 I, 25 I Alt. 2 nichts im Wege steht.

5. Lest vor dem Hintergrund der „Lagertheorie" nochmalsden Sachverhalt von Fall 40 und Ziffer 5. des dortigen Fazits.

6. Ihr habt nun mit den Fällen 50 bis 52 drei typische Konstellationen zur Abgrenzung zwischen Betrug und Diebstahl kennengelernt. Das Ganze ist hochgradig relevant für Klausuren und Hausarbeiten. Mut zur Lücke ist an dieser Stelle sicher nicht angesagt. Lest zur Auffrischung vielleicht noch einmal die Ziffern 2. und 3. des Fazits zu Fall 50 und werft einen Blick zurück in Ziffer 2. des Fazits zu Fall 7.

Fall 53

G lässt sich von seiner Kollegin K in deren Auto mitnehmen. Weil G sich ein Eis kaufen will, hält K auf einem Rastplatz kurz an. Auf dem Rückweg zum Auto überkommt G spontan die Lust auf eine Spritztour. Er zieht seine Gaspistole und gibt einen Schuss auf die im Wagen sitzende K ab. K wird im Gesicht getroffen und verlässt – wie von G beabsichtigt – unter dem Eindruck des Gases fluchtartig ihr Fahrzeug. Wie geplant setzt sich G ans Steuer, fährt los und stellt den Wagen nach der Tour vor dem Haus der K ab.

Frage: Wie hat sich G strafbar gemacht ?
Die Strafbarkeit gemäß §§ 223, 224 und § 240 ist nicht zu prüfen.

Lösungsskizze Fall 53

- Strafbarkeit des G gemäß § 316a I ?

I. Tatbestand

1. Objektiver Tatbestand

a. Angriff (hier) auf den Leib (hier) des Führers eines Kraftfahrzeugs ? **(+)**

b. Ausnutzung der besonderen Verhältnisse des Straßenverkehrs ?
= nahe Beziehung zur Benutzung des Fahrzeugs als Verkehrsmittel

HIER (–) → das Fahrzeug stand; K hat nicht aus verkehrsbedingten Gründen gehalten; G hat K auch nicht durch List, Drohung oder Gewalt zum Halten gebracht; den Entschluss zum Angriff hat er erst bei der Rückkehr zum haltenden Fahrzeug gefasst

c. <u>also</u>: objektiver Tatbestand **(–)**

2. <u>also</u>: Tatbestand **(–)**

II. Ergebnis:
Strafbarkeit des G gemäß § 316a I (–)

- Strafbarkeit des G gemäß §§ 249 I, 250 II Nr. 1 ?

I. Tatbestand

1. Objektiver Tatbestand

a. fremde bewegliche Sache ? **(+)**

b. Wegnahme ?

aa. Bruch fremden Gewahrsams ?
= Aufhebung des Gewahrsams ohne oder gegen den Willen des bisherigen Inhabers

HIER (+) → nach dem äußeren Erscheinungsbild stellt sich das Verhalten als Nehmen dar; der Blick auf die innere Willensrichtung des Opfers zeigt, dass K nicht glaubte, den Gewahrsamsverlust verhindern zu können; also auch nach diesem Kriterium (vgl. näher Fall 26) Gewahrsamsbruch

bb. Begründung neuen Gewahrsams ? (+)

cc. also: Wegnahme (+)

c. (hier) mit Gewalt gegen eine Person ? (+)

d. also: objektiver Tatbestand (+)

2. Subjektiver Tatbestand

a. Vorsatz ? (+)

b. Absicht der rechtswidrigen Zueignung ?

aa. Zueignungsabsicht ?
= Enteignungsvorsatz (dolus eventualis reicht) und Aneignungsabsicht

(1) Enteignungsvorsatz ?

HIER (–) → G handelte mit Rückführungswillen

(2) also: Zueignungsabsicht (–)

bb. also: Absicht der rechtswidrigen Zueignung (–)

c. also: subjektiver Tatbestand (–)

3. also: Tatbestand (–)

II. Ergebnis:
Strafbarkeit des G gemäß §§ 249 I, 250 II Nr. 1 (–)

- Strafbarkeit des G gemäß §§ 253 I, II, 255, 250 II Nr. 1 ?

I. Tatbestand

1. Tatbestand § 253 I

a. Objektiver Tatbestand

aa. (hier) Gewalt ? (+)

bb. (darauf kausal beruhende) Vermögensverfügung ?

HIER (–) → Wegnahme und Verfügung schließen einander aus; § 253 I erfordert über den Wortlaut hinaus eine Vermögensverfügung (h.L.); andernfalls würde die Privilegierung der Gebrauchsanmaßung unterlaufen; Gegenmeinung (BGH) gut vertretbar; siehe zur (umfangreichen) Argumentation im Einzelnen den Formulierungsvorschlag

cc. also: objektiver Tatbestand § 253 I (–)

b. also: Tatbestand § 253 I (–)

2. *also: Tatbestand* (–)

II. Ergebnis:
Strafbarkeit des G gemäß §§ 253 I, II, 255, 250 II Nr. 1 (–)

- Strafbarkeit des G gemäß § 248b I ?

I. Tatbestand

1. *Objektiver Tatbestand*

a. *(hier) Kraftfahrzeug ?* (+)

b. *Ingebrauchnehmen gegen den Willen des Berechtigten ?* (+)

c. *also: objektiver Tatbestand* (+)

2. *Subjektiver Tatbestand*

- *Vorsatz ?* (+)

3. *also: Tatbestand* (+)

II. Rechtswidrigkeit (+)

III. Schuld (+)

IV. Ergebnis:
Strafbarkeit des G gemäß § 248b I (+); Verfolgung gemäß § 248b III nur auf Antrag

Formulierungsvorschlag Fall 53

- Strafbarkeit des G gemäß § 316a I

G könnte sich durch den Schuss mit der Gaspistole gemäß § 316a I strafbar gemacht haben.

I. Der Schuss ist ein Angriff auf den Leib des Führers eines Kraftfahrzeugs.

G müsste dabei die besonderen Verhältnisse des Straßenverkehrs ausgenutzt haben. Die Tat muss dazu in naher Beziehung zur Benutzung des Fahrzeugs als Verkehrsmittel stehen.

Gemeint ist folgerichtig die Ausnutzung der sich aus dem fließenden Straßenverkehr ergebenden Gefahrenlage. Der Überfall auf den Fahrer eines nicht nur verkehrsbedingt haltenden Wagens kann daher grundsätzlich nicht ausreichen. § 316a I könnte allenfalls erfüllt sein, wenn das Fahrzeug vom Täter durch List, Drohung oder Gewalt angehalten wurde oder der Täter ein Halten aus verkehrsbedingten Gründen ausnutzt.

K hat nicht aus verkehrsbedingten Gründen gehalten. G hat den Entschluss zum Angriff erst bei der Rückkehr zum haltenden Auto gefasst, also K nicht mit List zum Anhalten gebracht.

Die Tat stand damit nicht in naher Beziehung zur Benutzung des Fahrzeugs als Verkehrsmittel.

G hat folglich bei dem Angriff nicht die besonderen Verhältnisse des Straßenverkehrs ausgenutzt.

II. Er hat sich durch den Schuss nicht gemäß § 316a I strafbar gemacht.

- Strafbarkeit des G gemäß §§ 249 I, 250 II Nr. 1

G könnte sich durch den Schuss und das anschließende Losfahren mit dem Wagen gemäß §§ 249 I, 250 II Nr. 1 strafbar gemacht haben.

I. Das Auto der K ist eine für G fremde bewegliche Sache.

G müsste das Fahrzeug weggenommen haben. Wegnahme ist Bruch fremden und Begründung neuen Gewahrsams. Gewahrsam ist die von einem Herrschaftswillen getragene Sachherrschaft.

Ursprünglich hatte K diese Sachherrschaft, also Gewahrsam. Spätestens mit dem Losfahren ging die Sachherrschaft auf G über, ein Gewahrsamswechsel hat also stattgefunden.

G müsste den Gewahrsam der K gebrochen haben. Dazu müsste der Gewahrsamswechsel gegen oder ohne den Willen der K stattgefunden haben. In Abgrenzung zur Vermögensverfügung, die einen auf Gewahrsamsübertragung gerichteten Willen des Opfers voraussetzt, werden hierzu verschiedene Ansätze verfolgt.

Teilweise wird eine Wegnahme angenommen, wenn sich der Vorgang seinem äußeren Erscheinungsbild nach als „Nehmen des Täters“ und nicht als „Geben des Opfers“ darstellt. G hat K außer Gefecht gesetzt und sich anschließend des Wagens bemächtigt. Der Gewahrsamswechsel stellt sich demnach als „Nehmen“ des Täters dar. Nach dem Kriterium des äußeren Erscheinungsbildes liegt eine Wegnahme vor.

Ein anderes Abgrenzungskriterium ist die innere Willensrichtung des Opfers. Eine Wegnahme soll vorliegen, wenn das Opfer nicht glaubt, den Gewahrsamsverlust verhindern zu können. K hatte keine Chance, dem Losfahren des G entgegenzuwirken. Sie ging nicht davon aus, den Gewahrsamsverlust verhindern zu können. Demnach liegt auch nach diesem Kriterium eine Wegnahme vor.

Im Ergebnis hat daher nach beiden genannten Ansätzen eine Wegnahme stattgefunden.

G hat den Wagen weggenommen.

Die Wegnahme geschah mit Gewalt gegen eine Person.

G handelte vorsätzlich.

Er müsste weiter in der Absicht rechtswidriger Zueignung gehandelt haben. Die Zueignungsabsicht besteht aus Aneignungsabsicht und Enteignungsvorsatz.

G müsste also Vorsatz hinsichtlich der dauerhaften Enteignung der K gehabt haben.

Bereits bei der Wegnahme hatte er vor, den Wagen nach Gebrauch vor dem Haus der K abzustellen. Somit handelte er mit Rückführungswillen. Die dauerhafte Enteignung hat G gerade nicht billigend in Kauf genommen. Er hatte keinen Enteignungsvorsatz.

Es fehlt somit an einer Voraussetzung der Zueignungsabsicht.

II. G hat sich durch den Schuss und das anschließende Losfahren nicht gemäß §§ 249 I, 250 II Nr. 1 strafbar gemacht.

- Strafbarkeit des G gemäß §§ 253 I, II, 255, 250 II Nr. 1

Möglicherweise hat sich G aber durch den Schuss gemäß §§ 253 I, II, 255, 250 II Nr. 1 strafbar gemacht.

I. G hat K mit Gewalt genötigt, den Wagen zu verlassen und die Wegnahme zu dulden.

Umstritten ist, ob sich das abgenötigte Verhalten bei der Erpressung über den Gesetzeswortlaut hinaus als Vermögensverfügung darstellen muss.

Der Streit kann offenbleiben, wenn eine solche Verfügung vorliegt. Vermögensverfügung ist jedes Handeln, Dulden oder Unterlassen des Opfers, das sich unmittelbar vermögensmindernd auswirkt. Entsprechend dem oben Gesagten wird die Abgrenzung zwischen Verfügung und Wegnahme teils anhand des äußeren Erscheinungsbildes, teils anhand der inneren Willensrichtung des Opfers vorgenommen. Nach beiden Kriterien liegt allerdings wie gesehen eine Wegnahme vor.

Eine Vermögensverfügung ist damit ausgeschlossen.

Auf Basis der herrschenden Lehre, die eine Verfügung verlangt, käme man damit zur Verneinung des objektiven Erpressungstatbestandes. Der Verzicht der Rechtsprechung auf das Erfordernis einer Vermögensverfügung macht eine Streitentscheidung notwendig.

Für die Ansicht der Rechtsprechung scheint auf den ersten Blick der Wortlaut des § 253 I zu sprechen, der das Erfordernis einer Verfügung nicht vorgibt.

Dem lässt sich allerdings entgegenhalten, dass bei § 263 I ebenfalls nicht von einer Verfügung die Rede ist, sie aber dort allgemein als Tatbestandsmerkmal angesehen wird. Das Wortlautargument kann also allenfalls insofern überzeugen, als auf die Parallele zu § 240 I abgestellt wird. Dort wird neben der willensbeugenden Gewalt „vis compulsiva“ auch die überwältigende Gewalt „vis absoluta“ erfasst. Soweit bei § 253 I eine Verfügung gefordert wird, kommt aber folgerichtig nur willensbeugende Gewalt in Betracht. Nicht jede erzwungene Vermögensschädigung fällt daher nach der herrschenden Lehre unter den Erpressungstatbestand. Insoweit ergibt sich in der Tat eine Abweichung von der Nötigung.

Das Erfordernis einer Vermögensverfügung ist aber durchaus kriminalpolitisch sinnvoll. Auf Basis der Rechtsprechung wird nämlich die Privilegierung der Gebrauchsanmaßung unterlaufen. Die Wegnahme ohne Zueignungsabsicht erfüllt weder § 242 noch § 249. Den Täter dennoch nach §§ 253, 255 „wie einen Räuber" zu bestrafen, erscheint vor dem Hintergrund der vom Gesetzgeber in § 248b zum Ausdruck gebrachten Wertung nicht sachgerecht. Die Gewaltanwendung kann durch § 240 und §§ 223 ff hinreichend berücksichtigt werden.

Im Übrigen ist nach Ansicht der Rechtsprechung jeder Raub zugleich eine räuberische Erpressung, die lediglich im Wege der Spezialität verdrängt wird. Dass aber mit der Formulierung „gleich einem Räuber" in § 255 vom allgemeineren auf das speziellere Delikt verwiesen werden soll, erscheint systemwidrig, zumal § 249 vom Ansatz der Rechtsprechung her praktisch überflüssig wäre.

Demnach ist mit der herrschenden Lehre für die räuberische Erpressung eine Vermögensverfügung des Opfers zu fordern. An einer solchen Verfügung fehlt es wie gezeigt.

II. Somit hat sich G durch den Schuss nicht gemäß §§ 253 I, II, 255, 250 II Nr. 1 strafbar gemacht.

- Strafbarkeit des G gemäß § 248b I

Möglicherweise hat sich G durch die Fahrt mit dem Wagen gemäß § 248b I strafbar gemacht.

I. G hat ein Kraftfahrzeug gegen den Willen der Berechtigten K in Gebrauch genommen.

Er handelte vorsätzlich.

II. Die Tat geschah rechtswidrig.

III. G handelte schließlich auch schuldhaft.

IV. Er hat sich also durch die Fahrt gemäß § 248b I strafbar gemacht. Die Tat wird allerdings gemäß § 248b III nur auf Antrag verfolgt.

Fazit

1. Der Fall entspricht von den rechtlichen Problemen her dem berühmten und mitunter gefürchteten ***„Taxifahrerfall"***. Wie ihr gesehen habt, steckt eine ganze Menge drin.
2. Der relativ versteckte ***§ 316a*** sollte gesehen werden, konnte aber ziemlich zügig abgelehnt werden.

Wir haben mit § 316a I begonnen, weil er ersichtlich bereits im objektiven Tatbestand scheitert.

Man hätte im Ausgangsfall schon problematisieren können, ob K in der betreffenden Situation überhaupt ***Führer eines Kraftfahrzeuges*** war. Die Fahrt war aber noch nicht (endgültig) beendet, sondern lediglich vorübergehend unterbrochen.

Die ***Ausnutzung der besonderen Verhältnisse des Straßenverkehrs*** war dann aber klar zu verneinen.

Bei § 316a I tendiert der BGH inzwischen zu einer engen Auslegung. Insbesondere ist nicht mehr Führer eines Kraftfahrzeugs, wer sich als ***Fußgänger*** noch oder bereits außerhalb des Vehikels befindet. Sitzt der Fahrer ***im haltenden Auto***, kommt es darauf an, ob er ***verkehrsbedingt*** angehalten hat (etwa an einer Ampel), oder aber aus anderen als verkehrsbedingten Gründen (z.B. wenn er sein Ziel erreicht und den Motor bereits abgestellt hat). In der zuletzt genannten Situation soll es nach der neueren Rechtsprechung selbst dann an einer „Ausnutzung der besonderen Verhältnisse des Straßenverkehrs“ fehlen, wenn das Opfer mittels List an einen einsamen Ort gelockt worden ist. Zum selben Ergebnis kommt man regelmäßig auch bei Angriffen vor Fahrtantritt, wenn also der Fahrer zwar schon im Auto sitzt, das Fahrzeug aber noch nicht in Gang gesetzt hat.

Wenn man bei § 316a I im Einzelfall bis zur Absicht der Begehung einer der genannten Taten (subjektives Merkmal) vordringt, sollte man zur Vermeidung vorweggenommener Schachtelprüfungen zunächst die entsprechende Tat (§§ 249, 252 oder 255) untersuchen.

3. Komplizierter wird es beim ***schweren Raub***. Der Fall ist aber (im Gegensatz zu Fall 9) klar auf eine ***Ablehnung des Enteignungsvorsatzes*** zugeschnitten.

4. Vor allem in diesen Konstellationen der ***gewaltsamen Wegnahme ohne Zueignungsabsicht*** wird der dargestellte Streitklassiker bei der räuberischen Erpressung praktisch relevant. Die Erfahrung zeigt, dass gerade dieser Streit immer wieder krampfhaft in Klausuren gebracht wird, in denen er eigentlich nichts zu suchen hat. Dadurch wird dann überflüssigerweise viel Zeit verloren.

Merke: Wenn § 249 bejaht wurde, ist dieselbe Tathandlung nicht mehr auf §§ 253 I, II, 255 zu untersuchen!

Der Grund dafür ist einfach: Nach h.L. kann die räuberische Erpressung schon tatbestandlich nicht vorliegen, nach Rechtsprechung würde sie im Wege der Gesetzeskonkurrenz (Spezialität) von § 249 verdrängt. Da also nach beiden Ansichten §§ 253, 255 unter den Tisch fallen, erübrigt sich jegliche Erörterung, vor allem aber die leidige Streitdarstellung.

Wenn es – wie hier – tatsächlich einmal auf den Klassiker ankommt, ist es natürlich nicht mit ein paar Sätzen getan. Der Streit ist so ausgelutscht, dass im Ernstfall eine ***fundierte und ausführliche Argumentation*** erwartet wird. Im Übrigen handelt es sich um eine der wenigen Streitfragen, bei denen eine direkte Benennung der Ansichten (BGH / h.L.) wegen der Abgedroschenheit geschickter wirkt als die Darstellung vom Problem her (ausführlich dazu Seiten 29 f).

5. Wir haben uns hier auf die Vermögensdelikte konzentriert, die einschlägigen Nichtvermögensdelikte waren von der Prüfung ausgenommen. G hat eine ***Nötigung*** und eine ***gefährliche Körperverletzung*** (zumindest § 224 I Nr. 2 ist erfüllt, vgl. Die Fälle – Strafrecht BT 1, Fall 13) begangen. Bei uneingeschränkter Fallfrage sollten § 240 und §§ 223 I, 224 I ***angemessen kurz*** abgehandelt werden. Hier liegen ersichtlich nicht die Schwerpunkte des Falls.

   Zur Klarstellung: Wer mit der Rechtsprechung §§ 253 I, II, 255, 250 II Nr. 1 bejaht, soll den darin enthaltenen § 240 natürlich nicht mehr zusätzlich prüfen (alles schon vorgekommen! / vgl. schon Fall 26, Fazit 3.). Fernliegend wäre es selbstverständlich auch, nach Ablehnung des Raubes (wegen fehlender Zueignungsabsicht) Diebstahl oder Unterschlagung zu bringen, die ja wiederum Zueignungsabsicht bzw. tatsächliche Zueignung voraussetzen.

6. ***§ 248b I*** (vgl. schon Fall 9, Fazit 3.) war eindeutig erfüllt. Auf der Konkurrenzebene ist bei uneingeschränkter Fragestellung in Konstellationen wie der unseres Ausgangsfalls zu beachten, dass die ausdrückliche Subsidiaritätsanordnung sinngemäß nur mit Blick auf Delikte gleicher oder zumindest ähnlicher Angriffsrichtung – wie etwa §§ 242, 246 – gelten kann (sog. relative Subsidiarität). Deshalb träte § 248b I nicht etwa hinter §§ 223 I, 224 I zurück.

Fall 54

T hat sich auf einer Auslandsreise Geldmünzen verschafft, die von Gewicht und Größe her €-Stücken entsprechen, aber wesentlich geringwertiger sind. Damit gelingt es ihm, am Automaten eine Schachtel Zigaretten zu ziehen.

Frage: Wie hat sich T strafbar gemacht ?
Die Strafbarkeit gemäß § 246 ist nicht zu prüfen.

Lösungsskizze Fall 54

- Strafbarkeit des T gemäß § 263 I z. N. des Automatenbetreibers ?

I. Tatbestand

1. Objektiver Tatbestand

a. Täuschung über Tatsachen ?

HIER (–) → ein Automat kann nicht getäuscht werden

***b. <u>also</u>: objektiver Tatbestand* (–)**

***2. <u>also</u>: Tatbestand* (–)**

II. Ergebnis:
Strafbarkeit des T gemäß § 263 I z. N. des Automatenbetreibers (–)

- Strafbarkeit des T gemäß § 242 I ?

I. Tatbestand

1. Objektiver Tatbestand

a. fremde bewegliche Sache ?

***aa. Sache ?* (+)**

***bb. beweglich ?* (+)**

cc. fremd ?
= im Eigentum eines anderen stehend

HIER (+) → kein Eigentumserwerb des T gemäß § 929 S. 1 BGB; der Übereignungswille des Betreibers steht unter der Bedingung der technisch ordnungsgemäßen Bedienung des Automaten

***dd. <u>also</u>: fremde bewegliche Sache* (+)**

b. Wegnahme ?

aa. Bruch fremden Gewahrsams ?
= Aufhebung des Gewahrsams ohne oder gegen den Willen des bisherigen Inhabers

HIER (+) → die Gewahrsamsverschiebung geschah gegen bzw. ohne den Willen des Berechtigten; angesichts der unsachgemäßen Automatenbedienung liegt kein Einverständnis des Betreibers vor

bb. Begründung neuen Gewahrsams ? **(+)**

cc. <u>also</u>: Wegnahme **(+)**

c. <u>also</u>: objektiver Tatbestand **(+)**

2. Subjektiver Tatbestand

a. Vorsatz ? **(+)**

b. Absicht der rechtswidrigen Zueignung ? **(+)**

c. <u>also</u>: subjektiver Tatbestand **(+)**

3. <u>also</u>: Tatbestand **(+)**

II. Rechtswidrigkeit **(+)**

III. Schuld **(+)**

IV. Ergebnis:
Strafbarkeit des T gemäß § 242 I (+); Verfolgung gemäß § 248a nur auf Antrag, wenn nicht die Staatsanwaltschaft ein besonderes öffentliches Interesse bejaht

- Strafbarkeit des T gemäß § 265a I ?

I. Tatbestand

1. Objektiver Tatbestand

- Erschleichen der Leistung (hier) eines Automaten ?

HIER (–) → der Zigarettenautomat fällt nach h.M. als Warenautomat nicht unter § 265a I; auch nach der Gegenansicht (vertretbar) hat die Leistungserschleichung wegen der Subsidiaritätsklausel hier keine eigenständige Bedeutung

2. <u>also</u>: Tatbestand **(–)**

II. Ergebnis:
Strafbarkeit des T gemäß § 265a I (–)

Formulierungsvorschlag Fall 54

- Strafbarkeit des T gemäß § 263 I z. N. des Automatenbetreibers

T könnte sich durch die Bedienung des Automaten gemäß § 263 I zum Nachteil des Automatenbetreibers strafbar gemacht haben.

I. Dazu müsste er über Tatsachen getäuscht haben. Täuschung ist jedes Verhalten, das irreführend auf die Vorstellung eines anderen einwirken soll. Mit „einem anderen" kann nur ein Mensch gemeint sein, nicht dagegen ein Automat, der sich keine Vorstellung machen kann. T hat nicht über Tatsachen getäuscht.

II. Somit hat er sich durch die Bedienung des Automaten nicht gemäß § 263 I zum Nachteil des Automatenbetreibers strafbar gemacht.

- Strafbarkeit des T gemäß § 242 I

Möglicherweise hat sich T durch die Bedienung des Automaten aber gemäß § 242 I strafbar gemacht.

I. Die Schachtel ist eine bewegliche Sache.

Sie müsste für T fremd gewesen sein. Fremd ist eine Sache, wenn sie im Eigentum eines anderen steht.

Ursprünglich gehörte die Schachtel dem Automatenbetreiber. T könnte aber zum Tatzeitpunkt gemäß § 929 S. 1 BGB Eigentum erlangt haben. Dazu müsste eine Einigung vorliegen. Im Aufstellen des Automaten ist grundsätzlich der Wille des Aufstellers zur Übereignung erkennbar. Dieser Wille steht jedoch ersichtlich unter der Bedingung, dass der Automat technisch ordnungsgemäß bedient wird. T hat den Automaten durch Einwurf nicht vollwertiger Münzen gerade nicht im Sinne des Betreibers bedient. Somit liegt kein Übereignungswille des Automatenbetreibers vor. Eine Einigung ist nicht zustande gekommen. T hat demnach nicht gemäß § 929 S. 1 BGB Eigentum erworben.

Die Schachtel stand nach wie vor im Eigentum des Automatenbetreibers und war für T zum Tatzeitpunkt fremd.

T müsste die Schachtel weggenommen haben. Wegnahme ist Bruch fremden und Begründung neuen Gewahrsams.

Ursprünglich hatte der Betreiber am Inhalt des Automaten Gewahrsam. Mit dem Einstecken der Zigarettenschachtel hat ein Gewahrsamswechsel stattgefunden. Fraglich ist, ob T den ursprünglichen Gewahrsam gebrochen, also gegen oder ohne den Willen des Berechtigten aufgehoben hat. Im Falle ordnungsgemäßer Bedienung des Automaten ist der Betreiber mit dem Gewahrsamswechsel einverstanden. Wenn hingegen – wie hier – der Automat technisch nicht im Sinne des Betreibers bedient wird, kann von einem Einverständnis keine Rede sein.

Der Gewahrsamswechsel fand daher gegen beziehungsweise ohne den Willen des Berechtigten statt.

T hat die Schachtel weggenommen.

Weiter handelte er vorsätzlich und in der Absicht, sich die Sache rechtswidrig zuzueignen.

II. Die Tat geschah rechtswidrig.

III. T handelte schuldhaft.

IV. Er hat sich durch die Bedienung des Automaten gemäß § 242 I strafbar gemacht. Das Tatobjekt ist aber geringwertig im Sinne des § 248a. Die Tat wird folglich gemäß § 248a nur auf Antrag verfolgt, wenn nicht die Staatsanwaltschaft ein besonderes öffentliches Interesse bejaht.

- Strafbarkeit des T gemäß § 265a I

T könnte sich weiter durch die Bedienung des Automaten gemäß § 265a I strafbar gemacht haben.

I. T müsste die Leistung eines Automaten erschlichen haben. Problematisch erscheint bereits, ob der Zigarettenautomat als Warenautomat überhaupt von § 265a I erfasst wird. Die Abgabe von Waren ist zwar zivilrechtlich eine Leistung, es geht aber um Sachen, nicht um eine vom Automaten produzierte Leistung. Ein Vergleich mit den anderen in § 265a I aufgezählten Leistungen lässt nur den Schluss zu, dass reine Warenleistungen, bei denen die Sachen wenn man so will zufällig über einen Automaten ausgegeben werden, nicht unter § 265a I fallen sollen. Der Zigarettenautomat ist demnach kein Automat im Sinne des § 265a I.

II. T hat sich nicht gemäß § 265a I strafbar gemacht.

Fazit

1. Vielleicht fühlen sich durch diesen Fall einige von euch an eigene Erfahrungen erinnert. Wer sich persönlich für die Verjährungsfrist interessiert, sollte einen Blick in § 78 werfen.

Am Rande bemerkt: Wir haben keine Ahnung, ob die im Sachverhalt beschriebene Masche in Zeiten des Euro überhaupt noch praktisch funktionieren kann. Darauf kommt es aber auch nicht an. Zu Ausbildungszwecken kann ein solcher Fall allemal herangezogen werden. Bekanntlich ist es ja (vorsichtig formuliert) nicht etwa ausgeschlossen, im Jurastudium mit eher lebensfremden Fallkonstruktionen konfrontiert zu werden.

2. Getäuscht werden können nur Menschen, weshalb ***§ 263 I*** bereits im Ansatz scheitert.

3. Die ganz h.M. sieht im geschilderten Fall ***§ 242 I*** erfüllt, weil bei unsachgemäßer Bedienung des Automaten ***weder*** ein ***Übereignungswille noch*** ein ***Einverständnis mit dem Gewahrsamswechsel*** vorliegt. Das ist nachvollziehbar und lässt sich in der Klausur auch gut darstellen.

4. Auch bei ***§ 265a*** folgen wir der h.M., die ***nur Leistungsautomaten*** (Personenwaagen, Musikboxen etc.) als tatbestandlich erfasst ansieht, während ***Warenautomaten*** (Zigaretten-, Kaugummiautomaten etc.) ***nicht*** unter die Vorschrift fallen sollen.

Beachtet aber, dass diese Frage nach Bejahung des § 242 I wegen der in § 265a I ausdrücklich angeordneten Subsidiarität nur eine theoretische Rolle spielt. Je nach Geschmack könnt ihr daher das Problem „Warenautomat" auch offenlassen oder gar angesichts der Subsidiarität ganz auf die Prüfung der Leistungserschleichung verzichten.

5. Darf es noch etwas komplizierter sein? Eine ***Abwandlung zum Mitdenken für Fortgeschrittene***: Wie wäre der Fall zu entscheiden, wenn falsche Münzen eingeworfen würden, die nicht nur vom Gewicht und von der Größe her echten €-Stücken entsprechen, sondern ihnen darüber hinaus täuschend ähnlich sehen? Nähme man auch in dieser Fallabwandlung einen Diebstahl an, ginge der Schutz im Zusammenhang mit Automaten etwas zu weit. In dieser Situation hätte sich – anders als im Ausgangsfall – ja auch eine Person „anstelle des Automaten" überlisten lassen und die Zigaretten herausgerückt. Es spricht deshalb vieles dafür, dann statt des Diebstahls auf den Auffangtatbestand der Unterschlagung zurückzugreifen.

Fall 55

Wieder einmal ist T in Geldnot. Sie nimmt die EC-Karte ihrer Freundin F an sich. An einer Sparkasse steckt T die Karte in den Geldautomaten, gibt die ihr bekannte PIN ein und lässt sich 100 € im Form von zwei 50-€-Scheinen auszahlen. Die Karte bringt T – wie von Anfang an geplant – unauffällig zu F zurück.

Frage: Wie hat sich T strafbar gemacht ?

Lösungsskizze Fall 55

- Strafbarkeit der T gemäß § 263 I zum Nachteil der Sparkasse ?

I. Tatbestand

1. Objektiver Tatbestand

a. Täuschung über Tatsachen

HIER (–) → ein Automat kann nicht getäuscht werden

***b. <u>also</u>: objektiver Tatbestand* (–)**

***2. <u>also</u>: Tatbestand* (–)**

II. Ergebnis:

Strafbarkeit der T gemäß § 263 I zum Nachteil der Sparkasse (–)

- Strafbarkeit der T gemäß § 263a I zum Nachteil der Sparkasse ?

I. Tatbestand

1. Objektiver Tatbestand

a. Beeinflussung des Ergebnisses eines Datenverarbeitungsvorgangs (hier) durch unbefugte Verwendung von Daten ?

HIER (+) → die Informationen auf dem Magnetstreifen und die PIN sind für die Datenverarbeitung kodiert, also Daten; T hat sie unbefugt verwendet und spätestens mit dem Eingeben der PIN das Ergebnis eines Datenverarbeitungsvorgangs beeinflusst

***b. (darauf kausal beruhender) Vermögensschaden ?* (+)**

***c. <u>also</u>: objektiver Tatbestand* (+)**

2. Subjektiver Tatbestand

***a. Vorsatz ?* (+)**

***b. Absicht der rechtswidrigen Bereicherung ?* (+)**

c. (Stoffgleichheit) ? (+)

d. <u>also</u>: subjektiver Tatbestand (+)

3. <u>also</u>: Tatbestand (+)

II. Rechtswidrigkeit (+)

III. Schuld (+)

IV. Ergebnis:
Strafbarkeit der T gemäß § 263a I zum Nachteil der Sparkasse (+)

- Strafbarkeit der T gemäß § 242 I (Geld) ?

I. Tatbestand

1. Objektiver Tatbestand

a. fremde bewegliche Sache ?

aa. Sache ? (+)

bb. beweglich ? (+)

cc. fremd ?
= im Eigentum eines anderen stehend

HIER (–) → das Geld ist wirksam gemäß § 929 S. 1 BGB an T übereignet worden (a.A. BGH / gut vertretbar); der Übereignungswille ist nur von der technisch ordnungsgemäßen Bedienung des Automaten, nicht aber von der Berechtigung des Bedieners abhängig; mit den Sicherheitsvorkehrungen sollen nur Manipulationen am Automaten verhindert werden; die Bank kann an jeden Karteninhaber befreiend leisten

dd. <u>also</u>: fremde bewegliche Sache (–)

b. <u>also</u>: objektiver Tatbestand (–)

2. <u>also</u>: Tatbestand (–)

II. Ergebnis:
Strafbarkeit der T gemäß § 242 I (Geld) (–)

- Strafbarkeit der T gemäß § 265a I ?

I. Tatbestand

1. Objektiver Tatbestand

- Erschleichen der Leistung (hier) eines Automaten ?

HIER (–) → ob der Geldautomat unter § 265a I fällt (eher Warenautomat), kann hier dahinstehen; jedenfalls kein Erschleichen, weil der Automat ordnungsgemäß bedient wird

2. also: Tatbestand (–)

II. Ergebnis:
Strafbarkeit der T gemäß § 265a I (–)

- Strafbarkeit der T gemäß § 242 I (Karte) ?

I. Tatbestand

1. Objektiver Tatbestand

a. fremde bewegliche Sache ? (+)

b. Wegnahme ? (+)

c. also: objektiver Tatbestand (+)

2. Subjektiver Tatbestand

a. Vorsatz ? (+)

b. Absicht der rechtswidrigen Zueignung ?

aa. Zueignungsabsicht ?
= Enteignungsvorsatz (dolus eventualis reicht) und Aneignungsabsicht

(1) Enteignungsvorsatz ?

HIER (–) → T will die Karte von vornherein zurückgeben; das abgehobene Geld ist nicht unmittelbar in der Sache verkörpert; die Karte fungiert nur als „Schlüssel" zum Konto; diese Funktion bleibt der Karte erhalten; daher (anders als beim Sparbuch, vgl. Fall 10) auch kein Enteignungsvorsatz hinsichtlich des Sachwerts

(2) also: Zueignungsabsicht (–)

bb. also: Absicht der rechtswidrigen Zueignung (–)

c. also: subjektiver Tatbestand (–)

3. also: Tatbestand (–)

II. Ergebnis:
Strafbarkeit der T gemäß § 242 I (Karte) (–)

Formulierungsvorschlag Fall 55

- Strafbarkeit der T gemäß § 263 I zum Nachteil der Sparkasse

T könnte sich durch die Bedienung des Geldautomaten gemäß § 263 I zum Nachteil der Sparkasse strafbar gemacht haben.

I. Dazu müsste sie über Tatsachen getäuscht haben.

Täuschung ist ein Verhalten, das irreführend auf die Vorstellung eines anderen einwirken soll. Ein Automat kann sich keine Vorstellung machen, also auch nicht getäuscht werden.

T hat somit nicht getäuscht.

II. Sie hat sich nicht gemäß § 263 I zum Nachteil der Sparkasse strafbar gemacht.

- Strafbarkeit der T gemäß § 263a I zum Nachteil der Sparkasse

Möglicherweise ist T aber angesichts der Bedienung des Automaten gemäß § 263a I zum Nachteil der Sparkasse zu bestrafen.

I. T müsste das Ergebnis eines Datenverarbeitungsvorgangs beeinflusst haben. Dies könnte in Form einer unbefugten Verwendung von Daten geschehen sein.

Daten sind alle durch Zeichen oder kontinuierliche Funktionen dargestellten Informationen, die sich als Gegenstand oder Mittel der Datenverarbeitung kodieren lassen. Die im Magnetstreifen der Karte gespeicherten Informationen und die Geheimnummer sind für die Datenverarbeitung kodiert. Mithin handelt es sich um Daten.

Diese Daten hat T unbefugt verwendet.

Spätestens mit der Eingabe der PIN hat sie das Ergebnis eines Datenverarbeitungsvorgangs beeinflusst.

Dadurch ist der Sparkasse ein Vermögensnachteil entstanden.

T handelte vorsätzlich und in der Absicht, sich stoffgleich und rechtswidrig zu bereichern.

II. Die Tat geschah rechtswidrig.

III. T handelte schuldhaft.

IV. Sie ist daher angesichts der Bedienung des Automaten gemäß § 263a I zum Nachteil der Sparkasse zu bestrafen.

- Strafbarkeit der T gemäß § 242 I (Geld)

Zusätzlich könnte sich T durch die Entgegennahme der Geldscheine gemäß § 242 I strafbar gemacht haben.

I. Die Scheine sind bewegliche Sachen.

Sie müssten zum Tatzeitpunkt für T noch fremd gewesen sein. Die Sparkasse könnte wirksam gemäß § 929 S. 1 BGB an T übereignet haben.

Die Übergabe besteht im Bereitlegen des Geldes im Ausgabefach des Automaten.

Weit weniger eindeutig erscheint indes das Vorliegen der erforderlichen Einigung. Der Übereignungswille dokumentiert sich möglicherweise im Aufstellen des Automaten. Bci verkehrsüblicher Betrachtung gilt der Übereignungswille gegenüber jedem, der sich mit der Kombination aus Karte und PIN ausweisen kann.

Die Konstruktion einer Bedingung, dass gerade der Berechtigte den Automaten in Gang setzt, erscheint dagegen lebensfremd. Die Sicherheitsvorkehrungen lassen sich nur so begreifen, dass Manipulationen ausgeschlossen werden sollen, die den Anordnungen des Automatenaufstellers ersichtlich zuwiderlaufen. Davon kann bei technisch ordnungsgemäßer Bedienung jedoch gerade keine Rede sein. Zudem kann die Bank an jeden Inhaber der Karte befreiend leisten.

Folglich bestand dank der ordnungsgemäßen Bedienung des Automaten durch T ein Übereignungswille der Sparkasse. Der übereinstimmende Wille der T dokumentiert sich im Eingeben von Karte und PIN.

Eine Einigung hat stattgefunden.

T hat gemäß § 929 S. 1 BGB wirksam Eigentum erlangt. Die Geldscheine waren somit zum Tatzeitpunkt für sie nicht mehr fremd.

II. T hat sich durch die Entgegennahme des Geldes nicht gemäß § 242 I strafbar gemacht.

- Strafbarkeit der T gemäß § 265a I

In Betracht kommt aber weiter, dass sich T durch die Bedienung des Automaten gemäß § 265a I strafbar gemacht hat.

I. T müsste sich die Leistung eines Automaten erschlichen haben. Problematisch ist bereits, ob es sich beim Geldautomaten um einen Leistungsautomaten handelt.

Er ist eher mit einem Warenautomaten zu vergleichen, der von § 265a I nach zutreffender Ansicht gerade nicht erfasst wird. Die aufgeworfene Frage kann allerdings dahinstehen, wenn T sich die Leistung jedenfalls nicht erschlichen hat.

Voraussetzung für die Erschleichung ist die technisch ordnungswidrige Benutzung des Automaten. T hat den Geldautomaten ordnungsgemäß in Gang gesetzt.

Sie hat sich die Leistung also jedenfalls nicht erschlichen, weshalb auf die vergleichsweise komplexe Frage, ob ein Geldautomat von § 265a I erfasst wird, nicht weiter eingegangen werden muss.

II. T hat sich nicht gemäß § 265a I strafbar gemacht.

- Strafbarkeit der T gemäß § 242 I (Karte)

Möglicherweise hat sich T durch das Mitnehmen der Karte gemäß § 242 I strafbar gemacht.

I. Die Karte ist eine für T fremde bewegliche Sache.

T hat sie weggenommen.

Weiter handelte sie vorsätzlich.

Sie müsste darüber hinaus in der Absicht gehandelt haben, sich oder einem Dritten die Karte rechtswidrig zuzueignen. Die Zueignungsabsicht besteht aus Enteignungsvorsatz und Aneignungsabsicht.

T müsste mit Enteignungsvorsatz gehandelt haben. Sie müsste dazu zumindest Eventualvorsatz im Hinblick auf die dauernde Enteignung des Berechtigten gehabt haben. T hatte bereits zum Zeitpunkt der Wegnahme vor, die Karte der F zurückzuverschaffen. Also hat sie die dauernde Enteignung jedenfalls hinsichtlich der Substanz des Tatobjekts nicht einmal billigend in Kauf genommen.

Gegenstand der Zueignung kann aber nach allgemeiner Auffassung auch der Sachwert sein, sofern er in der Sache selbst unmittelbar verkörpert ist. Die Karte dient lediglich als „Schlüssel" zum Konto, sie selbst wird durch das Abheben nicht entwertet.

Die Karte wurde nicht etwa als „leere Hülse" zurückgegeben, sondern gelangte – plangemäß – unversehrt und funktionstüchtig zurück. Das Kontoguthaben ist nicht unmittelbar in der Karte selbst verkörpert. Deshalb kann von einem Enteignungsvorsatz der T auch hinsichtlich des Sachwerts nicht die Rede sein.

T handelte demnach nicht in Zueignungsabsicht.

II. Sie hat sich durch das Mitnehmen der Karte nicht gemäß § 242 I strafbar gemacht.

Fazit

1. Der Fall zeigt wieder einmal den Sinn der eingangs (Seiten 16 f) beschriebenen Methode zum Aufspüren der einschlägigen Tatbestände. § 263a musste unbedingt gesehen werden.

2. Ihr seid hoffentlich auch auf ***§ 266b*** gestoßen. Aus dem Wortlaut („ihm") ergibt sich aber schnell, dass hier ***nur der berechtigte Karteninhaber*** gemeint ist. Das ist so eindeutig, dass es schon reichlich gezwungen wirkt, § 266b in die Lösung einzubauen. Wer es – vielleicht wegen der vielversprechenden Überschrift – dennoch tun will, sollte sich jedenfalls kurz fassen.

3. Ebenfalls sehr knapp kann und soll ***§ 263 I*** abgehandelt werden (siehe schon Fall 54). Die Strafbarkeit nach ***§ 263a I*** ist für unsere Konstellation so gut wie unumstritten. Die Vorschrift ist nicht zuletzt zur Erfassung solcher Fälle aus der Erkenntnis eingefügt worden, dass man Automaten eben nicht täuschen kann. Auf den ersten Blick möglicherweise irritierend ist die Erkenntnis, dass durch die Auszahlung die Bank (Sparkasse) geschädigt ist, nicht etwa der Kontoinhaber (hier F). Zum Hintergrundverständnis an dieser Stelle nur recht grob zusammengefasst: Die auszahlende Bank hat bei Handeln eines Unbefugten grundsätzlich gegenüber dem Kontoinhaber keinen Ersatzanspruch. Selbst wenn aber unter besonderen Umständen im Einzelfall ein solcher Anspruch bestehen sollte (insbesondere bei vorwerfbarem Verhalten des Kontoinhabers als Schadensersatzanspruch), ist dies aus Sicht der Bank zunächst einmal nur eine unsichere Rechtsposition, die an dem unmittelbaren Schadenseintritt (wohlgemerkt bei der Bank!) nichts zu ändern vermag.

Beachtet allgemein die tendenziell zunehmende Bedeutung des Computerstrafrechts nicht zuletzt durch Einführung neuer und Erweiterung bestehender Vorschriften (vgl. §§ 202a, 202b, 202c, 202d, 303a, 303b).

4. Vor der Existenz des § 263a spielte es eine große praktische Rolle, ob in Situationen wie der unseres Ausgangsfalls ***§ 242 I*** oder zumindest ***§ 246 I*** einschlägig ist. Wer die Übereignung (§ 929 S. 1 BGB) an fehlender Einigung scheitern lässt (so der BGH), muss sich bei der Wegnahme die Frage stellen, ob ein tatbestandsausschließendes Einverständnis vorliegt. Das dürfte mit dem BGH zu bejahen sein, sodass man zur Verneinung des Diebstahls kommt. Der BGH gelangte in solchen Fällen dann zwanglos zu § 246 I (beachte aber mit Blick auf § 263a die neue Subsidiaritätsklausel in § 246 I / vgl. Fall 2, Fazit 2.).

Wir empfehlen natürlich unseren Lösungsweg: Mit guten Argumenten könnt ihr ***bereits die Übereignung bejahen***. Wenn man auf diese Weise schon den Diebstahl im Ergebnis ablehnt, ist anschließend jedes Wort zur Unterschlagung überflüssig (vgl. schon Fall 3, Fazit 6.).

5. Kurz noch zu ***§ 265a***: Das Problem „Warenautomat“ (siehe Fall 54) brauchte hier für unseren Geschmack nur „angerissen“ zu werden, weil jedenfalls ***eindeutig kein Erschleichen*** vorliegt. Diese Methode sieht sich streng genommen gewissen Bedenken ausgesetzt (vgl. Fall 3, Fazit 1.), dürfte aber wegen der ohnehin untergeordneten Bedeutung des § 265a zumindest akzeptabel, vielleicht sogar vorzugswürdig sein (Schwerpunktsetzung / siehe zur Beförderungserschleichung schon Fall 36, Fazit 3.).

6. Das Problem bei § 242 I hinsichtlich der Karte wird im Idealfall bereits bekannt gewesen sein (vgl. Fall 10). Der Wert war nicht in der Sache selbst (unmittelbar) verkörpert, die Karte wurde vielmehr nur als „Schlüssel“ zum Konto gebraucht.

Fall 56

Jurastudentin J hat von ihren Eltern zum Semesterbeginn einen Porsche geschenkt bekommen. Nach 400 Kilometern „volle Granate" auf der Autobahn ist der Tank fast leer. J steuert eine SB-Tankstelle an und tankt 50 l Super. Als sie zahlen will, bemerkt J, dass der Tankwart gerade durch einen intensiven Flirt mit einer Kundin abgelenkt ist. Diese Gelegenheit lässt J nicht ungenutzt verstreichen. Mit quietschenden Reifen verlässt sie die Tankstelle ohne zu zahlen.

Frage: Wie hat sich J strafbar gemacht ?
Eventuell verwirklichte Straßenverkehrsdelikte sind nicht zu prüfen.

Lösungsskizze Fall 56

- Strafbarkeit der J gemäß § 263 I z. N. des Tankstelleninhabers ?

I. Tatbestand

1. Objektiver Tatbestand

a. Täuschung über Tatsachen ?

= Verhalten, das irreführend auf die Vorstellung eines anderen über Tatsachen (= vergangene oder gegenwärtige Vorgänge oder Zustände) einwirken soll

HIER (–) → zum Zeitpunkt des Tankvorgangs war J noch zahlungswillig; sie hat also nicht irreführend auf die Vorstellung eines anderen eingewirkt

b. <u>also</u>: objektiver Tatbestand **(–)**

2. <u>also</u>: Tatbestand **(–)**

II. Ergebnis:

Strafbarkeit der J gemäß § 263 I z. N. des Tankstellenbetreibers (–)

- Strafbarkeit der J gemäß § 242 I (Tanken) ?

I. Tatbestand

1. Objektiver Tatbestand

a. fremde bewegliche Sache ?

aa. Sache ?

= jeder körperliche Gegenstand (vgl. § 90 BGB)

HIER (+) → auch Flüssigkeiten sind körperliche Gegenstände, also Sachen

bb. fremd ?
= im Eigentum eines anderen stehend

HIER (+) → jedenfalls zum Tatzeitpunkt (Tanken) stand das Benzin noch im Eigentum des Tankstellenbetreibers

***cc. beweglich ?* (+)**

***dd. <u>also</u>: fremde bewegliche Sache* (+)**

b. Wegnahme ?

aa. Bruch fremden Gewahrsams ?
= Aufhebung des Gewahrsams ohne oder gegen den Willen des bisherigen Inhabers

HIER (−) → zwar hat mit dem Tanken mit Blick auf die Verkehrsauffassung ein Gewahrsamswechsel stattgefunden, der Tankstellenbetreiber war damit aber angesichts der technisch ordnungsgemäßen Bedienung der Zapfsäule einverstanden

***bb. <u>also</u>: Wegnahme* (−)**

***c. <u>also</u>: objektiver Tatbestand* (−)**

***2. <u>also</u>: Tatbestand* (−)**

II. Ergebnis:
Strafbarkeit der J gemäß § 242 I (−)

- Strafbarkeit der J gemäß § 246 I (Wegfahren) ?

I. Tatbestand

1. Objektiver Tatbestand

a. fremde bewegliche Sache ?

***aa. Sache ?* (+)**

bb. fremd ?
= im Eigentum eines anderen stehend

HIER (+) → mit dem Tanken hat J nicht gemäß § 929 S. 1 BGB Eigentum erworben (a.A. gut vertretbar); die Freigabe der Zapfsäule ist noch kein rechtsgeschäftliches Angebot, sondern lediglich eine „invitatio ad offerendum“ (Aufforderung zum Angebot); die Einigung findet erst an der Kasse statt; §§ 947 I, 948 I BGB führen nur zu Miteigentum, ändern also nichts an der Fremdheit

***cc. beweglich ?* (+)**

***dd. <u>also</u>: fremde bewegliche Sache* (+)**

***b. rechtswidrige Zueignung ?* (+)**

***c. <u>also</u>: objektiver Tatbestand* (+)**

2. Subjektiver Tatbestand

- Vorsatz ? (+)

3. <u>also</u>: Tatbestand (+)

II. Rechtswidrigkeit (+)

III. Schuld (+)

IV. Ergebnis:
Strafbarkeit der J gemäß § 246 I (+)

Formulierungsvorschlag Fall 56

- Strafbarkeit der J gemäß § 263 I z. N. des Tankstelleninhabers

J könnte sich durch das Tanken gemäß § 263 I zum Nachteil des Tankstellenbetreibers strafbar gemacht haben.

I. Dazu müsste sie über eine Tatsache getäuscht haben. Täuschung ist jedes Verhalten, das irreführend auf die Vorstellung eines anderen einwirken soll.

Ausdrücklich hat J nicht getäuscht. Sie könnte aber durch das Selbsttanken konkludent über die innere Tatsache ihrer Zahlungswilligkeit getäuscht haben. Zum Zeitpunkt des Tankvorgangs war J noch zahlungswillig, hat also nicht getäuscht.

II. Sie hat sich durch das Tanken nicht gemäß § 263 I zum Nachteil des Tankstellenbetreibers strafbar gemacht.

- Strafbarkeit der J gemäß § 242 I (Tanken)

Möglicherweise hat sie sich aber durch das Tanken gemäß § 242 I strafbar gemacht.

I. Das Benzin müsste zunächst eine Sache sein. Sache ist jeder körperliche Gegenstand. Dabei kommt es nicht auf die räumliche Abgrenzbarkeit des Gegenstands an, sodass auch Flüssigkeiten unter den Begriff der Sache fallen.

Das Benzin ist daher ein körperlicher Gegenstand, also eine Sache. Die Sache ist beweglich und stand zumindest zu Beginn des Tankvorgangs noch im Eigentum des Tankstellenbetreibers, war also für J fremd.

J müsste das Benzin weggenommen haben. Wegnahme bedeutet Bruch fremden und Begründung neuen Gewahrsams. Gewahrsam ist die von einem Herrschaftswillen getragene tatsächliche Sachherrschaft.

Ursprünglich hatte das Tankstellenpersonal Gewahrsam am Benzin. Möglicherweise hat aber durch den Tankvorgang ein Gewahrsamswechsel stattgefunden. Für die Gewahrsamsverhältnisse ist die Verkehrsanschauung maßgeblich.

Zwar befindet sich das Benzin nach dem Tanken immer noch auf dem Tankstellengelände, doch ist es lebensnah der sozialen Sphäre des Autofahrers zuzuordnen. Auch wenn das Tankstellenpersonal noch die Möglichkeit hat, die Weiterfahrt zu verhindern, so müsste dem Fahrer das Benzin nach der Verkehrsanschauung seinerseits wieder abgenommen, also weggenommen werden.

Demnach hat J mit dem Tanken Gewahrsam am Benzin erlangt. Ein Gewahrsamswechsel hat stattgefunden.

Gewahrsamsbruch setzt voraus, dass diese Verschiebung gegen den Willen des bisherigen Inhabers geschieht. Nach der Struktur des üblichen automatisierten Ablaufs ist der Gewahrsam für jeden gleichsam freigegeben, der – wie J – die Zapfsäule nur technisch ordnungsgemäß bedient. Der Tankstellenbetreiber war somit entsprechend dem Charakter einer SB-Tankstelle mit dem Einfüllen des Benzins einverstanden. Die Gewahrsamsverschiebung geschah also gerade nicht gegen den Willen des bisherigen Inhabers.

Mangels Gewahrsamsbruchs hat J das Benzin nicht weggenommen.

II. Demnach hat sie sich durch das Tanken nicht gemäß § 242 I strafbar gemacht.

- Strafbarkeit der J gemäß § 246 I (Wegfahren)

In Betracht kommt aber mit Blick auf das Wegfahren eine Bestrafung aus § 246 I.

I. Das Benzin ist eine bewegliche Sache.

Es müsste für J zum entscheidenden Zeitpunkt des Wegfahrens nach wie vor fremd gewesen sein.

Eine Sache ist fremd, wenn sie im Eigentum eines anderen steht. J könnte durch das Tanken Eigentum am Benzin erworben haben. Möglicherweise ergibt sich ein Eigentumserwerb aus § 929 S. 1 BGB. Dazu müsste eine dingliche Einigung vorliegen.

Der Wille des Tankstellenbetreibers zur Übereignung könnte sich in der Freigabe der Zapfsäule dokumentieren. Bei näherer Betrachtung zeigt sich aber, dass sich die Freigabe der Zapfsäule – wie etwa eine Schaufensterauslage – zunächst an jedermann richtet. In der Freigabe kommt also kein rechtsgeschäftlich individualisiertes Angebot, sondern lediglich eine Aufforderung zum Angebot („invitatio ad offerendum") zum Ausdruck. Eine konkrete Willenserklärung des Tankwarts wird dagegen erst an der Kasse abgegeben. J hat den Kassenraum nicht aufgesucht, es fehlt an der für § 929 S. 1 BGB erforderlichen Einigung.

Rechtsgeschäftlich hat J also kein Eigentum am Benzin erworben.

Zu denken ist ferner an einen gesetzlichen Eigentumserwerb gemäß §§ 947 I, 948 I BGB durch Vermischung mit dem bereits vor dem Tanken im Wagen befindlichen Benzin. Ein solcher Erwerb führt allerdings nur zu Miteigentum, nicht zu Alleineigentum. Die Sache steht dabei also weiter im Miteigentum eines anderen. §§ 947 I, 948 I BGB lassen somit die Fremdheit der Sache unberührt.

Das Benzin war für J nach wie vor fremd.

Durch das Losfahren hat sie sich das Benzin rechtswidrig zugeeignet.

J handelte vorsätzlich.

II. Die Tat geschah rechtswidrig.

III. J handelte weiter schuldhaft.

IV. Somit hat sie sich durch das Wegfahren gemäß § 246 I strafbar gemacht.

Fazit

1. Im Ausgangsfall war eigentlich auf Anhieb klar, dass J sich nicht schon durch das ***Tanken*** strafbar gemacht haben konnte, war sie doch zu diesem Zeitpunkt noch zahlungswillig.

In dieser zugespitzten Konstellation scheidet insbesondere ***§ 263 I*** mangels Täuschung aus.

Wenn der Täter dagegen von Anfang an zahlungsunwillig ist, geht der Betrug bei entsprechendem Vorsatz durch, sofern das Personal den Tankvorgang bemerkt hat.

Wird der von Anfang an zahlungsunwillige Täter beim Tanken nicht wahrgenommen, ist weiter zu differenzieren: Bleibt er nur zufällig unbemerkt, liegt versuchter Betrug vor. Legt er es hingegen regelrecht darauf an, unbemerkt zu bleiben, so fehlt es am Täuschungsvorsatz. Dann scheidet auch der versuchte Betrug aus.

Ihr seht also wieder einmal: Jeder Fall muss individuell analysiert werden!

2. Bis zum subjektiven Tatbestand des Diebstahls (Tanken) drang man gar nicht vor, weil schon die Wegnahme fehlte.

§ 242 I wird am ***Einverständnis des Betreibers*** zunichte gemacht. Hierbei spielt Zahlungs(un)willigkeit keine Rolle. Insbesondere ist das Einverständnis nicht durch Zahlungswilligkeit des Kunden bedingt. Eine solche ***Bedingung kann sich nur auf äußerlich erkennbare Umstände beziehen*** (so in Fall 54).

Merke: Auch ein auf einem Irrtum beruhendes Einverständnis ist wirksam, also tatbestandsausschließend! Anders sieht es übrigens bei der streng davon zu unterscheidenden rechtfertigenden Einwilligung aus (vgl. Die Fälle – Strafrecht AT, Fall 13, Fazit 4.).

Wenn der Täter – wie J – beim Tanken (noch) zahlungswillig ist, könnt ihr euch bei der Prüfung dieser Tathandlung auch kürzer fassen oder sie u.U. sogar ganz weglassen.

3. Hinsichtlich des ***Wegfahren***s wäre eine erneute (!) Prüfung des Diebstahls unsinnig, weil der Gewahrsamswechsel ja schon im Tanken lag. Wer allerdings die Gewahrsamsverhältnisse oben (beim Tanken) noch nicht geprüft hat, muss sie zwangsläufig hier bei § 242 I erörtern. So oder so landet man schließlich unweigerlich bei ***§ 246 I***. Hier stellt sich ein dickes zivilrechtliches Problem. Das ist wahrscheinlich der Hauptgrund für die Begeisterungsstürme, die die „Tankstellenfälle" bei den Bearbeitern bis ins Examen hinein hervorrufen.

   Zur Sache: Bei der ***Fremdheit*** (nach dem Tanken!) werden sehr unterschiedliche Konstruktionen aus dem Hut gezaubert.

   Klar ist nur, dass ***§§ 947 I, 948 I BGB*** (gesetzlicher Eigentumserwerb) nichts an der Fremdheit ändern, ein Miteigentum des Täters reicht eben nicht. Es kann also letztlich nur auf den rechtsgeschäftlichen Alleineigentumserwerb nach § 929 S. 1 BGB ankommen.

   Der findet nach einer Auffassung bereits an der Zapfsäule uneingeschränkt statt. Ergebnis: § 246 I (–) → Straflosigkeit, wenn nicht vollendeter oder zumindest versuchter Betrug gegeben ist (siehe 1.).

   Eine weitere verbreitete Ansicht stellt auf einen angeblich stillschweigend vereinbarten Eigentumsvorbehalt ab (Was war das denn noch gleich? → § 449 I BGB). Ergebnis: Keine Zahlung, kein Eigentumsübergang, § 246 I steht also nichts im Wege. Diese Auffassung vermeidet Strafbarkeitslücken, erscheint aber von der Begründung her eher aus der Luft gegriffen.

   Wesentlich plausibler ist da die von uns favorisierte Lösung (h.M.), die im bloßen Tankvorgang überhaupt keine Einigung sieht. Die Begründung dafür haben wir im Formulierungsvorschlag ausgebreitet.

4. In der einen oder anderen Variante (siehe hier Fazit 1.) geistern die ***Tankstellenfälle*** immer wieder durch Rechtsprechung und Prüfungen. Vergleicht beispielsweise BGH NJW 2012, 1092 f mit unserem Fall. Dort ging es um einen wesentlich anderen Sachverhalt mit entsprechend anderer Lösung.

Eine Originalklausur

Um vor allem den Anfängern eine Vorstellung davon zu vermitteln, was euch im Ernstfall erwartet, arbeiten wir an dieser Stelle eine Originalklausur in der gewohnten Art und Weise auf.

Die Arbeit lief im Rahmen einer Anfängerübung an der Uni Köln. Wir haben die Daten geändert.

Prüfungsumfang und Schwierigkeitsgrad können als äußerst ***fair*** bezeichnet werden, zumal sich der Fall am damaligen Vorlesungsstoff orientierte. ***Mitunter kann es etwas dicker kommen!***

Als Bearbeitungszeit standen drei Stunden zur Verfügung.

Hier nun der Sachverhalt aus dem prallen Studentenleben:

Fall 57

Jurastudent A hat seinem Kommilitonen B am 01.10.2020 ein zinsloses Darlehen über 1.000 € gegeben; als Rückzahlungstermin wurde der Aschermittwoch (17.02. 2021) vereinbart. Vor Weihnachten stellt A fest, dass er den verliehenen Betrag dringend braucht und bittet B um sofortige Rückzahlung des Darlehens. B lehnt dies ab. Da wendet sich A an die mit beiden befreundete Jurastudentin C, erläutert ihr den Sachverhalt und bittet sie um ihre Hilfe. C hat für das Anliegen des A Verständnis und sagt, sie werde schon dafür sorgen, dass B das Geld noch vor Weihnachten zurückzahlt.

Sowohl B als auch C sitzen im Hauptseminar an der Hausarbeit in der Strafrechtsübung für Anfänger, die am 11.12.2020 abzugeben ist. B kommt mit dem Fall nicht zurecht und bittet C am 09.12.2020, ihm ihr schon fast fertiggestelltes Manuskript kurz zu überlassen, damit er es kopieren und in leicht veränderter Form unter seinem eigenen Namen abgeben kann. „Ja – aber nur, wenn du dem A sofort seine 1.000 € zurückgibst“, sagt C, die weiß, dass B ohne ihr Manuskript keine brauchbare Strafrechtshausarbeit mehr zustande bringen kann.

Über das Ansinnen der C ist B so wütend, dass er ihr einen heftigen Stoß versetzt. Dadurch kommt C, wie B vorhergesehen hat, zu Fall und erleidet eine Platzwunde am Kopf. Während C noch benommen auf dem Boden liegt, entschließt sich B spontan, das Manuskript von Cs Hausarbeit von ihrem Arbeitsplatz im Hauptseminar wegzunehmen. Er steckt es ein, fährt damit zu einem Bekannten, tippt es dort in aller Ruhe ab und gibt die von C erarbeitete Lösung am 11.12. unter seinem eigenen Namen ab. Am 12.12.2020 gibt B der C (wie geplant) ihr Manuskript mit hämischem Grinsen zurück. C hatte in der Zwischenzeit ihre Lösung nicht mehr rekonstruieren können; als sie ihre Arbeit am 14.12. noch abzugeben versucht, wird sie wegen Verspätung nicht mehr angenommen.

Bitte prüfen Sie die Strafbarkeit von B und C. (Auf § 263 und §§ 267 ff StGB ist nicht einzugehen.)

Lösungsskizze Fall 57

A. Strafbarkeit der C

- Strafbarkeit der C gemäß §§ 253, 22, 23 I ?

(-Vorprüfung)

1. Nichtvollendung der Tat ? **(+)** → ***kein Nachteil entstanden***

2. Strafbarkeit des Versuchs ? **(+)** → ***§ 253 III***

I. Tatbestand

1. Subjektiver Tatbestand

a. Tatentschluss ?
= Vorsatz hinsichtlich aller objektiven Tatbestandsmerkmale ?

aa. (hier) Drohung mit einem empfindlichen Übel ?

(1) Drohung ?
= Inaussichtstellen eines künftigen Übels, auf das der Drohende Einfluss zu haben vorgibt

HIER (+) → auch die Drohung mit Unterlassen („Ich gebe dir das Manuskript nicht, wenn ...") ist vom Tatbestand erfasst; es besteht zwar keine Rechtspflicht zum Handeln (Aushändigen des Manuskripts), die Wirkung auf das Opfer ist aber angesichts der Notlage faktisch eine Einschränkung der Handlungsmöglichkeiten; unsachgerechte Ergebnisse können auf der Ebene des § 253 II korrigiert werden; Gegenansicht (gut vertretbar): wenn – wie hier – keine Rechtspflicht zum Handeln besteht, ist das Drohen mit Unterlassen nicht tatbestandsmäßig; dem Opfer wird lediglich eine zusätzliche Option eröffnet

(2) mit einem empfindlichen Übel ?
= Geeignetheit, den erstrebten Nötigungserfolg zu erzielen

HIER (+) → aus Sicht des B (subjektiv) angesichts seiner Notlage ohnehin; bei einem besonnenen Dritten in der konkreten Lage des B (objektiv / h.M.) ebenso

(3) also: Drohung mit einem empfindlichen Übel (+)

bb. (darauf kausal beruhende) Vermögensverfügung ?

HIER (+) → Rückzahlung der 1.000 € von C erstrebt

cc. (darauf kausal beruhender) Vermögensnachteil ?

HIER (+) → Verlust der Verfügungsmöglichkeit über das Geld vom Vorsatz der C erfasst

dd. also: Tatentschluss (+)

b. Absicht der rechtswidrigen Bereicherung ?

aa. Bereicherungsabsicht ?

HIER (+) → Drittbereicherung (Bereicherung des A) ist erstrebt

bb. Rechtswidrigkeit der beabsichtigten Bereicherung ?
= nicht einem fälligen, einredefreien Anspruch entsprechend

HIER (+) → der Rückzahlungsanspruch war noch nicht fällig

***cc. also: Absicht der rechtswidrigen Bereicherung* (+)**

***c. (Stoffgleichheit) ?* (+)**

***d. also: subjektiver Tatbestand* (+)**

***2. Objektiver Tatbestand = unmittelbares Ansetzen ?* (+)**

***3. also: Tatbestand* (+)**

II. Rechtswidrigkeit

- § 253 II ?

HIER (–) → das Ansinnen des B – nämlich die Überlassung der Hausarbeit – war seinerseits rechtswidrig; die bloße Ablehnung dessen für den Fall der Nicht-Zahlung ist nicht verwerflich (a.A. vertretbar)

III. Ergebnis:
Strafbarkeit der C gemäß §§ 253, 22, 23 I (–)

B. Strafbarkeit des B

- Strafbarkeit des B gemäß § 249 I ?

I. Tatbestand

1. Objektiver Tatbestand

***a. fremde bewegliche Sache ?* (+)**

***b. Wegnahme ?* (+)**

c. (hier) mit Gewalt gegen eine Person ?

HIER (–) → B setzte zwar Gewalt ein, fasste den Entschluss zur Wegnahme aber erst später; es fehlt am zielgerichteten Handeln (Finalzusammenhang); das Ausnutzen einer aus anderen Motiven herbeigeführten Wehrlosigkeit reicht für § 249 I nicht aus

***d. also: objektiver Tatbestand* (–)**

***2. also: Tatbestand* (–)**

II. Ergebnis:
Strafbarkeit des B gemäß § 249 I (–)

- Strafbarkeit des B gemäß §§ 242 I, 243 I 1, 2 Nr. 6 ?

I. Tatbestand

1. Objektiver Tatbestand

a. fremde bewegliche Sache ? **(+)**

b. Wegnahme ? **(+)**

c. <u>also</u>: objektiver Tatbestand **(+)**

2. Subjektiver Tatbestand

a. Vorsatz ? **(+)**

b. Absicht der rechtswidrigen Zueignung ?

aa. Zueignungsabsicht ?
= Enteignungsvorsatz (dolus eventualis reicht) und Aneignungsabsicht

(1) Enteignungsvorsatz ?
= Vorsatz, den Berechtigten dauernd aus seiner Position zu verdrängen

HIER (+) → B wollte das Manuskript zwar von Anfang an zurückgeben, Gegenstand der Zueignung kann aber auch der in der Sache selbst unmittelbar verkörperte Sachwert sein; diesbezüglich hatte B Enteignungsvorsatz; er hat die Arbeit bewusst erst nach dem Abgabetermin zurückgegeben, sodass sie für C unbrauchbar (eine entwertete „leere Hülse“) war

(2) Aneignungsabsicht ? **(+)**

(3) <u>also</u>: Zueignungsabsicht **(+)**

bb. Rechtswidrigkeit der beabsichtigten Zueignung ? **(+)**

cc. <u>also</u>: Absicht der rechtswidrigen Zueignung **(+)**

c. <u>also</u>: subjektiver Tatbestand **(+)**

3. <u>also</u>: Tatbestand **(+)**

II. Rechtswidrigkeit **(+)**

III. Schuld **(+)**

IV. Strafzumessungsregel des § 243 I 2 Nr. 6

1. In objektiver Hinsicht

- Ausnutzen (hier) der Hilflosigkeit eines anderen ? **(+)**

2. in subjektiver Hinsicht

- (Quasi-)Vorsatz bezüglich des Regelbeispiels ? **(+)**

3. Ausschluss des besonders schweren Falls, § 243 II ?

HIER (–) → vom reinen Verkehrswert her ist das Manuskript zwar geringwertig, darauf kann es aber nicht ankommen; in ihrem Funktionsbereich ist die Sache „unbezahlbar“; der funktionelle Wert überwiegt den Geldwert; sie entzieht sich dem Geringwertigkeitskriterium des § 243 II (a.A. vertretbar)

4. also: Strafzumessungsregel des § 243 I 2 Nr. 6 (+)

V. Ergebnis:

Strafbarkeit des B gemäß §§ 242 I, 243 I 1, 2 Nr. 6 (+)

- Strafbarkeit des B gemäß § 223 I ?

I. Tatbestand (+)

II. Rechtswidrigkeit (+)

III. Schuld (+)

IV. Ergebnis:

Strafbarkeit des B gemäß § 223 I (+); Verfolgung aber gemäß § 230 I 1 nur auf Antrag, wenn nicht die Staatsanwaltschaft ein besonderes öffentliches Interesse bejaht

C. Gesamtergebnis und Konkurrenzen

Strafbarkeit der C (–); Strafbarkeit des B gemäß §§ 242 I, 243 I 1, 2 Nr. 6 und § 223 I (+); die Taten stehen zueinander in Realkonkurrenz, § 53

Formulierungsvorschlag Fall 57

A. Strafbarkeit der C

- Strafbarkeit der C gemäß §§ 253, 22, 23 I

C könnte sich durch die Forderung der Darlehensrückzahlung im Zusammenhang mit dem Ansinnen des B gemäß §§ 253, 22, 23 I strafbar gemacht haben.

Die Tat dürfte nicht vollendet sein. B kam dem Verlangen der C nicht nach, ihm ist folglich kein Vermögensnachteil entstanden.

Die Tat ist nicht vollendet.

Der Versuch ist gemäß § 253 III strafbar.

I. C müsste einen auf die Erpressung gerichteten Tatentschluss gefasst haben. Sie müsste Vorsatz hinsichtlich aller objektiven Tatbestandsmerkmale gehabt haben.

Als beabsichtigte Tathandlung kommt die Drohung mit einem empfindlichen Übel in Betracht. Drohung ist das Inaussichtstellen eines künftigen Übels, auf das der Drohende Einfluss zu haben vorgibt. C wollte lediglich in Aussicht stellen, das Manuskript nicht auszuhändigen, sie wollte daher allenfalls mit einem Unterlassen drohen.

Ob in einer solchen Drohung mit Unterlassen ein Nötigungsmittel liegt, erscheint fraglich. Der Täter scheint letztlich die Handlungsmöglichkeiten des Opfers zu erweitern, indem er eine zusätzliche Option schafft.

Die typische Einschränkung der Handlungsfreiheit ist auf den ersten Blick in einer Drohung mit Unterlassen nur zu erkennen, wenn der Täter zur Handlung rechtlich verpflichtet ist. C war nicht verpflichtet, das Manuskript auszuhändigen. Auf Basis des dargelegten Gedankengangs wollte sie damit nicht im Sinne des § 253 I drohen.

Richtigerweise kann aber nicht entscheidend sein, was man unterlassen darf, sondern womit man drohen darf. Die Drohungswirkung unterscheidet sich bei einer Drohung mit Unterlassen aus Sicht des in einer Notlage befindlichen Opfers nicht vom Normalfall der Drohung mit aktivem Tun. In dieser Wirkung liegt bei lebensnaher Betrachtung die erforderliche Einschränkung der Handlungsfreiheit. Für die generelle tatbestandliche Erfassung der Drohung mit Unterlassen spricht weiter die Möglichkeit, unsachgerechte Ergebnisse auf der Ebene des § 253 II zu vermeiden.

Demnach ist von § 253 I jede Drohung mit Unterlassen erfasst.

C wollte folglich im Sinne des § 253 I drohen.

Die Nichtaushändigung des Manuskripts müsste sich weiter als empfindliches Übel darstellen. Das Übel muss dazu geeignet sein, den erstrebten Nötigungserfolg zu erzielen. B befand sich in einer ausgesprochenen Notlage, er war dringend auf die Arbeit der C angewiesen. Aber auch ein besonnener Mensch wäre in der konkreten Situation des B geneigt gewesen, dem Verlangen der C nachzukommen. Das Übel war somit subjektiv wie objektiv geeignet, den Nötigungserfolg zu erzielen.

C wollte demnach mit einem empfindlichen Übel drohen.

Nach Vorstellung der C sollte B aufgrund der Drohung eine Vermögensverfügung in Form der vorzeitigen Rückzahlung des Darlehens vornehmen, sodass es auf die umstrittene Frage nach dem Erfordernis einer solchen Verfügung im Rahmen des § 253 I nicht ankommt.

Der Vorsatz der C umfasste auch einen darauf beruhenden Vermögensschaden des B, nämlich den Verlust der Verfügungsmöglichkeit über das Geld.

C hatte somit Tatentschluss hinsichtlich aller objektiven Tatbestandsmerkmale.

Weiter müsste sie in der Absicht rechtswidriger Bereicherung gehandelt haben.

C wollte einen Dritten, nämlich A, bereichern.

Die beabsichtigte Bereicherung ist rechtswidrig, wenn kein fälliger Anspruch darauf besteht. A hatte zwar den Rückzahlungsanspruch aus dem Darlehensvertrag, er wurde allerdings nach der ausdrücklichen Vereinbarung erst am 17.02.2021 fällig. Auf die vorzeitige Rückzahlung hatte A keinen Anspruch. Somit war die von C erstrebte Drittbereicherung auch rechtswidrig.

Es bestand auch Stoffgleichheit zwischen dem in Aussicht genommenen Schaden und der erstrebten Bereicherung.

Mit der Drohung hat C die Tathandlung bereits vorgenommen und dadurch unmittelbar zur Tatbestandsverwirklichung angesetzt.

II. Die Tat müsste weiter rechtswidrig im Sinne des § 253 II gewesen sein. Das Nötigungsmittel stand mit dem Zweck, nämlich der vorzeitigen Rückzahlung des Darlehens, in keinerlei innerer Beziehung. Maßgeblich ist aber zu berücksichtigen, dass B selbst die ihrerseits rechtswidrige Aushändigung des Manuskripts angeregt hatte. Die bloße Ablehnung eines vom Opfer verlangten rechtswidrigen Verhaltens kann nicht als verwerflich angesehen werden.

Die Voraussetzungen des § 253 II sind nicht gegeben. Die Tat geschah folglich nicht rechtswidrig.

III. C hat sich somit durch ihre Forderung nicht gemäß §§ 253, 22, 23 I strafbar gemacht.

B. Strafbarkeit des B

- Strafbarkeit des B gemäß § 249 I

Möglicherweise hat sich B durch den Stoß und das anschließende Mitnehmen des Manuskripts gemäß § 249 I strafbar gemacht.

I. Das Manuskript ist eine für B fremde bewegliche Sache.

Spätestens mit dem Verlassen des Hauptseminars hat B diese Sache weggenommen.

Die Wegnahme müsste mit Gewalt geschehen sein.

Durch den Stoß hat B Gewalt angewendet. Die Gewalt ist jedoch gerade nicht zur Wegnahme eingesetzt worden, vielmehr hat B den Entschluss zur Wegnahme erst nach der Gewaltanwendung spontan gefasst.

Das bloße Ausnutzen einer aus anderen Motiven herbeigeführten Wehrlosigkeit reicht dem eindeutigen Wortlaut nach für § 249 I nicht aus.

II. Somit hat sich B durch den Stoß und das Mitnehmen des Manuskripts nicht gemäß § 249 I strafbar gemacht.

- Strafbarkeit des B gemäß §§ 242 I, 243 I 1, 2 Nr. 6

Durch das Mitnehmen könnte sich B jedoch gemäß §§ 242 I, 243 I 1, 2 Nr. 6 strafbar gemacht haben.

I. Mit dem Manuskript hat er eine für ihn fremde bewegliche Sache weggenommen.

B handelte vorsätzlich.

Er müsste weiter in der Absicht gehandelt haben, sich oder einem Dritten die Sache rechtswidrig zuzueignen. Zueignungsabsicht besteht aus Enteignungsvorsatz und Aneignungsabsicht.

Für den Enteignungsvorsatz müsste B die dauernde Enteignung des Berechtigten zumindest billigend in Kauf genommen haben. B hatte bereits zum Zeitpunkt der Wegnahme vor, C das Manuskript zurückzugeben. Demnach hat er die dauernde Enteignung jedenfalls im Hinblick auf die Substanz des Tatobjekts nicht einmal billigend in Kauf genommen.

Gegenstand der Zueignung kann aber nach allgemeiner Auffassung auch der Sachwert sein, sofern er in der Sache selbst unmittelbar verkörpert ist.

Im Hausarbeitsentwurf steckt die geistige Leistung der C, die sich in der Verwendbarkeit für den Leistungsnachweis niederschlägt. Diesen Wert hat B dadurch entzogen, dass er die Arbeit der C plangemäß erst nach dem Abgabetermin zurückgegeben hat. Das Manuskript war zu diesem Zeitpunkt für C eine wertlose „leere Hülse", wie sich in den erfolglosen Abgabebemühungen der C dokumentiert. Somit bezog sich der Vorsatz des B auf die dauernde Enteignung hinsichtlich des unmittelbar in der Sache verkörperten Werts.

Diesen Sachwert hat er sich absichtlich angeeignet.

Demnach handelte B in Zueignungsabsicht. Die beabsichtigte Zueignung war auch rechtswidrig.

II. Die Tat geschah rechtswidrig.

III. B handelte schuldhaft.

IV. Möglicherweise hat er zusätzlich das Regelbeispiel des § 243 I 2 Nr. 6 erfüllt.

Die Hilflosigkeit eines anderen besteht darin, dass er sich aus eigener Kraft nicht gegen die dem Rechtsgut konkret drohenden Gefahren schützen kann. Die benommen am Boden liegende C war nicht in der Lage, den Gewahrsamsverlust aus eigener Kraft zu verhindern. Sie war also hilflos im Sinne des § 243 I Nr. 6.

Angesichts dessen entschloss sich B zur Tat, er nutzte die Hilflosigkeit somit auch gezielt aus.

Folgerichtig bezog sich auch sein Vorsatz auf die objektiven Voraussetzungen des § 243 I 2 Nr. 6.

Ein besonders schwerer Fall des Diebstahls könnte gleichwohl mit Blick auf § 243 II ausgeschlossen sein. Der reine Verkehrswert des Manuskripts liegt jedenfalls weit unter 25 €. Demnach wäre die Sache geringwertig, selbst wenn man die Grenze bei nur 25 € und nicht höher ansiedelt. Der geringe Verkehrswert ist jedoch unerheblich, wenn der wahre Wert einer Sache nicht objektiv bezifferbar ist, sondern sie vielmehr in ihrem Funktionsbereich „unbezahlbar" ist. Das Hausarbeitsmanuskript enthält die geistige Leistung des Bearbeiters. Der funktionelle Wert übersteigt den Verkehrswert. Insoweit spielt der reine Materialwert keine Rolle. Aus der Natur der weggenommenen Sache ergibt sich, dass sich der Fall dem Geringwertigkeitskriterium des § 243 II entzieht.

Ein besonders schwerer Fall ist somit nicht ausgeschlossen.

V. B hat sich also durch das Mitnehmen des Manuskripts gemäß §§ 242 I, 243 I 1, 2 Nr. 6 strafbar gemacht.

- Strafbarkeit des B gemäß § 223 I

Durch den Stoß könnte sich B schließlich gemäß § 223 I strafbar gemacht haben.

I. B hat C angesichts der erlittenen Platzwunde vorsätzlich körperlich misshandelt sowie an der Gesundheit geschädigt.

II. Die Tat geschah rechtswidrig.

III. B handelte schuldhaft.

IV. Somit hat er sich durch den Stoß gemäß § 223 I strafbar gemacht. Die Tat wird gemäß § 230 I 1 nur auf Antrag verfolgt, wenn nicht die Staatsanwaltschaft ein besonderes öffentliches Interesse bejaht.

C. Gesamtergebnis und Konkurrenzen

C hat sich nicht strafbar gemacht.

B hat sich gemäß §§ 242 I, 243 I 1, 2 Nr. 6 und gemäß § 223 I strafbar gemacht. Die Taten stehen zueinander in Realkonkurrenz, § 53.

Fazit

1. Der recht simpel strukturierte Klausurfall legt einen ***Aufbau nach Personen*** nahe. Eine sinnvolle Unterscheidung in Handlungsabschnitte ergäbe hier im Übrigen die gleiche Einteilung.

2. Einige Bearbeiter begannen die Arbeit mit einer vollendeten Erpressung. Das ist nicht falsch, wenngleich die Nichtvollendung so eindeutig ist, dass ein ***direkter Einstieg in die Versuchsprüfung*** angebrachter erscheint.

   In jedem Fall musste § 253 gesehen werden. Wer bei C nur § 240 prüfte, hatte natürlich schlechte Karten.

Ein ***Kernproblem*** war die ***Drohung mit Unterlassen***. Sie ist nicht zu verwechseln mit der ebenfalls denkbaren Drohung durch Unterlassen (§ 13 I). Das Problem tauchte bisher in diesem Buch nicht auf, weil es sich um eine Frage der Nötigung handelt, die sich in Fall 57 nur im Bereich des Vermögensdelikts § 253 auswirkt (Baukastenprinzip).

Weil der Knackpunkt ohne Vorkenntnisse zugegebenermaßen nur schwer zu erkennen ist, solltet ihr euch nicht grämen, wenn ihr bei eurer Lösung am Problem vorbeigedacht habt. Es handelt sich wenn man so will um den weiterführenden Teil.

In der damaligen Übung hat aber etwa die Hälfte der Leute die Drohung mit Unterlassen nicht erkannt, obwohl sie in der Vorlesung besprochen worden war. Das gibt schon zu denken!

Inhaltlich bleibt nur hinzuzufügen, dass wir an dieser Stelle der h.M. folgen, während ein nicht unbeachtlicher Teil der Literatur die dargestellte Gegenmeinung vertritt.

Der Fall gibt keinerlei Anlass, sich mit dem Streitklassiker „Vermögensverfügung“ (vgl. Fall 53) herumzuschlagen! Das kann erfahrungsgemäß nicht oft genug betont werden.

Beim ***Vermögensnachteil*** wurde von den Klausurschreibern oft ungenau gearbeitet. Der in den Vorsatz der C aufgenommene Schaden ist nicht der Verlust der 1.000 €, der wäre nämlich durch das Erlöschen des Rückzahlungsanspruchs kompensiert! Der Schaden liegt einzig und allein im (vorzeitigen) ***Verlust der Verfügungsmöglichkeit*** über das Geld. An solchen Prüfungspunkten zahlt sich sorgfältiges Arbeiten aus.

Das ***unmittelbare Ansetzen*** ist ***völlig unproblematisch*** und darf auf keinen Fall breit ausgewalzt werden!

Auch wer das Problem der Drohung mit Unterlassen nicht gesehen hat, sollte bei der Verwerflichkeitsprüfung des ***§ 253 II*** sein Rechtsgefühl sprechen lassen. Salopp gesagt basiert die Ablehnung der Verwerflichkeit auf dem alten Kindergarten-Argument „Der andere (das vermeintliche Opfer) hat angefangen!“

Wer C unbedingt bestrafen will (wohl vertretbar), sollte das im Formulierungsvorschlag angedeutete Argument ausschlachten, dass Mittel und Ziel in keinerlei Zusammenhang stehen.

3. Der Rest des Falls – ***Strafbarkeit des B*** – spielt sich für den aufmerksamen Leser in hoffentlich sattsam bekanntem Fahrwasser ab.

Neben ***§ 249 I*** (vgl. Fall 27) wurde von vielen Bearbeitern noch §§ 253 I, II, 255 geprüft, um den bereits erwähnten Streitklassiker an dieser Stelle auftischen zu können („Herr Lehrer, ich weiß was!“). Das war ziemlich daneben, weil die räuberische Erpressung natürlich genau wie der Raub im Ansatz scheitert. Auch auf Basis der Rechtsprechung spielen die §§ 253 I, II, 255 in dieser Konstellation nicht die geringste Rolle.

Stattdessen hatte man sich bei ***§ 242 I*** ernsthaft mit dem ***Kernproblem*** der ***Zueignungsabsicht*** zu beschäftigen (vgl. Fall 10), was wiederum viele Bearbeiter nicht erkannten. Die meisten lehnten die Zueignungsabsicht vorschnell ab. Das verwunderte die Korrektorenschar natürlich, weil doch allen Studierenden bekannt sein dürfte, was man mit einem Hausarbeitsmanuskript nach Abgabetermin noch anfangen kann, nämlich nichts. Da liegt der ***Sachwertgedanke*** doch verdammt nahe, oder?

§ 243 I Nr. 6 sollte natürlich gesehen werden.

Bei ***§ 243 II*** wird es dann schon ziemlich knifflig (Nichtbeachtung war kein Beinbruch). Unsere Lösung erscheint besonders angesichts der Tatsache, dass man beim Enteignungsvorsatz auf den Sachwert in Form der Verwendbarkeit abgestellt hat, konsequent (vgl. schon Fall 17, Fazit 1.). Wer dennoch § 243 II für anwendbar hält, muss natürlich folgerichtig auch an § 248a denken!

§ 223 I ist so ***eindeutig gegeben***, dass man sich jedenfalls bei Zeitnot auch auf eine knappe Feststellung der Strafbarkeit beschränken konnte.

4. Huppala, das war's schon wieder. Ihr habt das gesamte Buch erarbeitet. Jetzt dürft ihr feiern. Wir empfehlen aber, das anschließende Kapitel „Alles, nur das nicht – Vermeidbare Sünden …" zeitnah zu lesen. Tut euch den Gefallen.

Viel Erfolg …

Alles, nur das nicht ...
Vermeidbare Sünden
in Klausuren und Hausarbeiten

Unabhängig vom Einzelfall treten erfahrungsgemäß in Klausuren und Hausarbeiten bestimmte Fehler immer wieder auf.

Während bei der „Einführung in die Fallbearbeitungstechnik“ noch einiges in den Bereich „Geschmacksache“ fiel, handelt es sich hier um ***eindeutige Verstöße*** gegen die Vorstellungen der Aufgabenstellerin oder des Aufgabenstellers, die es strikt zu vermeiden gilt. Häufig ist in diesem Zusammenhang von „schier unausrottbaren Fehlern“ der Bearbeiter und Bearbeiterinnen die Rede. Wir wollen mit den folgenden Hinweisen zur „Ausrottung“ beitragen.

Soweit die jeweiligen Punkte bereits bei der „Einführung in die Fallbearbeitungstechnik“ besprochen wurden, wird auf die dortigen Einzelheiten verwiesen.

Unzureichende Schwerpunktsetzung

Der Gesamteindruck einer Prüfungsarbeit wird oft durch eine mehr oder weniger gleichförmige Fall-Lösung getrübt.

Völlig unproblematische Prüfungspunkte wirken zu zäh, während auf der anderen Seite die eigentlichen Probleme des Falls viel zu kurz kommen. Zeigt ***Mut zur klaren Schwerpunktsetzung***, das zeugt von Sicherheit!

Dazu gehört natürlich auch die richtige Zeiteinteilung, sonst wird die Arbeit gegen Ende immer dünner.

→ siehe näher Seiten 17 bis 21

Unnötige Wiedergabe des Gesetzestextes oder des Sachverhalts

Beispiel (Gesetzestext / hier § 32): „Wer eine Tat begeht, die durch Notwehr geboten ist, handelt nicht rechtswidrig. Notwehr ist die Verteidigung, die erforderlich ist, um einen gegenwärtigen rechtswidrigen Angriff von sich oder einem anderen abzuwenden.“

→ siehe auch Seiten 22 unten bis 23 oben

Beispiel (Sachverhalt): „Laut Sachverhalt ist O auf T mit gezücktem Messer zugelaufen, woraufhin T seine Pistole gezogen hat und drei Schüsse auf O abgegeben hat.“

Beides ist ***völlig überflüssig*** und damit streng genommen falsch. Außerdem besteht die Neigung, durch die bloße Wiedergabe des Sachverhalts die erforderliche Subsumtion zu „ersetzen".

Die Tatbestandsmerkmale des § 32 ergeben sich zwanglos aus der Prüfung.

Beispiel: „Es müsste ein Angriff vorliegen. Angriff ist ..."

Die entsprechenden Tatsachen gehören in den jeweiligen Subsumtionsschritt. Auch dabei sollte die wörtliche Wiedergabe des Sachverhalts nach Möglichkeit vermieden werden. Oft bietet es sich an, die entsprechende Sachverhaltspassage mit Blick auf die Definition des jeweils geprüften Merkmals sinngemäß zusammenzufassen. Beispiel (Subsumtionsschritt / „Angriff"): „Von O drohte angesichts des gezogenen Messers eine Verletzung der körperlichen Unversehrtheit des T."

Übrigens solltet ihr euch auch die Phrase „im vorliegenden Fall" verkneifen, das provoziert die Randbemerkung „wo sonst?"

Die Sachverhaltsquetsche / in dubio pro reo

Akzeptiert den Sachverhalt so wie er ist!

Auf der Suche nach Problemen wird der Text oft so lange zurechtgebogen, bis der erlernte Streit relevant wird. Etwas seltener kommt es vor, dass der Sachverhalt gezielt an einem Problem „vorbeigequetscht" wird, weil der Bearbeiter oder die Bearbeitende der Erörterung aus dem Weg gehen will. Beides ärgert – wie ihr euch denken könnt – den Korrektor und die Korrektorin!

Nicht weniger unangebracht ist die Anwendung des Grundsatzes „in dubio pro reo" (im Zweifel für den Angeklagten). Wenn der Sachverhalt bestimmte Tatbestandsvoraussetzungen nicht eindeutig hergibt, ist eine möglichst ***lebensnahe Auslegung*** angesagt! Darin besteht nicht selten ein beachtlicher Teil der Klausurleistung. Der prozessuale Grundsatz „in dubio pro reo" findet nur Anwendung, wenn sich in der Praxis der Sachverhalt nicht sicher ermitteln lässt. Bis zum ersten Examen einschließlich habt ihr es aber mit einem feststehenden Sachverhalt zu tun! Für „in dubio pro reo" ist demnach nur Raum, wenn ausdrücklich im Aufgabentext steht, dass sich bestimmte Umstände nicht aufklären lassen. In diesen extrem seltenen Ausnahmefällen geht es meist um die Blutalkoholkonzentration des Täters.

Merkt euch im Grundsatz: Finger weg von „in dubio pro reo"!

Der Ich-Stil

Der Ich-Stil („Meiner Meinung nach ist es sachgerecht ...") ist im Gutachten verfehlt, er gilt als ***unsachlich***. Man kann sich berechtigt fragen, ob es nicht ehrlicher wäre, die Ich-Form zu benutzen. Solche Gedanken sind aber müßig, der Ich-Stil wird nun einmal nicht akzeptiert.

Unsinniger Konjunktiv

Immer wieder liest man Sätze wie „Möglicherweise könnte sich A gemäß § XY strafbar gemacht haben" oder „Weiter könnte eine Strafbarkeit gemäß § YZ in Betracht kommen." Das ist doppelt gemoppelt! In „Möglicherweise" oder „in Betracht kommen" kommt der Gutachtenstil ja bereits zum Ausdruck. Deshalb muss es heißen: „Möglicherweise hat ..." oder „A könnte sich ..." oder „Weiter kommt ... in Betracht."

In diesem Zusammenhang ist eine weitere ungenaue Formulierung regelmäßig am Ende der Prüfung zu finden: „Eine Strafbarkeit des T gemäß § XY kommt daher nicht in Betracht." Auch das ist Blödsinn! Wenn die Strafbarkeit nicht in Betracht gekommen wäre, hättet ihr sie nicht geprüft. Ihr könnt allenfalls schreiben: „Eine Strafbarkeit des T gemäß § XY scheidet daher aus."

Das alles mag euch vielleicht kleinkariert vorkommen. Bedenkt aber, dass ***unpräzise Formulierungen*** der oben geschilderten Art aus Sicht der Korrektorin und des Korrektors ein ***Hinweis auf unbedachten und rein schematisch angewandten Gutachtenstil*** sind.

Überflüssige Füllwörter

Bemüht euch um einen stringenten und sachlichen Stil. Tendenziell neigen die Bearbeiter und Bearbeiterinnen zu einer übertriebenen Anzahl von Füllwörtern.

Evidenzappelle (also Hinweise auf die Eindeutigkeit des Ergebnisses) wie ***„zweifellos"***, ***„unzweifelhaft"*** wirken nur scheinbar überzeugend. Wenn etwas tatsächlich „unzweifelhaft" ist, wird das durch eine kurze sachliche Feststellung des Merkmals voll und ganz deutlich. Wenn es aber in Wirklichkeit doch zweifelhaft ist, ist das Füllwort schlicht falsch.

Für den Korrektor und die Korrektorin sind Zusätze der Marke ***„ohne Zweifel"*** ein untrügliches Zeichen fehlender Sicherheit. Das gilt noch stärker für das Wörtchen ***„wohl"***, das sich immer wieder erstaunlicher Beliebtheit erfreut. Beispiel: „T handelte damit wohl in der Absicht rechtswidriger Zueignung." Der alten Binsenweisheit zahlloser Repetitorien ist nichts hinzuzufügen: Wer „wohl" sagt, dem ist unwohl!

Schlichte Berufung auf die herrschende Meinung

Oftmals „begründen" die Bearbeiterinnen und Bearbeiter eine bestimmte Auffassung mit dem bloßen Hinweis auf die herrschende Meinung. Das ist falsch!

Wer „(ganz) herrschende Meinung" schreibt, muss sich mit jeweiligen Gegenmeinungen auseinandersetzen. Meist handelt es sich im Einzelfall um eine absolut geläufige Definition, das Stichwort „h.M." kann also getrost weggelassen werden. Gerade im Strafrecht gibt es fast immer mehr oder weniger beachtliche Mindermeinungen. Wer deren Existenz in der Formulierung berücksichtigen will, kann von „allgemeiner Auffassung" sprechen. Auch das solltet ihr aber nicht übertreiben! Wenn es sich um eine wirklich fallrelevante Streitfrage handelt, muss man sowieso auf alle nennenswerten Meinungen eingehen. Dabei kommt es auf deren Überzeugungskraft an, nicht auf die Anzahl ihrer Vertreter und Vertreterinnen. Abgesehen davon bietet sich fast immer eine vom Fall ausgehende Problementwicklung an (siehe Seiten 28 bis 30).

Quintessenz: Der Begriff „herrschende Meinung" ist in der Darstellung nie wirklich erforderlich, sollte also jedenfalls mit Bedacht gewählt werden.

Tathandlung nicht im Obersatz benannt

Beispiel: „T könnte sich gemäß § 242 I strafbar gemacht haben." Hier wird nicht deutlich, durch welche Handlung sich T strafbar gemacht haben könnte.

→ siehe Seite 22

Rechtstechnische Begriffe in Abschnittsüberschriften und Obersätzen

Beispiel: „Die ***Wegnahme*** des Autos" taucht als Überschrift oder „T könnte sich durch die ***Körperverletzung*** gemäß § 223 I strafbar gemacht haben." als Obersatz auf.

Ob eine Wegnahme oder eine Körperverletzung vorliegt, soll ja gerade erst geprüft werden.

→ siehe Seite 22

Problemdiskussion ohne Fallbezug

Oft werden langwierig Meinungen diskutiert, ohne dass zuvor durch Subsumtion klargemacht wird, ob und warum es überhaupt auf eine Entscheidung ankommt. Das ist besonders ärgerlich, wenn die diskutierten Ansichten im zu prüfenden Fall zum selben Ergebnis führen. Dann ist die Streitargumentation nämlich überflüssig.

→ siehe Seiten 28 bis 30

Infragestellen eines bereits festgestellten Ergebnisses

Beispiel: „T handelte vorsätzlich. Etwas anderes könnte sich jedoch aus § 16 I 1 ergeben."

Richtig muss es natürlich heißen: „T müsste vorsätzlich gehandelt haben. Möglicherweise befand er sich in einem Tatbestandsirrtum."

Dieser Hinweis wirkt vermutlich besonders banal. In der Hitze des Gefechts schleicht sich aber auch der soeben beschriebene Fehler immer wieder ein.

Fehlerhafte Zitate in Hausarbeiten

Bei den Fußnoten in Hausarbeiten treten zwei Mängel immer wieder auf:

Die Fußnote bezieht sich oft fälschlicherweise direkt auf den Sachverhalt: „Somit handelte T in der Absicht rechtswidriger Bereicherung. → Fußnote: so auch BGHSt ..."

Obwohl klar ist, was der Bearbeiter oder die Bearbeiterin meint, darf so nicht zitiert werden. Der BGH hat den als Aufgabentext vorliegenden Fall nicht entschieden, es handelt sich bei der Entscheidung allenfalls um einen vergleichbaren Fall! Der mit einer Fußnote belegte Satz muss also abstrakt sein. Ein Beispiel aus der Prüfung eines fremdnützigen Betrugs (vgl. Fall 42): „Es genügt, dass der Täter die Bereicherung als notwendiges Zwischenziel erstrebt. → Fußnote: BGHSt ... Die Bereicherung des D war zwingende Voraussetzung für die letztlich angestrebte Eigenbereicherung. Die Drittbereicherung war damit ein notwendiges Zwischenziel. T handelte in der Absicht der rechtswidrigen Bereicherung des D."

Auf der Suche nach der geeigneten Zitiermöglichkeit eines bestimmten Werkes wird oft eine ***Aussage per Fußnote belegt, die sich unmittelbar aus dem Gesetz ergibt:*** „Nach Abs. 1 ist der Versuch bei Verbrechen stets strafbar. → Fußnote: vgl. Fischer, StGB, § 23 Rn 2". Der Gesetzeswortlaut spricht für sich. Fundstellen werden erst interessant, wenn man mit dem Gesetz allein nicht mehr weiterkommt.

Aufbauschemata

Diebstahl und Unterschlagung

- § 242 I Diebstahl

I. Tatbestand

1. Objektiver Tatbestand

a. fremde bewegliche Sache ?

b. Wegnahme ?

2. Subjektiver Tatbestand

a. Vorsatz ?

b. Absicht der rechtswidrigen Zueignung ?

II. Rechtswidrigkeit

III. Schuld

IV. Ergebnis / u.U. Strafantrag gemäß § 247 oder § 248a

- §§ 242 I, 243 I Besonders schwerer Fall des Diebstahls

I. Tatbestand

1. Objektiver Tatbestand

a. fremde bewegliche Sache ?

b. Wegnahme ?

2. Subjektiver Tatbestand

a. Vorsatz ?

b. Absicht der rechtswidrigen Zueignung ?

II. Rechtswidrigkeit

III. Schuld

IV. Strafzumessungsregel des § 243 I 1, 2

1. In objektiver Hinsicht

- Erfüllung zumindest eines Regelbeispiels des § 243 I 2 Nr. 1, 2, 4-7 ?

2. In subjektiver Hinsicht

- (Quasi-)Vorsatz bezüglich der Erfüllung des Regelbeispiels / der Regelbeispiele ?
- (u.U.) Gewerbsmäßigkeit, § 243 I Nr. 3 (wird nur in subjektiver Hinsicht geprüft)

3. (u.U.) Ausschluss des besonders schweren Falls, § 243 II ?

V. Ergebnis / u.U. Strafantrag gemäß § 247

- §§ 242 I, 244 I D. m. W., Bandend., Wohnungseinbruchd.

I. Tatbestand

1. Tatbestand § 242 I

a. Objektiver Tatbestand

aa. fremde bewegliche Sache ?

bb. Wegnahme ?

b. Subjektiver Tatbestand

aa. Vorsatz ?

bb. Absicht der rechtswidrigen Zueignung ?

2. Tatbestand § 244 I

a. Objektiver Tatbestand

- Erfüllung zumindest einer Qualifikation des § 244 I (Nr. 3 ggfls. i.V.m. IV) ?

b. Subjektiver Tatbestand

- Vorsatz ?

- (u.U.) Gebrauchsabsicht, § 244 I Nr. 1b ?

II. Rechtswidrigkeit

III. Schuld

IV. Ergebnis / u.U. Strafantrag gemäß § 247

- § 246 I Unterschlagung

I. Tatbestand

1. Objektiver Tatbestand

a. fremde bewegliche Sache ?

b. rechtswidrige Zueignung ?

2. Subjektiver Tatbestand

- Vorsatz ?

II. Rechtswidrigkeit

III. Schuld

IV. Ergebnis / u.U. Strafantrag gemäß § 247 oder § 248a

- § 246 I, II Veruntreuende Unterschlagung

I. Tatbestand

1. Tatbestand § 246 I

a. Objektiver Tatbestand

aa. fremde bewegliche Sache ?

bb. rechtswidrige Zueignung ?

b. Subjektiver Tatbestand

- Vorsatz ?

2. Tatbestand § 246 II

a. Objektiver Tatbestand

- Sache dem Täter anvertraut ?

b. Subjektiver Tatbestand

- Vorsatz ?

II. Rechtswidrigkeit

III. Schuld

IV. Ergebnis / u.U. Strafantrag gemäß § 247 oder § 248a

Raub und räuberischer Diebstahl

- § 249 I Raub

I. Tatbestand

1. Objektiver Tatbestand

a. fremde bewegliche Sache ?

b. Wegnahme ?

c. mit Gewalt gegen eine Person oder unter Anwendung von Drohungen mit gegenwärtiger Gefahr für Leib oder Leben ?

2. Subjektiver Tatbestand

a. Vorsatz ?

b. Absicht der rechtswidrigen Zueignung ?

II. Rechtswidrigkeit

III. Schuld

IV. Ergebnis

- §§ 249 I, 250 I/II Schwerer Raub

I. Tatbestand

1. Tatbestand § 249 I

a. Objektiver Tatbestand

aa. fremde bewegliche Sache ?

bb. Wegnahme ?

cc. mit Gewalt gegen eine Person oder unter Anwendung von Drohungen mit gegenwärtiger Gefahr für Leib oder Leben ?

b. Subjektiver Tatbestand

aa. Vorsatz ?

bb. Absicht der rechtswidrigen Zueignung ?

2. Tatbestand § 250 I/II

a. Objektiver Tatbestand

- Erfüllung zumindest einer Qualifikation des § 250 I/II ?

b. Subjektiver Tatbestand

- Vorsatz ?

- (u.U.) Gebrauchsabsicht, § 250 I Nr. 1b ?

II. Rechtswidrigkeit

III. Schuld

IV. Ergebnis

- § 252 Räuberischer Diebstahl

I. Tatbestand

1. Objektiver Tatbestand

a. Täter bei einem Diebstahl auf frischer Tat betroffen ?

b. Gewalt gegen eine Person oder Drohungen mit gegenwärtiger Gefahr für Leib oder Leben ?

2. Subjektiver Tatbestand

a. Vorsatz ?

b. Besitzerhaltungsabsicht ?

II. Rechtswidrigkeit

III. Schuld

IV. Ergebnis

- §§ 252, 250 I/II Schwerer räuberischer Diebstahl

I. Tatbestand

1. Tatbestand § 252

a. Objektiver Tatbestand

aa. Täter bei einem Diebstahl auf frischer Tat betroffen ?

bb. Gewalt gegen eine Person oder Drohungen mit gegenwärtiger Gefahr für Leib oder Leben ?

b. Subjektiver Tatbestand

aa. Vorsatz ?

bb. Besitzerhaltungsabsicht ?

2. Tatbestand § 250 I/II

a. Objektiver Tatbestand

- Erfüllung zumindest einer Qualifikation des § 250 I/II ?

b. Subjektiver Tatbestand

- Vorsatz ?

- (u.U.) Gebrauchsabsicht, § 250 I Nr. 1b ?

II. Rechtswidrigkeit

III. Schuld

IV. Ergebnis

Betrug, Erpressung, Untreue

- § 263 I Betrug

I. Tatbestand

1. Objektiver Tatbestand

a. Täuschung über Tatsachen ?

b. (darauf kausal beruhender) Irrtum ?

c. (darauf kausal beruhende) Vermögensverfügung ?

d. (darauf kausal beruhender) Vermögensschaden ?

2. Subjektiver Tatbestand

a. Vorsatz ?

b. Absicht der rechtswidrigen Bereicherung ?

c. (Stoffgleichheit) ?

II. Rechtswidrigkeit

III. Schuld

IV. Ergebnis / u.U. Strafantrag gemäß § 263 IV i.V.m. § 247 oder § 248a

- § 253 I, II Erpressung

I. Tatbestand § 253 I

1. Objektiver Tatbestand

a. Gewalt oder Drohung mit einem empfindlichen Übel ?

b. (darauf kausal beruhende) Vermögensverfügung (str.) ?

c. (darauf kausal beruhender) Vermögensnachteil ?

2. Subjektiver Tatbestand

a. Vorsatz ?

b. Absicht der rechtswidrigen Bereicherung ?

c. (Stoffgleichheit) ?

II. Rechtswidrigkeit

- § 253 II ?

III. Schuld

IV. Ergebnis

- §§ 253 I, II, 255 Räuberische Erpressung

I. Tatbestand

1. Tatbestand § 253 I

a. Objektiver Tatbestand

aa. Gewalt oder Drohung mit einem empfindlichen Übel ?

bb. (darauf kausal beruhende) Vermögensverfügung (str.) ?

cc. (darauf kausal beruhender) Vermögensnachteil ?

b. Subjektiver Tatbestand

aa. Vorsatz ?

bb. Absicht der rechtswidrigen Bereicherung ?

cc. (Stoffgleichheit) ?

2. Tatbestand § 255

a. Objektiver Tatbestand

- Gewalt gegen eine Person oder Drohung mit gegenwärtiger Gefahr für Leib oder Leben ?

b. Subjektiver Tatbestand

- Vorsatz ?

II. Rechtswidrigkeit

- § 253 II ?

III. Schuld

IV. Ergebnis

- §§ 253 I, II, 255, 250 I/II Schwere räub. Erpressung

I. Tatbestand

1. Tatbestand § 253 I

a. Objektiver Tatbestand

aa. Gewalt oder Drohung mit einem empfindlichen Übel ?

bb. (darauf kausal beruhende) Vermögensverfügung (str.) ?

cc. (darauf kausal beruhender) Vermögensnachteil ?

b. Subjektiver Tatbestand

aa. Vorsatz ?

bb. Absicht der rechtswidrigen Bereicherung ?

cc. (Stoffgleichheit) ?

2. Tatbestand § 255

a. Objektiver Tatbestand

- durch Gewalt gegen eine Person oder unter Anwendung von Drohungen mit gegenwärtiger Gefahr für Leib oder Leben ?

b. Subjektiver Tatbestand

- Vorsatz ?

3. Tatbestand § 250 I/II

a. Objektiver Tatbestand

- Erfüllung zumindest einer Qualifikation des § 250 I/II ?

b. Subjektiver Tatbestand

- Vorsatz ?

- (u.U.) Gebrauchsabsicht, § 250 I Nr. 1b ?

II. Rechtswidrigkeit

- § 253 II ?

III. Schuld

IV. Ergebnis

- § 266 I Var. 1 Untreue; Missbrauchstatbestand

I. Tatbestand

1. Objektiver Tatbestand

a. Missbrauch einer rechtlichen Befugnis, über fremdes Vermögen zu verfügen oder einen anderen zu verpflichten ?

b. Vermögensbetreuungspflicht (str.) ?

c. (kausal auf dem Missbrauch beruhender) Vermögensnachteil ?

2. Subjektiver Tatbestand

- Vorsatz ?

II. Rechtswidrigkeit

III. Schuld

IV. Ergebnis / u.U. Strafantrag gemäß § 266 II i.V.m. § 247 oder § 248a

- § 266 I Var. 2 Untreue; Treubruchstatbestand

I. Tatbestand

1. Objektiver Tatbestand

a. Verletzung einer Vermögensbetreuungspflicht ?

b. (darauf kausal beruhender) Vermögensnachteil ?

2. Subjektiver Tatbestand

- Vorsatz ?

II. Rechtswidrigkeit

III. Schuld

IV. Ergebnis / u.U. Strafantrag gemäß § 266 II i.V.m. § 247 oder § 248a

Hehlerei

- § 259 I Hehlerei

I. Tatbestand

1. Objektiver Tatbestand

a. Sache, die ein anderer aus einer tauglichen Vortat erlangt hat ?

b. Erfüllung einer der Tathandlungen des § 259 I ?

- Sich-Verschaffen ?

- einem Dritten verschaffen ?

- Absetzen ?

- Absatzhilfe ?

2. Subjektiver Tatbestand

a. Vorsatz ?

b. Bereicherungsabsicht ?

II. Rechtswidrigkeit

III. Schuld

IV. Ergebnis / u.U. Strafantrag gemäß § 259 II i.V.m. § 247 oder § 248a

Das Verzeichnis bezieht sich auf Fallziffern.
Hervorhebungen weisen auf Fundstellen im jeweiligen Prüfungsobersatz hin !!!

BGB

GG

HGB

StGB

Das Verzeichnis bezieht sich auf Fallziffern.
Hervorhebungen weisen auf Fundstellen im jeweiligen Prüfungsobersatz hin !!!

ZPO

Sachverzeichnis

Das Verzeichnis bezieht sich auf die jeweiligen <u>Seitenzahlen</u> !!!

A

B

C

D

Das Verzeichnis bezieht sich auf die jeweiligen Seitenzahlen !!!

Das Verzeichnis bezieht sich auf die jeweiligen Seitenzahlen !!!

H

I

J

K

L

Das Verzeichnis bezieht sich auf die jeweiligen Seitenzahlen !!!

Das Verzeichnis bezieht sich auf die jeweiligen Seitenzahlen !!!

Q

R

S

T

Das Verzeichnis bezieht sich auf die jeweiligen Seitenzahlen !!!

Sachverzeichnis und Raum für Sichtvermerke